Introduction to
Computer Graphics with OpenGL ES

OpenGL ES를 이용한 3차원 컴퓨터 그래픽스 입문

한정현(고려대학교) 지음

홍릉과학출판사

OpenGL ES를 이용한
3차원 컴퓨터 그래픽스 입문

인 쇄 : 2019년 5월 22일
발 행 : 2019년 5월 31일

지은이 : 한정현
발행인 : 송 준
발행처 : 홍릉과학출판사

주 소 : 서울시 강북구 인수봉로 50길 10
전 화 : 02-999-2274~5 **팩스** : 02-905-6729
e-mail : hongpub@hongpub.co.kr
홈페이지 : www.hongpub.co.kr

ISBN : 979-11-5600-674-9 93000
정 가 : 35,000원

파본이나 잘못된 책은 교환하여 드립니다.

Introduction to
Computer Graphics with OpenGL ES

OpenGL ES를 이용한 3차원 컴퓨터 그래픽스 입문

한정현(고려대학교) 지음

홍릉과학출판사

OpenGL ES는 모바일 기기를 위한 그래픽스 표준이다. 스마트폰의 화면 전체는 OpenGL ES를 사용해 생성된다. 하지만, OpenGL ES를 이용해 컴퓨터 그래픽스의 기초 및 고급 이론을 강의하는 책을 찾기는 어렵다. 이 책은 학부 3,4학년 혹은 대학원 석사 과정의 '컴퓨터 그래픽스' 및 '게임 프로그래밍' 교과서로 집필되었는데, 실시간 그래픽스 분야의 고전적 주제와 최신 내용을 고루 담으면서 한 학기 강의에 적당한 분량을 담고 있다. OpenGL ES는 OpenGL의 부분집합이므로, 이 책은 OpenGL 교과서로 쓰기에 아무 문제가 없다.

한편, 그래픽스 및 게임 프로그래밍 경험을 가지고 있지만 이론적인 기초가 부족하다고 느끼는 현역 개발자 역시 이 책의 주요 독자층이 될 것이다. 게임, OpenGL, OpenGL ES 주제에 대해 프로그래밍 매뉴얼과 유사한 책들은 국내 서점에 넘쳐나지만, 고급 프로그래밍에 필수적인 수학적인 지식과 기초 이론을 제공하는 책을 발견하기는 어렵다. 벡터와 행렬에 대한 최소한의 지식을 가지고 있는 개발자라면 자신의 개발 경험을 이론과 결합하는 기회를 이 책에서 찾을 수 있을 것이다.

이 책의 강점 중 하나는 공들여 제작한 빼어난 품질의 그림에 있다. 이 중 상당수는 실제 렌더링 과정을 거쳐 제작되었는데, 독자들은 이를 통해 실시간 그래픽스의 핵심 내용을 쉽게 이해할 수 있을 것이다. 한편, 3차원 그래픽스를 강의하다보면 조금 어려운 수학적 이론 및 기술적 난이도 높은 내용을 어쩔 수 없이 다뤄야 하는 경우도 있는데, 이들은 '노트'라고 이름 붙여진 별도의 상자에 혹은 별표(*)를 붙인 별도의 절에 기술하여 이를 건너뛰어도 책의 흐름을 놓치지 않도록 하였다. 이 책의 이러한 구조적 특징은 난이도 높은 내용을 학습하고자 하는 독자와 이에 대한 이해 없이 실시간 그래픽스의 큰 흐름을 알고자 하는 독자 모두를 만족시킬 수 있을 것이다.

대학원 수업의 경우, 조금 속도를 낸다면 이 책 전체를 강의할 수 있을 것이다. 하지만, 학부 수업의 경우는 어려울 것이다. 고려대학교 컴퓨터학과에서의 경험에 따르면, '노트'와 별표(*) 붙인 절을 제외하고 강의했을 때 16장 혹은 17장까지 다룰 수 있었다.

이 책에 소개된 모든 예제 코드는 https://github.com/medialab-ku/openGLESbook에서 찾을 수 있다. 또한 이 사이트에서는 18개 장 전체에 대한 강의노트 파워포인트 파일 및 별도의 동영상도 무료로 다운받을 수 있으므로, 강의 등의 목적에 유용하게 쓸 수 있을 것이다. 또한, 이 파워포인트 파일을 사용한 고려대학교 '컴퓨터 그래픽스' 강의 동영상은 YouTube에 올려져 있다. 강의 동영상은 매년 혹은 격년으로 업데이트할 계획이다.

이 책은 2018년 6월 CRC Press에서 발간된 *Introduction to Computer Graphics with OpenGL ES*를 번역한 것이다. 그런데, 영단어에 맞는 적절한 우리말을 찾는 것은 아주 고통스런 작업이었다. 대학교 강의와 게임 개발 현업에서 사실상 영단어가 지배적으로 사용되는 상황에서 이를 모두 우리말로 번역하는 것도 어색했지만, 영단어 발음을 그대로 한글로 옮기는 것도 옳은 선택은 아니라는 판단을 했고, 적절한 선에서 타협해서 번역했다.

감사의 글

이 책은 저자가 지난 20년간 강의한 '컴퓨터 그래픽스'와 '게임 프로그래밍' 과목의 강의노트 내용을 담고 있는데, 고려대학교 컴퓨터학과 학생들 도움 없이는 집필이 불가능했다. 이 책의 거의 모든 그림은 김명곤, 박인범, 이승직 군에 의해 제작되었는데, 컴퓨터 프로그래밍과 그래픽 아트 모두에 탁월한 실력을 갖춘 보기 드문 인재들을 만난 것은 필자의 행운이었다. 모든 예제 코드는 출중한 프로그래머 안정현 군이 작성하였다. 저자가 지도교수로 있는 Interactive 3D Media 연구실의 연구원들은 바쁜 연구 일정에도 불구하고 저자의 요청에 실시간으로 응답해 주었다. 강형엽 박사와 백승호 박사를 비롯해서 Paul C. Gloumeau, 조성익, 김상빈, 김승욱, 최진우, 이건선, 기민형, 권성수, 유기현, 조준엽, 이종민 학생에게 감사의 마음을 전한다. 또한, 필자의 '컴퓨터 그래픽스'와 '게임 프로그래밍' 과목을 수강한 고려대학교의 빼어난 학부생들은 이 책 초안이 가진 오류와 부자연스런 서술 방식을 교정하는 데 많은 도움을 주었다.

CRC Press의 편집자 Rick Adams와 Jessica Vega는 2016년 겨울부터 2018년 늦봄 최종 교정 단계까지 영문판 작성 일정을 꼼꼼하게 관리해 주었다. 영문판의 번역 작업은 유휘성 회장께서 고려대학교 정보대학에 기증한 인성기금 덕분에 이루어질 수 있었다. 번역 작업을 담당한 홍릉과학출판사의 김기용 이사와 편집부 노고에도 감사를 드린다. 도움을 주신 이 모든 분들에게 부끄럽지 않은 책이 되기를 바랄 뿐이다.

고려대학교 안암동 연구실에서

한정현 교수

1

렌더링 파이프라인

제 1 부

렌더링 파이프라인

Rendering Pipeline

01

서론

Introduction

컴퓨터를 이용하여 영상(image)을 생성하는 작업을 컴퓨터 그래픽스라 하는데, 이 작업의 입력이 3차원 데이터로 주어지는 경우 3차원 그래픽스라 부른다. 지난 30년간 우리는 영화 특수효과와 게임 등에서 3차원 그래픽스의 엄청난 발전을 보아왔다.

컴퓨터가 생성하는 영상을 **프레임**(frame)이라고도 하는데, 움직이는 장면을 묘사하기 위해서는 조금씩 변화하는 연속적인 프레임을 스크린 상에 빠르게 보여주면 된다. 이러한 연속적인 프레임들은 실시간(real-time)에 만들어질 수 있는데, **실시간 그래픽스**의 대표적인 예는 게임이다. 실시간 그래픽스 시스템의 성능은 1초당 몇 프레임을 만들어낼 수 있느냐, 즉 frames per second(fps)로 측정된다. 예를 들어, 게임이 1초당 60개의 프레임을 생성할 경우 60 fps라 한다.

한편, 영화 특수효과 등에서는 실사와 구분하기 어려운 정교한 영상을 만들어내기 위해서 프레임당 몇 분에서 몇 시간을 투여하기도 한다. 실시간 그래픽스와 비실시간 그래픽스 작업에 사용되는 기법들은 상당히 다른데, 이 책은 실시간 그래픽스에 초점을 둔다.

1.1 컴퓨터 그래픽스 제작 단계

컴퓨터 그래픽스 제작 과정은 통상 그림 1.1과 같은 5개의 단계로 구성된다. 첫 세 단계인 **모델링**(modeling), **리깅**(rigging), **애니메이션**(animation)은 그래픽 디자이너[1]가 오프라인(off-line)으로 수행한다. 런타임(run-time)에는 프레임 별로 애니메이션이 재생되고 **렌더링**(rendering)과 **후처리**(post-processing)가 수행된다.

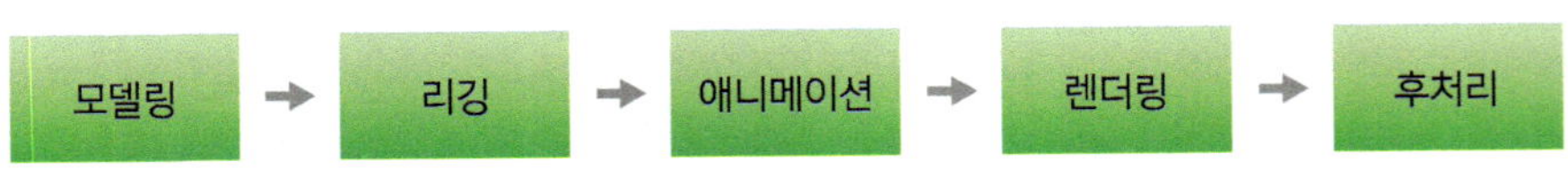

[그림 1.1] 컴퓨터 그래픽스 제작 단계.

1 게임 분야의 경우, 캐릭터 디자이너, 배경 디자이너, 모델러, 애니메이터 등으로 직군이 나눠져 있다. 하지만, 이 책에서는 꼭 필요한 경우가 아니라면 그래픽 디자이너로 일반화시켜 부르기로 한다.

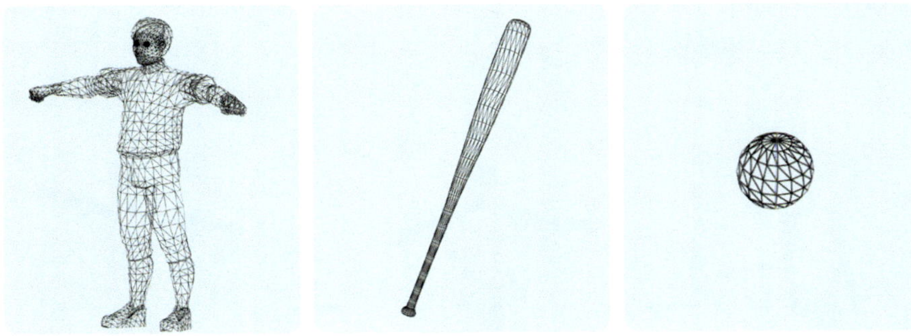

[그림 1.2] 실시간 3차원 그래픽스에서 거의 모든 물체들은 폴리곤 메시로 표현된다.

가상의 그래픽스 환경을 구성하는 각각의 물체를 컴퓨터가 처리할 수 있는 방식으로 표현한 것을 모델(model)이라고 한다. 모델링 단계에서는 바로 이러한 모델들을 만들어 낸다. 야구 게임의 경우, 선수, 배트, 공 등의 모델이 필요하다. 이들은 그림 1.2에 보인 바와 같이 보통 **폴리곤**(polygon; 다각형)들로 구성된다. 이렇게 폴리곤으로 구성된 물체는 **폴리곤 메시**(polygon mesh)라 부른다.

(a) (b)

[그림 1.3] 폴리곤 메시 표면에 입혀지는 텍스처. (a) 야구선수의 몸 각 부분에 입혀질 이미지들을 모아놓은 텍스처. 이는 다소 특이해 보일 수 있는데 8장은 왜 텍스처가 이런 모습을 가지는지 그리고 이를 런타임에 어떻게 사용하는지 설명한다. (b) 야구선수의 폴리곤 메시 표면에 텍스처가 입혀졌다.

모델링의 범위는 3차원 물체에 국한되지 않는다. 예를 들어, 3차원 물체에 입혀져서 시각적 사실성을 높여주는 **텍스처**(texture)의 제작 또한 매우 중요한 모델링 작업이다. 가장 간단하면서도 가장 많이 사용되는 텍스처는 물체 표면에 입혀지는 이미지로, 그림 1.3-(a)는 이미지 텍스처의 예를 보여준다. 이 텍스처는 런타임에 야구선수 캐릭터의 폴리곤 메시에 입혀져서 그림 1.3-(b)와 같은 결과를 생성한다.

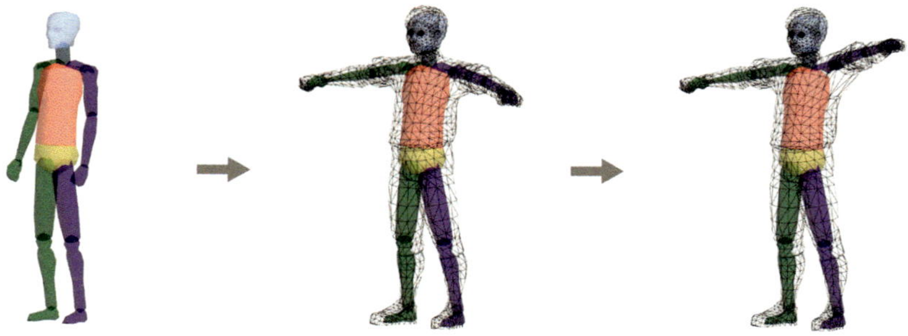

[그림 1.4] 폴리곤 메시로 표현된 캐릭터의 애니메이션을 위해 뼈대가 캐릭터 메시에 삽입된다. 이 그림에서 각각의 뼈는 마치 3차원 물체인 것처럼 그려졌지만, 실제로는 대개 행렬(matrix)로 표현되는 수학적인 개체들이다. 이에 대해서는 13장에서 자세히 다룬다.

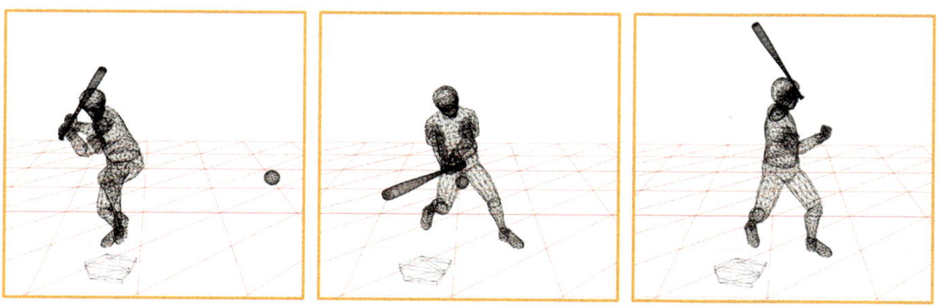

[그림 1.5] 폴리곤 메시에 삽입된 골격을 움직여서 애니메이션을 생성한다.

그림 1.2의 야구선수는 공을 치고, 베이스를 향해 뛰고 슬라이딩 할 수 있어야 한다. 이러한 애니메이션을 위해서는 통상 야구선수의 **골격**(skeleton)을 구성한 후, 각각의 **뼈**(bone)의 움직임이 야구선수의 폴리곤 메시에 어떻게 반영될 것인가를 정의해야 한다. 예를 들어, 팔의 뼈가 움직일 때 그 주변의 폴리곤이 따라서 움직이도록 설정되어야 한다. 이러한 과정을 리깅(rigging)이라고 부른다. 그림 1.4는 폴리곤 메시에 삽입된 골격이 폴리곤 메시를 움직이는 것을 보여준다. 애니메이터들이 캐릭터 골격을 움직여 캐릭터의 애니메이션을 정의하면 이는 런타임에 프레임 별로 재생된다. 그림 1.5는 야구선수 캐릭터 애니메이션의 스크린 샷을 보여준다.

[그림 1.6] 애니메이션되는 폴리곤 메시의 렌더링 결과.

하나의 3차원 장면이 주어졌을 때 이를 2차원 영상, 즉 프레임으로 만드는 작업을 렌더링이라 한다. 그림 1.5의 장면들을 렌더링한 결과가 그림 1.6에 나와 있다. 렌더링은 매우 복잡한 연산을 요하는 단계로, 텍스처를 물체 표면에 입히는 **텍스처링**(texturing), 그리고 빛과 물체의 상호 작용을 처리하는 **라이팅**(lighting)이 그 핵심을 이룬다. 그림 1.6에서 볼 수 있는 그림자는 라이팅의 결과물이다.

[그림 1.7] 모션 블러 효과.

빠른 속도로 진행되는 애니메이션의 경우, 한 프레임에 그 이전 프레임의 잔영(殘影)을 남기면 시각적 사실성을 높일 수 있는데, 이를 모션 블러(motion blur)라 한다. 또한, 일반 사진과 같이 초점이 맞춰지는 영역 바깥 부분을 흐릿하게 처리하면 사실감을 높일 수 있는데, 이를 초점 심도(depth of field)라 한다. 이와 같은 작업은 모두 컴퓨터 그래픽스 제작의 마지막 단계인 후처리를 통해 이루어진다. 그림 1.7은 모션 블러 효과를 보여준다. 그런데, 시간이 허락하지 않는다면 후처리는 생략될 수 있다.

1.2 그래픽스 API

그래픽 디자이너는 오프라인 상태에서 모델링, 리깅, 애니메이션 작업을 수행하는데, 이를 위해 Autodesk의 3ds Max 혹은 Maya와 같은 소프트웨어가 널리 쓰인다. 반면, 런타임 애니메이션, 렌더링, 후처리는 응용 프로그램에 의해 실행된다. 게임 프로그램은 대체로 게임 엔진을 이용하여 제작된다. 그림 1.8을 보라. 게임 엔진은 애니메이션, 렌더링, 후처리에 필요한 필수불가결한 요소들을 망라하는 개발 툴인데, 근래의 게임 엔진은 여기에 더불어 물리 기반 시뮬레이션, 사운드, 인공지능 등의 기능도 제공한다. 대표적인 게임 엔진으로는 유니티와 언리얼이 있다.

게임 프로그램
게임 엔진
그래픽스 API (OpenGL ES)
GPU

[그림 1.8] 모바일 게임을 구성하는 하드웨어와 소프트웨어 계층 구조.

일반적으로 게임 엔진은 **그래픽스** API(Application Programming Interface)를 기반으로 개발된다. 많이 쓰이는 두 가지 API는 Direct3D[1]와 OpenGL[2]이다. Direct3D는 마이크로소프트사의 DirectX API의 구성 요소 중 하나로, 마이크로소프트 플랫폼에서만 쓸 수 있다. OpenGL은 국제 표준 단체인 크로노스 그룹(Khronos Group)에 의해 관리되는데, 다양한 플랫폼에서 사용되는 표준 API이다. OpenGL ES(OpenGL for Embedded Systems)는 모바일 기기를 위한 API로 OpenGL 기능의 일부로 정의되어 있다.

이들 API는 그래픽스 응용에 필수적인 함수들을 제공한다. 오늘날 이러한 함수들은 대부분 그래픽스 전용 프로세서인 GPU(Graphics Processing Unit) 내에서 하드웨어로 구현되어 있다. 따라서 그래픽스 API는 GPU에 대한 소프트웨어 인터페이스라고 할 수 있다. 즉, 그래픽스 API는 그래픽스 응용 프로그램 혹은 게임 엔진에서 호출하는 함수를 GPU에서 실행 가능한 명령들로 바꿔주는 역할을 한다.

02

수학 기초

Mathematics: Basics

이 장은 컴퓨터 그래픽스 알고리즘의 이해에 필요한 최소한의 수학적인 내용을 직관적으로 기술할 것인데, 행렬과 벡터부터 시작하도록 하자.

2.1 행렬과 벡터

행렬은 이름 그대로 행(row)과 열(column)로 구성되는데, m개의 행과 n개의 열을 가진 행렬은 다음과 같이 표현된다.

$$\begin{pmatrix} a_{11} & a_{12} & \cdots & a_{1n} \\ a_{21} & a_{22} & \cdots & a_{2n} \\ \vdots & \vdots & \ddots & \vdots \\ a_{m1} & a_{m2} & \cdots & a_{mn} \end{pmatrix} \tag{2.1}$$

이 행렬의 크기는 $m \times n$으로 표기되는데, m과 n이 같다면 **정사각행렬**(square matrix)이라 한다. 행렬 각 원소의 아래첨자는 그 원소의 위치를 말한다. 예를 들어, a_{12}는 첫째 행과 둘째 열의 교차점에 놓인다. 두 개의 행렬 A와 B를 생각해 보자. A의 열과 B의 행이 같은 개수라면, A와 B는 아래처럼 곱해질 수 있다.

$$\begin{aligned} AB &= \begin{pmatrix} a_{11} & a_{12} \\ a_{21} & a_{22} \\ a_{31} & a_{32} \end{pmatrix} \begin{pmatrix} b_{11} & b_{12} & b_{13} \\ b_{21} & b_{22} & b_{23} \end{pmatrix} \\ &= \begin{pmatrix} a_{11}b_{11} + a_{12}b_{21} & a_{11}b_{12} + a_{12}b_{22} & a_{11}b_{13} + a_{12}b_{23} \\ a_{21}b_{11} + a_{22}b_{21} & a_{21}b_{12} + a_{22}b_{22} & a_{21}b_{13} + a_{22}b_{23} \\ a_{31}b_{11} + a_{32}b_{21} & a_{31}b_{12} + a_{32}b_{22} & a_{31}b_{13} + a_{32}b_{23} \end{pmatrix} \end{aligned} \tag{2.2}$$

A의 크기가 $l \times m$이고, B의 크기가 $m \times n$이라면, AB의 크기는 $l \times n$이 된다.

2차원 벡터는 (x, y)로, 3차원 벡터는 (x, y, z)로 표기된다. 이렇게 표기된 벡터를 **행벡터**(row vector)라고 부른다. 이와 달리 **열벡터**(column vector) 표기법을 쓸 수도 있다. 예를 들어, 2차원 열벡터는 다음과 같이 쓴다.

$$\begin{pmatrix} x \\ y \end{pmatrix} \tag{2.3}$$

벡터는 특수한 행렬이다. 식 (2.3)의 벡터는 한 개의 열을 가진 행렬이고, 그 크기는 2×1이다. 따라서, 식 (2.2)의 행렬-행렬 곱셈 방법은 행렬-벡터 곱셈에 그대로 적용된다. 예를 들어, 3×2 행렬 M과 2차원 열벡터 v의 곱은 다음과 같다.

$$\begin{aligned} Mv &= \begin{pmatrix} a & b \\ c & d \\ e & f \end{pmatrix} \begin{pmatrix} x \\ y \end{pmatrix} \\ &= \begin{pmatrix} ax+by \\ cx+dy \\ ex+fy \end{pmatrix} \end{aligned} \tag{2.4}$$

어떤 행렬 M이 주어졌을 때, 그것의 행과 열을 바꿔 놓은 것을 **전치행렬**(transpose)이라고 하며 M^T로 표기한다. 예를 들어, 식 (2.4)의 M의 전치행렬은 다음과 같다.

$$\begin{pmatrix} a & c & e \\ b & d & f \end{pmatrix} \tag{2.5}$$

이는 벡터에도 그대로 적용된다. 열벡터 v의 원소를 행벡터로 표현하면 v^T가 된다.

식 (2.4)의 행렬-벡터 곱셈은 다른 방식으로 표현될 수 있다. 즉, 열벡터 v 대신 행벡터 v^T를 사용하되, 이를 M^T의 왼쪽에 배치한다.

$$\begin{aligned} v^TM^T &= \begin{pmatrix} x & y \end{pmatrix} \begin{pmatrix} a & c & e \\ b & d & f \end{pmatrix} \\ &= \begin{pmatrix} ax+by & cx+dy & ex+fy \end{pmatrix} \end{aligned} \tag{2.6}$$

이는 식 (2.4)의 결과와 같다. (OpenGL은 열벡터를 사용하고 식 (2.4)처럼 행렬-벡터 곱셈을 표현하는 반면, Direct3D는 행벡터를 사용하고 식 (2.6)과 같은 방식을 사용한다.)

단위 행렬(identity matrix)은 정사각행렬 중, 왼쪽 위 끝과 오른쪽 아래를 잇는 대각선에 놓인 원소는 모두 1이고 나머지 원소는 모두 0인 경우를 말한다. 이는 I로 표기한다. 임의의 행렬 M에 대해서, 다음과 같이 $MI=IM=M$이 성립한다.

$$\begin{pmatrix} a_{11} & a_{12} & a_{13} \\ a_{21} & a_{22} & a_{23} \\ a_{31} & a_{32} & a_{33} \end{pmatrix} \begin{pmatrix} 1 & 0 & 0 \\ 0 & 1 & 0 \\ 0 & 0 & 1 \end{pmatrix} = \begin{pmatrix} a_{11} & a_{12} & a_{13} \\ a_{21} & a_{22} & a_{23} \\ a_{31} & a_{32} & a_{33} \end{pmatrix} \tag{2.7}$$

$$\begin{pmatrix} 1 & 0 & 0 \\ 0 & 1 & 0 \\ 0 & 0 & 1 \end{pmatrix} \begin{pmatrix} a_{11} & a_{12} & a_{13} \\ a_{21} & a_{22} & a_{23} \\ a_{31} & a_{32} & a_{33} \end{pmatrix} = \begin{pmatrix} a_{11} & a_{12} & a_{13} \\ a_{21} & a_{22} & a_{23} \\ a_{31} & a_{32} & a_{33} \end{pmatrix} \tag{2.8}$$

두 개의 정사각행렬 A와 B가 곱해져서 그 결과가 I가 된다면, 즉 $AB=I$라면, B는 A의 **역행렬**(inverse)이라고 부르며 A^{-1}로 표기한다. 마찬가지로, A는 B의 역행렬이다. 한편, AB와 $B^{-1}A^{-1}$을 곱하면 그 결과는 다음과 같다: $(AB)(B^{-1}A^{-1}) = A(BB^{-1})A^{-1} = AIA^{-1} = AA^{-1} = I$. 이로부터 $(AB)^{-1} = B^{-1}A^{-1}$임을 알 수 있다. 이와 유사하게, $(AB)^T = B^TA^T$이다.

2차원 벡터 v의 좌표를 (v_x, v_y)로 표현할 때, v의 길이는 $\sqrt{v_x^2 + v_y^2}$으로 정의되고 $\|v\|$로 표기된다. 3차원 벡터 (v_x, v_y, v_z)의 길이는 $\sqrt{v_x^2 + v_y^2 + v_z^2}$이 된다. 벡터 v를 그 길이 $\|v\|$로 나누는 과정을 **정규화**(normalization)라고 하는데, $v/\|v\|$는 v와 같은 방향을 가지며 길이가 1인 벡터이다. 이를 **단위 벡터**(unit vector)라고 부른다.

2.2 좌표계와 기저

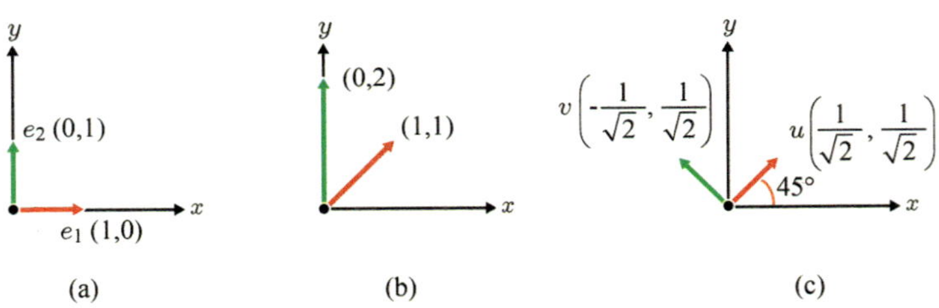

[그림 2.1] 2차원 기저. (a) 표준 기저. (b) 표준 기저도 아니고 직교정규 성질도 없지만 유효한 기저. (c) 비표준 직교정규 기저.

그림 2.1-(a)의 2차원 좌표계에서, x축에 나란한 벡터 e_1은 (1,0)이고, y축에 나란한 벡터 e_2는 (0,1)이다. 2차원 공간[1]의 모든 벡터는 e_1과 e_2의 선형조합[2]으로 표현 가능하다. 예를

1 이 책에서는 좌표계와 동일한 뜻을 가진 용어로 공간(space)을 사용한다.

2 벡터 $v_1, v_2, \ldots, v_n$의 선형조합은 $c_1v_1 + c_2v_2 + \ldots + c_nv_n$으로 정의된다. 여기에서 $c_1, c_2, \ldots, c_n$은 스칼라이고, 이 선형조합은 하나의 벡터가 된다.

들어, (3,5)는 $3e_1 + 5e_2$로 표현된다. 이런 점에서 $\{e_1, e_2\}$를 **기저**(basis)라고 부르는데, e_1과 e_2가 주축(principal axis)에 나란하므로 $\{e_1, e_2\}$를 특별히 **표준 기저**(standard basis)라고 한다. 한편, e_1과 e_2는 서로 직교하는 단위 벡터이므로 **직교정규**(orthonormal) 성질을 가진다고 말한다.

우리는 표준 기저 말고도 다양한 기저를 사용할 수 있다. 그림 2.1-(b)의 $\{(1,1),(0,2)\}$가 하나의 예이다. 표준 기저 $\{e_1, e_2\}$를 사용하면 (3,5)가 $3e_1 + 5e_2$로 표현되지만, $\{(1,1),(0,2)\}$를 사용하면 $3(1,1)+1(0,2)$로 표현된다. 이처럼 (1,1)과 (0,2)를 선형조합하여 2차원 공간의 모든 벡터를 표현할 수 있다. 다만, $\{(1,1),(0,2)\}$는 직교정규 기저가 아니다. 반면, 그림 2.1-(c)는 표준 기저는 아니지만 직교정규 성질을 가진 기저 $\{u, v\}$를 보여준다. 이를 이용하면 (3,5)는 $4\sqrt{2}u + \sqrt{2}v$로 표현된다.

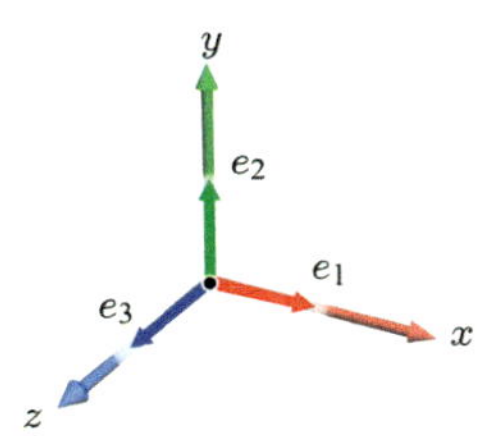

[그림 2.2] 3차원 공간에서의 표준 기저.

그림 2.2는 3차원 공간에서의 표준 기저 $\{e_1, e_2, e_3\}$를 보여준다. 세 개의 주축에 나란한 e_1, e_2, e_3는 각각 (1,0,0), (0,1,0), (0,0,1)이다. 물론 $\{e_1, e_2, e_3\}$는 직교정규 성질을 가진다. 지금부터 이 책은 2차원과 3차원 공간 모두에서 직교정규 기저만을 다룰 것이다.

2.3 내적

두 개의 n차원 벡터 a와 b를 각각 $(a_1, a_2, \ldots, a_n)$과 $(b_1, b_2, \ldots, b_n)$으로 표현한다면, a와 b의 **내적**(inner product 또는 dot product)은 $a \cdot b$로 표기되고 다음과 같이 정의된다.

$$a \cdot b = \sum_{i=1}^{n} a_i b_i = a_1 b_1 + a_2 b_2 + \ldots + a_n b_n \tag{2.9}$$

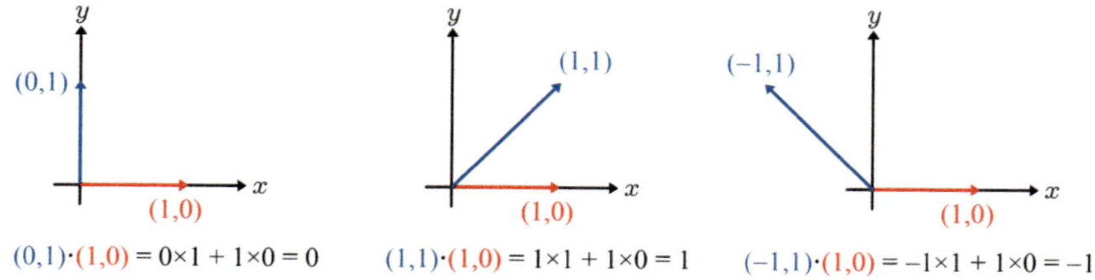

[그림 2.3] 두 벡터의 상대적인 방향에 따라 내적의 부호가 달라진다.

한편, 두 벡터 a와 b 사이의 각도를 θ로 표기하면 $a \cdot b$는 기하학적으로는 다음과 같이 정의된다.

$$a \cdot b = \|a\|\|b\|cos\theta \tag{2.10}$$

만약 a와 b가 서로 수직이라면, θ가 90°가 되어 $a \cdot b$는 0이다. 그림 2.3을 보라. 만약 θ가 예각이라면 $a \cdot b$는 양수이고, θ가 둔각이라면 $a \cdot b$는 음수다. 이는 a와 b가 3차원 벡터일 경우에도 동일하게 발견되는 특성이다.

식 (2.10)으로부터 추론할 수 있는 것은, 하나의 단위 벡터를 자기 자신과 내적하면 1이 된다는 것이다. 즉, a가 단위 벡터라면, $a \cdot a$는 1이다. 이를 이용하여 **직교정규 기저**의 중요한 성질 한 가지를 살펴보자. 2차원 표준 기저 $\{e_1, e_2\}$의 경우, $e_1 \cdot e_1 = 1$이고 $e_2 \cdot e_2 = 1$이다. 한편, 서로 수직인 두 벡터의 내적은 0이므로, $e_1 \cdot e_2 = e_2 \cdot e_1 = 0$이 된다. 즉, 하나의 직교정규 기저가 있을 때, 동일한 기저 벡터 간 내적은 1이고, 다른 기적 벡터 간 내적은 0이다.

3차원 표준 기저 $\{e_1, e_2, e_3\}$에서도 마찬가지이다. 벡터 e_i와 e_j가 주어졌을 때, i와 j가 같다면 $e_i \cdot e_j = 1$이고, i와 j가 다르다면 $e_i \cdot e_j = 0$이다. 이는 모든 직교정규 기저가 가지는 성질이다.

2.4 벡터곱

두 개의 3차원 벡터 a와 b의 **벡터곱**(영어로는 cross product)은 $a \times b$로 표기되는데, 이는 그림 2.4-(a)에 보인 바와 같이 a와 b에 모두 수직인 또 다른 3차원 벡터이다. 벡터곱 $a \times b$의 방향은 **오른손 법칙**(right-hand rule)으로 결정된다. 즉, 오른손 네 손가락이 첫 번째 벡터 a에서 두 번째 벡터 b쪽으로 감싸며 움직일 때 엄지손가락이 $a\times b$의 방향을 가리키게 된다. 한편, $a\times b$의 길이는 a와 b에 의해 만들어지는 평행사변형의 넓이와 같다.

$$\|a \times b\| = \|a\|\|b\| \sin\theta \tag{2.11}$$

오른손 법칙에 따르면 $b\times a$와 $a\times b$는 서로 반대 방향을 가진다. 즉, 그림 2.4-(b)처럼 $b\times a = -(a\times b)$가 된다. 이런 점에서, 벡터곱을 반가환적(anti-commutative)이라 부른다. 물론, $a\times b$와 $b\times a$의 길이는 같다. 두 벡터 a와 b를 각각 (a_x, a_y, a_z)와 (b_x, b_y, b_z)로 표현하면, $a\times b$는 $(a_y b_z - a_z b_y, a_z b_x - a_x b_z, a_x b_y - a_y b_x)$가 된다. [노트: 벡터곱 계산]을 보라.[3]

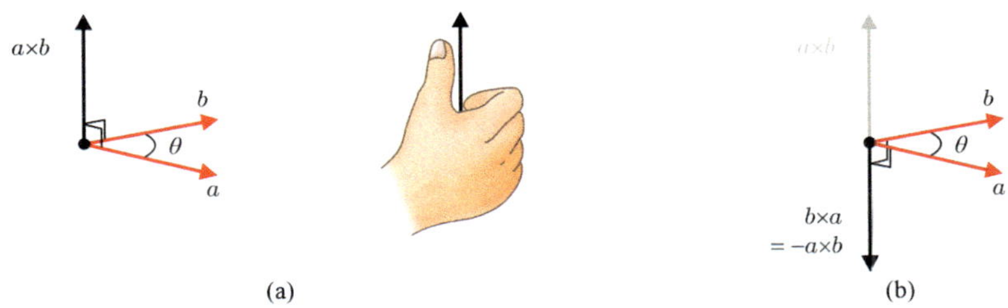

[그림 2.4] 벡터곱과 오른손 법칙. (a) $a\times b$. (b) $b\times a$.

노트 벡터곱 계산

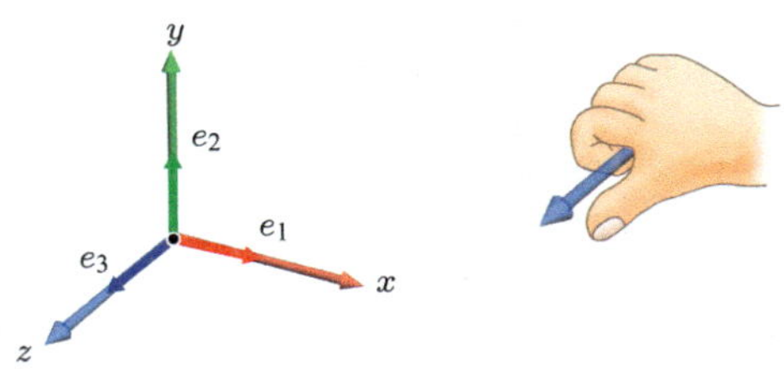

[그림 2.5] 표준 기저와 오른손 법칙.

3 별도의 상자에 정리된 '노트'는 본문 내용과 관계된 배경 이론이나 상세한 기술적 논의 혹은 고급 주제들을 다룬다. 이를 건너뛰어도 책의 주요 내용을 따라가는 데 어려움이 없으므로, 이런 세부 내용에 관심 없는 독자는 '노트'를 생략해도 된다.

그림 2.5의 표준 기저를 구성하는 3개의 벡터 e_1, e_2, e_3 간 상대적인 방향은 오른손 법칙에 따라 아래처럼 정의된다.

$$\begin{aligned} e_1 \times e_2 &= e_3 \\ e_2 \times e_3 &= e_1 \\ e_3 \times e_1 &= e_2 \end{aligned} \tag{2.12}$$

한편, 벡터곱의 반가환성에 따라 다음을 얻을 수 있다.

$$\begin{aligned} e_2 \times e_1 &= -e_3 \\ e_3 \times e_2 &= -e_1 \\ e_1 \times e_3 &= -e_2 \end{aligned} \tag{2.13}$$

또한, 식 (2.11)에 따르면 동일한 기저 벡터를 사용한 벡터곱 결과는 (0,0,0)이다.

$$e_1 \times e_1 = e_2 \times e_2 = e_3 \times e_3 = \mathbf{0} \tag{2.14}$$

여기서 **0**은 (0,0,0)을 의미한다.

표준 기저 $\{e_1,e_2,e_3\}$를 이용하면, (a_x,a_y,a_z)는 $a_xe_1+a_ye_2+a_ze_3$와 같이 쓸 수 있고, (b_x,b_y,b_z)는 $b_xe_1+b_ye_2+b_ze_3$와 같이 쓸 수 있다. 이를 이용해 $a\times b$는 다음과 같이 정리된다.

$$\begin{aligned} a \times b &= (a_xe_1 + a_ye_2 + a_ze_3) \times (b_xe_1 + b_ye_2 + b_ze_3) \\ &= a_xb_x(e_1 \times e_1) + a_xb_y(e_1 \times e_2) + a_xb_z(e_1 \times e_3) + \\ &\quad a_yb_x(e_2 \times e_1) + a_yb_y(e_2 \times e_2) + a_yb_z(e_2 \times e_3) + \\ &\quad a_zb_x(e_3 \times e_1) + a_zb_y(e_3 \times e_2) + a_zb_z(e_3 \times e_3) \\ &= a_xb_x\mathbf{0} + a_xb_ye_3 - a_xb_ze_2 \\ &\quad -a_yb_xe_3 + a_yb_y\mathbf{0} + a_yb_ze_1 \\ &\quad +a_zb_xe_2 - a_zb_ye_1 + a_zb_z\mathbf{0} \\ &= (a_yb_z - a_zb_y)e_1 + (a_zb_x - a_xb_z)e_2 + (a_xb_y - a_yb_x)e_3 \end{aligned} \tag{2.15}$$

따라서, $a\times b$는 $(a_yb_z-a_zb_y, a_zb_x-a_xb_z, a_xb_y-a_yb_x)$이다.

2.5 직선 및 선형보간

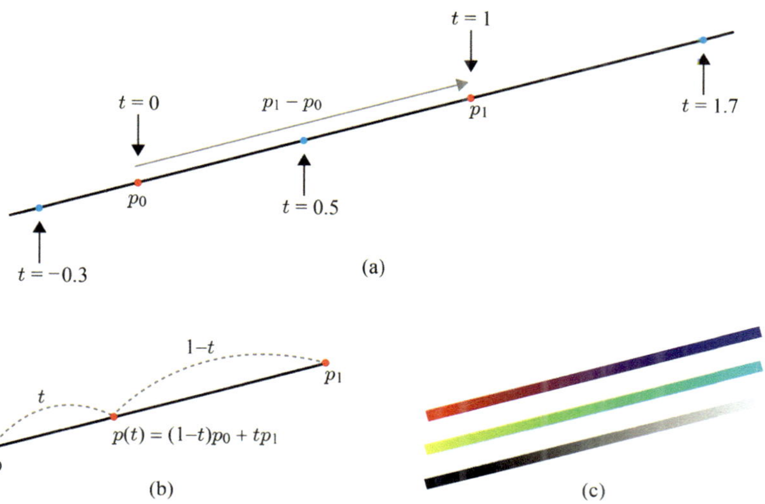

[그림 2.6] 직선 및 선형보간. (a) 직선. (b) 선분과 선형보간. (c) 색상 보간.

그림 2.6-(a)에서 두 개의 점 p_0와 p_1을 지나는 직선을 생각해 보자. 이 직선은 p_0, 그리고 p_0와 p_1을 잇는 벡터인 $p_1 - p_0$를 사용하여 다음과 같은 **매개변수 방정식**(parametric equation)으로 정의된다.

$$p(t) = p_0 + t(p_1 - p_0) \tag{2.16}$$

여기에서 t는 $[-\infty, \infty]$ 범위에 놓이는 매개변수(parameter)인데, t가 0이면 $p(t)$는 p_0가 되고, t가 1이면 $p(t)$는 p_1이 되며, t가 0.5이면 $p(t)$는 p_0와 p_1의 중간점이 된다. 그림 2.6-(a)는 몇 개의 예를 더 보여주고 있다.

이렇게 t가 $[-\infty, \infty]$ 범위를 가지면, 식 (2.16)의 $p(t)$는 양쪽으로 무한히 뻗은 직선을 표현한다. 만약 t의 범위가 $[0, \infty]$라면, $p(t)$는 p_0에서 시작해서 $p_1 - p_0$ 방향으로 무한하게 뻗어나가는 **광선**(ray)이 된다. 반면, t의 범위가 유한하게 한정된다면, $p(t)$는 **선분**을 표현한다. 예를 들어, 그 범위가 [0,1]이라면 $p(t)$는 p_0와 p_1을 잇는 선분이 된다.

식 (2.16)을 다시 쓰면 다음과 같다.

$$p(t) = (1-t)p_0 + tp_1 \tag{2.17}$$

위 식에서 $(1-t)$와 t를 각각 p_0와 p_1에 대한 **가중치**(weight)로 보면, $p(t)$는 p_0와 p_1의 **가중치 합**(weighted sum)이 된다. 특히, t의 범위가 [0,1]일 때, $p(t)$는 p_0와 p_1의 **선형보간**(linear interpolation)이라고 한다. 그림 2.6-(b)를 보라.

식 (2.17)의 함수 $p(t)$는 2차원 공간에서는 $(x(t), y(t))$, 3차원 공간에서는 $(x(t), y(t), z(t))$가 된다. p_0와 p_1의 3차원 좌표를 각각 (x_0, y_0, z_0)와 (x_1, y_1, z_1)이라고 할 때, 각 좌표값에 선형보간을 적용하여 $p(t)$의 좌표를 얻는다.

$$p(t) = \begin{pmatrix} x(t) \\ y(t) \\ z(t) \end{pmatrix} = \begin{pmatrix} (1-t)x_0 + tx_1 \\ (1-t)y_0 + ty_1 \\ (1-t)z_0 + tz_1 \end{pmatrix} \tag{2.18}$$

한편, p_0와 p_1에 특정한 값이 저장되어 있다면, 그 값들도 선형보간될 수 있다. 예를 들어, p_0에 c_0라는 색상이 저장되어 있고 그 원소를 (R_0, G_0, B_0)라 하자. 마찬가지로, p_1에 c_1이라는 색상이 저장되어 있고 그 원소를 (R_1, G_1, B_1)이라 하자. RGB 원소 각각은 대개 [0,255] 범위의 정수값, 혹은 [0,1] 범위의 실수값을 가지는데, 선형보간된 색상 $c(t)$는 다음과 같이 정의된다.

$$c(t) = (1-t)c_0 + tc_1 = \begin{pmatrix} (1-t)R_0 + tR_1 \\ (1-t)G_0 + tG_1 \\ (1-t)B_0 + tB_1 \end{pmatrix} \tag{2.19}$$

그림 2.6-(c)는 색상 선형보간의 몇 가지 예를 보여주는데, t가 0이면 $c(t)$는 c_0가 되고, t가 증가할수록 $c(t)$는 c_1에 가까워지며, t가 1이 되면 $c(t)$는 c_1이 된다.

연습문제

1. 3차원 직교정규 기저를 생각해 보자. 첫 번째 기저 벡터는 아래 그림과 같이 (3,4,0) 방향을 향하고, 두 번째는 하나의 주축을 향하며, 세 번째는 그 둘의 벡터곱으로 정의된다. 이 기저를 계산하라.

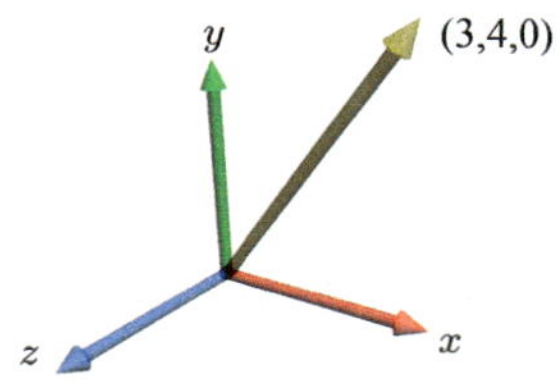

2. 두 개의 점 p_0와 p_1이 있다. p_0의 좌표는 (2,0)이고 p_1의 좌표는 (5,0)이다. p_0에 벡터 (-1,2)가 저장되어 있고, p_1에는 벡터 (2,5)가 저장되어 있다. p_0와 p_1을 잇는 선분을 따라 두 벡터를 선형보간할 때, 선분 위의 점 (4,0)에 놓일 벡터를 계산하라.

03

모델링

Modeling

3차원 물체를 표현하는 다양한 기법이 존재하지만, 실시간 그래픽스 영역에서는 폴리곤 메시를 압도적으로 많이 사용한다. 이 장은 폴리곤 메시가 어떻게 생성되는지, 어떤 형식으로 저장되는지, 게임과 같은 런타임 응용 프로그램으로 어떻게 전달되는지 등에 대해 설명할 것이다.

3.1 폴리곤 메시

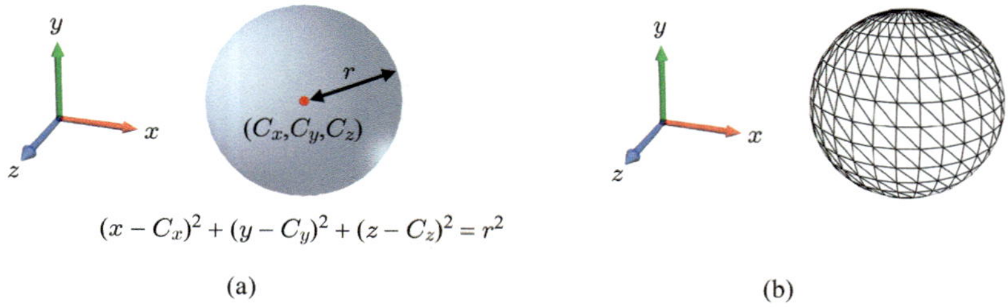

[그림 3.1] 구를 표현하는 두 가지 기법. (a) 음함수 곡면. (b) 폴리곤 메시.

중심의 좌표가 (C_x, C_y, C_z)이고 반지름이 r인 구(sphere)를 생각해 보자. 이를 표현하는 가장 간단한 방법은 그림 3.1-(a)와 같이 $f(x,y,z)=0$ 형태의 음함수(implicit function), 즉 $(x-C_x)^2+(y-C_y)^2+(z-C_z)^2-r^2=0$을 사용하는 것이다. 하지만 이러한 음함수로 표현된 물체를 스크린에 렌더링하는 것은 쉽지 않다.

우리는 그림 3.1-(b)의 폴리곤 메시처럼, 정점(vertex) 및 폴리곤과 같은 요소들을 명시적으로 정의하여 구를 표현할 수도 있다. 게임을 비롯한 실시간 응용에서는 폴리곤 메시를 선호하는데, 그 이유는 GPU가 폴리곤 메시 처리에 최적화되어 있기 때문이다. 그런데, 메시의 정점들은 부드러운 곡면을 샘플(sample)해서 얻어진 것이므로, 폴리곤 메시는 정확한 표현법이 아닌 근사적 표현법이라는 사실을 명심해 두자.

가장 간단한 폴리곤은 삼각형이다. 폴리곤 메시 중 가장 널리 쓰이는 것은 삼각형으로만 구성된 메시, 즉 **삼각형 메시**(triangle mesh)이다. 하지만, 3.1.1절에서 곧 살펴보게 될 것처럼, 모델링 작업을 위해서는 **사각형 메시**(quadrilateral mesh 혹은 간단히 quad mesh)가 선호된다. 그림 3.2는 동일한 물체를 표현하는 삼각형 메시와 사각형 메시를 비교해 놓았다. 사각형 메시가 주어졌을 때 이를 삼각형 메시로 바꾸는 가장 간단한 방법은, 각 사각형을 두 개의 삼각형으로 분할하는 것이다.

[그림 3.2] 삼각형 메시와 사각형 메시.

일반적인 닫힌 메시(closed mesh)에서 삼각형의 개수는 정점 개수의 두 배 정도이다. 즉 n개의 정점이 있다면 삼각형의 개수는 대략 $2n$이 된다. 아래의 노트를 보라.

노트 삼각형 메시에서의 정점-삼각형 비율

구멍이 없는 닫힌 메시에 대한 오일러 공식(Euler's polyhedron formula)은 다음과 같다.

$$v - e + f = 2 \tag{3.1}$$

여기에서 v, e, f는 각각 메시의 정점, 변, 면의 개수이다. 닫힌 삼각형 메시에서 하나의 변은 두 개의 면에 의해 공유되고, 하나의 면은 세 개의 변을 가진다. 따라서, 변을 하나씩 방문하면서 그를 공유하는 면 두 개에 표시를 남기면, 모든 변 방문이 마쳐졌을 때에는 각각의 면에 세 개의 표시가 남게 된다. 즉, 메시의 변의 개수의 2배는 면의 개수의 3배가 된다.

$$2e = 3f \tag{3.2}$$

예를 들어, 4면체인 경우 e는 6, f는 4이다. 식 (3.1)의 e를 식 (3.2)에서 계산된 $\frac{3}{2}f$로 치환하면 다음과 같은 결과를 얻는다.

$$f = 2v - 4 \tag{3.3}$$

따라서, 메시의 크기가 커질수록 면의 개수 f는 정점의 개수 v의 2배에 수렴한다.

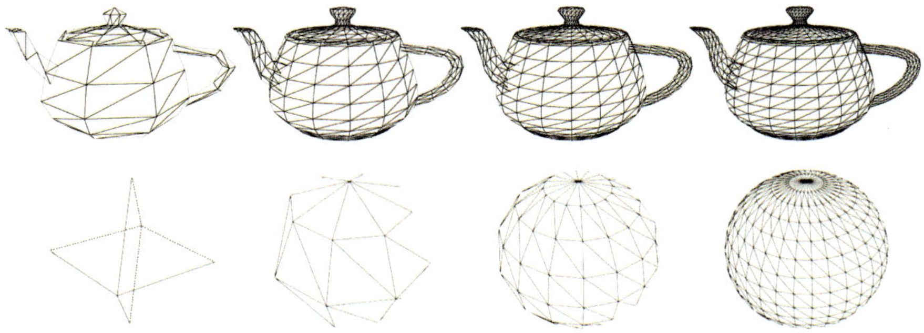

[그림 3.3] 저해상도의 메시는 빠르게 렌더링할 수 있지만 폴리곤의 각진 특징이 드러나기 쉽다. 반면, 고해상도 메시는 처리 시간이 더 걸리지만 폴리곤의 각진 특징을 가려줄 수 있다.

폴리곤 메시는 부드러운 곡면을 근사적으로 표현한 것이다. 따라서 얼마나 많은 정점을 사용하여 근사할 것인가는 중요한 문제가 된다. 정점 개수가 많으면 메시의 **해상도**(resolution)가 높다고 말하며, 정점이 적으면 해상도가 낮다고 표현한다. 그림 3.3을 보라. 해상도는 정확성과 효율성 사이의 상반관계(tradeoff)를 고려하여 결정된다. 메시의 해상도가 올라갈수록 본래의 곡면과 흡사해지지만 메시를 처리하기 위한 시간이 증가하여 효율성은 떨어진다.

3.1.1 폴리곤 메시 제작*

폴리곤 메시는 대개 3ds Max 등과 같은 그래픽스 패키지를 사용해 제작된다. 이렇게 제작된 폴리곤 메시는 파일에 저장되고 응용 프로그램으로 전달되어 런타임에 애니메이션되고 렌더링된다. 단순한 프로그래머 입장에서는 모델링 단계에서 폴리곤 메시가 어떻게 제작되는지 이해할 필요가 없을지도 모른다. 이는 그래픽 디자이너가 수행해야 할 작업이기 때문이다. 이 책의 독자들은 이 절을 건너뛰어도 된다.[1] 하지만 모델링 단계의 기본을 알아두면 그래픽스 응용 개발은 물론 그래픽 디자이너들과의 의사소통에도 유용할 수 있다. 이 절은 3ds Max를 사용해 캐릭터의 폴리곤 메시를 만드는 한 가지 방법을 간략하게 보여준다.

일반적으로 그래픽스 패키지는 폴리곤 메시의 정점(vertex), 변(edge), 면(face)과 같은 요소들을 조작할 수 있는 다양한 기능을 제공한다. 캐릭터의 머리 부분을 폴리곤 메시로 모델링하는 경우를 생각해 보자. 여러 가지 모델링 방법이 있을 수 있는데, 우리는 간단한 육면체로부

1 이 책에서 별(*) 표시가 있는 절은 건너뛰어도 되며, 이후의 책 내용을 이해하는 데 어려움은 없을 것이다.

터 시작해 해상도를 늘여가면서 머리 모양을 만들어 가는 방법을 택할 것이다(이 책 후반부 14.5절은 폴리곤 메시를 생성하는 또 다른 방법 한 가지를 기술할 것이다).

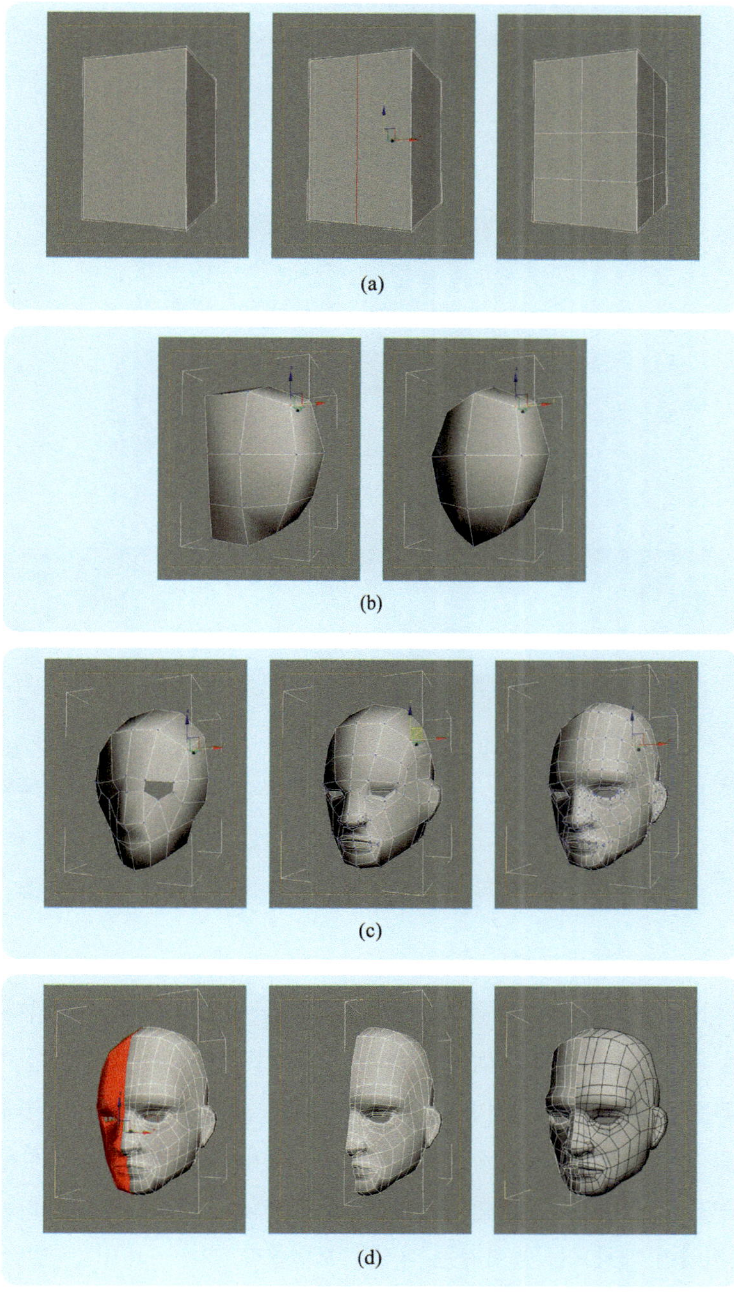

[그림 3.4] 일련의 수작업을 통해 폴리곤 메시를 만들 수 있다.

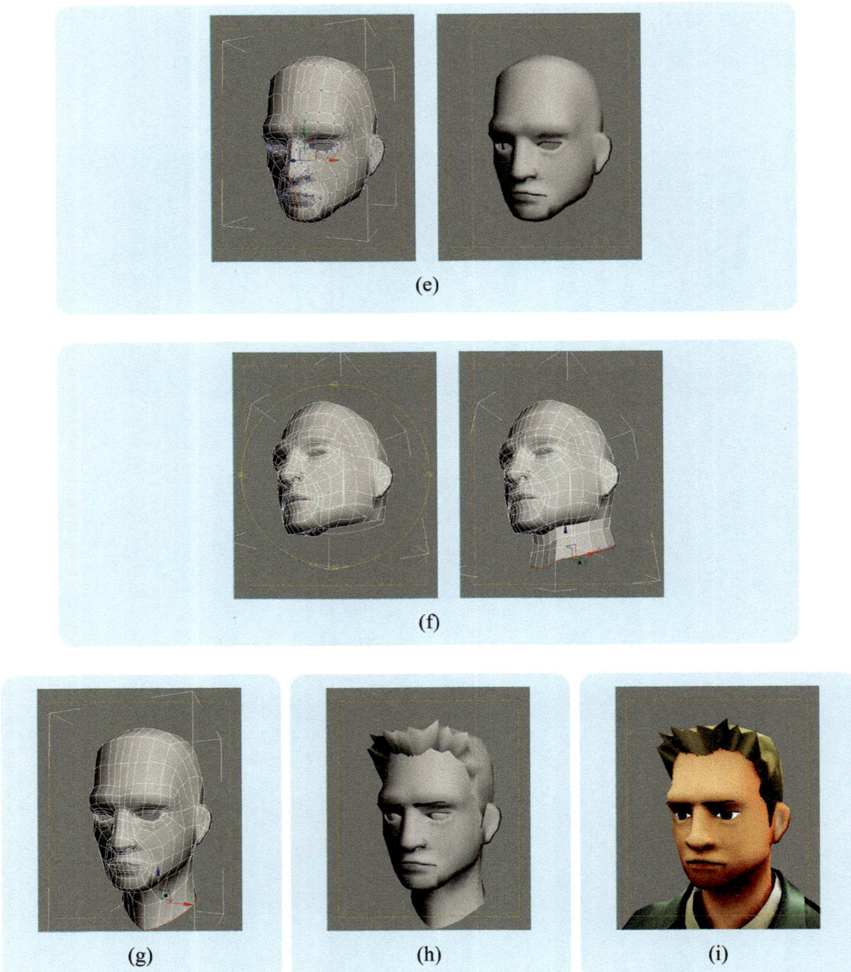

[그림 3.4] 일련의 수작업을 통해 폴리곤 메시를 만들 수 있다(계속).

그림 3.4는 폴리곤 메시의 기하 및 위상(topology) 구조를 변경해 가면서 캐릭터의 머리를 만드는 단계적인 과정을 보여준다. 그림 3.4-(a)는 변을 선택한 후 이를 이어서 메시의 해상도를 높여가는 과정을 보여준다. 이러한 작업 결과 개별 폴리곤은 작아지고 전체 폴리곤 수는 늘어난다. 그림 3.4-(b)는 메시의 정점들을 선택하고 이동하여 메시의 기하구조를 바꾸는 경우를 보여준다. 그림 3.4-(c)에서는 캐릭터의 눈을 만들기 위해 특정 폴리곤을 제거하는 과정, 그리고 뒤이어 해상도를 높여가는 과정을 보여준다. 그림 3.4-(d)는 얼굴 한쪽을 복사해서 이를 반대쪽에 붙이는 과정을 보여준다. 일반적인 모델링 단계에서는 균형 잡힌 물체

를 생성하기 위하여 한쪽 면에 작업을 집중하고 이를 복사해 반대쪽에 붙이는 과정을 반복한다.

그림 3.4-(d)에서 얼굴의 좌측과 우측의 폴리곤 메시는 분리되어 있다. 하지만 이들은 경계를 공유하며 경계에 놓인 점들 간에는 1:1 대응이 이루어진다. 그림 3.4-(e)는 같은 위치를 가지는 정점 한 쌍을 하나의 정점으로 결합하는 과정을 통해 좌우측 메시를 통합할 수 있음을 보여준다. 그림 3.4-(f)는 메시의 목 부분이 만들어지는 것을 보여주며 그 결과는 그림 3.4-(g)에 나와 있다. 이 메시에 머리카락이 추가되면 그림 3.4-(h)와 같은 캐릭터 얼굴이 만들어 진다. 이러한 작업을 계속하여 캐릭터를 완성할 수 있다. 그림 3.4-(i)는 텍스처가 입혀진 메시의 흉상을 보여준다.

그림 3.4의 캐릭터 모델은 삼각형 메시가 아닌 사각형 메시로 구성되었다. 이와 같은 사각형 메시는 모델링 작업을 편하게 해 준다. 물론 그래픽스 패키지는 사각형 메시를 즉각 삼각형 메시로 변환할 수 있으며, 자체적인 렌더링을 위해서 이 삼각형 메시를 사용할 것이다.

3.1.2 폴리곤 메시 표현

삼각형 메시를 표현하는 가장 단순한 방법은 삼각형을 구성하는 세 개의 정점을 순서대로 나열하는 것인데, 한 번에 세 개씩 정점을 읽어서 하나의 삼각형을 정의한다. 그림 3.5-(a)

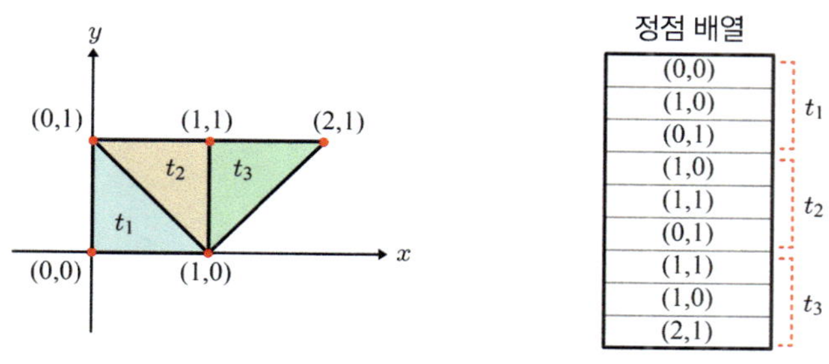

(a)

[그림 3.5] 삼각형 메시 표현. (a) 인덱스를 사용하지 않는 경우, n개의 삼각형을 가진 폴리곤 메시를 표현하기 위해서는 정점 배열에 $3n$ 개의 정점이 저장되어야 한다.

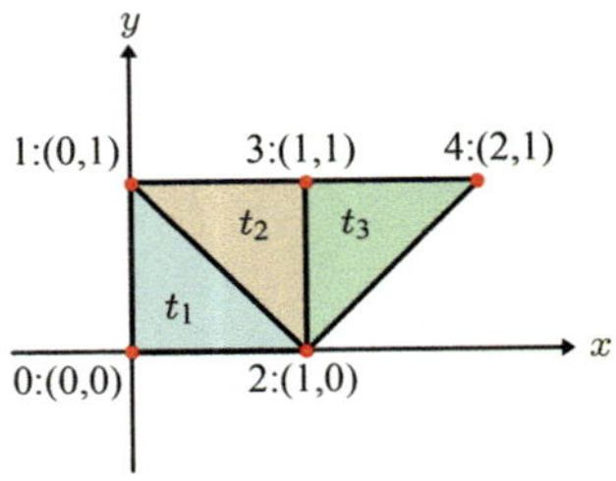

	정점 배열
0	(0,0)
1	(0,1)
2	(1,0)
3	(1,1)
4	(2,1)

인덱스 배열	
0	t_1
2	
1	
2	t_2
3	
1	
3	t_3
2	
4	

(b)

[그림 3.5] 삼각형 메시 표현(계속). (b) 중복된 정점이 없는 정점 배열을 만들고, 인덱스 배열을 사용한다.

는 2차원 삼각형 메시의 예를 보여주는데, 정점들이 저장된 메모리 공간은 **정점 배열**(vertex array)이라 부른다.[2]

이 표현법은 상당히 직관적이지만, 중복된 데이터를 가진다는 단점이 있다. 예를 들어 그림 3.5-(a)에서 (1,0)의 좌표를 가지는 정점은 모든 삼각형들에 속하므로 정점 배열에 세 번 나타나게 된다.

삼각형 메시에서 여러 개의 삼각형들에 의해 공유되지 않는 정점은 거의 없다. 따라서, 정점 배열에는 정점들을 중복 없이 저장하고 이들을 가리키는 인덱스를 별도의 **인덱스 배열**(index array)에 기록하면 효율적으로 메모리를 사용할 수 있다. 인덱스 배열에는 삼각형 당 세 개의 인덱스가 저장된다. 그림 3.5-(b)는 그림 3.5-(a)와 동일한 메시를 정점 배열과 인덱스 배열을 사용해 표현하였다.

그림 3.5와는 달리, 일반적으로 정점 배열에는 정점 위치뿐만 아니라 다종다양한 데이터가 포함된다(이들 데이터에 대해서는 이 책에서 차례차례 소개될 것이다). 따라서, 중복된 데이터를 제거하여 절약되는 정점 배열 공간은 인덱스 배열이 차지하는 공간 크기를 능가하게 된다. OpenGL ES는 인덱스를 사용하는 표현과 사용하지 않는 표현 모두를 지원한다. 하지만, 인덱스 없이 삼각형 메시를 표현하는 경우는 거의 없다고 보아도 무방하다.

16비트의 부호 없는 정수형(unsigned integer) 인덱스를 사용한다면, 2^{16}(=65,536)개의 정점을 표현할 수 있다. 32비트 인덱스를 사용한다면, 2^{32}(=4,294,967,296)개의 정점을 표현할 수

2 Direct3D는 이를 정점 버퍼(vertex buffer)라고 부른다.

있다. 정점 배열이 65,536개 이하의 정점을 저장하는 경우, 32비트 대신 16비트 형식을 쓰면 인덱스 배열의 크기를 줄일 수 있다.

3.2 표면 노멀

3차원 물체를 렌더링할 때 핵심적인 역할을 하는 것은 그 물체 표면의 **노멀**(surface normal), 즉 표면에 수직인 법선 벡터인데, 이를 삼각형 노멀과 정점 노멀로 분리해서 논의하자.

3.2.1 삼각형 노멀

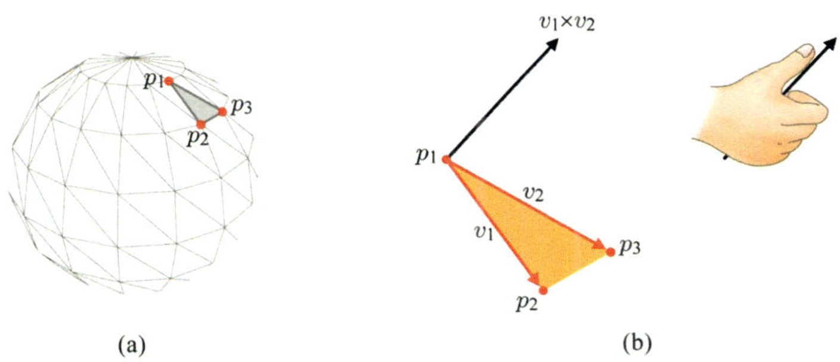

[그림 3.6] 삼각형 노멀. (a) 세 개의 정점 p_1, p_2, p_3로 구성된 삼각형. (b) 삼각형 노멀은 벡터곱 $v_1 \times v_2$로 정의된다.

그림 3.6-(a)의 삼각형 $< p_1, p_2, p_3 >$에 수직인 노멀은 간단하게 계산된다. 그림 3.6-(b)에 보인 바와 같이, 첫 번째 정점(p_1)과 두 번째 정점(p_2)을 잇는 벡터를 v_1이라 하고, 첫 번째 정점(p_1)과 세 번째 정점(p_3)을 잇는 벡터를 v_2라 하자. 삼각형 노멀은 v_1과 v_2의 벡터곱으로 정의된다.

$$n_{12} = \frac{v_1 \times v_2}{\|v_1 \times v_2\|} \tag{3.4}$$

컴퓨터 그래픽스에서는 기본적으로 모든 노멀을 단위 벡터로 표현한다. 따라서, 위 식에서는 $v_1 \times v_2$를 자신의 길이로 나누는 정규화 과정을 수행했다.

한편, 삼각형의 세 정점이 p_1, p_3, p_2 순서로 주어진 경우를 생각해 보자. 이 경우에, 위와 동일한 원칙을 적용해, 첫 번째 정점(p_1)과 두 번째 정점(p_3)을 잇는 벡터 v_2를 얻고, 첫 번째 정점(p_1)과 세 번째 정점(p_2)을 잇는 벡터 v_1을 얻은 후, v_2와 v_1의 벡터곱을 계산하면 그 결과는 다음과 같을 것이다.

$$n_{21} = \frac{v_2 \times v_1}{\|v_2 \times v_1\|} \tag{3.5}$$

2.4절에서 논의한 바와 같이, 식 (3.4)의 n_{12}와 식 (3.5)의 n_{21}은 반대 방향을 가리킨다. 즉 삼각형 노멀의 방향은 정점 순서가 p_1, p_2, p_3인지 혹은 p_1, p_3, p_2인지에 따라 달라진다.

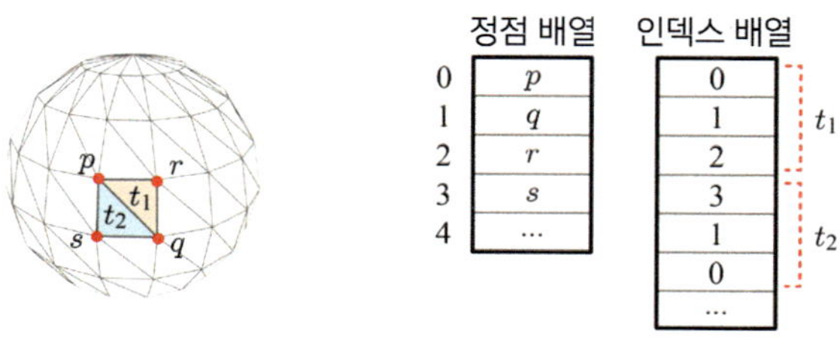

[그림 3.7] 인덱스 배열은 정점을 반시계 방향으로 정렬하여 저장한다.

그림 3.6-(a)의 삼각형을 $< p_1, p_2, p_3 >$로 표현하면 정점을 반시계 방향으로 정렬한 것이 되고, $< p_1, p_3, p_2 >$로 표현하면 정점을 시계 방향으로 정렬한 것이 된다. 오른손 법칙에 따르면, 반시계 방향으로 정렬된 정점은 물체 표면에서 바깥쪽을 향하는 노멀을 생성하고, 시계 방향으로 정렬된 정점은 물체 안쪽을 향하는 노멀을 생성한다. 컴퓨터 그래픽스에서 노멀은 물체 바깥을 향하게 하는 것이 원칙이다. 따라서, 삼각형의 정점은 항상 반시계 방향으로 정렬되어 있어야 한다. 그림 3.7을 보면, 각 삼각형의 정점들이 모두 반시계 방향으로 정렬되어 있음을 발견할 수 있다.

3.2.2 정점 노멀

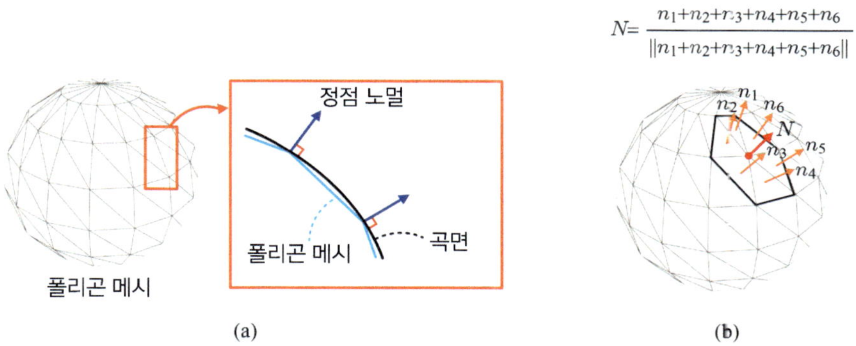

[그림 3.8] 정점 노멀. (a) 정점 노멀은 해당 정점이 샘플한 곡면의 노멀을 표현한다. (b) 정점 노멀은 해당 정점을 공유하는 삼각형들의 노멀의 평균으로 정의할 수 있다.

이제까지 삼각형 노멀에 대해 논의했지만 컴퓨터 그래픽스에서 실제 중요한 것은 **정점 노멀**(vertex normal)이다. 삼각형에 수직인 벡터로 정의되는 삼각형 노멀에 비해, 정점 노멀이 무엇인지 직관적으로 이해하기 어려울 수도 있다. 그렇다면, 그림 3.8-(a)에 보인 것처럼, 부드러운 곡면을 샘플하여 폴리곤 메시의 정점을 얻은 것임을 상기해 보자. 정점 노멀은 해당 정점이 샘플한 곡면에 수직이어야 함을 이해할 수 있을 것이다.

하지만 원래의 곡면 없이 폴리곤 메시만 주어졌을 때 정점 노멀을 계산하는 정답은 없다. 다만 그럴듯한 결과를 내는 기법들이 사용될 뿐이다. 가장 간단한 방법은 그림 3.8-(b)에 보인 바와 같이, 하나의 정점을 공유하는 모든 삼각형 노멀들의 평균을 취하는 것이다. 대개의 경우, 정점 노멀은 3ds Max 등과 같은 패키지가 자동으로 계산한다. 정점 노멀은 9장에서 기술할 라이팅에 필수적이므로, 정점 위치와 더불어 정점 배열의 핵심 구성 요소가 된다.

3.3 폴리곤 메시 내보내기와 불러오기

3.1.1절에서 소개한 것처럼 폴리곤 메시는 그래픽스 패키지를 사용해 오프라인에서 만들어지고 파일에 저장되어 런타임 응용 프로그램으로 넘겨진다. 하나의 응용에서 만들어진 데이터를 다른 응용에 적합한 형태로 출력하는 과정은 내보내기 혹은 익스포트(export)라 부르고,

이렇게 출력된 데이터를 읽어오는 과정은 불러오기 혹은 임포트(import)라 한다. 내보내기와 불러오기를 위해서는 간단한 프로그램이나 스크립트를 사용한다. 예를 들어, 3ds Max에서 내보내기를 하려면 3ds Max가 제공하는 MAXScript를 이용하면 된다.

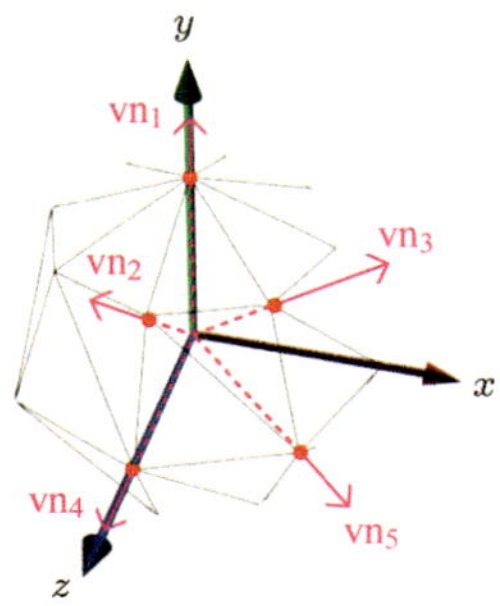


```
v 0.000 1.000 0.000      vn 0.000 1.000 0.000      g Sphere001
v 0.000 0.707 0.707      vn 0.000 0.663 0.748      f 1//1 2//2 3//3
v 0.500 0.707 0.500      vn 0.529 0.663 0.529      f 2//2 4//4 5//5
v 0.000 0.000 1.000      vn 0.000 0.000 1.000      f 5//5 3//3 2//2
v 0.707 0.000 0.707      vn 0.707 0.000 0.707          ⋮
         ⋮                        ⋮                     ⋮
v 0.000 -1.000 0.000     vn 0.000 -1.000 0.000
# 26 vertices            # 26 vertex normals       # 48 faces
```

(a)

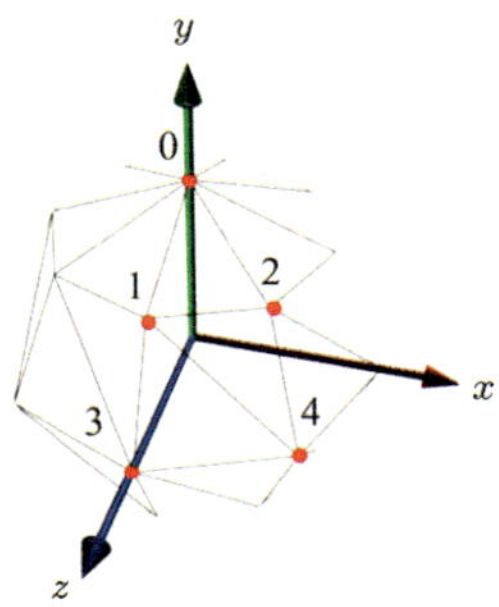

정점 배열

	위치	노멀
0	(0.000, 1.000, 0.000)	(0.000, 1.000, 0.000)
1	(0.000, 0.707, 0.707)	(0.000, 0.663, 0.748)
2	(0.500, 0.707, 0.500)	(0.529, 0.663, 0.529)
3	(0.000, 0.000, 1.000)	(0.000, 0.000, 1.000)
4	(0.707, 0.000, 0.707)	(0.707, 0.000, 0.707)
	⋮	⋮
25	(0.000, -1.000, 0.000)	(0.000, -1.000, 0.000)

인덱스 배열

0	0
1	1
2	2
3	1
4	3
5	4
	⋮
143	16

(b)

[그림 3.9] 삼각형 메시 내보내기와 불러오기. (a) 이해하기 쉽도록 메시의 정점 노멀 5개에 아래첨자를 표기했다. 예를 들어, vn_1은 첫 번째 노멀인 (0,1,0)이다. (b) 불러오기 결과 런타임 프로그램에 정점 배열과 인덱스 배열이 생성되었다.

대개의 그래픽스 패키지는 내보내기를 위해 다양한 파일 포맷을 지원하는데, 3ds Max가 지원하는 대표적인 파일 포맷 중 하나는 .obj이다. 이는 기본적으로 정점 위치와 노멀, 그리고 삼각형 정보를 저장하는데, 정점 위치는 vertex의 앞 글자 v, 정점 노멀은 vertex normal의 앞 글자 vn, 삼각형은 face(면)의 앞 글자 f를 기호로 사용한다. 그림 3.9-(a)는 저해상도로 모델링된 반지름이 1인 구, 그리고 이 구에 대한 .obj 파일의 일부를 보여주는데, v와 vn으로 시작하는 줄은 각각 정점 위치와 노멀의 3차원 좌표를 기록하고 있다. 그림 3.9-(a)

의 구는 26개의 정점으로 구성되는데, 이들 정점의 노멀은 모두 다르다. 따라서, 정점 노멀도 26개이다. 이와 달리, 여러 개의 정점이 동일한 노멀을 가지고 있는 경우라면, .obj 파일에서 정점 노멀의 개수는 정점 위치의 개수보다 작을 것이다.

그림 3.9-(a)의 구는 48개의 삼각형을 가지고 있다. 따라서 .obj 파일에서 f로 시작하는 줄은 48개이다. 하나의 삼각형이 가진 세 개의 정점 정보는 각각 위치와 노멀의 쌍으로 기록되는데, 이 둘은 //로 구분된다. 예를 들어, 첫 번째 삼각형의 첫 번째 정점은 1//1로 표기되었는데, 위치는 (0,1,0), 노멀도 (0,1,0)임을 말한다. 두 번째 정점은 2//2로 표기되었는데, 위치는 (0,0.707,0.707), 노멀은 (0,0.663,0.748)임을 말한다.

이와 같은 .obj 파일은 불러오기를 통해 그래픽스 응용 프로그램의 메모리 공간으로 옮겨지는데, 그림 3.9-(b)는 그렇게 생성된 정점 배열과 인덱스 배열을 보여준다. 삼각형 개수가 48이므로, 인덱스 배열은 144(=48×3)개의 원소를 가진다.

연습문제

1. 삼각형 노멀은 항상 물체 바깥쪽을 향해야 한다는 조건을 만족시키도록, 두 개의 삼각형 t_1과 t_2에 대한 정점 배열과 인덱스 배열을 채워라.

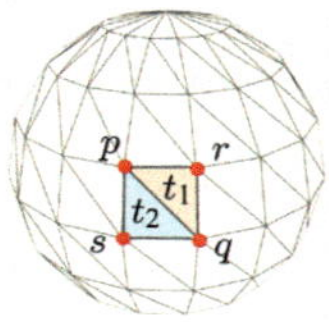

	정점 배열
0	
1	
2	
3	

	인덱스 배열
0	
1	
2	
3	
4	
5	

2. 닫힌 3차원 폴리곤 메시 중 가장 간단한 것은 사면체(tetrahedron)이다. 이를 구성하는 네 개의 정점이 (0,0,0), (1,0,0), (0,1,0), (0,0,1)이라고 가정하자. 이 사면체의 삼각형 노멀은 사면체 외부를 향해야 한다. 이 사면체를 표현하는 정점 배열과 인덱스 배열을 보여라.

3. 아래 그림의 메시는 8개의 삼각형으로 구성되어 있다. 인덱스 배열 없이 이 메시를 표현하는 경우, 정점 배열은 (   )개의 원소를 가진다. 반면, 인덱스 배열을 사용하여 이 메시를 표현하는 경우, 정점 배열과 인덱스 배열은 각각 (   )개와 (   )개의 원소를 가진다. 괄호 안을 채워라.

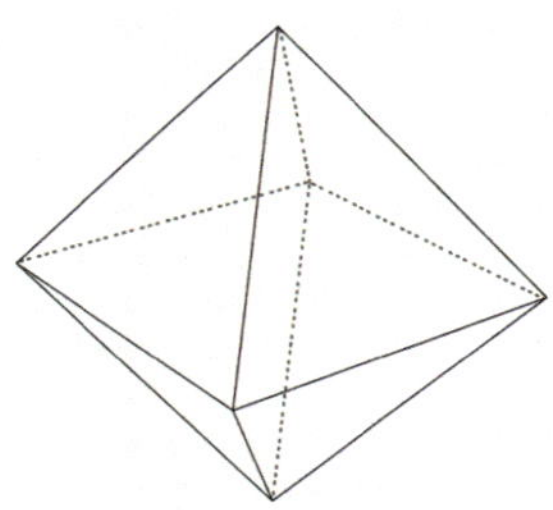

4. 원점에 중심을 가지는 구를 폴리곤 메시로 모델링하기 위해 위도와 경도 모두 10° 간격으로 정점을 정의한다고 가정하자. 이 메시의 정점은 모두 몇 개인가?

5. 아래 그림과 같은 메시를 표현하는 정점 배열과 인덱스 배열을 채워라.

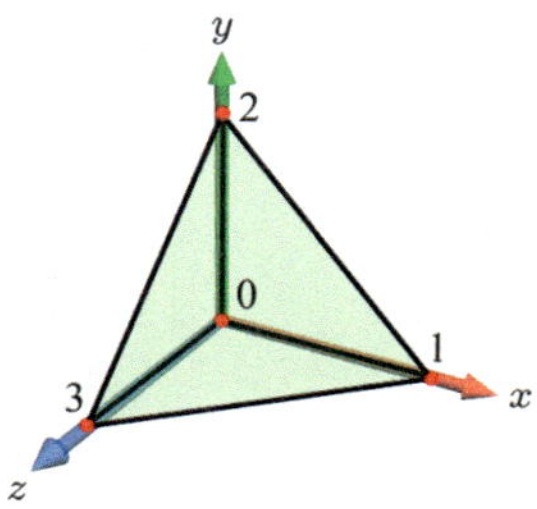

정점 배열

0	(0,0,0)
1	(1,0,0)
2	
3	(0,0,1)

인덱스 배열

0
2
1
3
2
0

6. 닫힌 삼각형 메시에서 v, e, f가 각각 메시의 정점, 변, 면의 개수를 나타낸다고 하자. [노트: 삼각형 메시에서의 정점-삼각형 비율]에서 우리는 v와 f 간 관계가 $f=2v-4$임을 밝혔다. 한편, v와 e 간 관계는 어떠한가?

04

좌표계와 변환

Spaces and Transforms

게임과 같은 3차원 가상 공간은 많은 물체들로 구성되어 있는데, 각 물체의 위치는 **이동**(translation)에 의해, 방향은 **회전**(rotation)에 의해 결정된다. 또한 각 물체는 **축소확대**(scal ng)될 수도 있다. 이러한 이동, 회전, 축소확대를 총칭하여 **변환**(transform)이라고 한다. 이 장에서는 우선 2차원 공간에서의 변환을 소개하고 이들이 어떤 행렬로 표현되는지 기술한 후, 이를 3차원으로 확장한다.

4.1 2차원 변환의 행렬 표현

4.1.1 축소확대

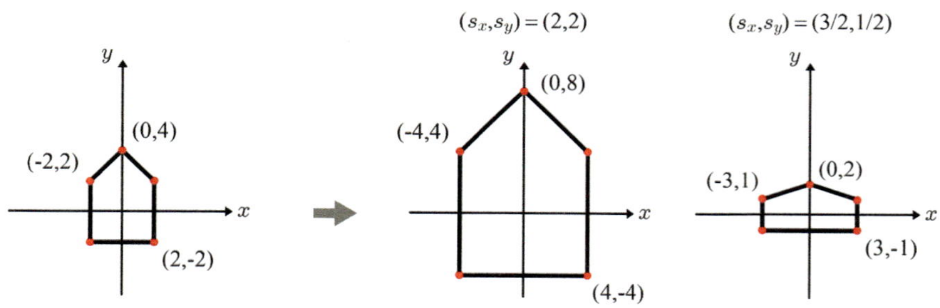

[그림 4.1] 2차원 축소확대.

2차원 축소확대는 다음과 같은 2×2 행렬로 표현된다.

$$S = \begin{pmatrix} s_x & 0 \\ 0 & s_y \end{pmatrix} \tag{4.1}$$

여기서 s_x와 s_y는 각각 x축과 y축 방향의 **축소확대 인자**(scaling factor)이다. 그 값이 1보다 작으면 축소를, 1보다 크면 확대를 의미한다. 2차원 벡터 (x, y)는 행렬-벡터 곱셈을 통해 축소확대된다.

$$\begin{pmatrix} s_x & 0 \\ 0 & s_y \end{pmatrix} \begin{pmatrix} x \\ y \end{pmatrix} = \begin{pmatrix} s_x x \\ s_y y \end{pmatrix} \tag{4.2}$$

다각형을 축소확대하려면 그 다각형의 모든 정점에 대해 식 (4.2) 연산을 수행하면 된다. 그림 4.1은 두 가지의 축소확대 예를 보여준다.

4.1.2 회전

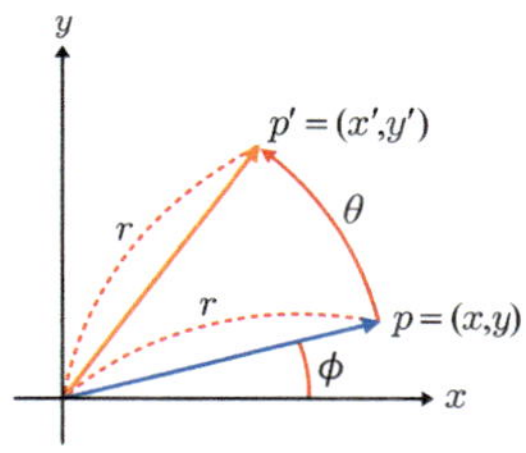

[그림 4.2] 벡터 p가 θ만큼 회전되어 새로운 벡터 p'가 되었다.

그림 4.2에서 2차원 벡터 p는 원점을 기준으로 θ만큼 회전하여 p'가 된다. 벡터 p의 길이가 r이라면, p의 좌표는 다음과 같다.

$$\begin{aligned} x &= rcos\phi \\ y &= rsin\phi \end{aligned} \tag{4.3}$$

회전한 벡터 p'의 길이 역시 r이므로 p'의 x좌표는 다음과 같다.

$$\begin{aligned} x' &= rcos(\phi+\theta) \\ &= rcos\phi cos\theta - rsin\phi sin\theta \\ &= xcos\theta - ysin\theta \end{aligned} \tag{4.4}$$

마찬가지 방법으로 y좌표를 계산하면 다음과 같다.

$$\begin{aligned} y' &= rsin(\phi+\theta) \\ &= rcos\phi sin\theta + rsin\phi cos\theta \\ &= xsin\theta + ycos\theta \end{aligned} \tag{4.5}$$

식 (4.4)와 (4.5)는 하나의 행렬-벡터 곱셈으로 통합될 수 있다.

$$\begin{pmatrix} x' \\ y' \end{pmatrix} = \begin{pmatrix} cos\theta & -sin\theta \\ sin\theta & cos\theta \end{pmatrix} \begin{pmatrix} x \\ y \end{pmatrix} \tag{4.6}$$

식 (4.6)의 2×2 행렬이 2차원 회전을 표현하는데, 이를 $R(\theta)$라고 표기하도록 하자.

그림 4.2에서 p는 반시계방향으로 회전되었는데, 시계방향으로의 회전 행렬을 얻으려면 $R(\theta)$에 θ 대신 $-\theta$를 넣으면 된다. 예를 들어 시계방향 90° 회전은 다음과 같이 정의된다.

$$R(-90°)=\begin{pmatrix} cos(-90°) & -sin(-90°) \\ sin(-90°) & cos(-90°) \end{pmatrix}=\begin{pmatrix} 0 & 1 \\ -1 & 0 \end{pmatrix} \tag{4.7}$$

한편, $-\theta$만큼 회전은 $2\pi-\theta$만큼 회전하는 것과 동일하다. 예를 들어, 식 (4.7)의 $R(-90°)$는 아래 보인 바와 같이 $R(270°)$와 같다.

$$R(270°)=\begin{pmatrix} cos270° & -sin270° \\ sin270° & cos270° \end{pmatrix}=\begin{pmatrix} 0 & 1 \\ -1 & 0 \end{pmatrix} \tag{4.8}$$

4.1.3 이동과 동차 좌표

위에서 배운 축소확대와 회전은 이른바 **선형 변환**(linear transform)이라는 범주에 속한다. 그런데, 축소확대와 회전 말고도 컴퓨터 그래픽스에서 자주 사용되는 또 다른 변환은 이동(translation)이다. 이는 (x,y)에 놓인 점을 $(x+dx,y+dy)$로 이동시키는데, (dx,dy)를 변위 벡터(displacement vector)라고 부른다. 이동은 선형 변환의 범주에 속하지 않으며, 다음처럼 벡터 덧셈으로 구현된다.

$$\begin{pmatrix} x \\ y \end{pmatrix}+\begin{pmatrix} d_x \\ d_y \end{pmatrix}=\begin{pmatrix} x+d_x \\ y+d_y \end{pmatrix} \tag{4.9}$$

이는 행렬 곱셈으로 구현되는 축소확대 및 회전과 다르다. 하지만, 이른바 **동차 좌표**(homogeneous coordinates)를 사용하면, 이동 역시 행렬 곱셈으로 구현될 수 있다. 한 점의 2차원 카테시안 좌표 (x,y)가 주어질 때 이에 대한 동차 좌표는 간단히 $(x,y,1)$로 표현할 수 있다. 당분간, 마지막 원소 1은 아무 의미 없이 삽입된 것으로 생각해도 된다. 한편, 3×3 단위 행렬의 마지막 열에 아래처럼 (dx,dy)를 삽입하면, 이것이 바로 이동 행렬이 된다.

$$\begin{pmatrix} 1 & 0 & d_x \\ 0 & 1 & d_y \\ 0 & 0 & 1 \end{pmatrix} \tag{4.10}$$

동차 좌표로 표현된 점에 이 행렬을 곱하자.

$$\begin{pmatrix} 1 & 0 & d_x \\ 0 & 1 & d_y \\ 0 & 0 & 1 \end{pmatrix} \begin{pmatrix} x \\ y \\ 1 \end{pmatrix} = \begin{pmatrix} x + d_x \\ y + d_y \\ 1 \end{pmatrix} \tag{4.11}$$

식 (4.9)와 (4.11)의 결과는 같다. 다만, 식 (4.9)는 카테시안 좌표 $(x+dx, y+dy)$로, 식 (4.11)은 동차 좌표 $(x+dx, y+dy, 1)$로 이동 결과를 보여줄 뿐이다.

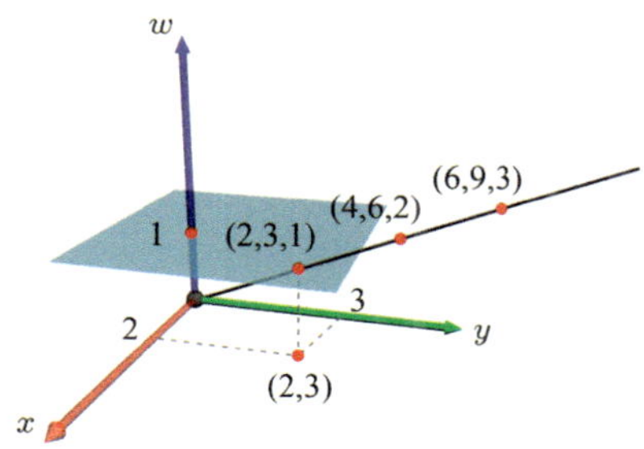

[그림 4.3] 카테시안 좌표 (2,3)을 w축을 따라 수직으로 끌어 올려서 $w=1$로 표현된 평면에 놓았다고 하자. 이 점의 좌표는 (2,3,1)이 된다. 이 점과 원점을 지나는 직선은 무한히 많은 동차 좌표들의 집합이다. 하나의 동차 좌표를 카테시안 좌표로 바꾸려면 이 직선을 따라 $w=1$ 평면으로 투영(project)시키면 된다.

이제 동차 좌표에 대해 조금 더 논의해 보자. 2차원 카테시안 좌표 (x, y)의 동차 좌표는 $(x, y, 1)$로 국한되지 않는다. 대신, (wx, wy, w)로 표현된다. 단, w는 0이 아니어야 한다. 예를 들어, $(2,3,1)$, $(4,6,2)$, $(6,9,3)$, $(20,30,10)$은 모두 동일한 카테시안 좌표 $(2,3)$에 해당하는 동차 좌표들이다. 즉, $(x, y, 1)$은 카테시안 좌표 (x, y)에 해당하는 무한히 많은 동차 좌표들 중 하나일 뿐이다. 그림 4.3은 이러한 동차 좌표의 개념을 보여준다. 2차원을 구성하는 x축과 y축에 w축이 추가되어 3차원 공간을 만들었는데, 원점을 지나는 3차원 직선은 카테시안 좌표 $(2,3)$에 해당하는 무한히 많은 동차 좌표들이 모인 것으로 보면 된다.

동차 좌표 (X, Y, w)가 주어졌을 때, 전체를 w로 나누면 $(X/w, Y/w, 1)$이 된다. 그림 4.3에서는, 3차원 직선 위의 한 점 (X, Y, w)를 직선을 따라 $w=1$ 평면으로 **투영**(project)시키는 것으로 이를 설명하고 있다. 이러한 투영 후에 $(X/w, Y/w)$를 취하면 바로 카테시안 좌표가 된다.

동차 좌표를 다루기 위해서는 축소확대 및 회전의 2×2 행렬 형태를 변경해야 한다. 예를 들어, 축소확대는 다음과 같은 3×3 행렬로 표현된다.

$$\begin{pmatrix} s_x & 0 & 0 \\ 0 & s_y & 0 \\ 0 & 0 & 1 \end{pmatrix} \tag{4.12}$$

왼쪽 위 2×2 행렬은 식 (4.1)을 그대로 복사한 것인데, 나머지 원소는 오른쪽 아래 1을 제외하고 모두 0으로 채워졌다. 같은 방식으로, 회전 행렬은 다음과 같이 표현된다.

$$\begin{pmatrix} cos\theta & -sin\theta & 0 \\ sin\theta & cos\theta & 0 \\ 0 & 0 & 1 \end{pmatrix} \tag{4.13}$$

4.1.4 2차원 변환의 결합

한 물체는 여러 번의 변환을 거칠 수 있다. 그림 4.4-(a)의 오각형은 90° 회전한 후에 x축을 따라 7만큼 이동했다. 이 회전과 이동을 각각 $R(90°)$ 및 $T(7,0)$으로 표현하자.

$$R(90°) = \begin{pmatrix} cos90° & -sin90° & 0 \\ sin90° & cos90° & 0 \\ 0 & 0 & 1 \end{pmatrix} = \begin{pmatrix} 0 & -1 & 0 \\ 1 & 0 & 0 \\ 0 & 0 & 1 \end{pmatrix} \tag{4.14}$$

$$T(7,0) = \begin{pmatrix} 1 & 0 & 7 \\ 0 & 1 & 0 \\ 0 & 0 & 1 \end{pmatrix} \tag{4.15}$$

그림 4.4-(a)에서 (0,4) 좌표를 가진 점은 $R(90°)$에 의해 $(-4,0)$으로 옮겨진다.

$$\begin{pmatrix} 0 & -1 & 0 \\ 1 & 0 & 0 \\ 0 & 0 & 1 \end{pmatrix} \begin{pmatrix} 0 \\ 4 \\ 1 \end{pmatrix} = \begin{pmatrix} -4 \\ 0 \\ 1 \end{pmatrix} \tag{4.16}$$

그 다음, $(-4,0)$은 $T(7,0)$에 의해 $(3,0)$으로 옮겨진다.

$$\begin{pmatrix} 1 & 0 & 7 \\ 0 & 1 & 0 \\ 0 & 0 & 1 \end{pmatrix} \begin{pmatrix} -4 \\ 0 \\ 1 \end{pmatrix} = \begin{pmatrix} 3 \\ 0 \\ 1 \end{pmatrix} \tag{4.17}$$

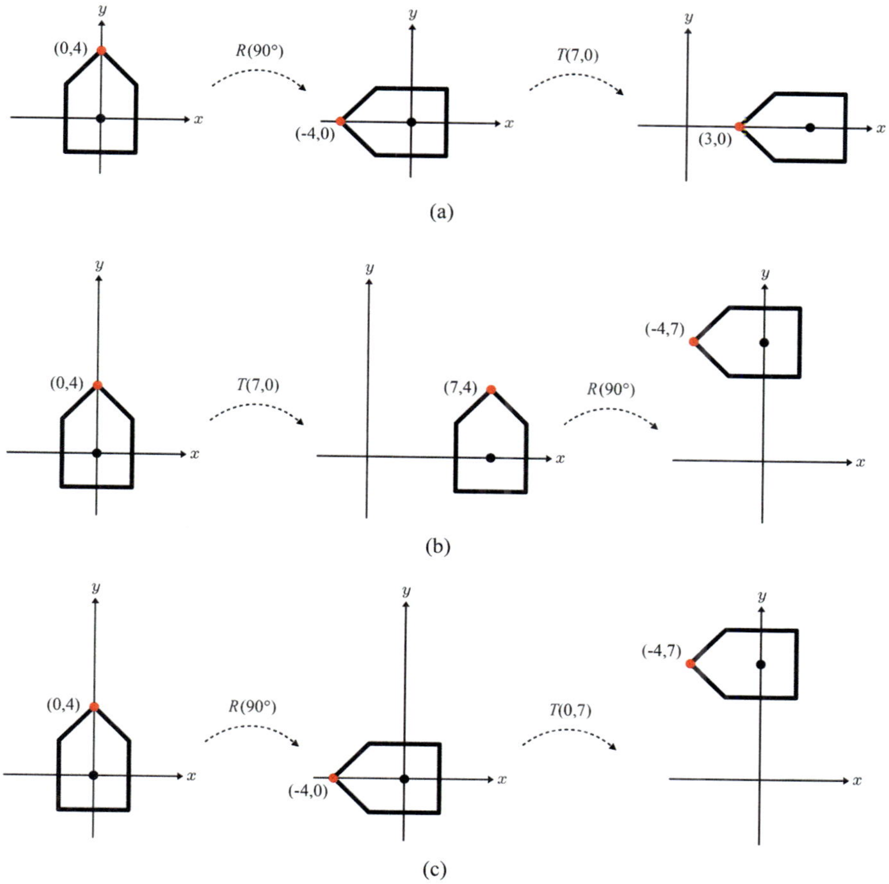

[그림 4.4] 2차원 변환의 결합. (a) 다각형이 회전된 후 이동되었다. (b) 다각형이 이동된 후 회전되었다. $R(90°)$는 원점 중심의 회전임을 상기하라. (c) 식 (4.27)에 보인 바와 같이, (b)의 변환은 회전에 이은 이동으로도 표현될 수 있다.

$R(90°)$와 $T(7,0)$ 모두 3×3 행렬이므로 하나로 결합될 수 있다.

$$
\begin{aligned}
T(7,0)R(90°) &= \begin{pmatrix} 1 & 0 & 7 \\ 0 & 1 & 0 \\ 0 & 0 & 1 \end{pmatrix} \begin{pmatrix} 0 & -1 & 0 \\ 1 & 0 & 0 \\ 0 & 0 & 1 \end{pmatrix} \\
&= \begin{pmatrix} 0 & -1 & 7 \\ 1 & 0 & 0 \\ 0 & 0 & 1 \end{pmatrix}
\end{aligned}
\tag{4.18}
$$

원래 (0,4)에 있던 점에 위 행렬을 적용하면 (3,0)으로 옮겨진다.

$$\begin{pmatrix} 0 & -1 & 7 \\ 1 & 0 & 0 \\ 0 & 0 & 1 \end{pmatrix} \begin{pmatrix} 0 \\ 4 \\ 1 \end{pmatrix} = \begin{pmatrix} 3 \\ 0 \\ 1 \end{pmatrix} \tag{4.19}$$

행렬 곱셈에서는 교환 법칙이 성립하지 않는다. 회전(R)에 이은 이동(T)은 다음과 같이 결합된다.

$$\begin{aligned} TR &= \begin{pmatrix} 1 & 0 & d_x \\ 0 & 1 & d_y \\ 0 & 0 & 1 \end{pmatrix} \begin{pmatrix} cos\theta & -sin\theta & 0 \\ sin\theta & cos\theta & 0 \\ 0 & 0 & 1 \end{pmatrix} \\ &= \begin{pmatrix} cos\theta & -sin\theta & d_x \\ sin\theta & cos\theta & d_y \\ 0 & 0 & 1 \end{pmatrix} \end{aligned} \tag{4.20}$$

한편, 순서를 바꿔, 이동(T)에 이은 회전(R)은 다음과 같이 결합된다.

$$\begin{aligned} RT &= \begin{pmatrix} cos\theta & -sin\theta & 0 \\ sin\theta & cos\theta & 0 \\ 0 & 0 & 1 \end{pmatrix} \begin{pmatrix} 1 & 0 & d_x \\ 0 & 1 & d_y \\ 0 & 0 & 1 \end{pmatrix} \\ &= \begin{pmatrix} cos\theta & -sin\theta & d_xcos\theta - d_ysin\theta \\ sin\theta & cos\theta & d_xsin\theta + d_ycos\theta \\ 0 & 0 & 1 \end{pmatrix} \end{aligned} \tag{4.21}$$

이 결과는 식 (4.20)과 다르다. 이는 그림 4.4-(a)와 (b)에서도 확인할 수 있다.

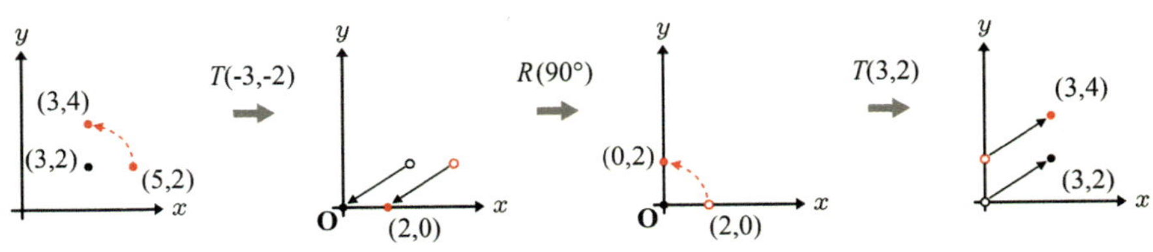

[그림 4.5] 임의의 점을 중심으로 한 회전.

4.1.2절에서 소개한 회전은 원점을 중심으로 한 것이었다. 이제 임의의 점을 중심으로 하는 회전에 대해 생각해 보자. 그림 4.5의 왼쪽에 보인 예에서, (5.2) 점은 원점 대신 (3,2) 점을 중심으로 90° 회전하여 (3,4)에 놓인다. 만약 우리가 (5,2)에 $R(90°)$를 적용하면 다음과 같이 틀린 결과를 얻게 될 것이다.

$$\begin{pmatrix} 0 & -1 & 0 \\ 1 & 0 & 0 \\ 0 & 0 & 1 \end{pmatrix} \begin{pmatrix} 5 \\ 2 \\ 1 \end{pmatrix} = \begin{pmatrix} -2 \\ 5 \\ 1 \end{pmatrix} \tag{4.22}$$

임의의 점 (a,b)를 중심으로 (x,y)를 회전하는 것은 다음과 같은 세 단계로 나눠져 구현된다: (1) (x,y)를 $(-a,-b)$만큼 이동, (2) 이동된 점 $(x-a,y-b)$를 원점 중심으로 회전, (3) 회전 결과를 (a,b)만큼 이동. 그림 4.5는 이 과정을 보여주고 있다: (1) (5,2)는 (-3,-2)만큼 이동하여 (2,0)이 되었는데, 이는 (2)단계에서 수행할 회전의 중심을 원점으로 바꾸는 효과를 가진다. (2) 이제 (2,0)에 90° 회전을 적용할 것인데, 우리가 식 (4.6)에서 정의한 회전은 항상 원점을 중심으로 하므로, (2,0)은 (0,2)로 옮겨진다. (3) 마지막으로 (0,2)를 (3,2)만큼 이동하여 (3,4)를 얻는다. 이러한 세 단계의 행렬을 결합하면 아래와 같다.

$$\begin{pmatrix} 1 & 0 & 3 \\ 0 & 1 & 2 \\ 0 & 0 & 1 \end{pmatrix} \begin{pmatrix} 0 & -1 & 0 \\ 1 & 0 & 0 \\ 0 & 0 & 1 \end{pmatrix} \begin{pmatrix} 1 & 0 & -3 \\ 0 & 1 & -2 \\ 0 & 0 & 1 \end{pmatrix} = \begin{pmatrix} 0 & -1 & 5 \\ 1 & 0 & -1 \\ 0 & 0 & 1 \end{pmatrix} \tag{4.23}$$

초기에 주어진 점 (5,2)에 이 행렬을 적용한 결과는 (3,4)가 된다.

$$\begin{pmatrix} 0 & -1 & 5 \\ 1 & 0 & -1 \\ 0 & 0 & 1 \end{pmatrix} \begin{pmatrix} 5 \\ 2 \\ 1 \end{pmatrix} = \begin{pmatrix} 3 \\ 4 \\ 1 \end{pmatrix} \tag{4.24}$$

4.2 아핀 변환

축소확대, 회전, 이동의 세 변환 중, 축소확대와 회전은 선형 변환 범주에 속하지만, 이동은 그렇지 않다. 선형변환과 이동을 포함하는 범주를 **아핀 변환**(affine transform)이라 한다. 2차원 아핀 변환은 3×3 행렬로 표현되므로, 몇 개의 아핀 변환이 주어지건 이는 모두 하나의 행렬로 결합 가능하다. 앞서 식 (4.20)은 회전(R)에 이은 이동(T)이 결합된 행렬을 보여줬는데, 이를 TR이라고 표기했다. 여기에 축소확대(S)를 추가한 결과는 다음과 같다.

$$\begin{aligned} SRT &= \begin{pmatrix} s_x & 0 & 0 \\ 0 & s_y & 0 \\ 0 & 0 & 1 \end{pmatrix} \begin{pmatrix} cos\theta & -sin\theta & d_x cos\theta - d_y sin\theta \\ sin\theta & cos\theta & d_x sin\theta + d_y cos\theta \\ 0 & 0 & 1 \end{pmatrix} \\ &= \begin{pmatrix} s_x cos\theta & -s_x sin\theta & s_x d_x cos\theta - s_x d_y sin\theta \\ s_y sin\theta & s_y cos\theta & s_y d_x sin\theta + s_y d_y cos\theta \\ 0 & 0 & 1 \end{pmatrix} \end{aligned} \tag{4.25}$$

식 (4.20), (4.21), (4.25)에서 모든 결과는 3×3 행렬이다. 그런데, 한 가지 눈여겨 볼 점은, 이들 행렬의 3번 행은 항상 (0 0 1)로 고정된다는 것이다.

이렇게 고정불변인 3번 행을 무시하고 나머지 2×3 행렬을 $[\boldsymbol{L}|\boldsymbol{t}]$로 표기하자. $\boldsymbol{L}$은 왼쪽의 2×2 행렬을, $\boldsymbol{t}$는 3번 열을 말한다. 여러 개의 아핀 변환이 결합된 $[\boldsymbol{L}|\boldsymbol{t}]$에서, $\boldsymbol{L}$은 '누적된 선형 변환'을, $\boldsymbol{t}$는 '누적된 이동'을 표현한다. 식 (4.20)과 (4.21)에서 $\boldsymbol{L}$은 입력으로 주어진 R과 같음을 발견할 수 있는데, 이는 R이 행렬 결합에 사용된 유일한 선형 변환이기 때문이다. 이와는 달리 식 (4.25)에서 $\boldsymbol{L}$은 R과 S의 결합이다. $\boldsymbol{L}$에는 어떠한 이동 요소도 포함되지 않는다. 식 (4.20), (4.21), (4.25)를 보면, 변위 벡터 원소인 dx와 dy가 $\boldsymbol{L}$에 포함되어 있지 않음을 알 수 있다. 반면, $[\boldsymbol{L}|\boldsymbol{t}]$의 $\boldsymbol{t}$는 입력으로 주어진 선형 변환을 포함할 수 있다. 식 (4.21)과 (4.25)를 보라.

그림 4.4-(b)를 예로 들어보자. 두 변환은 다음과 같이 결합된다.

$$\begin{aligned} R(90°)T(7,0) &= \begin{pmatrix} 0 & -1 & 0 \\ 1 & 0 & 0 \\ 0 & 0 & 1 \end{pmatrix} \begin{pmatrix} 1 & 0 & 7 \\ 0 & 1 & 0 \\ 0 & 0 & 1 \end{pmatrix} \\ &= \begin{pmatrix} \mathbf{0} & \mathbf{-1} & \mathbf{0} \\ \mathbf{1} & \mathbf{0} & \mathbf{7} \\ 0 & 0 & 1 \end{pmatrix} \end{aligned} \tag{4.26}$$

$\boldsymbol{L}$은 빨간색으로, $\boldsymbol{t}$는 파란색으로 표시되었다. 결합 과정에 사용된 유일한 선형 변환이 $R(90°)$이므로 $R(90°)$가 그대로 복사되어 $\boldsymbol{L}$을 만든 반면, $\boldsymbol{t}$는 입력으로 주어진 $T(7,0)$의 세 번째 열과 다름에 주의하라.

식 (4.21)과 (4.25)의 $\boldsymbol{t}$는 약간 복잡해 보이기는 하지만 변위 벡터의 역할을 수행한다. 어떤 물체를 $[\boldsymbol{L}|\boldsymbol{t}]$로 변환하는 것을 개념적으로 해석하면, 그 물체에 $\boldsymbol{L}$을 먼저 적용하고 그렇게 선형 변환된 물체에 $\boldsymbol{t}$를 적용하는 것과 같다. 즉, 폴리곤 메시로 표현된 물체의 각 정점을 p라 할 때, $\boldsymbol{L}p+\boldsymbol{t}$ 방식으로 변환이 이뤄지는 것이다. 예를 들어, 식 (4.26)의 마지막 행렬이 적용되는 방식을 개념적으로 풀어쓰면 다음과 같다.

$$\begin{pmatrix} \mathbf{0} & \mathbf{-1} & \mathbf{0} \\ \mathbf{1} & \mathbf{0} & \mathbf{7} \\ 0 & 0 & 1 \end{pmatrix} = \begin{pmatrix} 1 & 0 & \mathbf{0} \\ 0 & 1 & \mathbf{7} \\ 0 & 0 & 1 \end{pmatrix} \begin{pmatrix} \mathbf{0} & \mathbf{-1} & 0 \\ \mathbf{1} & \mathbf{0} & 0 \\ 0 & 0 & 1 \end{pmatrix} \tag{4.27}$$

그림 4.4-(c)는 이러한 개념적인 순서를 보여준다.

축소확대 없이 회전과 이동이 결합된 변환을 생각해 보자. 이 변환은 물체의 방향과 위치를 변경시킬 뿐 그 물체의 외양에는 영향을 미치지 못한다. 이런 점에서 이를 **강체 변환**(rigid-body motion 혹은 간단히 rigid motion)이라 부른다. 아무리 많은 수의 회전과 이동이 결합되어도, 최종 강체 변환 행렬은 $[\boldsymbol{R}|\boldsymbol{t}]$로 표현되는데, $\boldsymbol{R}$은 '누적된 회전'을, $\boldsymbol{t}$는 '누적된 이동'을 표현한다. 물론, $\boldsymbol{R}$에는 어떠한 이동 요소도 포함되지 않는 반면, $\boldsymbol{t}$는 입력으로 주어진 회전 변환을 포함할 수 있다. 어떤 물체를 $[\boldsymbol{R}|\boldsymbol{t}]$로 변환하는 것을 개념적으로 해석하면, 그 물체에 $\boldsymbol{R}$을 먼저 적용하고 그렇게 회전된 물체에 $\boldsymbol{t}$를 적용하는 것과 같다.

4.3 3차원 변환의 행렬 표현

이제까지 우리는 2차원 아핀 변환을 공부했다. 이제 이를 3차원으로 확장해 보자.

4.3.1 축소확대

3차원 축소확대는 다음과 같은 3×3 행렬로 표현된다.

$$\begin{pmatrix} s_x & 0 & 0 \\ 0 & s_y & 0 \\ 0 & 0 & s_z \end{pmatrix} \tag{4.28}$$

예전의 2차원 2×2 행렬에 추가된 s_z는 z축 방향 축소확대 인자이다. 3차원 벡터 (x,y,z)는 행렬-벡터 곱셈을 통해 다음처럼 축소확대된다.

$$\begin{pmatrix} s_x & 0 & 0 \\ 0 & s_y & 0 \\ 0 & 0 & s_z \end{pmatrix} \begin{pmatrix} x \\ y \\ z \end{pmatrix} = \begin{pmatrix} s_x x \\ s_y y \\ s_z z \end{pmatrix} \tag{4.29}$$

폴리곤 메시를 축소확대하려면 그 메시의 모든 정점에 대해 식 (4.29) 연산을 수행하면 된다. 그림 4.6은 축소확대의 두 가지 예를 보여주는데, 처음 경우와 같이 모든 축소확대 인자가 같으면 균등(uniform)하다고, 그렇지 않다면 비균등(non-uniform)하다고 부른다.

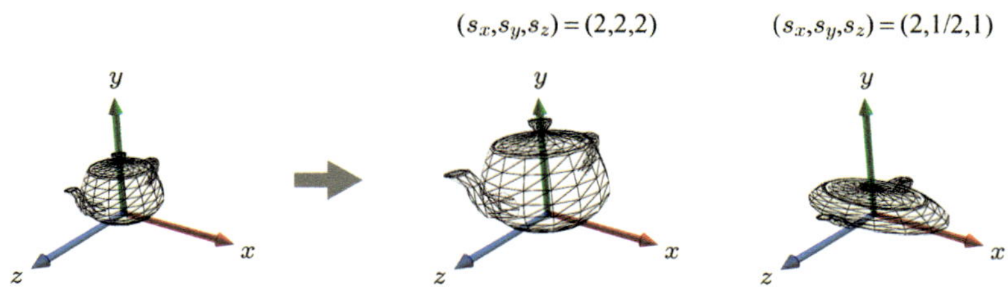

[그림 4.6] 3차원 축소확대.

4.3.2 회전

회전중심(center of rotation)을 필요로 했던 2차원 회전과는 달리, 3차원 회전은 회전축(axis of rotation)을 필요로 한다. 먼저, z축을 중심으로 θ만큼 회전하는 $R_z(\theta)$를 유도해 보자. $R_z(\theta)$에 의해 벡터 (x,y,z)가 (x',y',z')로 변환된다고 하자. 이 벡터의 z좌표는 $R_z(\theta)$에 의해 바뀌지 않는다.

$$z' = z \tag{4.30}$$

반면, x와 y좌표는 각각 식 (4.4)와 (4.5)에 의하여 바뀐다. 식 (4.4), (4.5), (4.30)을 하나의 행렬-벡터 곱셈으로 통합하면 다음과 같다.

$$\begin{pmatrix} x' \\ y' \\ z' \end{pmatrix} = \begin{pmatrix} cos\theta & -sin\theta & 0 \\ sin\theta & cos\theta & 0 \\ 0 & 0 & 1 \end{pmatrix} \begin{pmatrix} x \\ y \\ z \end{pmatrix} \tag{4.31}$$

위 행렬이 바로 $R_z(\theta)$이다. 한 물체를 z축 중심으로 θ만큼 회전시키려면, 그 물체의 폴리곤 메시를 구성하는 모든 정점에 위 $R_z(\theta)$를 적용한다. 그림 4.7-(a)의 주전자는 $R_z(90°)$에 의해 회전되었다.

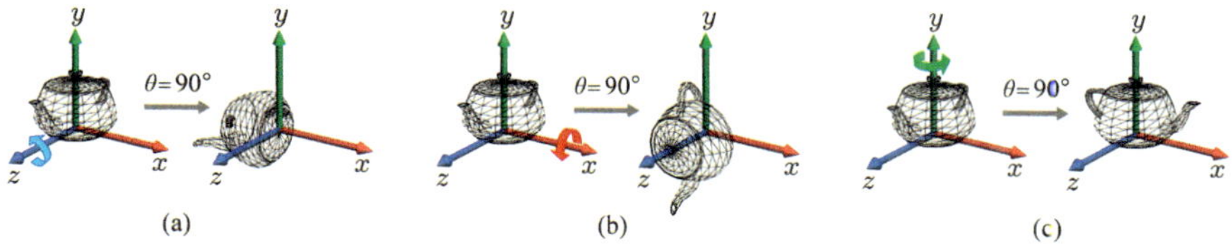

[그림 4.7] 주축 중심 회전. (a) $R_z(90°)$. (b) $R_x(90°)$. (c) $R_y(90°)$.

이제 그림 4.7-(b)에 보인 바와 같은 x축 중심 회전 $R_x(\theta)$를 유도해 보자. $R_x(\theta)$는 x좌표를 바꾸지 못한다.

$$x' = x \tag{4.32}$$

한편, 그림 4.7-(b)에서 오른손의 엄지 손가락을 회전축과 나란히 놓으면, 나머지 네 손가락은 y축에서 z축으로 움직인다. 다시 그림 4.7-(a)로 돌아가 보면, 네 손가락은 x축에서 y축으로 움직였다. 즉, 그림 4.7-(a)의 x축의 역할이 그림 4.7-(b)에서 y축으로 교체되고, 그림 4.7-(a)의 y축은 그림 4.7-(b)에서 z축으로 교체된 것이다. 이러한 교체를 식 (4.4)와 (4.5)에 적용하면, 우리는 회전된 벡터의 y 및 z좌표를 다음과 같이 정의할 수 있다.

$$y' = ycos\theta - zsin\theta \tag{4.33}$$

$$z' = ysin\theta + zcos\theta \tag{4.34}$$

식 (4.32), (4.33), (4.34)를 하나의 행렬-벡터 곱셈으로 통합하면 $R_x(\theta)$를 얻을 수 있다.

$$R_x(\theta) = \begin{pmatrix} 1 & 0 & 0 \\ 0 & cos\theta & -sin\theta \\ 0 & sin\theta & cos\theta \end{pmatrix} \tag{4.35}$$

이제 그림 4.7-(b)와 (c)에 대해 위와 동일한 논리를 적용하면 y축 중심 회전 $R_y(\theta)$를 유도할 수 있다.

$$R_y(\theta) = \begin{pmatrix} cos\theta & 0 & sin\theta \\ 0 & 1 & 0 \\ -sin\theta & 0 & cos\theta \end{pmatrix} \tag{4.36}$$

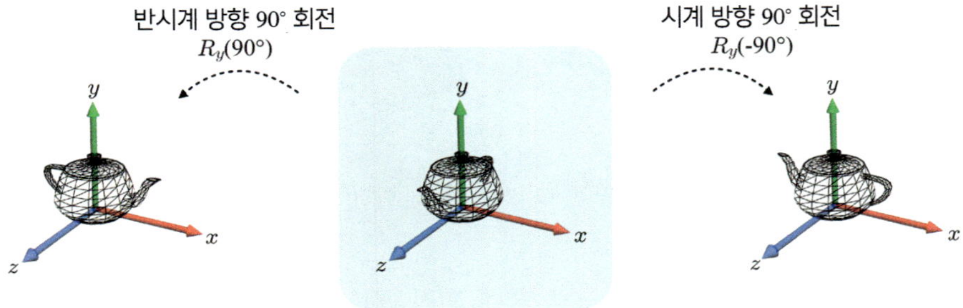

[그림 4.8] 중앙에 그려진 주전자를 y축을 중심으로 반시계 방향으로 90° 회전시킨 결과가 왼쪽에, 시계 방향으로 90° 회전시킨 결과가 오른쪽에 그려져 있다.

그림 4.8은 y축을 중심으로 한 반시계 방향 및 시계 방향 회전을 비교한다. 회전축이 우리 눈을 향하고 있을 때, 회전이 반시계 방향으로 이뤄지는 것으로 보이면 회전각도 θ는 양수가 되고, 반대로 회전이 시계 방향으로 이뤄지면 θ는 음수가 된다.

4.3.3 이동과 동차 좌표

동차 좌표를 이용한 3차원 이동은 4×4 단위 행렬의 마지막 열에 (dx,dy,dz)를 삽입한 것으로 정의된다.

$$\begin{pmatrix} 1 & 0 & 0 & d_x \\ 0 & 1 & 0 & d_y \\ 0 & 0 & 1 & d_z \\ 0 & 0 & 0 & 1 \end{pmatrix} \tag{4.37}$$

이를 3차원 점의 동차 좌표 $(x,y,z,1)$에 곱하면 다음과 같은 결과를 얻는다.

$$\begin{pmatrix} 1 & 0 & 0 & d_x \\ 0 & 1 & 0 & d_y \\ 0 & 0 & 1 & d_z \\ 0 & 0 & 0 & 1 \end{pmatrix} \begin{pmatrix} x \\ y \\ z \\ 1 \end{pmatrix} = \begin{pmatrix} x+d_x \\ y+d_y \\ z+d_z \\ 1 \end{pmatrix} \tag{4.38}$$

앞서 정의한 3차원 축소확대 및 회전 행렬도 동차 좌표계에서는 4×4 크기를 가지게 되는데, 축소확대의 예를 들면 다음과 같다.

$$\begin{pmatrix} s_x & 0 & 0 & 0 \\ 0 & s_y & 0 & 0 \\ 0 & 0 & s_z & 0 \\ 0 & 0 & 0 & 1 \end{pmatrix} \tag{4.39}$$

4.4 월드 변환

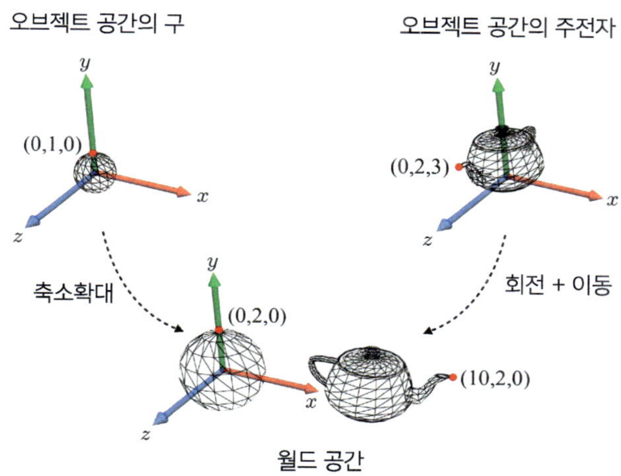

[그림 4.9] 자신의 오브젝트 공간에서 정의된 구와 주전자가 월드 공간으로 모아진다.

하나의 물체를 모델링하는 데 사용된 좌표계를 **오브젝트 공간**(object space)이라 부른다. 각자의 오브젝트 공간에서 정의된 물체들로 3차원 가상 환경을 구성하려면 이들을 하나의 좌표계로 통합해야 하는데, 이 좌표계를 **월드 공간**(world space)이라 부른다. 그림 4.9의 가상 환경은 구와 주전자로 구성되는데, 이들은 각각 나름의 **월드 변환**(world transform)[1]을 통해 월드 공간으로 옮겨진다.

먼저, 구를 살펴보자. 오브젝트 공간에서 구의 반지름은 1이었다. 월드 공간에서 반지름이 2인 구를 만들고 싶다면, 구를 위한 월드 변환은 축소확대 인자를 모두 2로 가지는 균등 축소확대이다.

1 OpenGL ES는 이를 모델링 변환(modeling transform)이라고 부르는데, 월드 변환이 보다 적절한 명칭이다.

$$\begin{pmatrix} 2 & 0 & 0 & 0 \\ 0 & 2 & 0 & 0 \\ 0 & 0 & 2 & 0 \\ 0 & 0 & 0 & 1 \end{pmatrix} \tag{4.40}$$

그림 4.9에서 구의 북극점은 오브젝트 공간에서 (0,1,0)의 좌표를 가졌지만, 식 (4.40)의 변환에 의해 월드 공간에서는 (0,2,0)의 좌표를 가지게 된다.

$$\begin{pmatrix} 2 & 0 & 0 & 0 \\ 0 & 2 & 0 & 0 \\ 0 & 0 & 2 & 0 \\ 0 & 0 & 0 & 1 \end{pmatrix} \begin{pmatrix} 0 \\ 1 \\ 0 \\ 1 \end{pmatrix} = \begin{pmatrix} 0 \\ 2 \\ 0 \\ 1 \end{pmatrix} \tag{4.41}$$

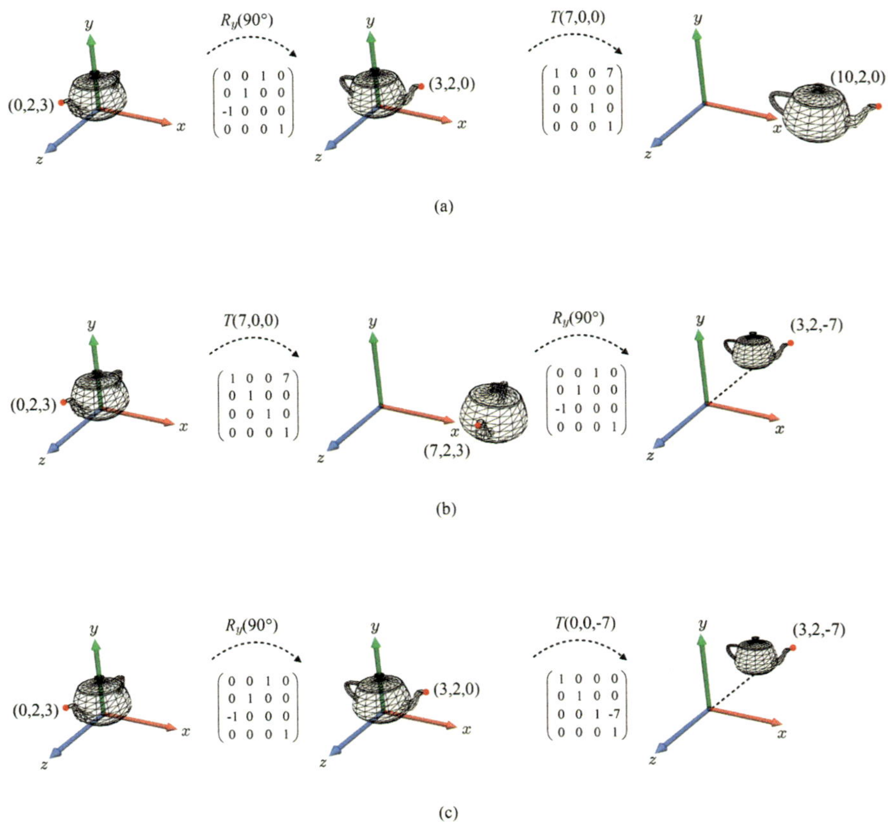

[그림 4.10] 3차원 변환의 결합. (a) 주전자가 회전된 후 이동되었다. (b) 주전자가 이동된 후 회전되었다. (c) 식 (4.48)에 보인 바와 같이, (b)의 변환은 회전에 이은 이동으로 이해할 수 있다.

그림 4.9에서 주전자에 적용된 월드 변환은 y축 중심 90° 회전인 $R_y(90°)$와 x축 방향 7만큼 이동인 $T(7,0,0)$으로 구성된다. 그림 4.10-(a)는 이 두 단계를 보여준다. $R_y(90°)$는 식 (4.36)에 따라 아래처럼 정의된다(동차 좌표를 처리하기 위해 4×4 행렬을 사용했다).

$$R_y(90°) = \begin{pmatrix} 0 & 0 & 1 & 0 \\ 0 & 1 & 0 & 0 \\ -1 & 0 & 0 & 0 \\ 0 & 0 & 0 & 1 \end{pmatrix} \tag{4.42}$$

원래 (0,2,3)에 있던 주전자의 주둥이 끝이 회전 후에는 (3,2,0)에 놓이게 된다.

$$\begin{pmatrix} 0 & 0 & 1 & 0 \\ 0 & 1 & 0 & 0 \\ -1 & 0 & 0 & 0 \\ 0 & 0 & 0 & 1 \end{pmatrix} \begin{pmatrix} 0 \\ 2 \\ 3 \\ 1 \end{pmatrix} = \begin{pmatrix} 3 \\ 2 \\ 0 \\ 1 \end{pmatrix} \tag{4.43}$$

$T(7,0,0)$은 다음과 같다.

$$T(7,0,0) = \begin{pmatrix} 1 & 0 & 0 & 7 \\ 0 & 1 & 0 & 0 \\ 0 & 0 & 1 & 0 \\ 0 & 0 & 0 & 1 \end{pmatrix} \tag{4.44}$$

(3,2,0)에 있던 주전자의 주둥이 끝은 이동 후 (10,2,0)에 놓이게 된다

$$\begin{pmatrix} 1 & 0 & 0 & 7 \\ 0 & 1 & 0 & 0 \\ 0 & 0 & 1 & 0 \\ 0 & 0 & 0 & 1 \end{pmatrix} \begin{pmatrix} 3 \\ 2 \\ 0 \\ 1 \end{pmatrix} = \begin{pmatrix} 10 \\ 2 \\ 0 \\ 1 \end{pmatrix} \tag{4.45}$$

$R_y(90°)$와 $T(7,0,0)$은 하나의 행렬로 합쳐질 수 있다.

$$\begin{aligned} T(7,0,0)R_y(90°) &= \begin{pmatrix} 1 & 0 & 0 & 7 \\ 0 & 1 & 0 & 0 \\ 0 & 0 & 1 & 0 \\ 0 & 0 & 0 & 1 \end{pmatrix} \begin{pmatrix} 0 & 0 & 1 & 0 \\ 0 & 1 & 0 & 0 \\ -1 & 0 & 0 & 0 \\ 0 & 0 & 0 & 1 \end{pmatrix} \\ &= \begin{pmatrix} 0 & 0 & 1 & 7 \\ 0 & 1 & 0 & 0 \\ -1 & 0 & 0 & 0 \\ 0 & 0 & 0 & 1 \end{pmatrix} \end{aligned} \tag{4.46}$$

이것이 바로 주전자를 위한 월드 변환 행렬이다. 오브젝트 공간에서 (0,2,3)의 좌표를 가졌던 주전자 주둥이 끝은 이 행렬에 의해 월드 공간의 (10,2,0)으로 옮겨진다.

$$\begin{pmatrix} 0 & 0 & 1 & 7 \\ 0 & 1 & 0 & 0 \\ -1 & 0 & 0 & 0 \\ 0 & 0 & 0 & 1 \end{pmatrix} \begin{pmatrix} 0 \\ 2 \\ 3 \\ 1 \end{pmatrix} = \begin{pmatrix} 10 \\ 2 \\ 0 \\ 1 \end{pmatrix} \tag{4.47}$$

물론, 이 결과는 식 (4.45)와 동일하다.

우리가 4.2절에서 논의한 2차원 아핀 변환의 특성은 3차원에서도 그대로 유지된다. 우선, 행렬 곱셈에서는 교환 법칙이 성립하지 않는다. 그림 4.10-(a)에서는 $R_y(90°)$, $T(7,0,0)$ 순서로, 그림 4.10-(b)에서는 $T(7,0,0)$, $R_y(90°)$ 순서로 변환이 이뤄졌는데, 그 결과는 다르다.

3차원 축소확대, 회전, 이동 행렬들은 하나의 4×4 행렬로 결합 가능한데, 식 (4.46)에서 볼 수 있듯, 그 네 번째 행은 항상 (0 0 0 1)이다. 이렇게 고정불변인 네 번째 행을 제외한 나머지 3×4 행렬은 $[\boldsymbol{L}|\boldsymbol{t}]$로 표기되는데, 왼쪽의 3×3 행렬인 $\boldsymbol{L}$은 '누적된 선형 변환'을 표현하고, 4번 열 $\boldsymbol{t}$는 '누적된 이동'을 표현한다. 또한, $\boldsymbol{L}$에는 어떠한 이동 요소도 포함되지 않지만, $\boldsymbol{t}$는 입력으로 주어진 선형 변환을 포함할 수 있다. 어떤 물체를 $[\boldsymbol{L}|\boldsymbol{t}]$로 변환하는 것을 개념적으로 해석하면, 그 물체에 $\boldsymbol{L}$을 먼저 적용하고 그렇게 선형 변환된 물체에 $\boldsymbol{t}$를 적용하는 것과 같다. 그림 4.10-(b)의 변환을 개념적으로 풀어쓰면 다음과 같다.

$$\begin{aligned} R_y(90°)T(7,0,0) &= \begin{pmatrix} 0 & 0 & 1 & 0 \\ 0 & 1 & 0 & 0 \\ -1 & 0 & 0 & 0 \\ 0 & 0 & 0 & 1 \end{pmatrix} \begin{pmatrix} 1 & 0 & 0 & 7 \\ 0 & 1 & 0 & 0 \\ 0 & 0 & 1 & 0 \\ 0 & 0 & 0 & 1 \end{pmatrix} \\ &= \begin{pmatrix} \mathbf{0} & \mathbf{0} & \mathbf{1} & \mathbf{0} \\ \mathbf{0} & \mathbf{1} & \mathbf{0} & \mathbf{0} \\ \mathbf{-1} & \mathbf{0} & \mathbf{0} & \mathbf{-7} \\ 0 & 0 & 0 & 1 \end{pmatrix} \\ &= \begin{pmatrix} 1 & 0 & 0 & \mathbf{0} \\ 0 & 1 & 0 & \mathbf{0} \\ 0 & 0 & 1 & \mathbf{-7} \\ 0 & 0 & 0 & 1 \end{pmatrix} \begin{pmatrix} \mathbf{0} & \mathbf{0} & \mathbf{1} & 0 \\ \mathbf{0} & \mathbf{1} & \mathbf{0} & 0 \\ \mathbf{-1} & \mathbf{0} & \mathbf{0} & 0 \\ 0 & 0 & 0 & 1 \end{pmatrix} \end{aligned} \tag{4.48}$$

그림 4.10-(c)는 이렇게 $\boldsymbol{L}$을 먼저 적용하고 그 다음에 $\boldsymbol{t}$를 적용하는 순서를 보여준다.

4.5 회전과 오브젝트 공간 기저

오브젝트 공간에서 한 물체의 모델링이 완료되면, 그 물체는 자신의 오브젝트 공간과 일체가 된다. 즉, 물체를 움직이게 되면 그 오브젝트 공간도 따라서 같이 움직인다. 그림 4.11-(a)에서 $\{e_1,e_2,e_3\}$는 월드 공간의 기저를, $\{u,v,n\}$은 오브젝트 공간의 기저를 나타낸다. 초기에 그 둘은 일치한다. 하지만, 물체가 회전하면, 오브젝트 공간 기저 $\{u,v,n\}$은 $\{e_1,e_2,e_3\}$와 다르게 된다. 이 예에서 확인할 수 있듯, 회전 후 물체의 방향은 $\{u,v,n\}$으로 표현할 수 있다.

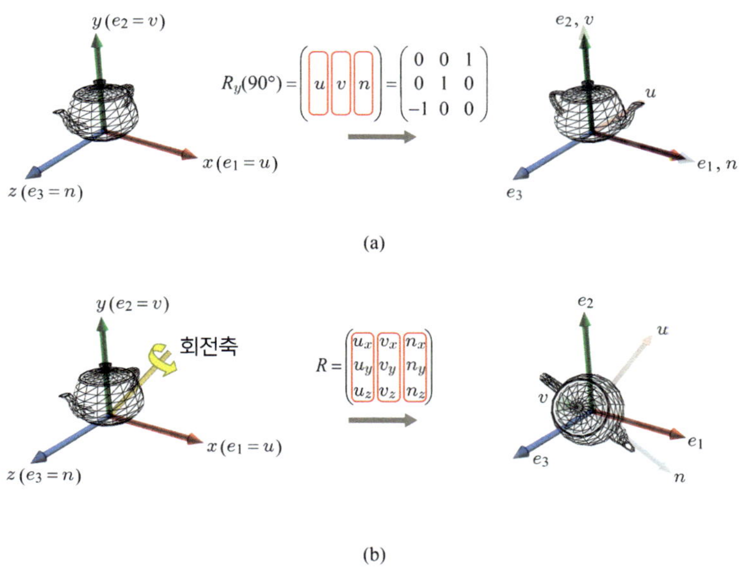

[그림 4.11] 한 물체의 오브젝트 공간 기저는 그 물체의 방향을 표현한다. (a) 주축 중심 회전. (b) 임의의 축 중심 회전.

물체에 적용된 회전을 R이라 하자. 초기에 e_1과 동일했던 u는 R에 의해 회전되어 e_1과 다르게 된다. 그 관계는 다음과 같다.

$$Re_1 = R\begin{pmatrix}1\\0\\0\end{pmatrix} = \begin{pmatrix}u_x\\u_y\\u_z\end{pmatrix} \tag{4.49}$$

마찬가지로, e_2와 v의 관계 및 e_3와 n의 관계는 다음과 같다.

$$Re_2 = R\begin{pmatrix}0\\1\\0\end{pmatrix} = \begin{pmatrix}v_x\\v_y\\v_z\end{pmatrix} \tag{4.50}$$

$$Re_3 = R\begin{pmatrix}0\\0\\1\end{pmatrix} = \begin{pmatrix}n_x\\n_y\\n_z\end{pmatrix} \tag{4.51}$$

식 (4.49), (4.50), (4.51)을 결합하면 다음을 얻을 수 있다.

$$R\begin{pmatrix}1&0&0\\0&1&0\\0&0&1\end{pmatrix} = \begin{pmatrix}u_x&v_x&n_x\\u_y&v_y&n_y\\u_z&v_z&n_z\end{pmatrix} \tag{4.52}$$

위 식에서 R은 단위 행렬과 곱해지므로 다음과 같이 정리된다.

$$R = \begin{pmatrix}u_x&v_x&n_x\\u_y&v_y&n_y\\u_z&v_z&n_z\end{pmatrix} \tag{4.53}$$

우리는 R의 세 열이 $\{u,v,n\}$으로 구성됨을 알아냈다. 그림 4.11-(a)의 $R(90°)$를 보자. $R(90°)$에 의해 $u=(0,0,-1)$, $v=(0,1,0)$, $n=(1,0,0)$이 되었음을 쉽게 이해할 수 있는데, 이 $\{u,v,n\}$은 R 행렬의 세 열을 구성하게 된다.

이 예에서 확인할 수 있듯, 회전된 물체의 오브젝트 공간 기저인 $\{u,v,n\}$이 주어졌다면, 그 회전 행렬을 즉각 정의할 수 있다. 즉, $\{u,v,n\}$으로 세 열을 채우면 된다. 거꾸로, 회전 행렬이 주어졌다면, 그 행렬의 세 열이 바로 물체의 오브젝트 공간 기저 $\{u,v,n\}$이 된다. 이는 모든 회전에 적용된다. 그림 4.11-(b)는 주축이 아닌 임의의 축을 중심으로 하는 회전을 보여주는데, 회전 후의 오브젝트 공간 기저가 $\{u,v,n\}$으로 주어졌다면 그 회전 행렬을 즉각 얻을 수 있고, 반대로 회전 행렬이 주어졌다면 회전 후 오브젝트 공간 기저 $\{u,v,n\}$을 즉각 얻을 수 있다.

4.6 역변환

컴퓨터 그래픽스에서 **역변환**(inverse transform)은 매우 자주 사용되는 중요한 개념이다. 변위 벡터가 (dx,dy,dz)인 이동 T의 역변환은 $(-dx,-dy,-dz)$만큼 이동하는 것이다. 그 행렬은 다음과 같다.

$$\begin{pmatrix} 1 & 0 & 0 & -d_x \\ 0 & 1 & 0 & -d_y \\ 0 & 0 & 1 & -d_z \\ 0 & 0 & 0 & 1 \end{pmatrix} \tag{4.54}$$

이러한 T의 역변환을 T^{-1}이라고 표기하는데, T^{-1}은 실제로 T의 역행렬이 된다.

$$T^{-1}T = \begin{pmatrix} 1 & 0 & 0 & -d_x \\ 0 & 1 & 0 & -d_y \\ 0 & 0 & 1 & -d_z \\ 0 & 0 & 0 & 1 \end{pmatrix} \begin{pmatrix} 1 & 0 & 0 & d_x \\ 0 & 1 & 0 & d_y \\ 0 & 0 & 1 & d_z \\ 0 & 0 & 0 & 1 \end{pmatrix} = \begin{pmatrix} 1 & 0 & 0 & 0 \\ 0 & 1 & 0 & 0 \\ 0 & 0 & 1 & 0 \\ 0 & 0 & 0 & 1 \end{pmatrix} = I \tag{4.55}$$

한편, (s_x,s_y,s_z)를 축소확대 인자로 가지는 축소확대의 역변환은 다음과 같다.

$$\begin{pmatrix} 1/s_x & 0 & 0 & 0 \\ 0 & 1/s_y & 0 & 0 \\ 0 & 0 & 1/s_z & 0 \\ 0 & 0 & 0 & 1 \end{pmatrix} \tag{4.56}$$

이제 회전의 역변환을 정의해 보자. 우리는 항상 오브젝트 공간 기저 $\{u,v,n\}$이 직교정규 성질을 가진다고 가정한다. 따라서, 하나의 기저 벡터가 자신과 내적되었을 때 그 결과는 1이다. 즉, $u \cdot u = v \cdot v = n \cdot n = 1$이다. 반면, 서로 다른 기적 벡터 간 내적은 0이 된다. 즉, $u \cdot v = v \cdot n = n \cdot u = 0$이다. 이를 이용해서, 회전 행렬과 그 전치행렬의 곱을 정리하면 다음과 같다.

$$
\begin{aligned}
R^T R &= \begin{pmatrix} u_x & u_y & u_z \\ v_x & v_y & v_z \\ n_x & n_y & n_z \end{pmatrix} \begin{pmatrix} u_x & v_x & n_x \\ u_y & v_y & n_y \\ u_z & v_z & n_z \end{pmatrix} \\
&= \begin{pmatrix} u \cdot u & u \cdot v & u \cdot n \\ v \cdot u & v \cdot v & v \cdot n \\ n \cdot u & n \cdot v & n \cdot n \end{pmatrix} \\
&= \begin{pmatrix} 1 & 0 & 0 \\ 0 & 1 & 0 \\ 0 & 0 & 1 \end{pmatrix} \\
&= I
\end{aligned} \tag{4.57}
$$

이는 바로 $R^T = R^{-1}$임을 말해 준다. 즉, 회전의 전치행렬을 취하면 바로 역변환을 얻게 된다. 회전 행렬에서는 $\{u,v,n\}$이 열을, 역회전 행렬에서는 $\{u,v,n\}$이 행을 구성하게 된다. 그림 4.12를 보라.

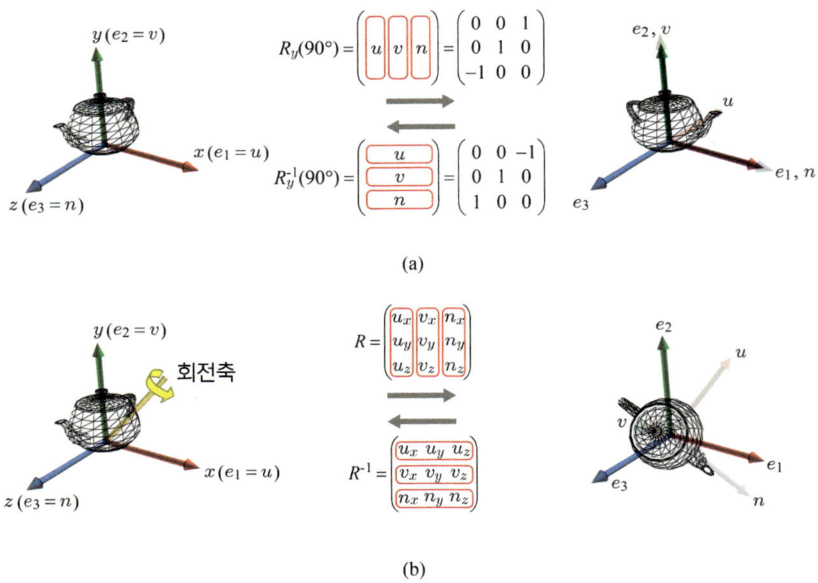

[그림 4.12] 역회전. (a) $R_y(90°)$와 역회전. (b) 임의의 축 중심 회전과 그 역회전.

연습문제

1. 행렬과 벡터를 곱하는데 열벡터 대신 행벡터를 사용하고자 한다. 다음 질문에 답하라.

(a) (x,y)를 (dx,dy)만큼 이동시키는 행렬은 무엇인가?

(b) (x,y)를 θ만큼 회전시키는 행렬은 무엇인가?

(a) 축소확대 인자가 (s_x,s_y)인 축소확대 행렬은 무엇인가?

2. 한 물체의 오브젝트 공간 기저를 $\{u,v,n\}$으로 표기하자. 회전 후에 $u=(0,0,-1)$, $n=(1/\sqrt{2},\ 1/\sqrt{2},\ 0)$이 되었다. 이 회전의 역변환 행렬을 계산하라.

3. 아래 행렬은 회전 R에 이은 이동 T를 결합한 것이다. R과 T의 행렬을 각각 정의하라.

$$\begin{pmatrix} -1 & 0 & 0 & 3 \\ 0 & 1 & 0 & 4 \\ 0 & 0 & -1 & -1 \\ 0 & 0 & 0 & 1 \end{pmatrix}$$

4. 하나의 3차원 점을 임의의 축을 중심으로 θ만큼 회전시키는 순차적 과정을 설명하라. 이 과정은 회전축을 주축 중 하나로 변환하는 단계, 그리고 벡터곱(cross product) 연산을 포함해야 한다.

5. 다음 그림의 주전자는 $(3,0,4)$를 중심으로 90° 회전될 것이다. 이 같은 임의의 축 중심 회전은 세 개의 변환으로 분해된다: (1) $(3,0,4)$를 x축으로 회전, (2) x축 중심으로 90° 회전, (3) (1)의 역변환. 이 세 단계의 행렬을 각각 계산하라. [힌트: (1)을 위해 $R_y(\theta)$를 사용하면 편리하다.]

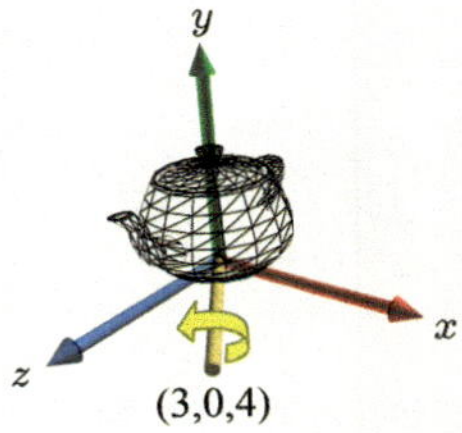

$$R_x(\theta) = \begin{pmatrix} 1 & 0 & 0 \\ 0 & cos\theta & -sin\theta \\ 0 & sin\theta & cos\theta \end{pmatrix}$$

$$R_y(\theta) = \begin{pmatrix} cos\theta & 0 & sin\theta \\ 0 & 1 & 0 \\ -sin\theta & 0 & cos\theta \end{pmatrix}$$

6. 다음 그림의 주전자는 $(3,4,0)$을 중심으로 90° 회전될 것이다. 이 같은 임의의 축 중심 회전은 세 개의 변환으로 분해된다: (1) $(3,4,0)$을 x축으로 회전, (2) x축 중심으로 90° 회전, (3) (1)의 역변환. 이 세 단계의 행렬을 각각 계산하라. [힌트: (1)을 위해 $R_z(\theta)$를 사용하면 편리하다.]

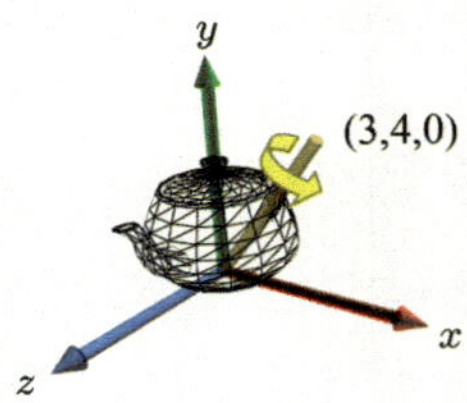

$$R_x(\theta) = \begin{pmatrix} 1 & 0 & 0 \\ 0 & cos\theta & -sin\theta \\ 0 & sin\theta & cos\theta \end{pmatrix}$$

$$R_z(\theta) = \begin{pmatrix} cos\theta & -sin\theta & 0 \\ sin\theta & cos\theta & 0 \\ 0 & 0 & 1 \end{pmatrix}$$

05

정점 처리

Vertex Processing

GPU는 폴리곤 메시를 입력으로 받아서, 각각의 3차원 폴리곤을 스크린에 그려질 2차원 형태로 바꾸고, 이 2차원 폴리곤 내부를 차지하는 **픽셀**(pixel)들의 색상을 결정한다. 이 픽셀들은 **컬러 버퍼**(color buffer)에 기록되는데, 이는 스크린에 나타날 픽셀 전체를 저장하는 메모리 공간을 말한다. 컬러 버퍼는 주기적으로 스크린으로 복사된다.

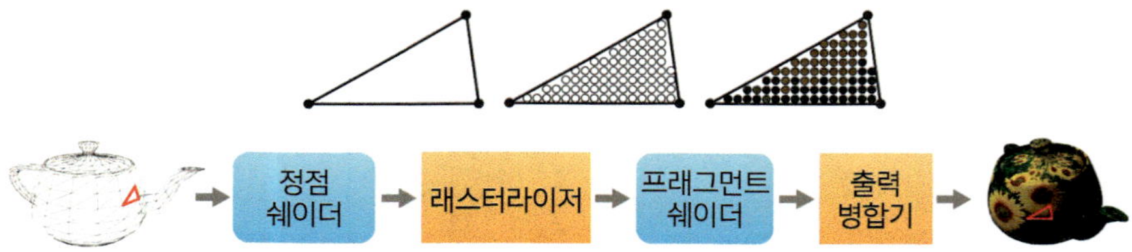

[그림 5.1] GPU 렌더링 파이프라인.

GPU 렌더링은 **파이프라인**(pipeline) 구조로 구현된다(한 단계의 결과물이 다음 단계의 입력으로 사용되는 일련의 데이터 처리 단계를 파이프라인이라고 한다). 그림 5.1은 이 같은 흐름을 따라 3차원 모델이 스크린에 렌더링되는 과정을 보여주고 있다. 이 그림에서 **쉐이더**(shader)는 프로그램과 동의어이다. 즉, 우리는 GPU 렌더링을 위해서 **정점 쉐이더**(vertex shader)와 **프래그먼트 쉐이더**(fragment shader)라는 두 가지 프로그램을 작성해야 한다. 반면, **래스터라이저**와 **출력 병합기**는 하드웨어로 고정된(hardwired) 단계로, 정해진 연산을 수행한다.

정점 쉐이더는 정점 배열에 저장된 모든 정점에 대해서 변환(transform)을 비롯한 다양한 연산을 수행한다. 래스터라이저는 변환된 정점들로 삼각형들을 조립한 후, 각 삼각형 내부를 차지하는 **프래그먼트**(fragment)를 생성한다. 한 프래그먼트는 컬러 버퍼의 한 픽셀을 갱신하는 데 필요한 데이터를 총칭하는 것이다(지금은 정확히 이해하기 어렵겠지만, 7장부터 프래그먼트에 대해 자세히 설명하기 시작할 것이다). 예를 들어, 스크린에서 100개의 픽셀을 차지하는 삼각형이 있다면, 이 삼각형으로부터 총 100개의 프래그먼트가 만들어진다. 래스터라이저가 출력한 프래그먼트는 하나하나 프래그먼트 쉐이더[1]로 입력되어, 라이팅과 텍스처링 등의 작업을 거쳐 색상이 결정된다. 출력 병합기는 이러한 프래그먼트와 현재 컬러 버퍼에 저장된 픽셀 중 하나를 선택하거나 혹은 이들의 색을 결합하여 컬러 버퍼를 갱신한다.

1 Direct3D는 프래그먼트 쉐이더를 픽셀 쉐이더라고 부르는데, 이는 잘못된 명명법으로 종종 혼란을 일으킨다.

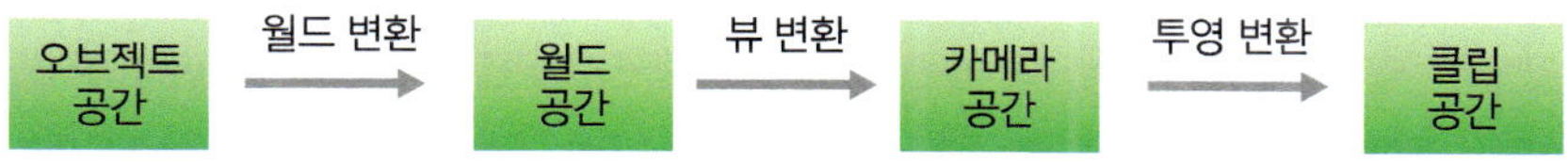

[그림 5.2] 정점 쉐이더가 수행하는 변환 세 가지는 5.1절, 5.2절, 5.4절에서 차례로 설명한다.

지금부터 1부 끝까지 그림 5.1의 각 단계를 차례차례 설명할 것인데, 이 장과 다음 장은 첫 단계인 정점 쉐이더를 다룬다. 정점 쉐이더가 수행하는 연산 중 필수불가결한 것은 그림 5.2에 보인 변환들이다. 4.4절에서 다룬 월드 변환이 우선 수행되는데, 5.1절은 월드 변환에 대해 조금 더 논의하고, 그 뒤에 그림 5.2의 나머지 변환을 다룰 것이다.

5.1 노멀의 월드 변환

각자의 오브젝트 공간에서 만들어진 물체를 단일한 월드 공간으로 모으는 것이 월드 변환의 역할이다. 4.4절의 월드 변환은 정점 배열에 저장된 데이터 중 '위치'에 적용되었다. 정점 배열의 중요한 데이터 또 하나는 '노멀'인데, 여기에도 월드 변환을 그대로 적용할 수 있을까?

4.4절에서 기술한 것처럼, 월드 변환이 아핀 변환들로만 구성되었다면 $[\boldsymbol{L}|\boldsymbol{t}]$로 표기할 수 있다. $\boldsymbol{L}$은 '누적된 선형 변환'을, $\boldsymbol{t}$는 '누적된 이동'을 표현하는데, 노멀 변환에 있어 $\boldsymbol{t}$는 무시해도 된다. 벡터는 이동에 의해 영향 받지 않기 때문이다.

그림 5.3-(a)는 3차원 오브젝트 공간의 단면인 xy평면을 보여주는데, (4,1)과 (1,4) 점을 잇는 선분은 xy평면에 수직인 삼각형의 단면을, n은 그 삼각형의 노멀을 나타낸다(물론 n은 xy평면에 나란하다). 간단한 논의를 위해, $\boldsymbol{L}$을 2차원 축소확대 행렬이라 하고, $s_x = 0.5$, $s_y = 1$이라고 설정하자. 그림 5.3-(a)는 $\boldsymbol{L}$에 의해 변환된 삼각형과 삼각형 노멀은 서로 수직하지 않다는 것을 보여준다. 따라서 노멀 변환을 위해 $\boldsymbol{L}$을 사용할 수는 없다.

[노트: 노멀 변환]에 따르면, $(\boldsymbol{L}^{-1})^T$에 의해 변환된 노멀은 $\boldsymbol{L}$에 의해 변환된 삼각형과 항상 수직 관계를 유지한다. 즉, 노멀 변환을 위해 $\boldsymbol{L}$ 대신 $(\boldsymbol{L}^{-1})^T$를 사용해야 한다는 것이다. $(\boldsymbol{L}^{-1})^T$는 $\boldsymbol{L}$의 **역전치행렬**(inverse transpose)인데, 간단히 $\boldsymbol{L}^{-T}$로 표기한다. 그림 5.3-(b)는 삼각형 노멀에 $\boldsymbol{L}^{-T}$를 적용한 결과를 보여준다.

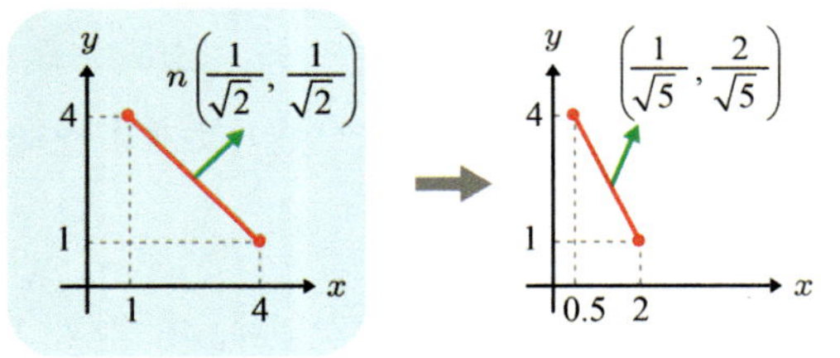

$$Ln = \begin{pmatrix}\frac{1}{2} & 0\\ 0 & 1\end{pmatrix}\begin{pmatrix}\frac{1}{\sqrt{2}}\\ \frac{1}{\sqrt{2}}\end{pmatrix} = \begin{pmatrix}\frac{1}{2\sqrt{2}}\\ \frac{1}{\sqrt{2}}\end{pmatrix}$$

$$\xrightarrow{\text{정규화}} \begin{pmatrix}\frac{1}{\sqrt{5}}\\ \frac{2}{\sqrt{5}}\end{pmatrix}$$

(a)

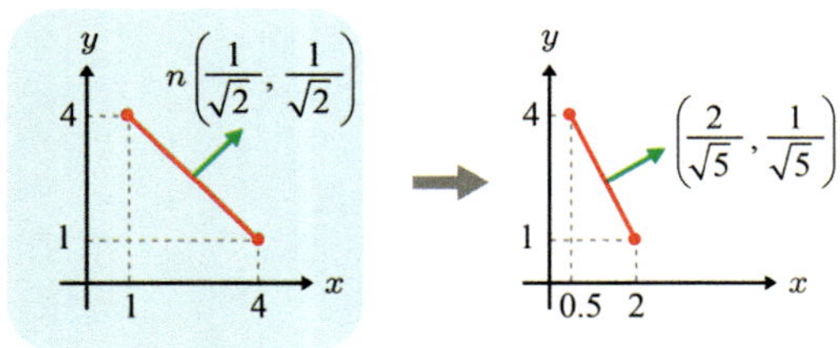

$$L^{-T}n = \begin{pmatrix}2 & 0\\ 0 & 1\end{pmatrix}\begin{pmatrix}\frac{1}{\sqrt{2}}\\ \frac{1}{\sqrt{2}}\end{pmatrix} = \begin{pmatrix}\sqrt{2}\\ \frac{1}{\sqrt{2}}\end{pmatrix}$$

$$\xrightarrow{\text{정규화}} \begin{pmatrix}\frac{2}{\sqrt{5}}\\ \frac{1}{\sqrt{5}}\end{pmatrix}$$

(b)

[그림 5.3] 노멀 변환. (a) 정점과 노멀 모두 동일한 행렬 L에 의해 변환되었다. L은 축소확대 변환이므로, L에 의해 변환된 노멀을 단위 벡터로 만들기 위해 정규화를 수행했다. (b) 정점은 L에 의해 변환되지만, 노멀은 L^{-T}에 의해 변환되어야 한다.

그림 5.3-(a)에서 L을 노멀에 적용했을 때 문제가 발생했던 것은 L이 비균등 축소확대였기 때문이다. 만약 L이 비균등 축소확대를 포함하지 않는다면, 즉 L이 회전, 이동, 균등 축소확대 중 하나이거나 이들이 결합된 경우라면, 노멀에 L을 적용해도 된다. 하지만, 알고리즘을 단순화하기 위해, L이 비균등 축소확대를 포함하건 말건 노멀 변환에는 무조건 L^{-T}를 사용할 것이다. 물론, 변환된 노멀의 길이를 1로 만들기 위해 정규화를 거쳐야 한다.

이해를 돕기 위하여 그림 5.3에서는 삼각형 노멀을 사용했지만, 폴리곤 메시 렌더링에 실제로 사용되는 것은 정점 노멀이다. 월드 공간 정점 노멀 계산에도 L^{-T}가 그대로 쓰인다.

노트 노멀 변환

그림 5.4의 삼각형 $<p,q,r>$을 보자. 이 삼각형의 노멀 n은 p와 q를 잇는 벡터와 수직이다. 서로 수직한 두 벡터의 내적은 0이므로, 우리는 다음과 같이 쓸 수 있다.

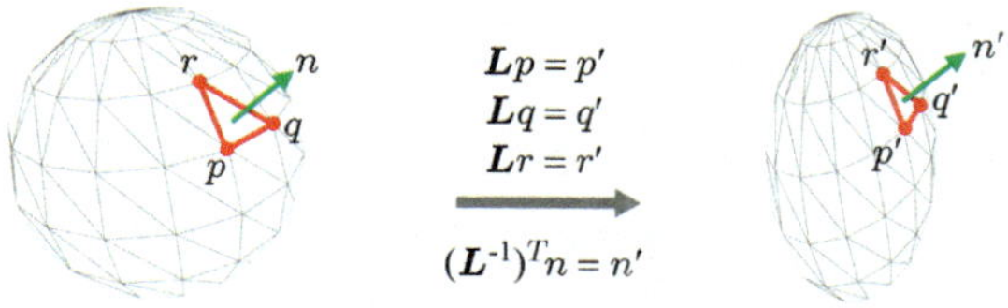

[그림 5.4] $\boldsymbol{L}$에 의해 변환되기 전에 n은 $<p,q,r>$에 수직이다. $\boldsymbol{L}$이 p, q, r을 변환하는 반면, n은 $(\boldsymbol{L}^{-1})^T$에 의해 변환된다. 그러면, 변환된 노멀 n'는 변환된 $<p',q',r'>$와 수직관계를 유지한다.

$$n^T(q-p)=0 \tag{5.1}$$

위 식에서 n, p, q는 모두 열벡터이다.

$\boldsymbol{L}$에 의해 변환된 p와 q를 각각 p'와 q'라고 표기하자. 즉, $\boldsymbol{L}p=p'$, $\boldsymbol{L}q=q'$이다. 이를 다시 쓰면, $p=\boldsymbol{L}^{-1}p'$, $q=\boldsymbol{L}^{-1}q'$가 된다. 이를 식 (5.1)에 삽입하자.

$$n^T(\boldsymbol{L}^{-1}q'-\boldsymbol{L}^{-1}p')=0 \tag{5.2}$$

위 식을 고쳐 쓰면 다음과 같다.

$$n^T\boldsymbol{L}^{-1}(q'-p')=0 \tag{5.3}$$

식 (5.3)의 좌변을 전치(transpose) 형태로 바꾸자.

$$(q'-p')^T(\boldsymbol{L}^{-1})^Tn=0 \tag{5.4}$$

식 (5.4)는 $\boldsymbol{L}$에 의해 변환된 삼각형의 변 $(q'-p')$와 $(\boldsymbol{L}^{-1})^Tn$이 서로 수직임을 말해준다.

이와 동일한 방식을 p와 r을 잇는 벡터에 적용하면 아래와 같은 식을 얻을 수 있다.

$$(r'-p')^T(\boldsymbol{L}^{-1})^Tn=0 \tag{5.5}$$

식 (5.4)와 (5.5)에 따르면, 변 $(q'-p')$와 $(r'-p')$ 모두 $(\boldsymbol{L}^{-1})^Tn$과 수직이다. 삼각

형의 두 변에 수직인 벡터는 그 삼각형에 수직이므로, $(\boldsymbol{L}^{-1})^T n$은 $\boldsymbol{L}$에 의해 변환된 삼각형과 수직이다. 결국, $(\boldsymbol{L}^{-1})^T$가 n에 적용되어야 하는 변환임을 알 수 있다.

$(\boldsymbol{L}^{-1})^T$가 $\boldsymbol{L}^T$와 곱해지면 단위 행렬이 된다.

$$(\boldsymbol{L}^{-1})^T \boldsymbol{L}^T = (\boldsymbol{L}\boldsymbol{L}^{-1})^T = I^T = I \tag{5.6}$$

위 식은 $(\boldsymbol{L}^{-1})^T$가 $\boldsymbol{L}^T$의 역행렬임을 말해준다. 따라서 $(\boldsymbol{L}^{-1})^T = (\boldsymbol{L}^T)^{-1}$의 관계가 성립된다. $(\boldsymbol{L}^{-1})^T$와 $(\boldsymbol{L}^T)^{-1}$은 모두 $\boldsymbol{L}^{-T}$로 표기된다.

5.2 뷰 변환

월드 변환이 완료되어 모든 물체가 월드 공간에 모아졌다고 가정하자. 월드 공간의 특정 영역을 스크린에 렌더링하기 위해서는 가상 카메라의 위치와 방향을 설정해야 한다.

5.2.1 카메라 공간

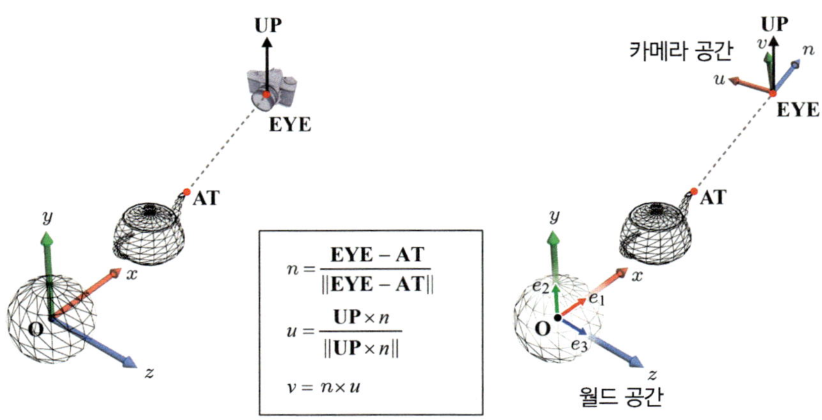

[그림 5.5] **EYE**, **AT**, **UP**으로부터 카메라 공간이 정의된다. 카메라 공간의 원점은 **EYE**이고 기저는 $\{u, v, n\}$이다. 원점에 놓인 카메라는 $-n$축 방향을 바라보고 있다.

그림 5.5에 보인 것처럼, 카메라의 위치와 방향은 **EYE**, **AT**, **UP** 파라미터를 통해 정의된다.

- **EYE**는 월드 공간에서의 카메라의 위치이다.
- **AT**은 월드 공간에서 카메라가 바라보는 기준점이다. 이는 스크린에 담고자하는 물체들이 모여 있는 공간의 가운데 방향에 설정되는데, 그림 5.5에서 **AT**은 주전자 주둥이 끝에 놓여졌다.
- **UP**은 카메라의 상단이 가리키는 방향을 대략적으로 묘사하는 벡터이다. 대부분의 경우, **UP**은 월드 공간의 수직 방향으로 즉 y축으로 설정된다.

이들 파라미터를 이용해 **카메라 공간**(camera space)이 정의되는데, 그 원점은 **EYE**에 놓여진다. 한편, 카메라 공간의 기저를 $\{u,v,n\}$으로 표기하자. 그림 5.5의 가운데 상자는 **EYE**, **AT**, **UP**을 사용해 어떻게 $\{u,v,n\}$이 계산되는지 보여준다. 먼저 **AT**과 **EYE**를 잇는 벡터를 정규화하여 단위 벡터 n을 얻는다. 다음, **UP**과 n의 벡터곱을 정규화하여 또 다른 단위 벡터 u를 얻는다. 마지막으로, n과 u의 벡터곱을 v로 취한다. 이렇게 얻어진 $\{u,v,n\}$은 직교정규 기저이다. 우리는 카메라 공간을 $\{u, v, n,$ **EYE**$\}$로 표기한다. 월드 공간은 $\{e_1, e_2, e_3,$ **O**$\}$로 표기한다. 여기에서 **O**는 원점을 의미한다.

5.2.2 공간 이전과 뷰 행렬

우리는 앞 절에서 월드 공간 말고도 카메라 공간을 새로 만들었는데, 하나의 정점은 이 두 공간에서 다른 좌표를 가진다. 그림 5.6의 첫 번째 상자를 보자. **EYE**의 월드 공간 좌표는 $(18,8,0)$이고, **AT**이 놓여진 주전자 주둥이 끝의 월드 공간 좌표는 $(10,2,0)$이다. 주둥이 끝은 카메라 공간의 $-n$축 위에 존재하므로, 이것의 u와 v좌표는 0이 된다. 한편, 주둥이 끝과 **EYE** 사이의 거리는 10이다. 따라서, 카메라 공간에서 주둥이 끝의 좌표는 $(0,0,-10)$이다. 월드 공간 좌표 $(18,8,0)$과 다르다.

이와 같은 방식으로 월드 공간의 모든 정점들이 카메라 공간으로 재정의되면 렌더링 알고리즘을 설계 구현하는 것이 매우 쉬워진다. 이처럼 하나의 공간에서 정의된 물체를 다른 공간으로 옮기는 것을 일반적으로 **공간 이전**(space change)이라고 부르는데, 월드 공간에서 카메라 공간으로의 이전은 카메라 좌표계 $\{u, v, n,$ **EYE**$\}$를 월드 좌표계 $\{e_1, e_2, e_3,$ **O**$\}$에 포개 놓는 과정으로 묘사될 수 있다. 이를 위해서는, 그림 5.6에 보인 것처럼 **EYE**를 먼저 **O**로 '이동'시킨 뒤 $\{u,v,n\}$을 $\{e_1,e_2,e_3\}$와 일치하도록 '회전'시키면 된다. 이 과정에서 모든 물체는 카메라 좌표계를 따라 같이 움직인다. 마치 물체와 카메라 좌표계가 보이지 않는 철사로 단단히 묶여져 있다고 상상하면 도움이 될 것이다. 그림 5.6에서 월드 공간

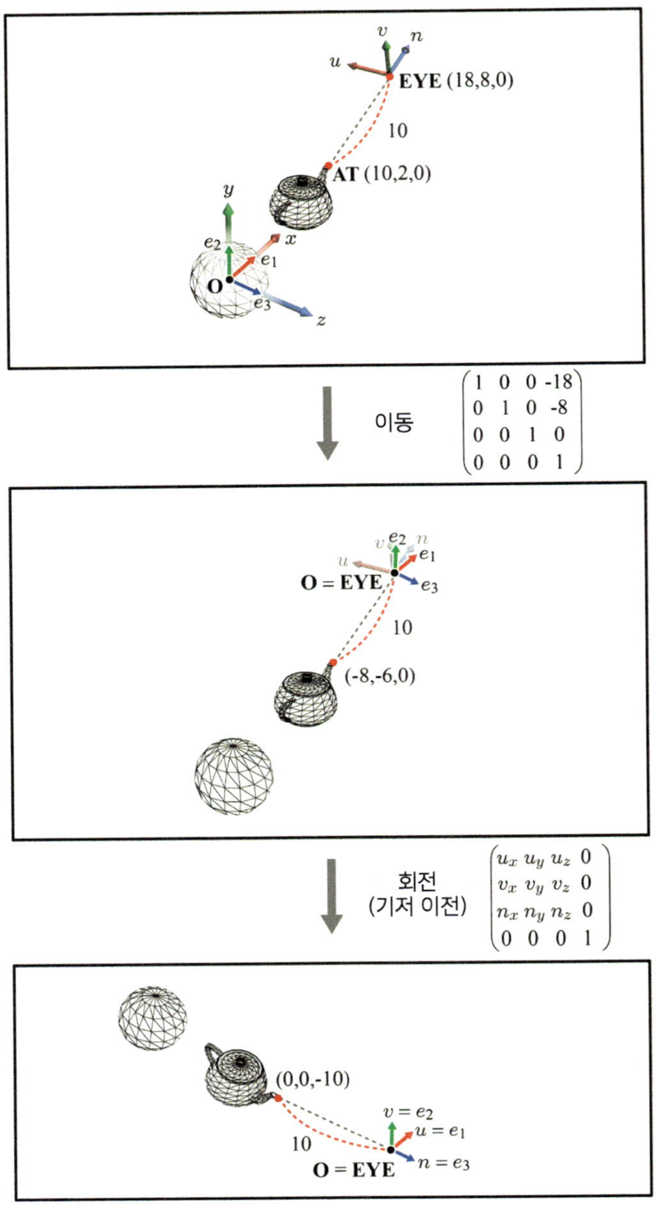

[그림 5.6] 카메라 좌표계 $\{u, v, n, \mathbf{EYE}\}$를 월드 좌표계 $\{e_1, e_2, e_3, \mathbf{O}\}$에 포개 놓기 위해서는 이동과 회전이 필요하다. 이 두 변환이 결합된 것이 뷰 변환인데, 이는 월드 공간의 물체를 카메라 공간으로 옮긴다.

좌표가 $(10,2,0)$이던 주둥이 끝 정점도 이동과 회전을 거쳐 $(0,0,-10)$의 좌표를 가지게 되었는데, 이제 월드 공간과 카메라 공간이 동일해졌으므로, 이 월드 공간의 좌표 $(0,0,-10)$을 그대로 카메라 공간 좌표로 취하면 된다.

월드 공간에서 카메라 공간으로의 이전을 **뷰 변환**(view transform) 혹은 **카메라 변환**(camera transform)이라 부른다. 뷰 변환의 첫 단계인 이동은 변위 벡터 **O**−**EYE**로 정의된다. **O**는 $(0,0,0)$이므로 변위 벡터는 $(-\mathbf{EYE}_x, -\mathbf{EYE}_y, -\mathbf{EYE}_z)$가 된다.

$$T = \begin{pmatrix} 1 & 0 & 0 & -\mathbf{EYE}_x \\ 0 & 1 & 0 & -\mathbf{EYE}_y \\ 0 & 0 & 1 & -\mathbf{EYE}_z \\ 0 & 0 & 0 & 1 \end{pmatrix} \tag{5.7}$$

그림 5.6의 예에서 **EYE**의 월드 공간 좌표는 $(18,8,0)$이다. 따라서 $(10,2,0)$에 위치한 주둥이 끝은 위 행렬 T에 의해 $(-8,-6,0)$으로 이동된다.

$$T\begin{pmatrix} 10 \\ 2 \\ 0 \\ 1 \end{pmatrix} = \begin{pmatrix} 1 & 0 & 0 & -18 \\ 0 & 1 & 0 & -8 \\ 0 & 0 & 1 & 0 \\ 0 & 0 & 0 & 1 \end{pmatrix}\begin{pmatrix} 10 \\ 2 \\ 0 \\ 1 \end{pmatrix} = \begin{pmatrix} -8 \\ -6 \\ 0 \\ 1 \end{pmatrix} \tag{5.8}$$

그림 5.6의 두 번째 상자에서 볼 수 있듯, 이동에 의하여 월드 공간과 카메라 공간은 원점을 공유하게 된다. 따라서 기저 $\{u,v,n\}$은 회전을 통하여 $\{e_1,e_2,e_3\}$에 포개질 수 있다. 4장 그림 4.12에 보인 것처럼 이 회전은 카메라 공간의 기저 $\{u,v,n\}$을 행으로 가지는 행렬로 정의된다.

$$R = \begin{pmatrix} u_x & u_y & u_z & 0 \\ v_x & v_y & v_z & 0 \\ n_x & n_y & n_z & 0 \\ 0 & 0 & 0 & 1 \end{pmatrix} \tag{5.9}$$

그림 5.6의 마지막 상자에 보인 것처럼 물체들은 R에 의해 회전되어 공간 이전이 완료된다. 공간 이전을 구성하는 이러한 회전은 **기저 이전**(basis change)이라고 부른다. 그림 5.6의 뷰 변환을 구성하는 기저 이전은 $\{e_1,e_2,e_3\}$ 기준의 좌표 $(-8,-6,0)$을 $\{u,v,n\}$ 기준의 좌표인 $(0,0,-10)$으로 옮긴다.

우리는 뷰 변환을 M_{view}로 표기하는데, 이는 식 (5.7)의 이동 행렬 T와 식 (5.9)의 회전 행렬 R을 결합한 4×4 행렬로 정의된다.

$$\begin{aligned} M_{view} &= RT \\ &= \begin{pmatrix} u_x & u_y & u_z & 0 \\ v_x & v_y & v_z & 0 \\ n_x & n_y & n_z & 0 \\ 0 & 0 & 0 & 1 \end{pmatrix} \begin{pmatrix} 1 & 0 & 0 & -\mathbf{EYE}_x \\ 0 & 1 & 0 & -\mathbf{EYE}_y \\ 0 & 0 & 1 & -\mathbf{EYE}_z \\ 0 & 0 & 0 & 1 \end{pmatrix} \\ &= \begin{pmatrix} u_x & u_y & u_z & -u\cdot\mathbf{EYE} \\ v_x & v_y & v_z & -v\cdot\mathbf{EYE} \\ n_x & n_y & n_z & -n\cdot\mathbf{EYE} \\ 0 & 0 & 0 & 1 \end{pmatrix} \end{aligned} \tag{5.10}$$

M_{view}는 월드 공간의 모든 물체에 공히 적용된다.

공간 이전은 앞으로 이 책에서 여러 번 언급될 것이니 완벽하게 이해해야 한다. 또한, 공간 이전은 컴퓨터 그래픽스는 물론 로봇, 컴퓨터 비전, 증강 현실 등과 같은 분야에서도 핵심적인 요소이다.

5.3 오른손 좌표계와 왼손 좌표계

3차원 카테시안 좌표계는 **오른손 좌표계**와 **왼손 좌표계**로 나뉜다. 그림 5.7을 보자. 오른손 좌표계의 경우, 오른손 네 손가락이 x축에서 y축으로 움직일 때 엄지손가락이 z축을 가리키게 된다. 왼손 좌표계의 경우 동일한 규칙이 왼손에 적용된다. Direct3D는 왼손 좌표계를 사용하지만, OpenGL과 OpenGL ES는 오른손 좌표계를 사용한다. 따라서, 이 책도 기본적으로 오른손 좌표계를 사용한다.

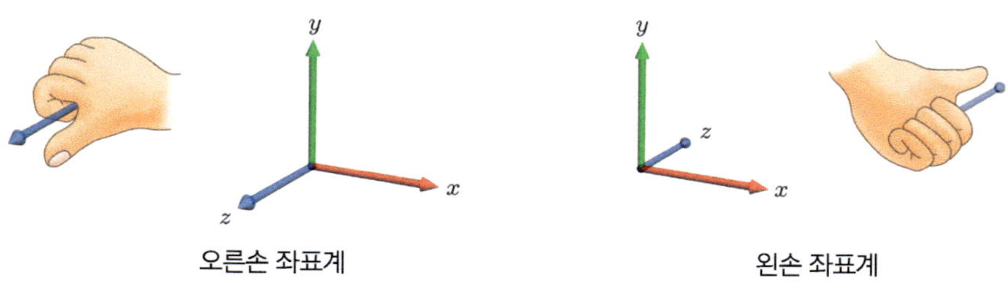

[그림 5.7] 오른손 좌표계와 왼손 좌표계.

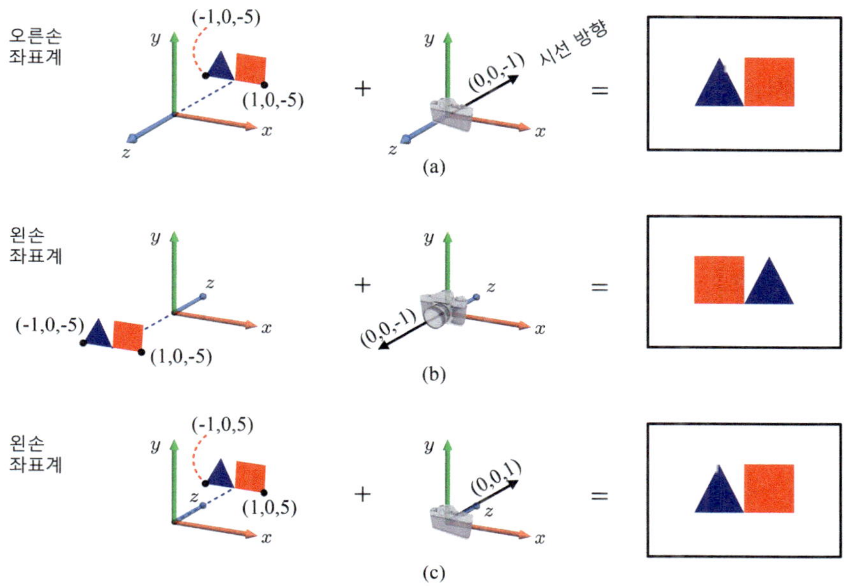

[그림 5.8] 오른손 좌표계에서 왼손 좌표계로의 포팅.

그림 5.8-(a)는 삼각형과 사각형으로 구성된 간단한 물체를 보여준다. 이는 오른손 좌표계에서 $-z$축 방향에 놓여있다. 카메라의 위치(**EYE**)가 원점에 있고, 시선(**AT**$-$**EYE**)은 $(0,0,-1)$ 방향이라고 가정하자. 그러면 우리는 그림 5.8-(a)의 우측 상자에 보인 영상을 얻을 것이다.

그림 5.8-(a)의 물체를 왼손 좌표계로 포팅해 보자. 예를 들어, OpenGL에서 모델링한 물체를 Direct3D로 포팅하는 경우가 이에 해당한다. 그림 5.8-(b)는 그 결과를 보여준다. 물체 정점 및 카메라 시선의 좌표들을 그대로 사용했다. 물체의 경우, 왼손 좌표계의 $-z$축 방향에 놓이게 된다. 그 결과 얻게 되는 영상은 그림 5.8-(b)의 우측 상자에 나와 있다. 그림 5.8-(a)의 영상과 비교해 보면 좌우가 뒤바뀌어졌음을 알 수 있다.

OpenGL 기반 게임을 Direct3D로 포팅할 경우 우리는 동일한 게임 경험을 기대할텐데, 이처럼 영상 좌우가 바뀌면 동일한 경험을 얻을 수 없다. 그런데 이 문제를 해결하는 방법은 간단하다. 포팅 시 물체와 카메라 파라미터의 z좌표의 부호를 바꾸면 된다. 그림 5.8-(c)는 이를 통해 그림 5.8-(a)와 동일한 영상을 얻을 수 있음을 보여준다. 이렇게 z좌표의 부호를 바꾸는 것은, 그림 5.8-(a)에서 그림 5.8-(c)로 넘어오는 과정이 직관적으로 보여주는 것처럼, z축을 반대 방향으로 돌리는 것으로 생각하면 이해가 쉬울 것이다.

5.4 투영 변환

월드 공간에서 정의된 **EYE**, **AT**, **UP**을 카메라의 '외부' 파라미터라고 본다면, 이제 카메라의 렌즈를 선택하고 줌인/줌아웃을 조절하는 것에 해당하는 '내부' 파라미터를 정의할 차례이다. 한편, 뷰 변환에 의해 월드 공간의 모든 물체가 카메라 공간 $\{u, v, n, \mathbf{EYE}\}$로 변환되었다면 이제 더 이상 월드 공간은 고려하지 않아도 되므로, 이제부터는 카메라 공간 기저 $\{u, v, n\}$을 버리고 카메라 공간의 축을 x, y, z로 표기할 것이다. 이는 단지 우리가 x, y, z축에 더욱 익숙하기 때문이다.

5.4.1 뷰 프러스텀

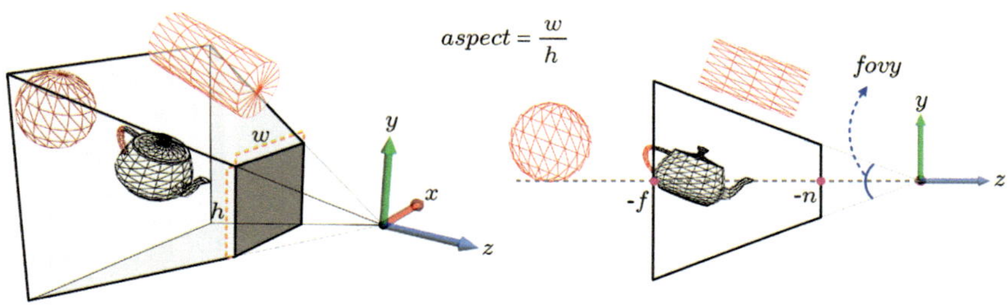

[그림 5.9] 피라미드 모양의 뷰 프러스텀 바깥의 폴리곤은 최종 스크린에 나타나지 못한다.

일반적으로 카메라의 **시야**(field of view; fov)는 제한되어 있기 때문에 카메라 공간의 모든 물체를 스크린에 담아낼 수 없다. 카메라의 가시 영역을 **뷰 볼륨**(view volume)이라 부르는데, 이는 $fovy$, $aspect$, n, f 네 가지 파라미터를 사용해 결정된다. 그림 5.9에 보인 바와 같이, $fovy$는 y축 기준의 **시야각**을 말하는데, 주전자 위의 원통은 시야각 바깥에 놓여 있으므로 카메라에 보이지 않게 된다. 한편, $aspect$는 뷰 볼륨의 **종횡비**(가로세로 비율)를 말하는데, $fovy$와 $aspect$에 의해 정의된 뷰 볼륨은 꼭지점을 원점에 두고 -z축을 중심축으로 가진 무한한 크기의 피라미드가 된다.

뷰 볼륨을 정의하는 나머지 파라미터 n과 f는 각각 원점으로부터 **전방 평면**(near plane)과 **후방 평면**(far plane)까지의 거리를 나타낸다. 그림 5.9에 보인 것처럼, $fovy$와 $aspect$에 의해 정의된 무한한 크기의 뷰 볼륨은 z축에 수직인 전방 평면 $z=-n$과 후방 평면 $z=-f$에 의해 절단되어 유한한 크기의 뷰 볼륨으로 바뀐다. 이를 **뷰 프러스텀**(view frustum) 혹은 절두체(切頭體)라고 부른다.

뷰 프러스텀 바깥에 놓인 물체는 보이지 않는 것으로 처리되므로, 그림 5.9에서는 원통뿐 아니라 구 역시 보이지 않는다. 전후방 평면은 실세계의 카메라 작동 원리와 모순되지만, 계산 효율성 제고를 위해 도입된 개념이다. 그림 5.9의 원통 및 구와 같이 뷰 프러스텀 바깥에 놓인 물체는 대개 미리 걸러져서 GPU 파이프라인에 들어가지 못하게 한다.[2]

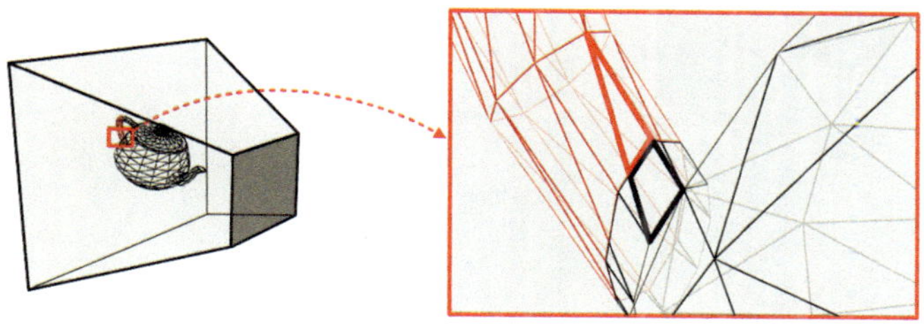

[그림 5.10] 폴리곤이 뷰 프러스텀의 경계에 걸치는 경우 뷰 프러스텀의 바깥쪽에 있는 부분, 예를 들면, 빨간색으로 표시된 부분은 잘라져 버려진다. 이를 클리핑이라 한다.

그림 5.9에서 카메라에 보이는 유일한 물체는 주전자이다. 그런데 주전자의 손잡이는 뷰 프러스텀의 후방 평면과 교차한다. 하나의 폴리곤이 뷰 프러스텀과 교차할 경우, 그림 5.10에 보인 것처럼 이 폴리곤은 잘라져서 프러스텀 안쪽에 놓인 부분만 GPU 파이프라인의 다음 단계로 넘어가게 된다. 이렇게 폴리곤을 자르는 작업을 **클리핑**(clipping)[3]이라 부르는데, 이는 그림 5.1에 보인 래스터라이저(GPU 파이프라인의 두 번째 단계)에 의해 수행된다.

5.4.2 투영 행렬

그림 5.10은 클리핑의 개념을 명확하게 보여준다. 하지만 실제 클리핑은 카메라 공간에서 뷰 프러스텀을 이용해 수행되지 않는다. 그림 5.11-(a)에 보인 것처럼, 피라미드 모양의 뷰 프러스텀을 좌표계의 주축에 나란한 $2\times2\times2$ 크기의 정육면체 뷰 볼륨으로 변형하는 것을

2 이러한 전처리를 뷰 프러스텀 컬링(view frustum culling)이라 부른다. 컴퓨터 그래픽스에서 컬링이라 함은, 카메라에 보이지 않아서 최종 영상에 나타날 수 없는 영역을 제거하는 과정을 말한다.

3 뷰 프러스텀 컬링은 프로그래머가 구현해야 하고 CPU에서 실행된다. 만약 뷰 프러스텀 컬링이 수행되지 않는다면, 그림 5.9의 원통과 구는 GPU 파이프라인에 들어가게 될 것이다. 하지만 이들 물체의 모든 폴리곤은 뷰 프러스텀 바깥에 놓여 있다. 클리핑 알고리즘은 이러한 폴리곤들도 모두 제거한다. 하지만, 이는 GPU에게 부담을 주는 작업이므로, CPU에서 먼저 뷰 프러스텀 컬링을 수행하는 것이 대체로 유리하다.

생각해 보자. 이를 **투영 변환**(projection transform)이라고 한다. 카메라 공간 물체는 이렇게 투영 변환을 거친 뒤, 2×2×2 크기의 정육면체에 대해 클리핑된다. 이런 점에서, 투영 변환 이후에 물체가 놓이는 공간을 **클립 공간**(clip space)이라고 따로 부른다.

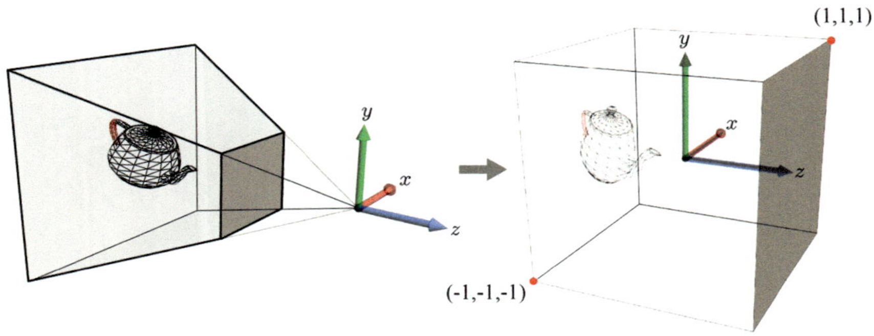

(a)

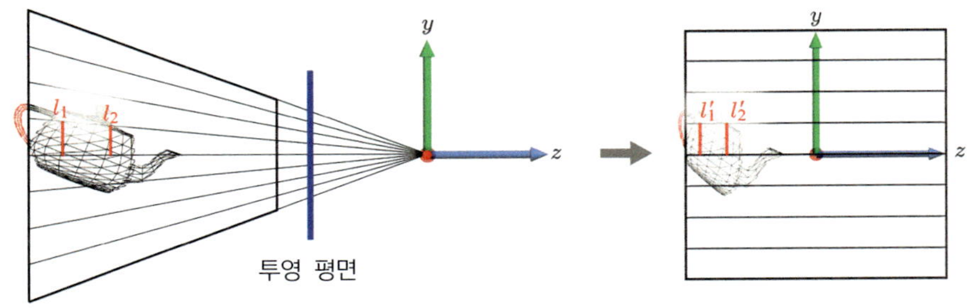

(b)

[그림 5.11] 투영 변환. (a) 뷰 프러스텀을 정육면체로 변형하는 투영 변환이 카메라 공간의 물체에 적용되었다. 주전자가 어떻게 변형되었는지 보라. (b) 이 단면도는 투영 변환이 원근법을 구현함을 보여준다.

그림 5.11-(b)의 왼쪽에 그려진 뷰 프러스텀의 단면도를 보자. 뷰 프러스텀은 원점에 위치한 카메라로 수렴하는 **투영선**(projection lines)들의 집합으로 이해할 수 있다. 뷰 프러스텀과 원점 사이에 놓여 있으면서 z축에 수직인 가상의 **투영 평면**(projection plane)을 생각해 보자. 뷰 프러스텀의 투영선은 투영 평면에 영상을 형성할 것이다.

하나의 투영선 위에 존재하는 모든 3차원 점은 투영 평면의 한 점에 맺히게 된다. 그림 5.11-(b)의 두 선분 l_1과 l_2를 생각해 보자. 3차원 공간에서는 l_1이 l_2보다 길지만 투영 평면에서 이들은 동일한 길이를 가지게 된다. 즉 멀리 있는 물체가 작게 보이게 되는데 이것이 바로 **원근법**이다.

이제 그림 5.11-(b)의 오른쪽에 그려진 단면을 보자. 투영 변환의 결과, 모든 투영선들은 서로 평행해져 z축에 나란해졌다. 즉 우리는 단일한 **투영 방향**을 가지게 되었다. 투영 변환에 의해 변형된 주전자를 관찰해 보면, 뷰 프러스텀 앞부분에 있는 폴리곤은 상대적으로 커진 반면 뷰 프러스텀 뒷부분에 있는 폴리곤은 상대적으로 작아졌음을 발견할 수 있다. 이 결과, 변형된 선분 l_1'와 l_2'는 동일한 길이를 가지게 되고, 단일한 투영 방향을 따라 이들은 동일한 길이로 보이게 된다. 주의할 점은, 우리의 투영 변환은 3차원 공간 물체를 2차원 투영 평면에 실제로 투영하는 것이 아니라, 3차원 공간 내에서 원근법을 구현한다는 것이다.

투영 변환은 정점 쉐이더가 수행하는 마지막 연산이다. 투영 변환된 물체는 이제 하드웨어로 고정된 래스터라이저로 들어갈 것이다. 앞으로 7장에서 기술할 것처럼, 래스터라이저는 $2\times2\times2$ 크기의 정육면체 뷰 볼륨을 확대하여, 그림 5.11-(a) 오른쪽에 음영 표시된 면이 스크린에 딱 맞도록 확대할 것이다. 이런 확대는 실제로 물체에 적용되는데, 확대된 물체는 z축을 따라 스크린에 투영된다. 따라서, l_1'와 l_2'는 스크린에서 동일한 길이를 가지게 된다.

뷰 프러스텀을 $2\times2\times2$ 크기의 정육면체로 변형하는 투영 행렬은 다음과 같다.

$$M = \begin{pmatrix} \frac{\cot\frac{fovy}{2}}{aspect} & 0 & 0 & 0 \\ 0 & \cot\frac{fovy}{2} & 0 & 0 \\ 0 & 0 & \frac{f+n}{f-n} & \frac{2nf}{f-n} \\ 0 & 0 & -1 & 0 \end{pmatrix} \tag{5.11}$$

위 행렬은 뷰 프러스텀 파라미터인 $fovy$, $aspect$, n, f에 의해서 정의되었다(5.4.3절은 이 투영 행렬을 유도할 것이다). 투영 행렬의 중요한 특징 중 하나는 아핀 변환을 위한 행렬과 달리 마지막 행이 $(0\ 0\ 0\ 1)$이 아니라는 것이다. 이것이 가지는 의미에 대해서는 7.2절에서 논의할 것이다.

클립 공간의 물체는 래스터라이저로 입력된다. 그림 5.11에서 확인할 수 있는 것처럼, 클립 공간은 '오른손' 좌표계이다. 그런데 래스터라이저는 모든 물체가 '왼손' 클립 공간에서 정의되어 있다는 가정에서 설계되어 있다. 따라서 우리는 래스터라이저로 진입하기 위하여 오른손 좌표계를 왼손 좌표계로 변환해야 한다. 이를 위해서는 정점 z좌표의 부호를 변경하면 된다. 그림 5.12를 보라.

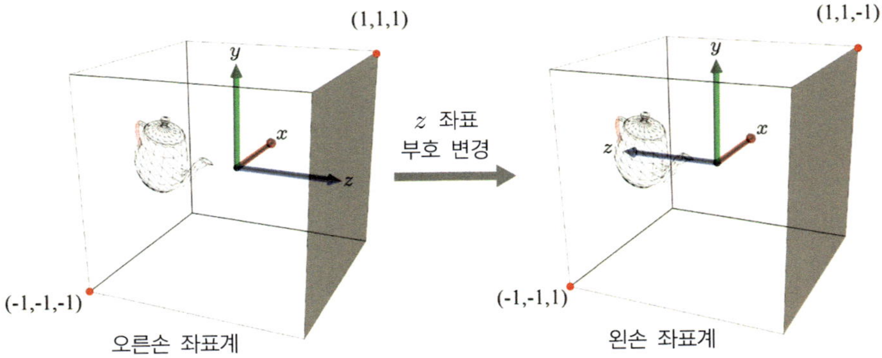

[그림 5.12] 오른손 좌표계에서 왼손 좌표계로의 변환을 위해 모든 정점의 z좌표 부호가 바뀌었다. 개념적으로 이는 물체를 고정한 채 좌표계의 z축을 반전시킨 것과 동일하다.

카메라 공간의 정점 v는 식 (5.11)의 행렬 M에 의해 v'로 변환되는데, v'의 z좌표는 M의 세 번째 행이 결정한다. 따라서 v'의 z좌표 부호를 바꾸기 위해서는 M의 세 번째 행의 모든 원소의 부호를 바꾸면 된다.

$$M_{proj} = \begin{pmatrix} \frac{cot\frac{fovy}{2}}{aspect} & 0 & 0 & 0 \\ 0 & cot\frac{fovy}{2} & 0 & 0 \\ 0 & 0 & -\frac{f+n}{f-n} & -\frac{2nf}{f-n} \\ 0 & 0 & -1 & 0 \end{pmatrix} \qquad (5.12)$$

그림 5.13은 식 (5.12)의 M_{proj}에 의해 오른손 카메라 공간의 물체가 왼손 클립 공간으로 변환된 것을 보여준다.

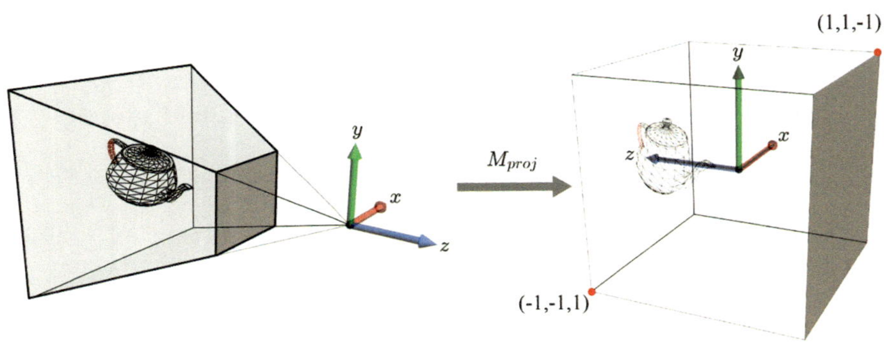

[그림 5.13] 정점 쉐이더의 마지막 변환인 M_{proj}는 오른손 카메라 공간에서 정의된 정점을 왼손 클립 공간으로 옮긴다. 이 그림은 그림 5.11-(a)와 그림 5.12를 통합한 것이다.

5.4.3 투영 행렬의 유도*

투영 행렬은 뷰 프러스텀을 $2 \times 2 \times 2$ 크기의 정육면체로 변환한다. 뷰 프러스텀 안의 한 정점의 좌표 (x,y,z)가 투영 변환을 거쳐 (x',y',z')가 되었다면, x',y',z'의 범위는 모두 $[-1,1]$이어야 한다. 이러한 제약조건을 이용하여 x',y',z'를 계산해 보자.

그림 5.14-(a)는 피라미드 모양의 뷰 프러스텀의 단면을 보여주는데, v로 표기된 정점의 좌표는 (y,z)로 표기되었다. 이제 z축에 수직인 투영 평면을 생각해 보자. 여기에 투영된 v는 v'로, v'의 좌표는 (y',z')로 표기되었다. 투영 평면의 z좌표가 $-cot\frac{fovy}{2}$이라면, y'의 범위는 $[-1,1]$로 제한된다. 이는 우리의 제약조건을 만족시키는데, 그림 5.14-(a)에 보인 바와 같이 y'는 닮은꼴 삼각형(similar triangles)을 이용해 구할 수 있다.

$$y' = -cot\frac{fovy}{2} \cdot \frac{y}{z} \tag{5.13}$$

만약 x축 기준의 시야각 $fovx$가 주어진다면, y' 계산을 위해서 사용한 것과 마찬가지 방법을 통해 다음과 같은 결과를 얻을 수 있을 것이다.

$$x' = -cot\frac{fovx}{2} \cdot \frac{x}{z} \tag{5.14}$$

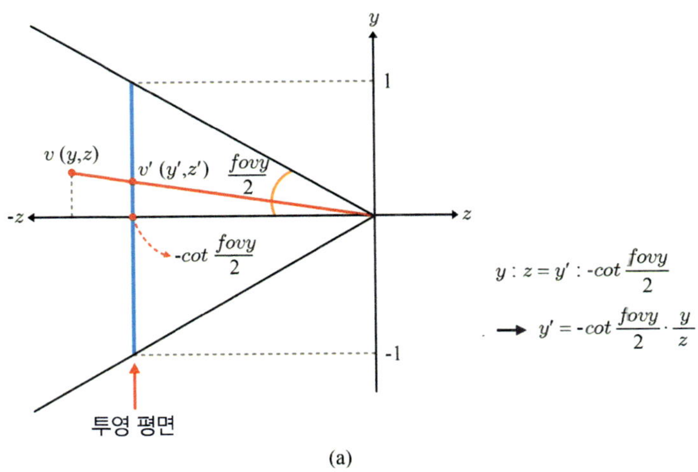

[그림 5.14] 투영 행렬 계산. (a) [-1,1] 범위로 정규화된 좌표 y' 계산.

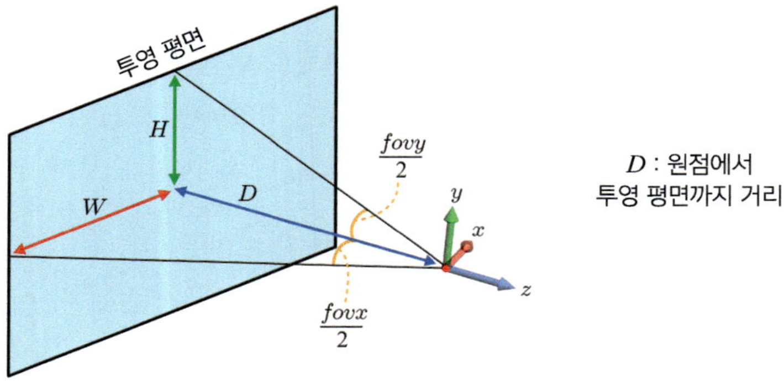

$$\frac{W}{D} = tan\frac{fovx}{2} \rightarrow W = D \cdot tan\frac{fovx}{2}$$

$$\frac{H}{D} = tan\frac{fovy}{2} \rightarrow H = D \cdot tan\frac{fovy}{2}$$

$$\rightarrow aspect = \frac{W}{H} = \frac{tan\frac{fovx}{2}}{tan\frac{fovy}{2}} = \frac{cot\frac{fovy}{2}}{cot\frac{fovx}{2}}$$

(b)

[그림 5.14] 투영 행렬 계산(계속). (b) 시야각 $fovx$와 $fovy$를 활용한 종횡비 $aspect$ 계산.

하지만 뷰 프러스텀 파라미터로 $fovx$가 주어지지 않았으므로 $fovy$와 $aspect$를 사용해 x'를 정의해 보도록 하자. 뷰 프러스텀의 종횡비를 나타내는 $aspect$는 그림 5.14-(b)에 보인 것처럼 다음과 같이 표현될 수 있다.

$$aspect = \frac{cot\frac{fovy}{2}}{cot\frac{fovx}{2}} \tag{5.15}$$

이를 다시 쓰면 아래와 같다.

$$cot\frac{fovx}{2} = \frac{cot\frac{fovy}{2}}{aspect} \tag{5.16}$$

식 (5.14)에 식 (5.16)을 삽입하면 아래를 얻는다.

$$x' = -cot\frac{fovx}{2} \cdot \frac{x}{z} = -\frac{cot\frac{fovy}{2}}{aspect} \cdot \frac{x}{z} \tag{5.17}$$

수식을 간단히 표현하기 위하여 $cot\frac{fovy}{2}$는 D로 $aspect$는 A로 표기하자. 그러면, 투영 변환된 점 v'는 식 (5.13)과 (5.17)을 사용하여 다음과 같이 표현할 수 있다.

$$v' = (x', y', z', 1) = (-\frac{D}{A} \cdot \frac{x}{z}, -D\frac{y}{z}, z', 1) \tag{5.18}$$

여기에서 z'는 아직 미지수이다. 식 (5.18)의 모든 원소에 $-z$를 곱하자.

$$(-\frac{D}{A} \cdot \frac{x}{z}, -D\frac{y}{z}, z', 1) \rightarrow (\frac{D}{A}x, Dy, -zz', -z) \tag{5.19}$$

여기에서 → 앞뒤는 동일한 카테시안 좌표에 해당하는 두 동차 좌표이다. 이 식에서 $\frac{D}{A}x$, Dy, $-z$ 모두 x, y, z의 선형조합(linear combination)이므로, 우리는 다음과 같은 행렬 곱셈식을 얻을 수 있다(식 (5.19)의 $-zz'$는 z''로 표기하였다).

$$\begin{pmatrix} \frac{D}{A}x \\ Dy \\ z'' \\ -z \end{pmatrix} = \begin{pmatrix} \frac{D}{A} & 0 & 0 & 0 \\ 0 & D & 0 & 0 \\ m_1 & m_2 & m_3 & m_4 \\ 0 & 0 & -1 & 0 \end{pmatrix} \begin{pmatrix} x \\ y \\ z \\ 1 \end{pmatrix} \tag{5.20}$$

위 식의 4×4 행렬이 바로 투영 행렬이다. 우리는 이 행렬의 세 번째 행을 채워 투영 행렬을 완성할 것이다.

카메라 공간의 (x,y,z) 좌표가 (x',y',z')로 투영 변환될 때, z'는 x와 y에 무관하게 변환된다. 이를 이해하기 위해, 카메라 공간에서 z축에 수직인 평면을 생각해 보자. 이 평면은 투영 변환 이후에도 여전히 z축과 수직을 유지한다. 즉, 투영 변환된 평면의 모든 점들은 변환 전의 (x,y) 좌표에 무관하게 동일한 z'값을 가진다. 또한, z''는 $-zz'$로 정의되었으므로, z'' 역시 x와 y에 무관하다. 따라서 식 (5.20)의 세 번째 행은 $(0\ 0\ m_3\ m_4)$로 단순화할 수 있고, 다음과 같이 v' 좌표를 정리할 수 있다.

$$\begin{pmatrix} \frac{D}{A} & 0 & 0 & 0 \\ 0 & D & 0 & 0 \\ 0 & 0 & m_3 & m_4 \\ 0 & 0 & -1 & 0 \end{pmatrix} \begin{pmatrix} x \\ y \\ z \\ 1 \end{pmatrix} = \begin{pmatrix} \frac{D}{A}x \\ Dy \\ m_3 z + m_4 \\ -z \end{pmatrix} \rightarrow \begin{pmatrix} -\frac{D}{A} \cdot \frac{x}{z} \\ -D\frac{y}{z} \\ -m_3 - \frac{m_4}{z} \\ 1 \end{pmatrix} = \begin{pmatrix} x' \\ y' \\ z' \\ 1 \end{pmatrix} \tag{5.21}$$

여기에서 z'를 따로 쓰면 다음과 같다.

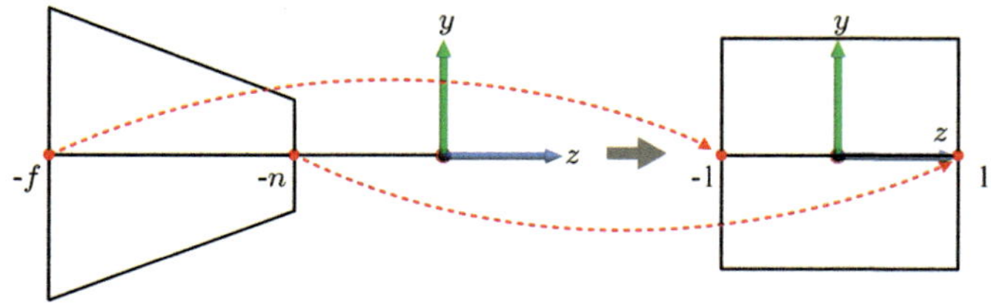

[그림 5.15] 투영 변환은 z범위 $[-f, -n]$을 $[-1,1]$로 전환한다.

$$z' = -m_3 - \frac{m_4}{z} \tag{5.22}$$

그림 5.15에 보인 것처럼, 투영 변환은 $-f$와 $-n$을 각각 -1과 1로 변환한다. 이 값들을 식 (5.22)에 넣으면 다음 두 식을 얻게 된다.

$$\begin{aligned} -1 &= -m_3 + \tfrac{m_4}{f} \\ 1 &= -m_3 + \tfrac{m_4}{n} \end{aligned} \tag{5.23}$$

식 (5.23)을 m_3와 m_4에 대해 풀면 아래를 얻는다.

$$\begin{aligned} m_3 &= \tfrac{f+n}{f-n} \\ m_4 &= \tfrac{2nf}{f-n} \end{aligned} \tag{5.24}$$

드디어 식 (5.20)의 투영 행렬의 세 번째 행이 구해졌다. D와 A를 각각 $cot\,\frac{fovy}{2}$와 $aspect$로 복원하면 다음과 같은 투영 행렬을 얻게 된다.

$$M = \begin{pmatrix} \frac{cot\frac{fovy}{2}}{aspect} & 0 & 0 & 0 \\ 0 & cot\frac{fovy}{2} & 0 & 0 \\ 0 & 0 & \frac{f+n}{f-n} & \frac{2nf}{f-n} \\ 0 & 0 & -1 & 0 \end{pmatrix} \tag{5.25}$$

마지막 행의 부호를 바꾸면 최종 투영 행렬이 얻어진다.

$$M_{proj} = \begin{pmatrix} \frac{cot\frac{fovy}{2}}{aspect} & 0 & 0 & 0 \\ 0 & cot\frac{fovy}{2} & 0 & 0 \\ 0 & 0 & -\frac{f+n}{f-n} & -\frac{2nf}{f-n} \\ 0 & 0 & -1 & 0 \end{pmatrix} \tag{5.26}$$

연습문제

1. 두 개의 2차원 비표준 직교정규 기저 $\{a,b\}$와 $\{c,d\}$가 주어졌을 때, $\{a,b\}$에서 정의된 벡터를 $\{c,d\}$에서 정의된 벡터로 변환하는 2×2 행렬을 계산하라.

2. 두 개의 3차원 비표준 직교정규 기저 $\{a,b,c\}$와 $\{d,e,f\}$가 주어졌을 때, $\{a,b,c\}$에서 정의된 벡터를 $\{d,e,f\}$에서 정의된 벡터로 변환하는 3×3 행렬을 계산하라.

3. 두 개의 직교정규 벡터 a, b를 기준으로 하는 축소확대를 생각해 보자. a, b 방향으로의 축소확대 인자는 각각 s_a, s_b로 표기한다. 한편, a, b 중 어느 것도 표준 기저 벡터(e_1, e_2)와 일치하지 않는다. 우리가 구하고자 하는 축소확대 행렬은 세 개의 2×2 행렬의 곱으로 표현된다. 각각의 행렬을 계산하라.

4. 세 개의 직교정규 벡터 a, b, c를 기준으로 하는 축소확대를 생각해 보자. a, b, c 방향으로의 축소확대 인자는 각각 s_a, s_b, s_c로 표기한다. 한편, a, b, c 중 어느 것도 표준 기저 벡터(e_1, e_2, e_3)와 일치하는 것은 없고, a, b, c 간에는 $a\times b=c$의 관계가 성립한다. 우리가 구하고자 하는 축소확대 행렬은 세 개의 3×3 행렬의 곱으로 표현된다. 각각의 행렬을 계산하라.

5. 월드 공간의 기저 벡터와 원점은 다음과 같다: $e_1=(1,0,0)$, $e_2=(0,1,0)$, $e_3=(0,0,1)$, $\mathbf{O}=(0,0,0)$. 한편, 월드 공간의 $(5,0,0)$에 원점이 있고 기저가 $\{(0,1,0),(-1,0,0),(0,0,1)\}$인 좌표계를 S라고 표기하자. 월드 공간의 점을 S로 변환하는 행렬을 정의하라.

6. 카메라 파라미터가 다음과 같이 주어졌다: $\mathbf{EYE}=(0,0,-\sqrt{3})$, $\mathbf{AT}=(0,0,0)$, $\mathbf{UP}=(0,0,1)$.

(a) 카메라 공간의 기저와 원점은 무엇인가?

(b) 뷰 변환은 이동에 이은 회전으로 정의된다. 두 행렬을 계산하라.

7. 카메라 파라미터가 다음과 같이 주어졌다: **EYE** $=(0,0,3)$, **AT** $=(0,0,-1)$, **UP** $=(-1,0,0)$.

(a) 카메라 공간의 기저와 원점은 무엇인가?

(b) 뷰 변환은 이동에 이은 회전으로 정의된다. 두 행렬을 계산하라.

8. 카메라 파라미터가 다음과 같이 주어졌다: **EYE** $=(0,0,3)$, **AT** $=(0,0,-1)$, **UP** $=(-1,0,0)$. 카메라 공간의 점을 월드 공간으로 변환하는 행렬을 계산하라. 이는 뷰 변환 행렬이 아니라 그 역행렬임에 유의하라.

9. 월드 공간에서 두 개의 카메라 파라미터 군 {**EYE,AT,UP1**}과 {**EYE,AT,UP2**}가 주어졌다. 각 좌표는 다음과 같다: **EYE** $=(18,8,0)$, **AT** $=(10,2,0)$, **UP1** $=(0,8,0)$, **UP2** $=(-13,2,0)$. 이를 기반으로 정의된 두 개의 카메라 공간이 일치하는지 아닌지 기술하라.

10. 두 개의 카메라 공간 S_1과 S_2가 주어졌을 때, S_1의 점을 S_2로 변환하는 한 가지 방법은, S_1의 점을 먼저 월드 공간으로 변환한 후 이 월드 공간 점을 S_2로 변환하는 것이다.

(a) S_1은 다음과 같은 카메라 파라미터에 의해 정의된다: **EYE** $=(0,0,3)$, **AT** $=(0,0,-1)$, **UP** $=(-1,0,0)$. S_1의 점을 월드 공간으로 변환하는 행렬을 계산하라.

(b) S_2는 다음과 같은 카메라 파라미터에 의해 정의된다: **EYE** $=(0,0,-3)$, **AT** $=(0,0,0)$, **UP** $=(0,1,0)$. 월드 공간 점을 S_2로 변환하는 행렬을 계산하라.

11. 월드 공간이 왼손 좌표계를 가진다고 가정하자. 이 월드 공간에서 카메라 파라미터가 다음과 같이 주어졌다: $\mathbf{EYE}=(0,0,3)$, $\mathbf{AT}=(0,0,-1)$, $\mathbf{UP}=(-1,0,0)$.

(a) 카메라 공간 역시 왼손 좌표계로 정의된다고 가정하자. 이 카메라 공간의 기저를 계산하라.

(b) 뷰 변환을 계산하라.

12. 아래 그림은 뷰 프러스텀을 z축에 수직으로 자른 단면이다. 통상적인 $fovy$, $aspect$, n, f 대신 $fovx$, $fovy$, n, f가 주어졌는데 여기서 $fovx$는 x축 기준의 시야각을 의미한다. 한편, D는 카메라로부터 단면 중심까지의 거리이다. $aspect$를 $fovx$와 $fovy$의 함수로 정의하라.

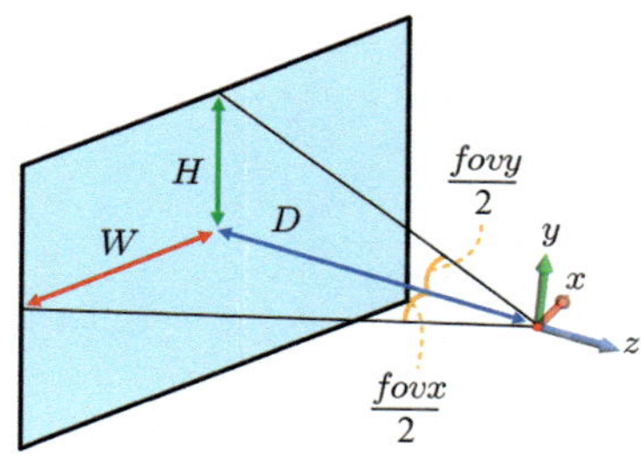

13. 우리는 5.4.3절에서 투영 변환 이후의 z범위가 $[-1,1]$인 것을 이용하여 투영 행렬을 계산하였다. 클립 공간 뷰 볼륨의 x와 y범위는 $[-1,1]$이지만 z범위는 $[-1,0]$이 되도록 바꿨다고 가정하자. 이 경우, 투영 행렬을 계산하라.

14. 다음 그림 (a)에서 구는 고정된 카메라를 중심으로 원 운동을 한다. GPU 파이프라인을 이용해 이 구를 일정한 시간 간격으로 연속해서 렌더링하자. 카메라로부터 구 까지의 거리는 항상 일정하므로, 우리는 그림 (b)와 같은 결과를 예상할 수 있다. 하지만, 실제 렌더링 결과는 그림 (c)와 같다. 즉, 구가 뷰 프러스텀으로 막 진입했을 때 가장 크지만, 계속 작아지다가 카메라 공간의 $-n$축에 놓였을 때 최소 크기에 도달한다. 그 이후 다시 커지다가 뷰 프러스텀을 벗어날 때 최대 크기에

도달한다. 왜 이런 현상이 발생하는가?

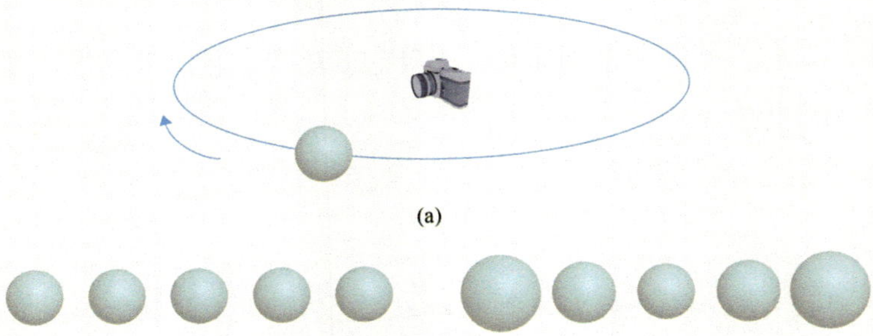

(a)

(b) (c)

06

OpenGL ES와 쉐이더

OpenGL ES and Shader

GPU 파이프라인에 입력되는 정점 배열은 정점 위치와 노멀 등의 데이터를 저장하는데, 정점 쉐이더는 한 번에 한 정점을 처리한다. GPU는 수많은 코어(core)로 구성된 병렬 처리 구조를 가지고 있는데, 이들 코어는 다수의 정점을 동시에 처리하는 데 적합하다.

6.1 OpenGL ES와 쉐이딩 언어

OpenGL ES는 OpenGL의 부분집합이다. OpenGL ES 2.0은 OpenGL 2.0을 기반으로 정의되었고, **정점 쉐이더**와 **프래그먼트 쉐이더**라는 두 가지 프로그램을 필요로 한다. OpenGL ES 3.0은 OpenGL 3.3을 기반으로 정의되었고, OpenGL ES 2.0에 다양한 기능을 추가했다. 이 책은 OpenGL ES 3.0에 초점을 둔다.

한편, OpenGL ES 3.1에는 범용적 GPU 연산을 위해 **컴퓨트 쉐이더**(compute shader)가 추가되었고, OpenGL ES 3.2에는 **기하 쉐이더**(geometry shader)와 **테썰레이션**(tessellation) 기능이 추가되었다. 이 책은 컴퓨트 쉐이더와 기하 쉐이더를 다루지 않지만, 테썰레이션은 18장에서 다룬다.

OpenGL ES의 쉐이더는 GPU에 특화된 언어로 작성하는데, 이를 OpenGL ES Shading Language라고 한다. 앞으로 OpenGL ES는 GL로, OpenGL ES Shading Language는 GLSL로 간단히 표기할 것이다(OpenGL을 언급해야 할 때에는, 약칭 없이 그냥 OpenGL을 사용한다.) 이 책은 많은 GL 및 GLSL 예제를 제공하는데, 이 장은 그러한 예제를 이해하는 데 필요한 최소한의 GL 및 GLSL 기초를 다룬다. 본격적인 GL 및 GLSL 프로그래밍을 위해서는 참고문헌 [4]와 같은 매뉴얼을 참고하라.

6.2 정점 쉐이더

GLSL은 C와 비슷한 언어이다. 따라서, C에 익숙한 프로그래머는 GLSL의 데이터 타입, 연산, 제어구조 등을 쉽게 이해할 수 있다. 그러나 GPU는 CPU와 다른 목적 및 구조를 가진 프로세서이므로, GPU에서 작동하는 GLSL은 CPU에서 작동하는 C와는 분명하게 구분되는 자신만의 특징을 가진다. 벡터와 행렬에 대한 데이터 타입이 대표적인 예가 될 것이다. GLSL은 `float`와 같은 기본 타입에 더불어 최대 4개 원소를 가지는 벡터 타입을 제공한다.

예를 들어 vec4는 4차원 실수 벡터를, ivec3는 3차원 정수 벡터를 의미한다. 또한, GLSL은 최대 4×4 크기를 가지는 행렬 타입을 제공한다. 예를 들어, mat3와 mat4는 각각 3×3과 4×4 크기의 정사각행렬을, mat3x4는 3×4 크기의 행렬을 의미한다. 행렬의 각 원소는 모두 float로 제한된다.

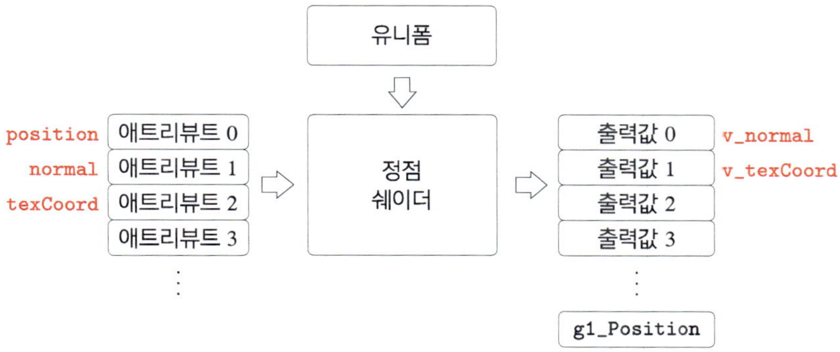

[그림 6.1] 정점 쉐이더의 입력과 출력.

정점 쉐이더는 두 가지 종류의 입력을 받아들인다. 하나는 정점 배열에 저장된 정점별 **애트리뷰트**(attribute)들인데, 그림 6.1의 예에서 각 정점은 위치(position), 노멀(normal), 텍스처 좌표(texCoord) 애트리뷰트를 가지고 있다(텍스처 좌표에 관해서는 8장에서 자세히 기술할 것이다). 한편, 예를 들어, 정점 배열이 1000개의 정점을 저장하고 있다면, 정점 쉐이더는 1000번 실행되는데, 1000번 실행되는 정점 쉐이더가 모두 공유하는 또 다른 종류의 입력 데이터가 있다. 대표적인 예가 월드/뷰/투영 변환인데, 이들은 모든 정점에 공히 적용된다. 이러한 입력 데이터를 **유니폼**(uniform)이라 부른다.

예제 코드 6-1은 아주 간단한 정점 쉐이더를 보여주고 있다. 1번 줄은 이 쉐이더가 GLSL 3.0으로 작성된 것을 말해 준다. 3번 줄에는 월드, 뷰, 투영 변환이 모두 4×4 크기 행렬로 정의되었는데, 이들은 모두 uniform이라는 키워드로 수식된다. 한편, 5~7번 줄에는 이 쉐이더에 입력되는 position, normal, texCoord 애트리뷰트가 in이라는 키워드로 수식되었다. 정점의 position과 normal은 모두 3차원 좌표를 가지므로, vec3로 정의되었다. 반면, texCoord는 vec2로 정의되었는데, 텍스처가 2차원 이미지 영상일 경우 여기에 접근하기 위한 좌표 역시 2차원으로 표현되기 때문이다.

[예제 코드 6-1] 정점 쉐이더.

```
 1: #version 300 es
 2:
 3: uniform mat4 worldMat, viewMat, projMat;
 4:
 5: layout(location = 0) in vec3 position;
 6: layout(location = 1) in vec3 normal;
 7: layout(location = 2) in vec2 texCoord;
 8:
 9: out vec3 v_normal;
10: out vec2 v_texCoord;
11:
12: void main() {
13:     gl_Position = projMat * viewMat * worldMat * vec4(position, 1.0);
14:     v_normal = normalize(transpose(inverse(mat3(worldMat))) * normal);
15:     v_texCoord = texCoord;
16: }
```

애트리뷰트가 m개인 경우, 각각의 위치는 $0,1,2,..,m-1$로 표기된다. 예제 코드 6-1에서는 **layout**이라는 키워드를 사용해 **position, normal, texCoord**의 위치를 각각 $0,1,2$로 지정하였다.

9번과 10번 줄은 쉐이더가 출력할 **v_normal**과 **v_texCoord**를 정의하는데, 이들은 모두 **out**이라는 키워드로 수식된다. 이제 메인 함수를 보도록 하자. 이는 우선 오브젝트 공간에서 정의된 **position**을 클립 공간으로 변환한다. 이는 모든 정점 쉐이더가 반드시 수행해야 하는 것으로, 그 결과는 **gl_Position**이라는 내장 변수(built-in variable)에 저장해야 한다. 한편, 세 가지 변환 행렬의 크기는 모두 4×4인데, **position**은 3차원 벡터이므로, 이를 4차원 벡터로 변환하기 위하여 **vec4**를 생성자(constructor)로 사용했다.

메인 함수의 두 번째 줄은 오브젝트 공간에서 정의된 **normal**을 월드 공간으로 변환하는데, **mat3(worldMat)**은 월드 행렬의 왼쪽 위 3×3 부분 행렬을 말한다. 5.1절에서 기술한 바와 같이, 이는 $[\boldsymbol{L}|t]$로 표기된 월드 행렬 중 $\boldsymbol{L}$을 의미한다. $\boldsymbol{L}$의 역전치행렬 $(\boldsymbol{L}^{-1})^T$가 **normal**에 곱해지고 정규화되어 출력 변수인 **v_normal**에 저장된다. 여기에 사용된 **inverse, transpose, normalize**는 GLSL이 제공하는 라이브러리 함수들이다. 한편, 메인 함수의 마지막 줄은 **texCoord**를 **v_texCoord**에 그대로 복사하는데, 총 세 개의 출력 값 (**gl_Position, v_normal, v_texCoord**)이 래스터라이저에게 전달될 것이다.

6.3 쉐이더를 위한 OpenGL ES 작업

앞 절에서 정점 쉐이더의 예를 살펴봤는데, 프래그먼트 쉐이더도 이와 비슷한 방식으로 작성된다(프래그먼트 쉐이더는 일반적으로 정점 쉐이더보다 길고 복잡한데, 이는 8장부터 기술될 것이다). 정점 및 프래그먼트 쉐이더가 렌더링을 위한 세부 작업을 수행한다면, GL 프로그램은 이들 쉐이더를 관리함과 동시에 쉐이더에 필요한 데이터를 공급하는 역할을 한다. GL 프로그램의 함수는 gl로, 데이터는 GL로 시작한다.

[예제 코드 6-2] 쉐이더 오브젝트를 위한 GL 프로그램.

```
GLuint shader = glCreateShader(GL_VERTEX_SHADER);
glShaderSource(shader, 1, &source, NULL);
glCompileShader(shader);
```

예제 코드 6-2는 정점 쉐이더를 관리하는 GL 프로그램의 일부이다.

- 쉐이더 소스코드를 저장할 **쉐이더 오브젝트**(shader object)는 glCreateShader가 생성하는데, 이는 GL_VERTEX_SHADER 혹은 GL_FRAGMENT_SHADER를 입력 받아서 쉐이더 오브젝트의 ID를 리턴한다. 예제 코드 6-2에서는 정점 쉐이더 오브젝트 ID가 shader에 저장되었다.
- GL 프로그램이 쉐이더 소스코드를 로드했고, char* source가 이 소스코드를 가리킨다고 가정하자. 이 소스코드는 glShaderSource에 의해 쉐이더 오브젝트에 저장된다(이 책은 각 GL 함수의 핵심만 소개한다. 따라서, glShaderSource의 두 번째, 네 번째 파라미터 등과 같이 중요치 않은 것은 생략할 것이므로, 이에 대해서는 매뉴얼을 참조하라).
- 쉐이더 오브젝트는 glCompileShader에 의해 컴파일된다.

[예제 코드 6-3] 프로그램 오브젝트를 위한 GL 프로그램.

```
GLuint program = glCreateProgram();
glAttachShader(program, shader);
glLinkProgram(program);
glUseProgram(program);
```

정점 및 프래그먼트 쉐이더 오브젝트는 모두 **프로그램 오브젝트**(program object)에 붙여(attach)져야 한다. 그 뒤에 프로그램 오브젝트는 실행 파일로 링크(link)된다. 예제 코드 6-3을 설명하면 다음과 같다.

- 프로그램 오브젝트가 **glCreateProgram**에 의해 생성되었다.
- **shader**를 ID로 가지는 정점 쉐이더 오브젝트가 **glAttachShader**에 의해 프로그램 오브젝트에 붙여졌다(프래그먼트 쉐이더 오브젝트도 동일한 방식으로 프로그램 오브젝트에 붙여져야 한다).
- 프로그램 오브젝트가 **glLinkProgram**에 의해 링크되었다.
- 프로그램 오브젝트를 렌더링에 사용하기 위해서 **glUseProgram**이 호출되었다.

6.4 애트리뷰트와 유니폼

GL 프로그램의 중요한 역할 중 하나는 정점 쉐이더가 애트리뷰트와 유니폼을 사용할 수 있도록 하는 것이다. 즉, GL 프로그램은 이들을 정점 쉐이더에게 건네줘야 하고, 또한 이들이 어떤 구조를 가지는지 정점 쉐이더에게 알려줘야 한다.

6.4.1 애트리뷰트와 버퍼 오브젝트

[예제 코드 6-4] 정점 및 인덱스 배열 처리를 위한 GL 프로그램.

```
struct Vertex {
    glm::vec3 pos; // position
    glm::vec3 nor; // normal
    glm::vec2 tex; // texture coordinates
};
typedef GLushort Index;

struct ObjData {
    std::vector<Vertex> vertices;
    std::vector<Index> indices;
};

ObjData objData;
```

예제 코드 6-4에서 **Vertex** 구조체는 정점의 위치(pos), 노멀(nor), 텍스처 좌표(tex)를 가지는데, 여기서 사용된 glm은 OpenGL 수학 라이브러리를 말하는 것으로, GLSL과 동일한 이름과 기능을 가진 클래스와 함수를 제공한다. 3.3절에서 기술한 바와 같이, .obj 파일 등에 저장된 폴리곤 메시 데이터가 GL 프로그램의 정점 및 인덱스 배열로 로드되었고, 이들을 각각 vertices와 indices가 가리킨다고 가정하자. 예제 코드 6-4에서 이들은 objData에 저장되었다.

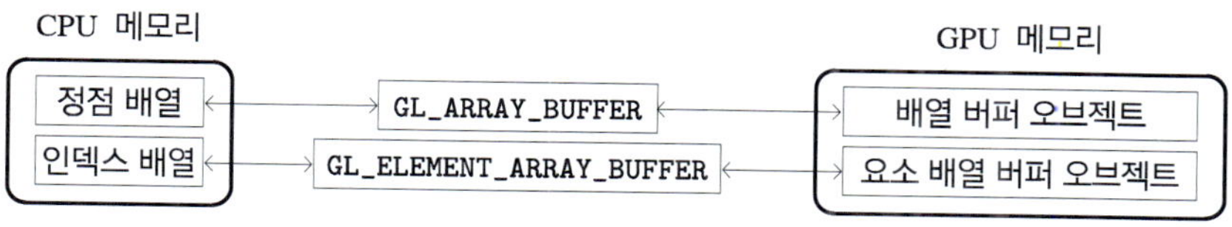

[그림 6.2] CPU 메모리의 정점 및 인덱스 배열과 GPU 메모리의 버퍼 오브젝트.

현재 CPU 메모리에 저장되어 있는 정점 및 인덱스 배열은 렌더링을 위해서 GPU 메모리의 **버퍼 오브젝트**(buffer object)로 옮겨지는데, 정점 배열은 배열 버퍼 오브젝트(array buffer object)로, 인덱스 배열은 요소 배열 버퍼 오브젝트(element array buffer object)로 복사된다. 그림 6.2에 보인 것처럼 이들은 각각 GL_ARRAY_BUFFER와 GL_ELEMENT_ARRAY_BUFFER라고 부른다.

[예제 코드 6-5] 배열 버퍼 오브젝트를 위한 GL 프로그램.

```
GLuint abo;
glGenBuffers(1, &abo);
glBindBuffer(GL_ARRAY_BUFFER, abo);
glBufferData(GL_ARRAY_BUFFER,
        (GLsizei) objData.vertices.size() * sizeof(Vertex),
        objData.vertices.data(), GL_STATIC_DRAW);
```

예제 코드 6-5는 정점 배열을 위한 버퍼 오브젝트를 생성하고 채우는 과정을 보여준다.

- glGenBuffers(GLsizei n, GLuint* buffers)를 호출하여 버퍼 오브젝트를 생성한다. glGenBuffers는 n개의 버퍼 오브젝트를 buffers에 저장한다.
- 이 버퍼 오브젝트를 정점 배열에 바인드(bind)하기 위하여 GL_ARRAY_BUFFER를 파라미터로 glBindBuffer를 호출한다.

- 예제 코드 6-4에서 정의한 **objData.vertices**로 버퍼 오브젝트를 채우기 위하여 **glBufferData**를 호출한다. **glBufferData**의 두 번째 파라미터는 정점 배열의 크기를 지정하고, 세 번째 파라미터는 정점 배열을 가리킨다.

[예제 코드 6-6] 요소 배열 버퍼 오브젝트를 위한 GL 프로그램.

```
GLuint eabo;
glGenBuffers(1, &eabo);
glBindBuffer(GL_ELEMENT_ARRAY_BUFFER, eabo);
glBufferData(GL_ELEMENT_ARRAY_BUFFER,
          (GLsizei) objData.indices.size() * sizeof(Index),
          objData.indices.data(), GL_STATIC_DRAW);
```

[예제 코드 6-7] 정점 애트리뷰트를 위한 GL 프로그램.

```
glEnableVertexAttribArray(0); // position = attribute 0
glVertexAttribPointer(0, 3, GL_FLOAT, GL_FALSE,
          sizeof(Vertex), (const GLvoid*) offsetof(Vertex, pos));

glEnableVertexAttribArray(1); // normal = attribute 1
glVertexAttribPointer(1, 3, GL_FLOAT, GL_FALSE,
          sizeof(Vertex), (const GLvoid*) offsetof(Vertex, nor));

glEnableVertexAttribArray(2); // texture coordinates = attribute 2
glVertexAttribPointer(2, 2, GL_FLOAT, GL_FALSE,
          sizeof(Vertex), (const GLvoid*) offsetof(Vertex, tex));
```

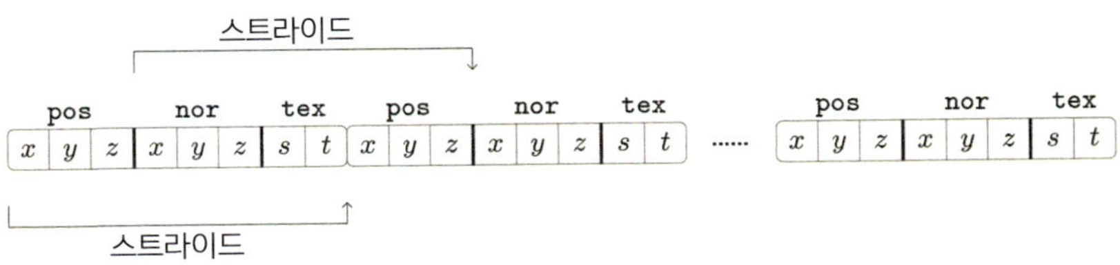

[그림 6.3] GPU 버퍼 오브젝트에 저장된 정점 애트리뷰트.

예제 코드 6-6에 보인 것처럼, 인덱스 배열도 마찬가지 방식으로 처리되는데, **glBindBuffer**와 **glBufferData**를 호출할 때 **GL_ELEMENT_ARRAY_BUFFER**를 사용한다. 이렇게 해서 정점 및 인덱스 배열이 모두 GPU 메모리로 옮겨졌는데, 그림 6.3은 **pos**, **nor**, **tex**라는 정점 애트리뷰트들이 배열 버퍼 오브젝트에 어떤 방식으로 저장되어 있는지 보여준다. 예제 코드

6-4에서 Vertex의 크기가 32바이트였으므로, 첫 번째 pos와 두 번째 pos 간 간격은 32바이트이다. 이런 바이트 간격을 스트라이드(stride; 보폭)라 한다. 하나의 pos를 얻은 후 동일한 스트라이드를 반복하여 앞으로 나가면 모든 pos를 얻을 수 있다. 이는 nor와 tex에서도 마찬가지이다.

GL 프로그램은 정점 쉐이더에게 그림 6.3과 같은 구조와 스트라이드를 알려줘야 한다. 예제 코드 6-1의 정점 쉐이더는 정점의 position 애트리뷰트 위치를 0으로 지정했었다. 예제 코드 6-7의 1번 줄은 glEnableVertexAttribArray를 이용하여 0번에 놓인 position을 활성화시킨다. 2번 줄은 glVertexAttribPointer를 이용하여 position에 대한 자세한 정보를 제공한다. 즉, 두 번째와 세 번째 파라미터는 position이 GL_FLOAT 3개로 정의되어 있음을, 다섯 번째 파라미터는 position의 스트라이드가 Vertex 크기인 32임을 알려준다. 또한, 마지막 파라미터는 버퍼 오브젝트에서 position이 나오는 처음 위치를 알려준다. glVertexAttribPointer의 파라미터에 관한 설명은 아래를 참고하라.

```
void        glVertexAttribPointer(GLuint index,
                                  GLint size,
                                  GLenum type,
                                  GLboolean normalized,
                                  GLsizei stride,
                                  const GLvoid* pointer);
```

index	index of the vertex attribute
size	number of components in the attribute
type	data type such as GL_INT and GL_FLOAT
normalized	If GL_TRUE, integer data are mapped to [-1,1] or [0,1].
stride	byte distance between the same attributes
pointer	offset (in bytes) to the first occurrence of the attribute

예제 코드 6-1의 정점 쉐이더는 정점의 normal과 texCoord 애트리뷰트 위치를 각각 1과 2로 지정했었다. 예제 코드 6-7은 position과 마찬가지 방식으로 이들 애트리뷰트를 활성화시킨 후 그 정보를 정점 쉐이더에게 제공한다. normal과 texCoord도 동일한 스트라이드 32를 가지는 것을 확인하라.

6.4.2 유니폼

[예제 코드 6-8] 월드 행렬을 제공하는 GL 프로그램.

```
glm::mat4 worldMatrix; // repeatedly updated for a dynamic object

GLint loc = glGetUniformLocation(program, "worldMat");
glUniformMatrix4fv(loc, 1, GL_FALSE, glm::value_ptr(worldMatrix));
```

예제 코드 6-1의 정점 쉐이더는 `worldMat`, `viewMat`, `projMat` 세 개의 유니폼을 사용하는데, 이 역시 GL 프로그램이 제공해야 한다. 예제 코드 6-8은 `worldMat`의 경우를 보여준다. 가상 공간에서 물체가 움직이는 경우 월드 행렬은 매 프레임 갱신되어야 하는데 이 행렬 이름이 `worldMatrix`라고 가정하자. 이는 예제 코드 6-8 첫 줄에 정의되어 있다. 이 `worldMatrix`를 정점 쉐이더 유니폼인 `worldMat`에 할당해야 하는데, 이를 위해서 GL 프로그램은 우선 `worldMat`의 위치를 알아내야 한다. 예제 코드 6-3에서 프로그램 오브젝트(program)를 링크했을 때 `worldMat`의 위치가 결정되었는데, 이 위치를 알아내기 위해 여제 코드 6-8의 GL 프로그램은 `glGetUniformLocation`을 호출한다.

한편, 정점 쉐이더의 유니폼 변수에 특정 값을 할당하기 위하여 GL은 `glUniform`으로 시작하는 함수들을 이용하는데, 4×4 행렬인 `worldMat`를 위해 `glUniformMatrix4fv`를 호출한다. 예제 코드 6-8에서 이 함수의 첫 파라미터는, `glGetUniformLocation`을 사용해 얻어진 `loc`, 즉 `worldMat`의 위치이다.

```
void        glUniformMatrix4fv(GLint location,
                               GLsizei count,
                               GLboolean transpose,
                               const GLfloat* value);
```

`location`	uniform location
`count`	the number of matrices to be modified
`transpose`	must be `GL_FALSE`
`value`	pointer to an array of 16 `GLfloat` values

6.5 드로우콜

이제까지 소개한 바와 같은 다양한 함수를 이용해 정점 쉐이더가 필요로 하는 애트리뷰트와 유니폼을 GL 프로그램이 모두 제공했다면, 이제 해당 폴리곤 메시를 그리는 명령을 내려야 한다. 이를 **드로우콜**(drawcall)이라 한다. 그림 3.9에 주어진 메시를 예로 들어 보자. 총 48개의 삼각형을 가진 이 메시의 인덱스 배열은 144(48×3)개의 원소를 가지게 되는데, 이를 그리기 위해서는 `glDrawElements(GL_TRIANGLES, 144, GL_UNSIGNED_SHORT, 0)`을 호출한다. 만약, 이 메시가 인덱스 없이 표현되었다면, 즉 정점 배열로만 정의되었다면, `glDrawArrays(GL_TRIANGLES, 0, 144)`를 호출한다.

```
void    glDrawElements(GLenum mode,
                       GLsizei count,
                       GLenum type,
                       const GLvoid* indices);
```

mode	GL_TRIANGLES for a polygon mesh
count	number of indices to draw
type	index type
indices	byte offset into the buffer bound to GL_ELEMENT_ARRAY_BUFFER

```
void  glDrawArrays(GLenum mode,
                   GLint first,
                   GLsizei count);
```

mode	GL_TRIANGLES for a polygon mesh
first	start index in the vertex array
count	the number of vertices to draw

연습문제

1. 아래와 같은 GL 프로그램과 정점 쉐이더가 주어졌다. **worldMat**가 비균등 축소확대를 포함한다는 것을 가정하여 빈칸을 채워라. **glVertexAttribPointer**의 두 번째 파라미터는 해당 애트리뷰트의 원소 개수를, 다섯 번째 파라미터는 스트라이드(stride)를 말한다.

```
#version 300 es

uniform mat4 worldMat, viewMat, projMat;

layout(location = 2) in vec3 position;
layout(location = 3) in vec3 normal;
layout(location = 7) in vec2 texCoord;

out vec3 v_normal;
out vec2 v_texCoord;

void main() {
    gl_Position = ______________________________;
    v_normal = ______________________________;
    v_texCoord = texCoord;
}
```

```
struct Vertex
{
    glm::vec3 pos; // position
    glm::vec3 nor; // normal
    glm::vec2 tex; // texture coordinates
};
typedef GLushort Index;

glEnableVertexAttribArray(__); // position
glVertexAttribPointer(__, __, GL_FLOAT, GL_FALSE,
        __________, (const GLvoid*) offsetof(Vertex, pos));

glEnableVertexAttribArray(__); // normal
glVertexAttribPointer(__, __, GL_FLOAT, GL_FALSE,
        __________, (const GLvoid*) offsetof(Vertex, nor));

glEnableVertexAttribArray(__); // texture coordinates
glVertexAttribPointer(__, __, GL_FLOAT, GL_FALSE,
        __________, (const GLvoid*) offsetof(Vertex, tex));
```

2. 아래의 메시는 총 8개의 삼각형으로 구성되어 있다.

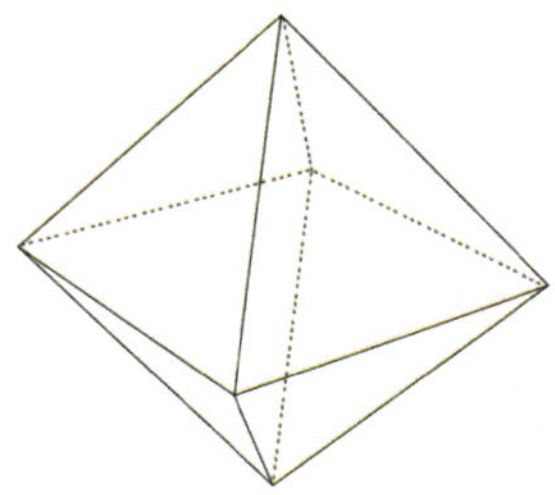

(a) 인덱스를 사용하여 위 메시를 표현했을 때, 우리는 `glDrawElements(mode, count, type, indices)`를 호출할 것이다. `mode`와 `count` 값은 각각 무엇인가?

(b) 인덱스 없이 위 메시를 표현했을 때, 우리는 `glDrawElements(mode, count, type, indices)`를 호출할 것이다. `mode`와 `count` 값은 각각 무엇인가?

07

래스터라이저

Rasterizer

GPU 파이프라인이 처리할 기하적인 개체들을 종종 **프리미티브**(primitive)라고 부른다. 그래픽스 응용에 따라 삼각형 말고도 선(line)과 점(point)도 독자적인 프리미티브가 될 수 있는데, 이들은 각각 정점 3개, 2개, 1개를 사용하여 정의된다. 하지만, 이 장은 삼각형 프리미티브만을 다룰 것이다.

정점 쉐이더가 출력한 정점들은 프리미티브로 다시 조립(assemble)된다. 이 프리미티브는 스크린에 그려질 형태로 변환된 후 프래그먼트로 분해되는데 이를 **래스터화**(rasterization)라고 부른다. 5장 초반에 정의한 바와 같이, 프래그먼트는 컬러 버퍼의 픽셀을 갱신하는 데 필요한 데이터를 총칭하는 것이다. 정점들에 저장된 노멀과 텍스처 좌표 등은 프리미티브를 따라 보간(interpolate)되어 각 프래그먼트에 할당된다.

이러한 **프리미티브 조립 및 래스터화**(primitive assembly and rasterization)는 그림 5.1에 보인 GPU 파이프라인의 **래스터라이저**(rasterizer)가 담당한다. 이는 쉐이더와 달리 하드웨어도 고정된 단계로, **클리핑**(clipping), **원근 나눗셈**(perspective division), **뒷면 제거**(back-face culling), **뷰포트 변환**(viewport transform), **스캔 전환**(scan conversion) 등의 작업을 수행한다.

7.1 클리핑

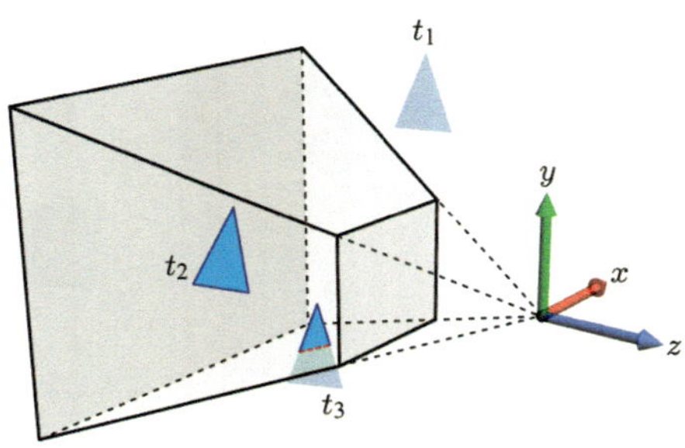

[그림 7.1] 삼각형 클리핑.

클리핑은 $2\times2\times2$ 크기의 클립 공간 뷰 볼륨 바깥에 놓인 폴리곤을 잘라내는 작업을 말한다. 이번 절에서는 직관적인 이해를 돕고자 '클립 공간 뷰 볼륨' 대신 '카메라 공간 뷰 프러스텀'을 사용해 클리핑의 개념을 살펴보도록 한다. 삼각형과 뷰 프러스텀 사이의 공간적인 관계는 그림 7.1에 보인 것처럼 크게 세 가지 경우로 나눌 수 있다: (1) 삼각형 t_1은 뷰 프러스텀 바깥쪽에 위치하므로 제거된다. (2) 삼각형 t_2는 뷰 프러스텀 안쪽에 위치하므로 그대로 다음 단계로 넘겨진다. (3) 삼각형 t_3는 뷰 프러스텀과 교차하므로, 뷰 프러스텀 바깥에 놓인 부분을 잘라내는 작업이 필요한데, 기존 정점 일부가 제거되고 새로운 정점을 추가해서 새로운 프리미티브를 만든다. (2)항과 (3)항의 프리미티브들은 래스터라이저의 다음 단계로 넘어간다.

7.2 원근 나눗셈

식 (5.12)의 투영 행렬 M_{proj}를 카메라 공간의 한 점 $(x,y,z,1)$에 적용하자.

$$\begin{pmatrix} m_{11} & 0 & 0 & 0 \\ 0 & m_{22} & 0 & 0 \\ 0 & 0 & m_{33} & m_{34} \\ 0 & 0 & -1 & 0 \end{pmatrix} \begin{pmatrix} x \\ y \\ z \\ 1 \end{pmatrix} = \begin{pmatrix} m_{11}x \\ m_{22}y \\ m_{33}z + m_{34} \\ -z \end{pmatrix} \to \begin{pmatrix} -m_{11}\frac{x}{z} \\ -m_{22}\frac{y}{z} \\ -m_{33} - m_{34}\frac{1}{z} \\ 1 \end{pmatrix} \tag{7.1}$$

M_{proj}의 첫 3개 행 중에서 0이 아닌 원소들을 m_{11}, m_{22}, m_{33}, m_{34}로 표기했다. 한편, 아핀 변환과는 달리 M_{proj}의 마지막 행은 $(0\,0\,0\,1)$이 아니라 $(0\,0\,-1\,0)$이다. 따라서, M_{proj}에 의해 변환된 정점의 w좌표는 $-z$가 된다. 이는 대개의 경우 1이 아니다. 투영 변환을 통해 얻어진 동차 좌표를 카테시안 좌표를 전환하기 위해서는 동차 좌표의 모든 원소를 w로 나눠야 한다. 식 (7.1)에서는 이 나눗셈을 →로 표기했다.

그림 7.2는 투영 변환의 예를 보여주는데, M_{proj}를 두 선분 l_1과 l_2에 적용한 결과를 비교해 보자. 나눗셈에 사용된 w좌표는 $-z$로, 이는 카메라 공간의 xy평면으로부터 해당 정점까지의 수직 거리를 나타내는 양수 값이다. 선분 l_1의 끝점 P_1과 Q_1의 $-z$는 2이고, l_2의 끝점 P_2와 Q_2의 $-z$는 1이다. 이렇게 카메라로부터 멀리 떨어져 있는 정점은 투영 변환 후 w좌표가 크므로, w로 나누는 연산은 멀리 떨어진 물체를 작게 만든다. 그림 7.2의 카메라 공간에서 l_1과 l_2는 동일한 길이를 가지지만, M_{proj}를 적용하고 w로 나눈 결과, l_1'는 l_2'보다 작아졌다. 이는 바로 **원근법** 구현에 해당한다. 따라서, w로 나누는 연산을 **원근 나눗셈**(perspective division)이라고 부른다.

$$fovy = \frac{\pi}{2},\quad aspect = 1,\quad n = 1,\quad f = 2 \;\rightarrow\; M_{proj} = \begin{pmatrix} 1 & 0 & 0 & 0 \\ 0 & 1 & 0 & 0 \\ 0 & 0 & -3 & -4 \\ 0 & 0 & -1 & 0 \end{pmatrix}$$

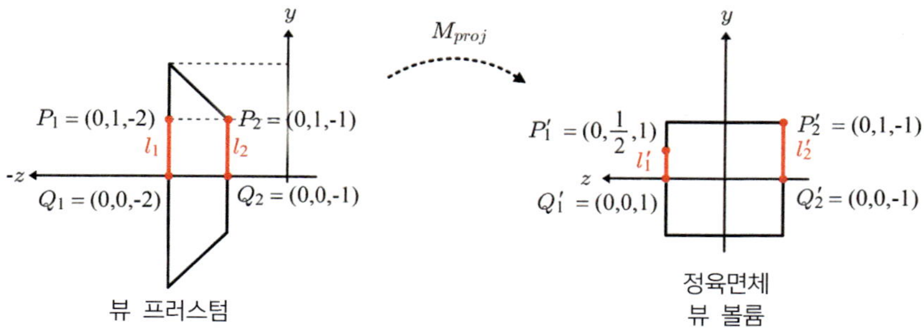

$$M_{proj}P_1 = \begin{pmatrix} 1 & 0 & 0 & 0 \\ 0 & 1 & 0 & 0 \\ 0 & 0 & -3 & -4 \\ 0 & 0 & -1 & 0 \end{pmatrix}\begin{pmatrix} 0 \\ 1 \\ -2 \\ 1 \end{pmatrix} = \begin{pmatrix} 0 \\ 1 \\ 2 \\ 2 \end{pmatrix} \rightarrow \begin{pmatrix} 0 \\ \frac{1}{2} \\ 1 \\ 1 \end{pmatrix} = P_1' \qquad M_{proj}P_2 = \begin{pmatrix} 1 & 0 & 0 & 0 \\ 0 & 1 & 0 & 0 \\ 0 & 0 & -3 & -4 \\ 0 & 0 & -1 & 0 \end{pmatrix}\begin{pmatrix} 0 \\ 1 \\ -1 \\ 1 \end{pmatrix} = \begin{pmatrix} 0 \\ 1 \\ -1 \\ 1 \end{pmatrix} = P_2'$$

$$M_{proj}Q_1 = \begin{pmatrix} 1 & 0 & 0 & 0 \\ 0 & 1 & 0 & 0 \\ 0 & 0 & -3 & -4 \\ 0 & 0 & -1 & 0 \end{pmatrix}\begin{pmatrix} 0 \\ 0 \\ -2 \\ 1 \end{pmatrix} = \begin{pmatrix} 0 \\ 0 \\ 2 \\ 2 \end{pmatrix} \rightarrow \begin{pmatrix} 0 \\ 0 \\ 1 \\ 1 \end{pmatrix} = Q_1' \qquad M_{proj}Q_2 = \begin{pmatrix} 1 & 0 & 0 & 0 \\ 0 & 1 & 0 & 0 \\ 0 & 0 & -3 & -4 \\ 0 & 0 & -1 & 0 \end{pmatrix}\begin{pmatrix} 0 \\ 0 \\ -1 \\ 1 \end{pmatrix} = \begin{pmatrix} 0 \\ 0 \\ -1 \\ 1 \end{pmatrix} = Q_2'$$

[그림 7.2] 투영 변환의 결과는 동차 좌표계인 클립 공간에서 정의되는데, 클립 공간의 각 정점을 자신의 w좌표로 나누면 카테시안 좌표계의 정점으로 변한다. 이것은 원근법을 구현하는 효과를 가지므로 원근 나눗셈이라고 부른다.

원근 나눗셈 결과로 얻은 카테시안 좌표를 **정규화된 장치 좌표**(normalized device coordinates) 혹은 간단히 NDC라고 부른다. 정규화라는 이름을 붙인 이유는 이 좌표의 x, y, z 범위가 모두 $[-1, 1]$이기 때문이다.

7.3 뒷면 제거

가상 카메라를 등지고 있는 폴리곤은 **뒷면**(back face)이라고 부른다. 이는 카메라에 보이지 않으므로 제거될 것이다. 반면, 카메라를 향하는 폴리곤은 **앞면**(front face)이라고 부르는데, 이는 보존되어 래스터라이저의 다음 단계로 넘어갈 것이다.

7.3.1 뒷면 제거 – 개념

우선 뒷면 제거의 개념을 카메라 공간에서 설명해 보자. 카메라(**EYE**)가 삼각형 노멀이 가리키는 방향의 반대쪽에 존재한다면 이 삼각형은 뒷면이다. 그림 7.3-(a)에서 t_1은 뒷면이다. 반면, t_2는 앞면이다. 이를 구분하기 위해서는 삼각형의 정점과 카메라를 연결하는 벡터가 필요하다. 이를 c_i라 하고, 삼각형 노멀 n_i와 c_i의 내적 $n_i \cdot c_i$를 계산하자. 2.3절에서 설명한대로, n_i와 c_i 사이 각도를 θ라 할 때 $n_i \cdot c_i$는 $\|n_i\| \|c_i\| cos\theta$이다. 따라서 그림 7.3-(a)의 t_1처럼 n_1와 c_1이 둔각을 이루면 내적은 음수가 되고, 해당 삼각형은 뒷면으로 판정된다. 반대로, t_2처럼 n_2와 c_2가 예각을 이루면, 내적은 양수가 되고, 해당 삼각형은 앞면으로 판정된다. 한편 그림 7.3-(a)의 t_3에서는 n_3와 c_3가 수직이므로 내적은 0이 되는데, 이 경우 해당 삼각형은 변만 보이는 것으로 판정된다.

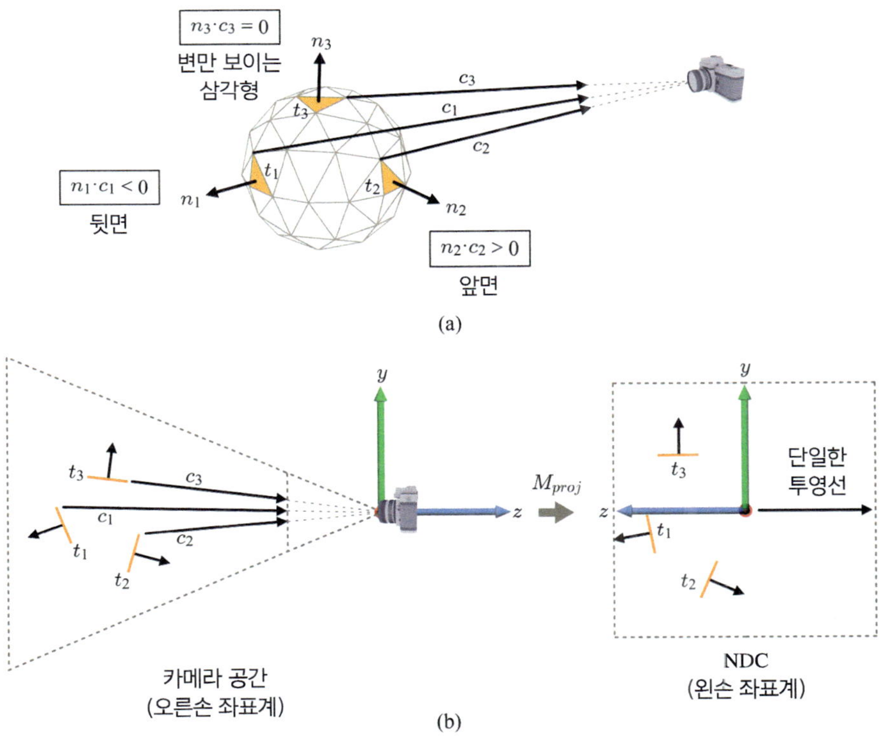

[그림 7.3] 뒷면 제거의 개념 및 구현.

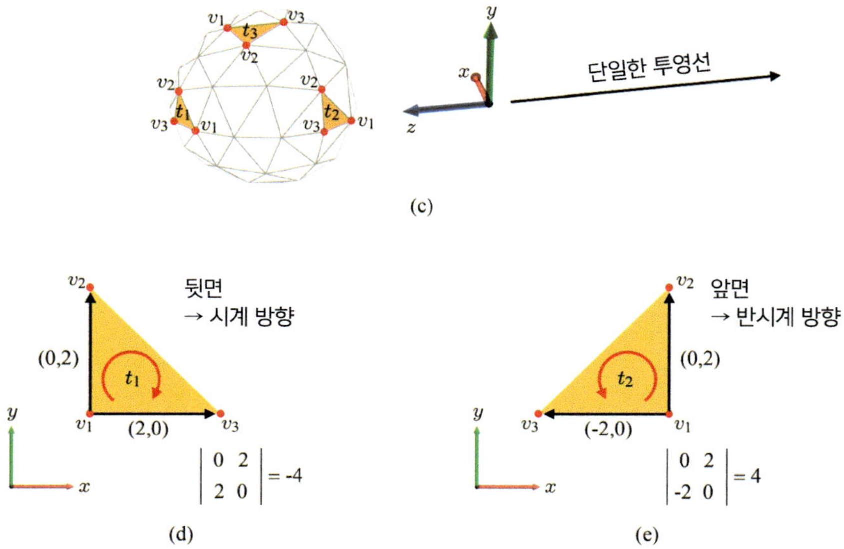

[그림 7.3] 뒷면 제거의 개념 및 구현(계속).

7.3.2 뒷면 제거 - 구현

그림 7.3-(a)에서 c_i는 5.4.2절에서 소개한 투영선(projection line)과 일치하는데, 투영 변환 이후에는 모든 c_i가 z축과 나란해 진다. 그림 7.3-(b)의 단면도는 이러한 단일한 투영선을 보여준다. 그림 7.3-(c)와 같이, 투영 변환이 적용된 구가 주어졌을 때, 이 구의 삼각형들을 단일한 투영선을 따라 xy평면으로 투영해 보자. 이는 각 삼각형 정점의 z좌표를 버리고 xy좌표만을 취하는 것과 같다.

삼각형 t_1을 투영한 결과는 그림 7.3-(d)와 같다. 정점이 시계 방향(clockwise; CW)으로 정렬되어 있는 것을 발견할 수 있다. 그런데 3차원 공간에서는 t_1을 포함한 모든 삼각형의 정점이 반시계 방향(counter-clockwise; CCW)으로 정렬되었었다. 이러한 불일치는 이상한 것이 아니다. 왜냐하면 3차원 구의 t_1이 반시계 방향으로 정렬된 정점을 가졌다는 것은 우리가 그 구를 바깥에서 바라보았을 때의 성질인데, 그림 7.3-(d)는 구의 안에서 t_1을 관찰한 것과 같은 결과를 보여주기 때문이다. 반면, 그림 7.3-(e)의 t_2 정점은 2차원 공간에서 반시계 방향으로 정렬되어 있다. 이 두 가지 예에서 확인할 수 있는 것처럼, 2차원으로 투영된 삼각형의 정점이 시계 방향으로 정렬되면 뒷면으로 판정하고, 반시계 방향으로 정렬되면 앞면으로 판정할 수 있다는 것이다.

2차원으로 투영된 삼각형 $<v_1, v_2, v_3>$를 생각해보자. 각 정점 v_i는 (x_i, y_i) 좌표를 가진다. 이 삼각형의 정점이 시계 방향 혹은 반시계 방향으로 정렬되어 있는지 판정하는 방법은 간단하다. 우선 v_1과 v_2를 잇는 벡터 $(x_2 - x_1, y_2 - y_1)$, 그리고 v_1과 v_3를 잇는 벡터 $(x_3 - x_1, y_3 - y_1)$을 계산한 후 다음과 같은 **행렬식**(determinant)을 계산한다.

$$\begin{vmatrix} (x_2 - x_1) & (y_2 - y_1) \\ (x_3 - x_1) & (y_3 - y_1) \end{vmatrix} = (x_2 - x_1)(y_3 - y_1) - (y_2 - y_1)(x_3 - x_1) \tag{7.2}$$

그림 7.3-(d)에 보인 것처럼, 위 행렬식의 값이 음수라면 시계 방향 즉 뒷면, 그림 7.3-(e)처럼 양수라면 반시계 방향 즉 앞면이 된다. 만약 0이라면 변만 보이는 삼각형을 의미한다.

그런데 항상 뒷면을 제거해야 하는 것은 아니다. 응용에 따라 다르다. 예를 들어, 반투명 물체를 렌더링하는 경우, 우리는 앞면을 통해 뒷면을 볼 수 있어야 하므로 뒷면을 제거하면 안 된다. 또 다른 예로, 하나의 구가 주어졌을 때 뒷면 대신 앞면을 모두 제거한다면, 우리는 그 구를 반으로 잘라서 내부를 보는 효과를 얻을 것이다.

뒷면 제거 알고리즘은 래스터라이저 내부에서 하드웨어로 구현되어 있다. 하지만, 클리핑이나 원근 나눗셈과 달리, 뒷면 제거는 선택적인 조절이 가능하다. GL의 `glEnable` 함수를 사용하여 GPU 파이프라인의 다양한 기능을 활성화할 수 있는데, 삼각형 제거를 위해서는 우선 `glEnable(GL_CULL_FACE)`를 호출해야 한다. 그 다음 `glCullFace`를 호출하여 뒷면과 앞면 중 어느 것을 제거할 것인지 정해야 한다. 기본값은 `GL_BACK`이다. 즉, `glCullFace`를 호출하지 않으면 뒷면이 제거되고, 앞면을 제거하고 싶으면 `glCullFace(GL_FRONT)`를 호출해야 한다. 마지막으로, `glFrontFace`를 호출하여 앞면의 정점 정렬 순서를 명시해야 한다. 이 함수의 기본값은 `GL_CCW`, 즉 반시계 방향이다. 이는 그림 7.3-(e)와 부합된다.

```
void glCullFace(GLenum mode);
mode GL_FRONT, GL_BACK, or GL_FRONT_AND_BACK
```

```
void glFrontFace(GLenum mode);
mode GL_CW or GL_CCW
```

우리가 일반적으로 불투명한 물체의 뒷면을 제거하는 이유는 그것이 보이지 않기 때문이다. 하지만, 앞면이라고 해서 반드시 보이는 것은 아니다. 또 다른 앞면에 의해 가려질 수 있기 때문이다. 이러한 앞면들은 **z-버퍼링**(z-buffering)이라고 하는 프래그먼트별 연산에 의해 처리된다. 이는 10.1절에서 다룬다.

7.4 뷰포트 변환

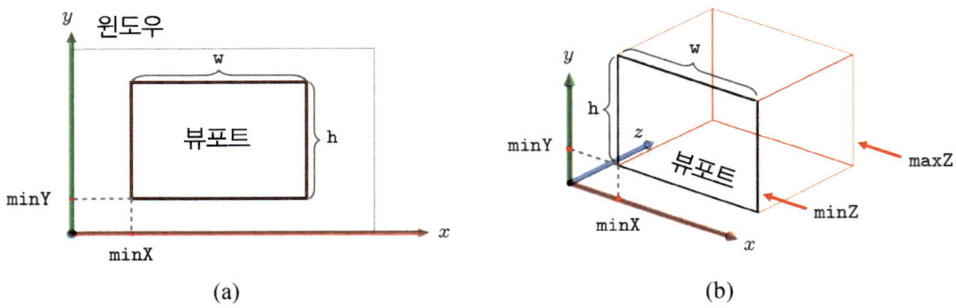

[그림 7.4] 스크린 공간과 뷰포트. (a) 스크린 공간에서 뷰포트는 왼쪽 아래 모퉁이 점, 너비, 높이로 정의된다. (b) 3차원 뷰포트는 2차원 뷰포트에 깊이 범위를 더한 것이다.

컴퓨터 스크린 위의 윈도우는 그 자신의 좌표계를 가지는데, 이를 **윈도우 공간**(window space) 혹은 **스크린 공간**(screen space)이라 부른다. 이 좌표계는 그림 7.4-(a)와 같이 윈도우의 왼쪽 아래 모퉁이에 원점을 가진다. 한편, NDC 정육면체 뷰 볼륨 안의 내용이 최종적으로 그려질 스크린 영역을 **뷰포트**(viewport)라고 한다. 뷰포트는 때로 윈도우 전체를 차지하지만, 반드시 그럴 필요는 없다. 윈도우에서 뷰포트의 범위는 `glViewport`에 의해 정의된다. 아래 보인 것처럼, `glViewport`의 첫 두 파라미터 **minX**와 **minY**는 뷰포트 왼쪽 아래 모퉁이의 스크린 공간 좌표를, 마지막 두 파라미터 **w**와 **h**는 각각 뷰포트 너비(width)와 높이(height)를 지정한다. 뷰포트의 **종횡비**(aspect ratio)는 w/h가 되는데, 이는 5.4.1절에서 정의한 뷰 프러스텀 파라미터 $aspect$와 동일하게 설정하는 게 좋다.

```
void        glViewport(GLint minX,
                       GLint minY,
                       GLsizei w,
                       GLsizei h);
```

minX, minY	lower-left corner point
w, h	width and height

실제 스크린 공간은 그림 7.4-(b)에 보인 바와 같이 3차원이다(10장을 공부하면 왜 3차원 공간이 필요한지 이해될 것이다). 3차원 스크린 공간의 z축은 스크린 안쪽을 향한다. 3차원 스크린 공간에서는 뷰포트 역시 3차원인데, 이는 `glDepthRange(minZ, maxZ)`를 호출하여 2차원 뷰포트에 z범위 [minZ, maxZ]를 더하여 정의된다. z범위의 기본값은 $[0, 1]$이다.

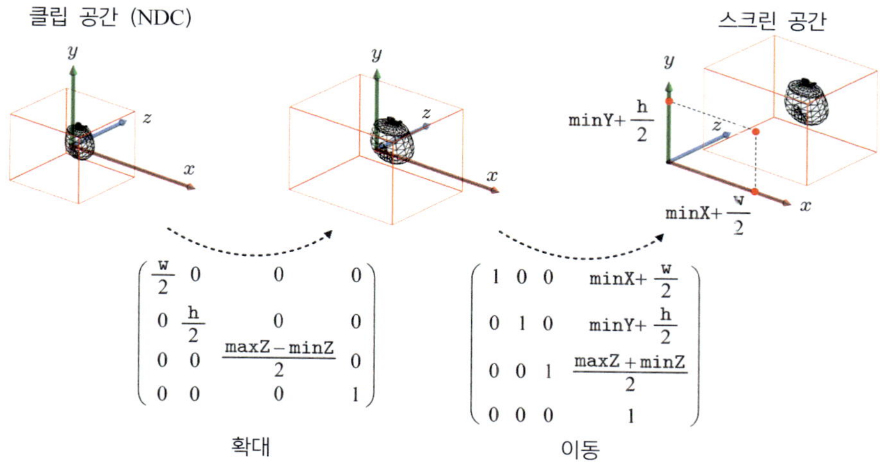

[그림 7.5] 뷰포트 변환은 축소확대에 이은 이동으로 표현된다. 클립 공간과 스크린 공간 모두 왼손 좌표계임에 유의하라.

NDC로 표현된 2×2×2 크기의 뷰 볼륨은 **glViewport**와 **glDepthRange**로 정의된 뷰포트로 변환되어야 한다. 이 변환은 그림 7.5에 보인 바와 같이, 축소확대와 이동의 결합인데, 결합된 행렬은 다음과 같다.

$$\begin{pmatrix} \frac{\mathtt{w}}{2} & 0 & 0 & \mathtt{minX} + \frac{\mathtt{w}}{2} \\ 0 & \frac{\mathtt{h}}{2} & 0 & \mathtt{minY} + \frac{\mathtt{h}}{2} \\ 0 & 0 & \frac{\mathtt{maxZ} - \mathtt{minZ}}{2} & \frac{\mathtt{maxZ} + \mathtt{minZ}}{2} \\ 0 & 0 & 0 & 1 \end{pmatrix} \tag{7.3}$$

이를 **뷰포트 변환**(viewport transform)이라 부르는데, 이는 2×2×2 크기의 뷰 볼륨 안에 있는 모든 정점에 적용된다.

많은 응용에서 뷰포트는 윈도우 전체 영역을 차지한다. 이 경우, **glViewport**의 두 파라미터 **minX**와 **minY**는 모두 0이 된다. 또한, 뷰포트의 z 범위 [**minZ**, **maxZ**]가 기본값 [0,1]을 가진다면, 위의 행렬은 아래처럼 간단해진다.

$$\begin{pmatrix} \frac{\mathtt{w}}{2} & 0 & 0 & \frac{\mathtt{w}}{2} \\ 0 & \frac{\mathtt{h}}{2} & 0 & \frac{\mathtt{h}}{2} \\ 0 & 0 & \frac{1}{2} & \frac{1}{2} \\ 0 & 0 & 0 & 1 \end{pmatrix} \tag{7.4}$$

7.5 스캔 전환

뷰포트 변환은 모든 삼각형들을 스크린 공간으로 옮긴다. 그 다음, 래스터라이저의 마지막 세부 단계인 **스캔 전환**(scan conversion)이 수행된다. 이는 삼각형 내부를 채우는 프래그먼트를 생성한다. 조금 더 구체적으로 말하면, 개별 삼각형이 차지하는 스크린 공간의 픽셀 위치를 결정하고, 삼각형의 정점별 애트리뷰트를 보간하여 이를 각 픽셀 위치에 할당한다.

그림 7.6-(a)에서 뷰포트 내부의 삼각형을 생각해 보자. 스캔 전환을 위해서는 삼각형 정점의 xy좌표만 사용하므로, 그림 7.6-(b)와 같은 2차원 뷰포트를 사용해 스캔 전환 알고리즘을 설명할 것이다. 이를 확대해 본 것이 그림 7.6-(c)의 삼각형인데, 이 내부에는 18개의 픽셀이 있다. 이들 각각의 픽셀 위치에 정점별 애트리뷰트가 보간되어 할당될 것이다.

스캔 전환은 실시간 그래픽스의 핵심 사항이고, 또한 이를 정확히 이해해야 GPU 파이프라인의 다음 단계인 프래그먼트 쉐이더를 올바르게 작성할 수 있다. GPU 개발사들은 나름대로 최적화된 스캔 전환 알고리즘을 구현하고 있는데, 이 절은 그 중 하나의 구현 기법의 뼈대만을 소개할 것이다. 정점별 애트리뷰트는 노멀과 텍스처 좌표를 기본으로 가지고 있지만 대체로 색상은 포함하지 않는다. 하지만, 간단한 논의를 위하여 이 절에서는 모든 정점에 RGB 색상 값이 할당되었다는 가정 하에 그 중 R이 어떻게 보간되는지 설명할 것이다.

정점별 애트리뷰트는 우선 삼각형의 변을 따라 **선형보간**(linear interpolation)된다. 그림 7.6-(c)는 R_1과 R_3가 왼쪽 변을 따라 보간되는 것을 보여준다. 보간을 위해서는 각 변마다 몇 가지 **기울기**를 계산하는 것이 필요하다. 우선, 수직 거리 y의 변화에 따른 R의 변화율을 나타내는 $\Delta R/\Delta y$이 필요하다. 또한, $\Delta x/\Delta y$도 필요하다. 그림 7.6-(c)의 가운데 상자를 보라.

수평 방향으로 이어진 스크린 픽셀들을 **스캔라인**(scan line)이라 부른다. 그림 7.6-(c)에서 삼각형과 교차하는 첫 스캔라인의 y좌표는 1.5인데, 그림 오른쪽 상자는 $\Delta R/\Delta y$과 $\Delta x/\Delta y$를 사용해 어떻게 이 교차점에서의 R과 x좌표가 계산되는지 보여준다. 이러한 초기화 단계를 거친 후, 그 다음 스캔라인부터는 $\Delta R/\Delta y$과 $\Delta x/\Delta y$를 더하는 작업을 반복하여 왼쪽 변을 따라 R과 x좌표를 구할 수 있다. 그림 7.6-(d)는 R을 보간한 결과를 보여준다.

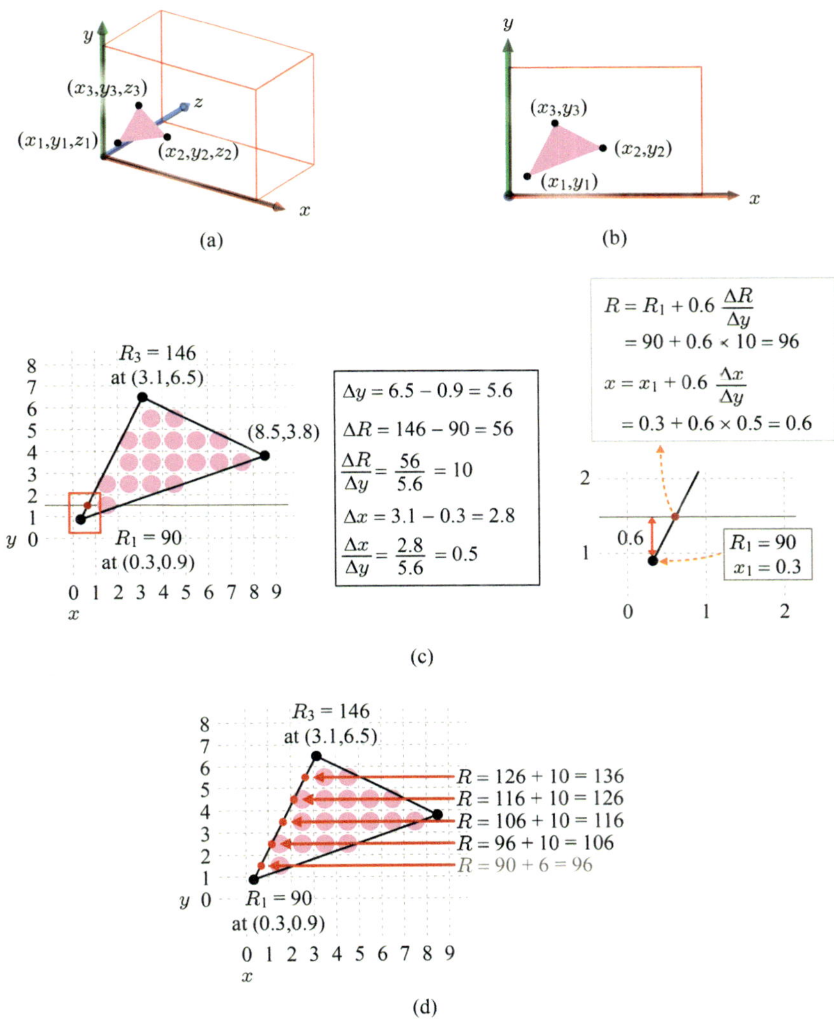

[그림 7.6] 겹선형보간을 통한 스캔 전환. (a) 3차원 뷰포트 안의 삼각형. (b) 2차원 뷰포트 안의 삼각형. (c) 왼쪽 변을 따라 두 가지 애트리뷰트의 기울기가 계산되고, 이 변과 첫 번째 스캔라인의 교차점에 애트리뷰트 값이 초기화된다. (d) 왼쪽 변을 따른 애트리뷰트 보간.

삼각형의 다른 두 변에 대해서도 같은 작업이 이루어진다. 그러면 우리는 각 스캔라인에 대하여 양쪽 끝 교차점에서 R과 x좌표를 가지게 된다. 이를 $\{R_l, x_l\}$과 $\{R_r, x_r\}$로 표기하자(여기에서 아래 첨자 l과 r은 각각 left와 right를 의미한다). 이제는 스캔라인을 따라 이 애트리뷰트들을 보간할텐데, 삼각형 변을 따른 보간과 동일한 기법을 사용할 것이다. 그림 7.6-(e)에서 y좌표가 4.5인 스캔라인을 보자. 왼쪽 상자에 보인 것처럼 먼저 $\Delta x(= x_r - x_l)$

와 $\Delta R(=R_r - R_l)$을 사용하여 $\Delta R/\Delta x$을 계산한다. 그리고 스캔라인 상의 첫 픽셀 (2.5, 4.5)에 대하여 R을 초기화한다. 그 다음에는 오른쪽으로 한 칸씩 가면서 $\Delta R/\Delta x$을 더해서 픽셀 위치마다 R을 계산한다.

스캔 전환 단계에서 선형보간은 두 단계로, 즉 먼저 변을 따라, 그 다음에는 스캔라인을 따라 수행되었음을 상기하자. 이를 **겹선형보간**(bilinear interpolation)이라 부른다. G와 B 역시 같은 방법으로 보간된다. 그러면 프래그먼트별 색상을 얻을 수 있다. 그림 7.6-(f)는 정점의 색상이 보간된 삼각형의 몇 가지 예를 보여준다.

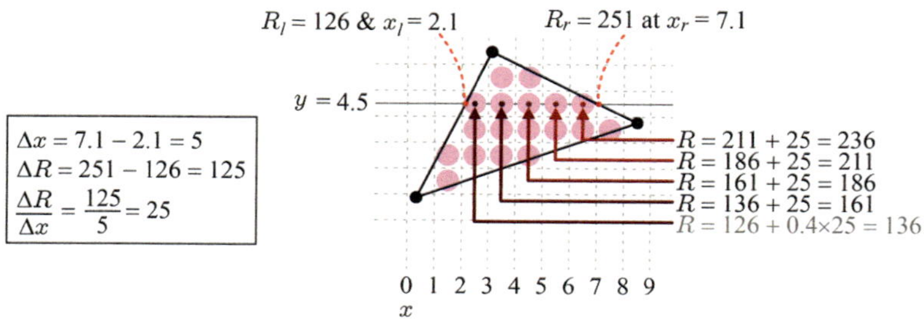

(e)

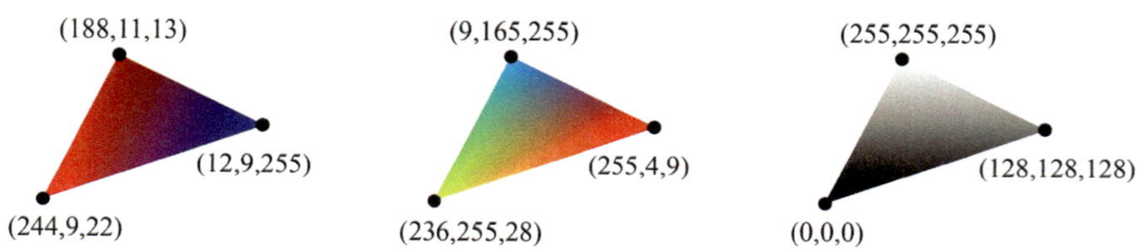

(f)

[그림 7.6] 겹선형보간을 통한 스캔 전환(계속). (e) 스캔라인을 따른 애트리뷰트 보간. (f) 정점 색상이 보간된 삼각형들.

6.2절 예제 코드 6-1의 정점 쉐이더는 각 정점마다 `v_normal`과 `v_texCoord`를 출력했다. 이들은 스캔 전환 단계에서 프래그먼트마다 보간된다. 그림 7.7은 `v_normal`이 한 삼각형의 위 두 변을 따라, 그 다음에는 y좌표가 4.5인 스캔라인을 따라 보간된 결과를 보여준다. GPU 파이프라인에서 래스터라이저 다음 단계인 프래그먼트 쉐이더는 이렇게 보간된 `v_normal`과 `v_texCoord`를 이용하여 한번에 하나씩 프래그먼트를 처리한다.

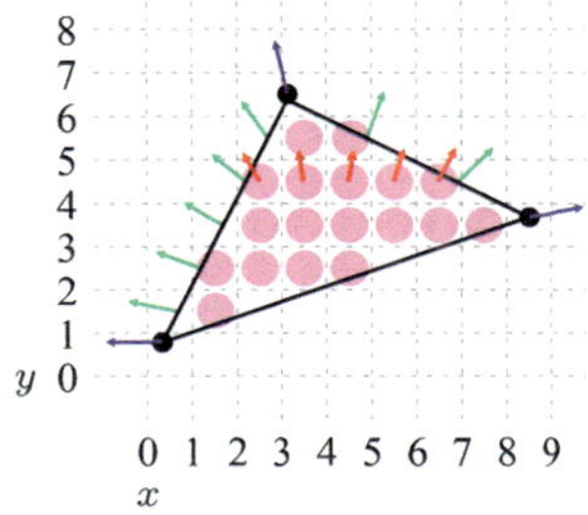

[그림 7.7] 삼각형 정점 노멀이 변을 따라 먼저 보간되고 그 다음 스캔라인을 따라 보간된다. 노멀의 x, y, z좌표는 독립적으로 보간된다.

노트 Top-left 규칙

두 삼각형이 공유하는 변 위에 픽셀이 위치한다면 우리는 두 삼각형 중 어느 것이 픽셀을 소유하는지 결정해야 한다. 그렇지 않으면 픽셀은 두 번 처리될 것이다.

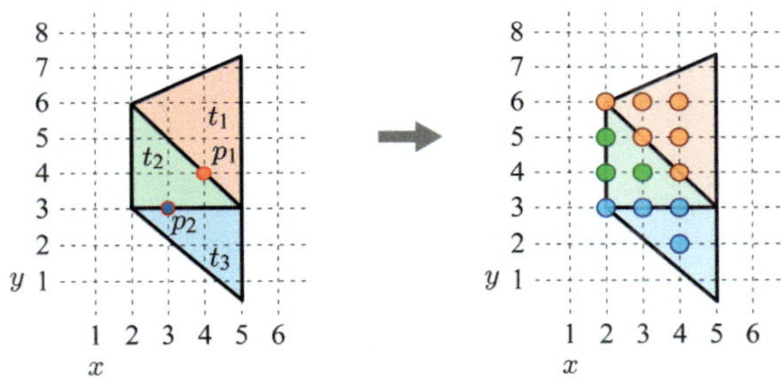

[그림 7.8] 두 삼각형이 공유하는 변에 한 픽셀이 놓이게 되면, 그 변을 위쪽 혹은 왼쪽 변으로 가지는 삼각형이 해당 픽셀을 소유하게 된다.

직관적으로 말하면, 삼각형의 변은 오른쪽, 왼쪽, 위쪽, 아래쪽 변으로 구분될 수 있다. 예를 들어, 그림 7.8의 삼각형 t_1은 두 개의 왼쪽 변과 한 개의 오른쪽 변을 가진다. 반면, t_2는 아래쪽 변을 가지고, t_3는 위쪽 변을 가진다. GL은 이른바 **top-left 규칙**을 채택하는데, 이는 한 픽셀이 어떤 삼각형의 위쪽(top) 혹은 왼쪽(left) 변에 놓이게 되면 이 픽셀은 그 삼각형 소유라고 판정한다. 이 규칙에 따르면 그림 7.8에서 p_1은 t_1의 왼쪽 변에 놓이기 때문에, t_2가 아닌 t_1의 소유가 된다. 또한 p_2는 t_3의 위쪽 변에 놓이기 때문에, t_2가 아닌 t_3의 소유가 된다.

노트 원근 보정

투영 변환은 선분을 선분으로 매핑한다. 즉, 한 선분에 놓인 점들은 투영 변환 후에도 한 선분에 놓이게 된다. 하지만, 투영 변환은 선분의 거리 비율을 보존하지는 않는다(반면 아핀 변환은 이를 보존한다). 그림 7.9의 뷰 프러스텀과 투영 행렬 M_{proj}를 보자. M_{proj}는 한 선분에 놓인 v_1, v_2, v_3를 각각 v_1', v_2', v_3'로 변환된다. 투영 변환된 점들은 한 선분 상에 놓이게 되지만, 거리 비율은 바뀌었다. 즉, 카메라 공간에서는 $\| v_1 - v_2 \| : \| v_2 - v_3 \| = 1:1$이지만, NDC로 표현된 클립 공간에서는 $\| v_1' - v_2' \| : \| v_2' - v_3' \| = 3:4$이다. 이러한 클립 공간에서의 거리 비율은 스크린 공간으로 그대로 이어질 것이다. 뷰포트 변환은 거리 비율을 보존하는 아핀 변환이기 때문이다.

그림 7.9에서 선분의 양 끝점 중 v_1은 흰색이고 v_3는 검은색이라고 가정하자. 흰색은 1로, 검은색은 0으로 표시하자. 양 끝점 v_1과 v_3는 각각 v_1'와 v_3'로 투영 변환되고 이들의 색상은 스크린 공간에서 보간될 것이다. 그러면 v_2'는 4/7의 색상 값을 할당받을 것이다. 이는 잘못된 결과이다. 왜냐하면 v_2'는 카메라 공간의 v_2가 투영 변환된 것인데, v_2는 v_1과 v_3의 한가운데 점이므로, v_2'는 1/2의 색상 값을 가져야 하기 때문이다. 이러한 오류가 발생한 이유는 카메라 공간에서의 거리 비율 대신 스크린 공간에서의 '왜곡된' 거리 비율을 사용해서 선형보간을 수행했기 때문이다.

이렇게 왜곡된 거리 비율을 사용할 경우 특히 텍스처링 결과가 눈에 거슬리게 나타날 수 있다. 따라서 이 절에서 소개한 겹선형보간 알고리즘은 카메라 공간에서의 거리 비율을 사용하는 방식으로 수정되어야 한다. 이를 **원근 보정**(perspective correction)이라고 부르는데, 이는 GPU에서 자동으로 수행된다. 이에 대해 자세히 알고 싶으면, 고전적인 컴퓨터 그래픽스 교과서를 보도록 하라.

$$\begin{array}{|l|}\hline fovy = \frac{\pi}{2} \\ aspect = 1 \\ n = 1 \\ f = 2 \\ \hline \end{array} \rightarrow M_{proj} = \begin{pmatrix} 1 & 0 & 0 & 0 \\ 0 & 1 & 0 & 0 \\ 0 & 0 & -3 & -4 \\ 0 & 0 & -1 & 0 \end{pmatrix}$$

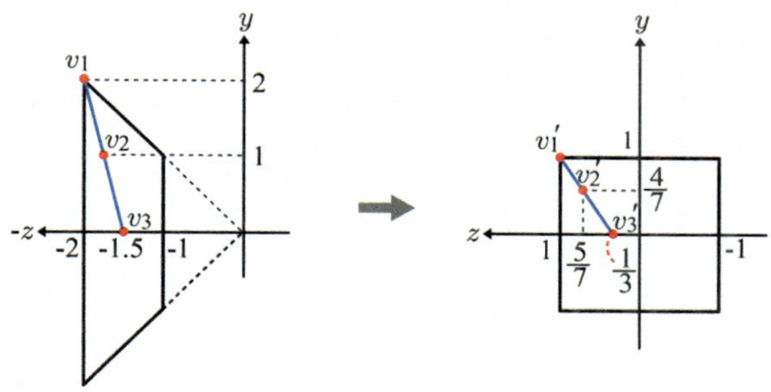

$$M_{proj}\, v_1 = \begin{pmatrix} 1 & 0 & 0 & 0 \\ 0 & 1 & 0 & 0 \\ 0 & 0 & -3 & -4 \\ 0 & 0 & -1 & 0 \end{pmatrix} \begin{pmatrix} 0 \\ 2 \\ -2 \\ 1 \end{pmatrix} = \begin{pmatrix} 0 \\ 2 \\ 2 \\ 2 \end{pmatrix} \rightarrow \begin{pmatrix} 0 \\ 1 \\ 1 \\ 1 \end{pmatrix} = v_1'$$

$$M_{proj}\, v_2 = \begin{pmatrix} 1 & 0 & 0 & 0 \\ 0 & 1 & 0 & 0 \\ 0 & 0 & -3 & -4 \\ 0 & 0 & -1 & 0 \end{pmatrix} \begin{pmatrix} 0 \\ 1 \\ -\frac{7}{4} \\ 1 \end{pmatrix} = \begin{pmatrix} 0 \\ 1 \\ \frac{5}{4} \\ \frac{7}{4} \end{pmatrix} \rightarrow \begin{pmatrix} 0 \\ \frac{4}{7} \\ \frac{5}{7} \\ 1 \end{pmatrix} = v_2'$$

$$M_{proj}\, v_3 = \begin{pmatrix} 1 & 0 & 0 & 0 \\ 0 & 1 & 0 & 0 \\ 0 & 0 & -3 & -4 \\ 0 & 0 & -1 & 0 \end{pmatrix} \begin{pmatrix} 0 \\ 0 \\ -\frac{3}{2} \\ 1 \end{pmatrix} = \begin{pmatrix} 0 \\ 0 \\ \frac{1}{2} \\ \frac{3}{2} \end{pmatrix} \rightarrow \begin{pmatrix} 0 \\ 0 \\ \frac{1}{3} \\ 1 \end{pmatrix} = v_3'$$

[그림 7.9] 투영 변환은 카메라 공간의 거리 비율을 왜곡한다. 그러므로 왜곡된 거리 비율을 사용한 선형보간은 잘못된 결과를 생성한다.

연습문제

1. 아래 그림의 삼각형 정점 세 개는 왼손 클립 공간에서 NDC로 표현되었다.

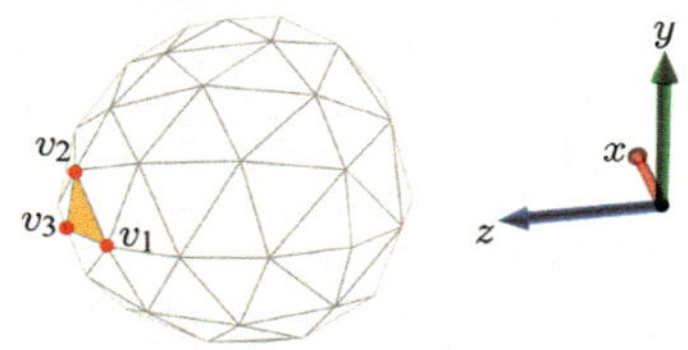

(a) 뒷면 제거를 위해서 우리는 각 정점의 xy좌표만 사용하는데, v_1과 v_2의 x좌표가 동일하고, v_1과 v_3의 y좌표가 동일하다고 가정하자. 이 삼각형이 2차원 xy 평면으로 투영되었을 때, 정점은 시계 방향으로 정렬되는가, 아니면 반시계 방향으로 정렬되는가? 2차원 삼각형 그림을 그려 답하라.

(b) 위 (a)항에서 시계 및 반시계 방향 여부는 행렬식의 부호를 통해 판별할 수 있다. 이 행렬식은 양수인가 음수인가?

2. 뷰포트의 모퉁이 점이 $(10, 20, 1)$과 $(100, 200, 2)$로 주어졌다. 뷰포트 변환은 축소확대에 이은 이동으로 구성된다.

(a) 축소확대 행렬을 계산하라.
(b) 이동 행렬을 계산하라.

3. GL 프로그램이 `glViewport(10, 20, 200, 100)`과 `glDepthRange(0, 1)`을 호출하였다. 뷰포트 변환은 축소확대에 이은 이동으로 구성된다.

(a) 축소확대 행렬을 계산하라.
(b) 이동 행렬을 계산하라.

4. 다음 그림과 같은 3차원 뷰포트가 주어졌다. 뷰포트 변환 행렬을 계산하라.

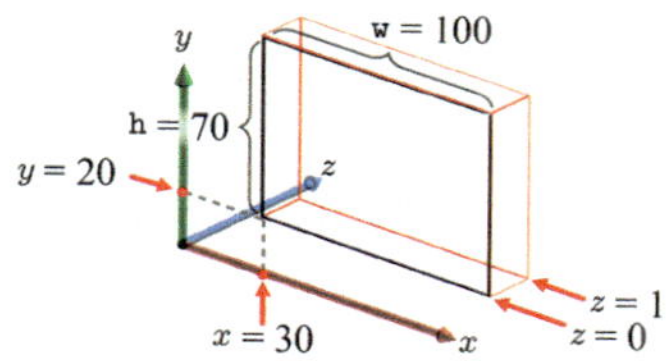

5. 스크린 공간에 다음과 같은 삼각형이 있다. 정점별 애트리뷰트는 $\{(R, G, B), z\}$이다. 픽셀 좌표 (5.5,3.5)에서 R과 z를 계산하라. 단, 7.5절에서 기술한 바와 같은 '기울기에 기반한 알고리즘'을 기계적으로 적용하는 대신, y좌표가 3.5인 스캔라인과 왼쪽 변 간 교차점에서의 R과 z를 '한 번의 선형보간'을 통해 계산한 후, 해당 스캔라인에서 역시 '한 번의 선형보간'을 통해 (5.5,3.5)에서의 R과 z를 계산하라.

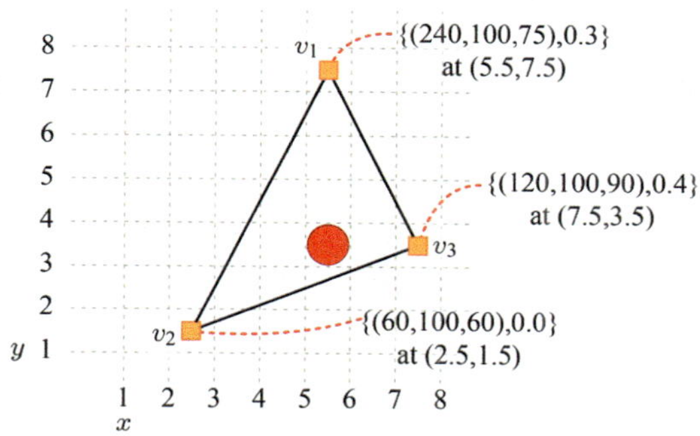

6. 스크린 공간에 다음과 같은 삼각형이 있다. 정점별 애트리뷰트는 RBG 색상, 2차원 텍스처 좌표, z좌표로 구성된다. 픽셀 좌표 (4.5,3.5)에서 R과 z를 계산하라. 단, 7.5절에서 기술한 바와 같은 '기울기에 기반한 알고리즘'을 기계적으로 적용하는 대신, y좌표가 3.5인 스캔라인과 오른쪽 변 간 교차점에서 '한 번의 선형보간'을 통해 애트리뷰트를 계산한 후, 해당 스캔라인에서 역시 '한 번의 선형보간'을 통해 (4.5,3.5)에서의 애트리뷰트를 계산하라.

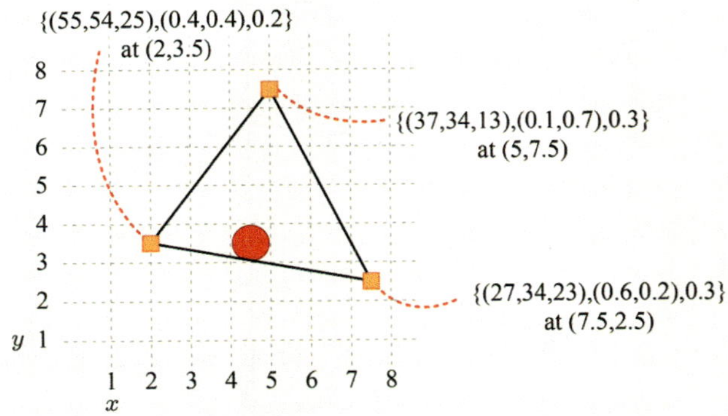

7. 아래는 투영 변환 행렬인데, $n=1$, $f=2$, $fovy=\pi/2$이며, 뷰 프러스텀의 너비와 높이는 같다. 카메라 공간의 점 $(0,2,-2)$와 $(0,0,-1)$에 투영 변환 및 원근 나눗셈을 적용한 후 그 중간점을 계산하라. 한편, $(0,2,-2)$와 $(0,0,-1)$의 중간점인 $(0,1,-1.5)$에 투영 변환 및 원근 나눗셈을 적용하라. 두 결과는 같은가 다른가? 그 이유를 설명하라.

$$\begin{pmatrix} \frac{\cot\frac{fovy}{2}}{aspect} & 0 & 0 & 0 \\ 0 & \cot\frac{fovy}{2} & 0 & 0 \\ 0 & 0 & -\frac{f+n}{f-n} & -\frac{2nf}{f-n} \\ 0 & 0 & -1 & 0 \end{pmatrix}$$

8. 아래 그림은 투영 변환의 예이다.

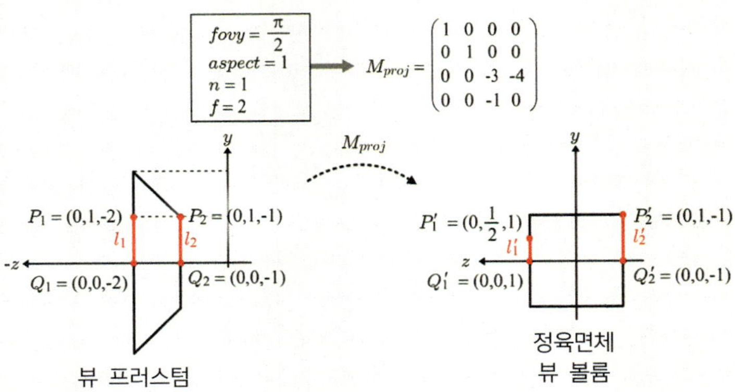

(a) 카메라 공간의 점 $(0, 1, -1.5)$에 투영 변환 및 원근 나눗셈을 적용하라.

(b) 위 (a)항의 결과를 보면, 아래 그림과 같은 투영 변환의 결과를 상상할 수 있을 것이다. 즉, 뷰 프러스텀 안에 균등하게 분포되어 있던 평면들이 투영 변화 결과 비균등하게 분포된다. 이유를 설명하라.

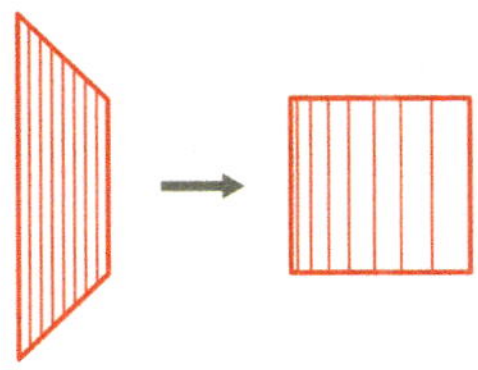

08

이미지 텍스처링

Image Texturing

래스터라이저가 출력하는 프래그먼트별 애트리뷰트는 대체로 **노멀**과 **텍스처 좌표**를 포함한다. 프래그먼트 쉐이더는 이들을 이용해 프래그먼트의 색상을 계산한다. 최종 영상의 품질에 결정적인 역할을 하는 프래그먼트 쉐이더는 다종다양한 알고리즘을 구현하는데, 이는 크게 **라이팅**(lighting)과 **텍스처링**(texturing)으로 구분된다. 이 장은 텍스처링을, 다음 장은 라이팅을 다룬다.

8.1 텍스처 좌표

[그림 8.1] 이미지 텍스처링. (a) 이미지 텍스처는 텍셀들의 배열이다. (b) 텍스처가 물체 표면에 입혀졌다.

일반적으로 텍스처는 배열 구조를 가지는데, 이 배열이 색상 정보를 저장하고 있다면 이를 **이미지 텍스처**(image texture)라 부른다(색상이 아닌 정보를 저장하는 텍스처는 이 책의 2부에서 다룬다). 텍스처는 **텍셀**(texel; texture element)로 구성된다. 이미지 텍스처의 텍셀은 **픽셀**(pixel; picture element)과 동일한 것이지만 구분상 편의를 위해 이름을 따로 붙였다. 각 텍셀의 위치는 그 중심의 2차원 좌표로 표현할 수 있는데, 그림 8.1-(a)에서 왼쪽 아래 모퉁이 텍셀의 좌표는 (0.5, 0.5), 그 오른쪽 텍셀의 좌표는 (1.5, 0.5)이다.

텍스처링은 물체 표면에 벽지 바르듯이 텍스처를 입히는 것으로 이해하면 된다. 그림 8.1-(a)의 이미지가 원통면에 입혀진 것이 그림 8.1-(b)이다. 이를 위해서는 원통면 폴리곤 메시의 각 정점마다 **텍스처 좌표**(texture coordinates)를 할당해야 한다. 이는 오프라인 모델링 단계에서 이뤄지는데, 8.2절에서 설명할 것이다.

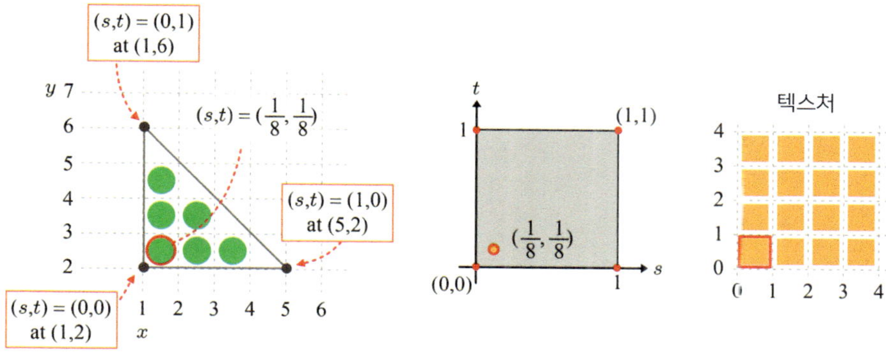

(a) (b) (c)

[그림 8.2] 스캔 전환과 텍스처링. (a) 스캔 전환 단계에서 각 프래그먼트마다 텍스처 좌표가 계산된다. (b) 정규화된 파라미터 공간에서의 텍스처 좌표. (c) 텍스처 좌표가 실제 텍스처 공간으로 투영되었다.

2차원 텍스처 좌표는 보통 (s,t) 혹은 (u,v)로 표현하는데, 각 좌표는 원칙적으로 $[0,1]$ 범위 안에 정규화되어 있다. 그림 8.2-(a)의 스크린 공간 삼각형을 보자. 세 정점에 각각 $(0,0)$, $(1,0)$, $(0,1)$의 텍스처 좌표가 주어졌다. 7.5절에서 소개한 스캔 전환 알고리즘은 먼저 변을 따라, 그 다음에 스캔라인을 따라 이들 텍스처 좌표를 보간한다. 스캔 전환이 완료되면 각각의 프래그먼트는 보간된 (s,t) 좌표를 가지게 된다. 예를 들어, 그림 8.2-(a) 왼쪽 아래 끝 프래그먼트는 $(1/8,1/8)$의 좌표를 가진다. 그림 8.2-(b)는 s축과 t축 방향 모두 정규화된 파라미터 공간에서 $(1/8,1/8)$의 상대적인 위치를 보여준다.

해상도가 $r_x \times r_y$인 텍스처가 주어졌을 때, 정규화된 텍스처 좌표 (s,t)는 아래와 같은 방식으로 실제 텍스처 공간으로 매핑된다.

$$\begin{aligned} s' &= s \times r_x \\ t' &= t \times r_y \end{aligned} \tag{8.1}$$

이를 가리켜, 텍스처 좌표 (s,t)가 텍스처 공간의 (s',t')로 **투영**(project)되었다고 표현한다. 그림 8.2-(c)의 간단한 텍스처의 경우 $r_x = r_y = 4$인데, 식 (8.1)에 따라 텍스처 좌표 $(1/8,1/8)$은 텍스처 공간의 $(0.5,0.5)$로 투영되고, $(0.5,0.5)$ 좌표를 가진 왼쪽 아래 모퉁이 텍셀을 읽어오게 된다. 이 텍셀의 RGB 값이 그림 8.2-(a) 왼쪽 아래 끝 프래그먼트의 색상 결정에 사용된다.

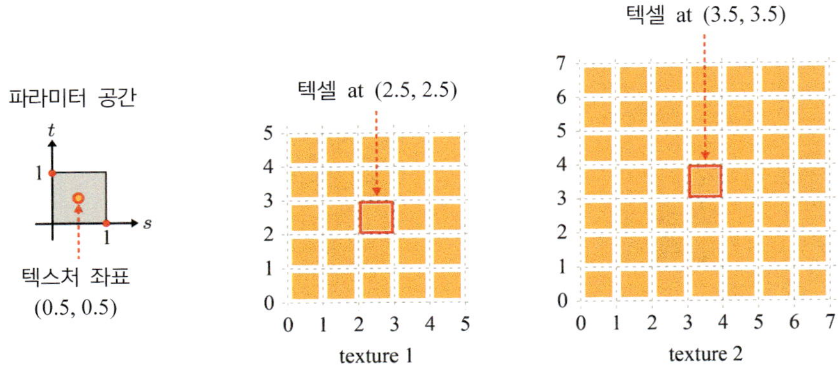

[그림 8.3] 정규화된 텍스처 좌표.

[그림 8.4] 정규화된 텍스처 좌표를 이용한 텍스처링. (a) 원통면 메시의 각 정점마다 텍스처 좌표가 할당되었다(이 그림에서는 일부 정점의 텍스처 좌표만 표시하였다). (b) 원통면에 텍스처를 입혔다. 텍스처링 결과에 일부러 폴리곤 메시를 겹치게 그렸는데, 실제 결과는 그림 8.1-(b)와 같을 것이다. (c) (a)에 보인 텍스처 좌표를 그대로 사용하면서 원통면에 다른 텍스처를 입혔다.

폴리곤 메시 정점들에 정규화된 텍스처 좌표를 할당하면, 상이한 해상도를 가진 여러 개의 텍스처를 사용할 수 있다. 그림 8.3에서 텍스처 좌표 $(0.5, 0.5)$는 어느 텍스처를 사용하건 그 텍스처의 정중앙을 의미하는데, texture1에서는 $(2.5, 2.5)$로, texture2에서는 $(3.5, 3.5)$로 투영된다. 그림 8.4를 보면, 원통면 폴리곤 메시의 텍스처 좌표 변경 없이도 상이한 해상도를 가진 두 개의 텍스처를 사용할 수 있음을 알 수 있다.

그림 8.2와 8.3에서는 식 (8.1)로 계산된 (s',t')가 항상 텍셀 한가운데로 투영되었는데, 사실 이런 경우는 거의 없고 텍스처 공간 내 임의의 위치로 투영된다. 8.5절은 이러한 (s',t')를 처리하는 방법을 설명한다.

한편, 텍스처는 2차원으로 국한되지 않는다. 예를 들어, X-레이 영상 한 장은 2차원 텍스처로 볼 수 있는데, CT(computed tomography)와 MRI(magnetic resonance imaging) 등과 같이 층층이 쌓인 영상은 **3차원 텍스처**에 해당한다. 이를 볼륨 텍스처(volume texture)라고 부르는데, 의료 영상 가시화에 널리 쓰이고, GL 역시 이와 같은 3차원 텍스처링을 지원한다. 하지만, 컴퓨터 그래픽스에서는 2차원 텍스처가 압도적으로 많이 쓰이므로, 이 책은 2차원 텍스처링만 다룰 것이다.

8.2 표면 파라미터화

폴리곤 메시의 각 정점에 텍스처 좌표 (s,t)를 할당하는 작업을 **표면 파라미터화**(surface parameterization) 혹은 단순히 **파라미터화**라고 부른다. 이 작업을 위해서는 3차원 메시를 2차원 평면에 펼쳐야 한다. 그림 8.5-(a)에 보인 원통과 같은 경우는 쉽게 평면에 펼쳐진다. 개념적으로 설명하면, 원통 표면을 수직으로 자르고 옆으로 눌러 펼치면 된다. 이렇게 펼쳐진 2차원 직사각형 메시를 [0,1]의 범위를 가지는 st 파라미터 공간에 매핑하면 각 정점에 (s,t) 텍스처 좌표가 할당된다. 이는 정점 배열에 기록되어 정점 쉐이더에게 전달된다.

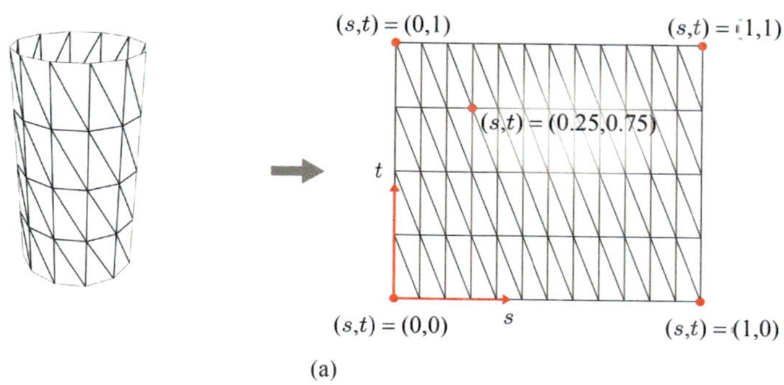

[그림 8.5] 표면 파라미터화. (a) 원통과 같이 전개 가능한 곡면(developable surface)은 파라미터화가 쉽다(이 그림에서는 일부 정점의 텍스처 좌표만 표시하였다).

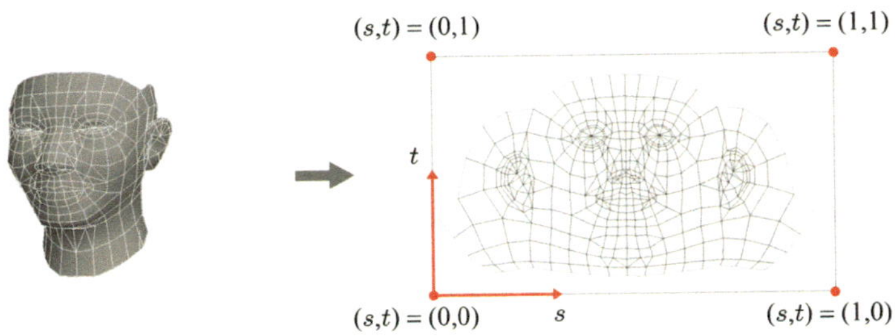

(b)

[그림 8.5] 표면 파라미터화(계속). (b) 대부분의 3차원 물체는 파라미터화 과정에서 왜곡 현상을 피할 수 없으나 이를 최소화하는 좋은 알고리즘들이 존재한다.

하지만 3차원 폴리곤 메시를 2차원 평면으로 펼치는 과정에서는 대부분 왜곡 현상이 발생한다. 예를 들어, 3차원 메시를 구성하는 폴리곤들의 면적 비율이 2차원 평면에서 그대로 보존되지 않는다(원통이나 원뿔 등은 왜곡을 피할 수 있는데 이는 예외적인 경우이다). 그런데, 이러한 왜곡을 최소화하는 많은 파라미터화 기술이 컴퓨터 그래픽스 분야에서 꾸준히 연구 개발되어 왔다. 3ds Max와 같은 그래픽스 패키지에서는 반자동적인 방법에 기반한 파라미터화 도구를 제공한다.

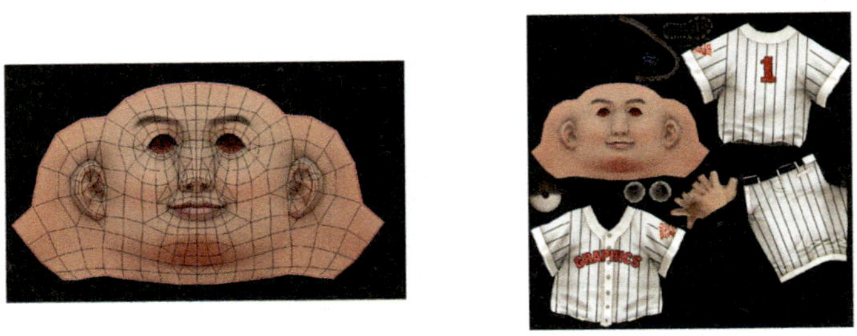

(a) (b)

[그림 8.6] 차트와 아틀라스. (a) 얼굴 패치에 대한 차트. 펼쳐진 패치를 일부러 차트 위에 겹쳐 보였다. (b) 여러 차트를 하나의 텍스처에 모은 것을 아틀라스라 한다.

복잡한 폴리곤 메시는 여러 개의 **패치**(patch)로 나눠져 각각 파라미터화된다. 그림 8.5-(b)는 캐릭터 머리 부분 패치를 파라미터화한 결과를 보여준다. 그래픽 디자이너는 파라미터화가 완료된 2차원 패치에 포토샵 등을 이용하여 이미지를 그린다. 이 이미지를 **차트**(chart)라고 부른다. 그림 8.6-(a)는 캐릭터 머리에 입혀질 차트를 보여준다. 대개의 경우, 효율적인 렌더링을 위해 여러 차트를 하나의 커다란 텍스처에 모은다. 이를 **아틀라스**(atlas)라고 부른다. 그림 8.6-(b)는 야구선수 모델의 몸 전체에 입혀질 아틀라스를 보여준다.

8.3 GL에서의 텍스처 정의

[예제 코드 8-1] 텍스처 오브젝트를 위한 GL 프로그램.

```
struct Texel {
    GLubyte r; // red
    GLubyte g; // green
    GLubyte b; // blue
    GLubyte a; // alpha
};

struct TexData {
    std::vector<Texel> texels;
    GLsizei width;
    GLsizei height;
};

TexData texData;

GLuint texture;
glGenTextures(1, &texture);
glBindTexture(GL_TEXTURE_2D, texture);
glTexImage2D(GL_TEXTURE_2D, 0, GL_RGBA, texData.width, texData.height,
        0, GL_RGBA, GL_UNSIGNED_BYTE, texData.texels.data());
```

텍스처 하나가 GL 프로그램에 로드되어서 예제 코드 8-1의 texData를 채웠다고 가정하자. 여기에서 texels는 실제 텍셀들을 가리키고 width × height는 텍스처 해상도를 말한다. 예제 코드 6-5에서는 정점 배열의 버퍼 오브젝트 생성을 위해 glGenBuffers, glBindBuffer, glBufferData를 차례차례 호출했는데, 텍스처도 이와 유사한 방식으로 처리된다.

- **텍스처 오브젝트**(texture object) 생성을 위해 glGenTextures(GLsizei n, GLuint* textures)를 호출한다. glGenTextures는 n개의 텍스처 오브젝트를 textures에 저장한다.
- 이 텍스처 오브젝트를 특정 텍스처에 바인드(bind)하기 위하여 glBindTextures를 호출한다. glBindTextures의 첫 번째 파라미터는 2차원 텍스처를 의미하는 GL_Texture_2D

이고, 두 번째 파라미터는 **glGenTextures**가 생성한 텍스처 오브젝트의 ID(예제 코드 8-1에서는 **texture**)이다.

• 텍스처 오브젝트를 실제 텍스처로 채우기 위하여 **glTexImage2D**를 호출한다.

예제 코드 8-1에서, **glTexImage2D**를 호출할 때 텍스처 오브젝트 ID(**texture**)를 파라미터로 사용하지 않았음에 유의하라. 실제로, **glTexImage2D**는 텍스처 오브젝트 ID를 필요로 하지 않는다. 일단 텍스처 오브젝트가 바인딩되면, 그 이후에 호출되는 함수들은 기본적으로 바인딩된 텍스처 오브젝트를 사용하게 되어 있다.

```
void            glTexImage2D(GLenum target,
                             GLint level,
                             GLint internalFormat,
                             GLsizei width,
                             GLsizei height,
                             GLint border,
                             GLenum format,
                             GLenum type,
                             const GLvoid* data);
```

target	GL_TEXTURE_2D for 2D image texture
level	mipmap level (later on this)
internalFormat	number of color components such as GL_RGBA
width	width of the texture image
height	height of the texture image
border	OpenGL's legacy argument that must be 0
format	pixel format such as GL_RGBA
type	pixel data type such as GL_UNSIGNED_BYTE
data	pointer to the image data in memory

8.4 텍스처 포장

텍스처 좌표는 원칙적으로 [0,1] 범위 안에서 정의되지만, GL은 그 범위 밖에서 좌표를 지정하는 것을 허용하고 이를 처리해 준다. 사용자는 이른바 **텍스처 포장 모드**(texture wrapping mode)를 설정하여 그 처리 방식을 조절할 수 있다. 그림 8.7-(a)의 이미지 텍스처가 그림 8.7-(b)의 폴리곤 메시에 입혀지는 경우를 생각해 보자. 폴리곤 메시의 세 정점은 [0,1] 범위 밖의 텍스처 좌표를 가지고 있다. 이에 따라 래스터라이저가 생성하는 프래그먼트의 상당수는 [0,1] 범위 밖의 텍스처 좌표를 가지게 된다. 이러한 텍스처 좌표는 [0,1] 범위의 **경계**(edge)로 **고정**(clamp)시킬 수 있다. 이를 **경계 고정 모드**(clamped-to-edge)라 하는데, 예를 들어, 한 프래그먼트의 s값이 1.1이라면 이를 경계 값인 1.0으로 바꾸는 것이다. 그림 8.7-(c)는 경계 고정 모드로 처리된 결과를 보여주는데 썩 만족스럽지 않다.

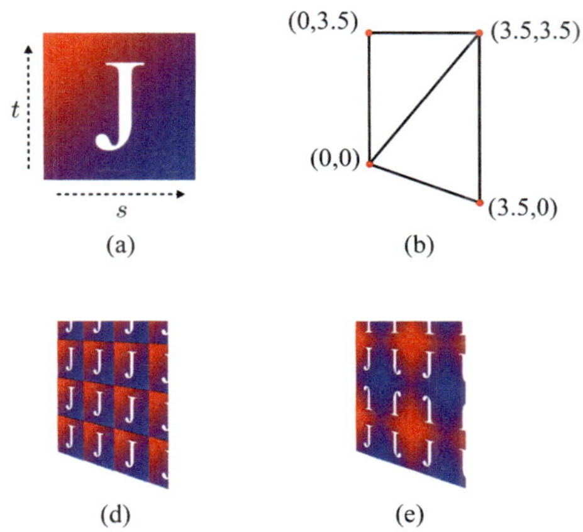

[그림 8.7] 텍스처 포장 모드. (a) 텍스처. (b) [0,1] 범위를 벗어난 텍스처 좌표. (c) 경계 고정 모드. (d) 반복 모드. (e) 반사 반복 모드. (f) 반복 모드 + 반사 반복 모드.

한편, [0,1] 범위를 벗어나는 텍스처 좌표가 주어지면 그 소수점 이하만 이용할 수도 있다. 예를 들어, s값이 1.1이라면 이를 0.1로 대체한다. 이렇게 하면 그림 8.7-(d)에 보인 것처럼 텍스처 좌표가 정수가 되는 지점에서 텍스처를 타일처럼 이어붙인 결과가 나온다. 이를 **반복 모드**(repeat mode)라고 부르는데, 작은 이미지로 넓은 영역을 텍스처링할 수 있으므로 경계 고정 모드보다 훨씬 많이 사용된다. 하지만, 텍스처 타일 사이의 경계선이 두드러져 보일 수 있다는 단점도 가진다. 이를 극복하기 위해 **반사 반복 모드**(mirrored-repeat mode)를 사용할 수 있다. 예를 들어, s값이 1.1이라면 이를 0.9로 바꾸고, s값이 1.2라면 0.8로 바꾼다. 이렇게 하면, 텍스처 타일은 정수의 텍스처 좌표마다 반사된 형태로 놓이게 되어 그림 8.7-(e)와 같은 부드러운 결과를 얻을 수 있다. 한편, s축과 t축을 따라 서로 다른 모드를 사용할 수 있는데, 그림 8.7-(f)는 s축을 따라서는 반복 모드를, t축을 따라서는 반사 반복 모드를 적용한 결과를 보여준다.

```
void    glTexParameteri(GLenum target,
                        GLenum pname,
                        GLint param);
```

`target`	target is `GL_TEXTURE_2D` for a 2D image texture
`pname`	either `GL_TEXTURE_WRAP_S` or `GL_TEXTURE_WRAP_T` in the context of texture wrapping
`param`	either `GL_CLAMP_TO_EDGE` (Fig. 8.7-(c)), `GL_REPEAT` (Fig. 8.7-(d)), or `GL_MIRRORED_REPEAT` (Fig. 8.7-(e))

GL에서 텍스처 포장 모드는 `glTexParameteri`를 이용하여 지정된다. 예를 들어 그림 8.7-(f)는 아래와 같은 `glTexParameteri` 호출을 통해 얻어진다.

[예제 코드 8-2] 텍스처 포장을 위한 GL 프로그램.

```
glTexParameteri(GL_TEXTURE_2D, GL_TEXTURE_WRAP_S, GL_REPEAT);
glTexParameteri(GL_TEXTURE_2D, GL_TEXTURE_WRAP_T, GL_MIRRORED_REPEAT);
```

8.5 텍스처 필터링

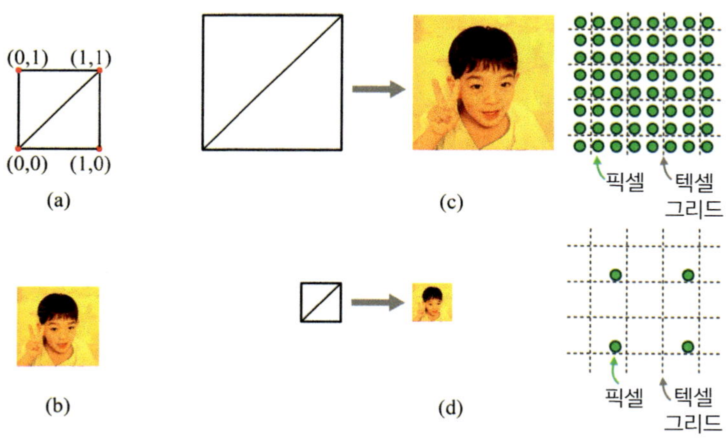

[그림 8.8] 텍스처 확대 및 축소. (a) 폴리곤 메시. (b) 이미지 텍스처. (c) 텍스처 확대의 경우, 텍스처 공간에 투영된 픽셀이 텍셀보다 많다. (d) 텍스처 축소의 경우, 픽셀이 텍셀보다 적다.

프래그먼트의 텍스처 좌표 (s,t)는 식 (8.1)에 의해 텍스처 공간의 (s',t')로 투영된다. 그러면, (s',t') 주변의 텍셀을 고려해서 해당 프래그먼트의 색상을 결정해야 하는데, 이를 **텍스처 필터링**(texture filtering)이라고 부른다.

그림 8.8-(a)의 사각형에 그림 8.8-(b)의 이미지를 텍스처링하는 경우를 생각해보자. 카메라 파라미터, 뷰 프러스텀 파라미터, 뷰포트 파라미터 등이 어떻게 설정되느냐에 따라 스크린 공간에서의 사각형의 크기는 달라진다. 그림 8.8-(c)의 경우, 스크린 공간 사각형의 크기는 이미지 텍스처보다 크다. 따라서, 텍스처는 사각형에 맞도록 **확대**(magnify)되어야 한다. 그림 오른쪽에 점선 격자로 그려진 것은 텍스처 공간을 나타내는데, 격자 한 칸에 텍셀이 하나씩 위치한다. 한편, 동그란 점은 텍스처 공간에 투영된 픽셀을 나타낸다(엄밀히 말하면, 픽셀 대신 프래그먼트라고 불러야 하는데, 텍셀과 비교하려는 목적으로 당분간 이들을 픽셀이라고 부를 것이다). 텍셀보다 픽셀이 많음에 주목하라.

반면, 그림 8.8-(d)의 경우, 스크린 공간 사각형의 크기는 이미지 텍스처보다 작다. 따라서, 텍스처는 사각형에 맞도록 **축소**(minify)되어야 한다. 텍셀보다 픽셀이 적으므로, 그림 오른쪽에 보인 것처럼, 픽셀들은 텍스처 공간에 듬성듬성 투영된다.

8.5.1 텍스처 확대

텍스처 확대에 사용되는 필터링 방법 중 하나는 **근접점 샘플링**(nearest point sampling)이다. 즉 (s',t')와 가장 가까운 텍셀을 사용하는 것이다. 이렇게 하면, 그림 8.9-(a) 왼쪽에 보인 것처럼, 여러 개의 픽셀이 하나의 텍셀을 참조하게 되어, 그림 오른쪽에 보인 것처럼 마치 모자이크 처리된 듯한 결과를 얻게 된다(어린아이 머리와 배경 간 경계에서 이는 두드러진다). 텍스처 확대의 경우, 근접점 샘플링 기법은 만족스러운 결과를 생성하지 못한다.

보다 나은 필터링 기법은 **겹선형보간**(bilinear interpolation)인데, (s',t') 주위를 둘러싸는 네 개의 텍셀을 겹선형보간하여 해당 픽셀의 텍스처 색상을 결정하는 방법이다. 그림 8.9-(b) 왼쪽 아래 식을 보라. 겹선형보간을 사용하면 인접한 픽셀일지라도 필터링된 색상이 달라질 수 있고, 이에 따라 근접점 샘플링보다 부드러운 텍스처링 결과를 얻을 수 있다. 대부분의 경우에 겹선형보간 기법은 근접점 샘플링보다 우수한 결과를 생성한다.

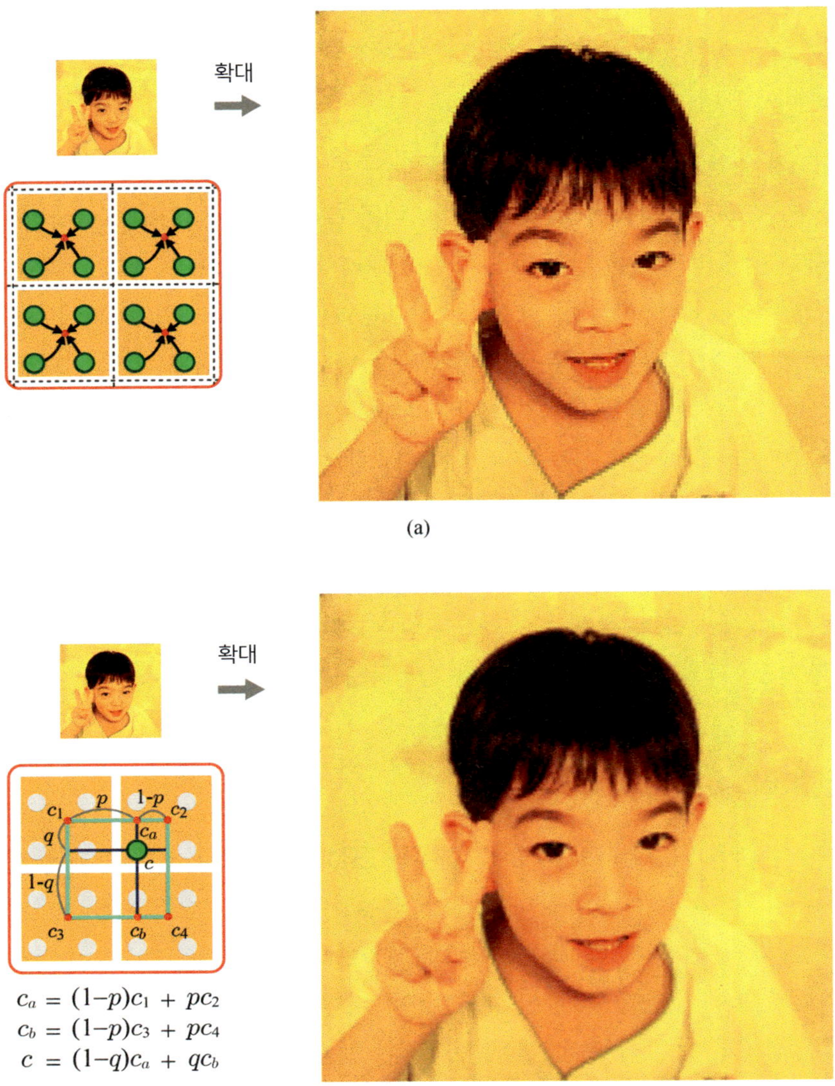

(a)

$$c_a = (1-p)c_1 + pc_2$$
$$c_b = (1-p)c_3 + pc_4$$
$$c = (1-q)c_a + qc_b$$

(b)

[그림 8.9] 텍스처 확대를 위한 필터링. (a) 투영된 픽셀에 가장 가까운 텍셀에서 색상을 가져온다. (b) 투영된 픽셀을 둘러싼 네 개 텍셀의 색상 c_i 를 겹선형보간한다.

8.5.2 텍스처 축소

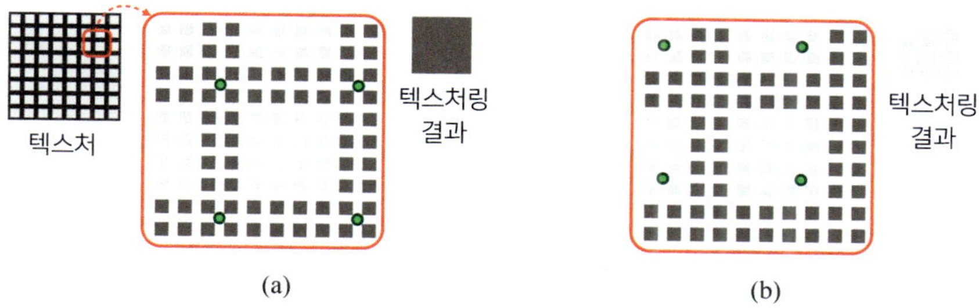

[그림 8.10] 텍스처 축소에서의 에일리어싱 문제. (a) 모든 픽셀이 검은색 텍셀에 둘러싸이게 되면 텍스처링 결과는 검은색으로 나타난다. (b) 모든 픽셀이 회색 텍셀에 둘러싸이게 되면 텍스처링 결과는 회색으로 나타난다.

그림 8.10-(a)의 왼쪽에 그려진 격자 무늬 이미지 텍스처에는 검은색 텍셀 두 줄이 4×4 크기의 회색 텍셀들을 가로 세로로 둘러싸고 있다. 텍스처 축소의 경우, 픽셀들이 텍스처 공간에 듬성듬성 투영됨을 기억하자. 그림 8.10-(a)에 동그란 점으로 그려진 네 개의 픽셀은 모두 검은색 텍셀에 둘러싸여 있다. 이러한 경우, 필터링 기법으로 근접점 샘플링을 택하건 겹선형보간을 택하건 관계없이 픽셀의 텍스처 색상은 검은색이 된다. 만약 스크린 공간 프리미티브의 모든 픽셀들이 이렇게 검은색 텍셀에 둘러싸이게 되면, 텍스처링된 프리미티브는 완벽한 검은색이 된다. 즉, 격자 무늬의 이미지가 제대로 텍스처링되지 않는다. 반면, 그림 8.10-(b)에 보인 바와 같이 텍스처 공간에 투영된 픽셀이 모두 회색 텍셀에 둘러싸이게 되면 픽셀의 텍스처 색상은 회색이 된다.

이 문제는 이른바 **에일리어싱**(aliasing)의 한 예이다. 에일리어싱은 고주파 신호(우리 예에서는, 그림 8.10의 격자 무늬 이미지 텍스처)를 낮은 빈도로 샘플링(우리 예에서는, 듬성듬성 투영된 픽셀로 텍스처 필터링)할 때에 발생하는 오류를 의미한다. 에일리어싱은 신호 처리와 컴퓨터 그래픽스 분야에서 아주 빈번하게 부딪히는 문제이다. 에일리어싱이 일으키는 부작용을 최소화하기 위한 **앤티에일리어싱**(anti-aliasing) 기술이 필요한데, 이제부터는 텍스처링 분야에서 사용되는 대표적인 앤티에일리어싱 기법을 소개할 것이다.

8.6 밉매핑

텍스처 축소 시 발견한 에일리어싱의 원인을 한 마디로 요약하면, 픽셀에 비해 텍셀이 너무 많아서 텍스처링에 참여하지 못하는 텍셀이 발생하기 때문이다. 그렇다면 문제 해결 방법은 간단하다. 텍스처를 작게 만들어서 텍셀 수를 픽셀 수에 맞추면 된다.

8.6.1 밉맵 생성

그림 8.11-(a) 왼편 끝에 있는 원본(original) 텍스처는 8×8 해상도를 가졌다. 이 원본 텍스처를 구성하는 2×2 텍셀들의 색상 평균을 구하는 작업을 반복하면, 원본 텍스처의 1/4 크기를 가진 4×4 해상도 텍스처를 만들 수 있다. 이러한 **다운샘플링**(down-sampling)을 반복하면 원본 텍스처 전체의 평균 색상을 담고 있는 1×1 크기의 텍스처를 얻을 수 있다.

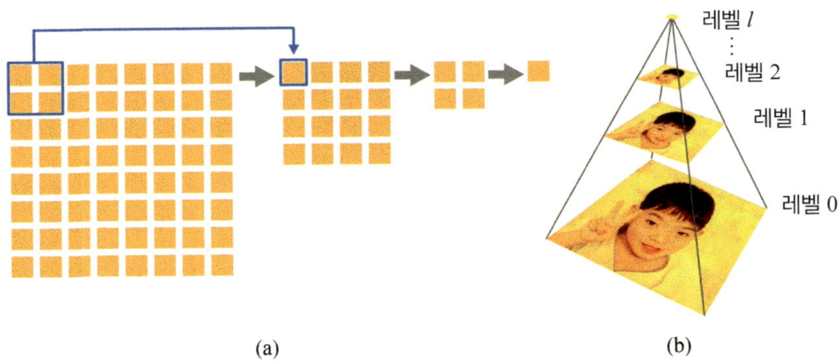

[그림 8.11] 밉맵 생성. (a) 2×2 텍셀들을 하나의 텍셀로 결합하는 과정을 반복한다. (b) 원본 텍스처가 $2^l\times2^l$의 해상도를 가지는 경우, 총 $(l+1)$ 레벨을 가진 텍스처 피라미드가 얻어진다.

원본 텍스처의 해상도가 $2^l\times2^l$일 때, 다운샘플링을 통해 우리는 l개의 텍스처를 새로 만들 수 있다. 원본 및 다운샘플된 텍스처들은 그림 8.11-(b)와 같이 총 $(l+1)$개의 레벨을 가지는 **텍스처 피라미드**로 묶일 수 있다. 원본 텍스처는 0번 레벨에 위치한다. 이 피라미드를 **밉맵**(mipmap)이라 부른다. 접두어 mip은 라틴어 'multum in parvo'의 약자로 '작은 공간 안에 있는 많은 것들'을 의미한다. 이러한 밉맵을 사용하면, 텍셀 개수를 픽셀 개수에 맞출 수 있다.

8.6.2 밉맵 필터링

이제부터 밉맵이 어떻게 필터링되는지 살펴볼 텐데, 이해를 돕기 위하여 다소 작위적인 예제를 사용할 것이다. 그림 8.12-(a)는 텍스처 축소의 경우를 보여주는데, 0번 레벨의 텍스처 즉 원본 텍스처가 스크린 공간 사각형의 네 배의 크기를 가진다. 그림 8.12-(b)의 왼쪽은 0번 레벨 텍스처의 일부를 구성하는 64개의 텍셀을 보여주는데, 이 영역으로 16개의 픽셀이 투영되었다.

이제까지 우리는 픽셀을 스크린 공간의 한 '점'으로 간주해 왔고, 이 픽셀이 텍스처 공간의 한 '점'인 (s',t')로 투영된다고 설명해 왔다. 하지만 실제로 픽셀은 스크린 공간의 작은 '영역'을 덮고 있다. 이 영역이 정사각형이라고 가정하면, 정사각형 픽셀들이 전체 스크린을 타일처럼 뒤덮고 있는 것으로 생각할 수 있다. 따라서, 텍스처 공간에 투영된 픽셀은 (s',t')에 놓인 '점'이 아니라 (s',t')를 중심으로 일정한 '영역'을 차지하게 된다. 이 영역을 픽셀의 **발자국**(footprint)이라고 부른다. 그림 8.12-(b)의 0번 레벨 텍스처 오른쪽 아래 구석에 보인 것처럼 픽셀 발자국은 2×2 텍셀 영역을 차지한다. 텍셀이 픽셀보다 너무 많다.

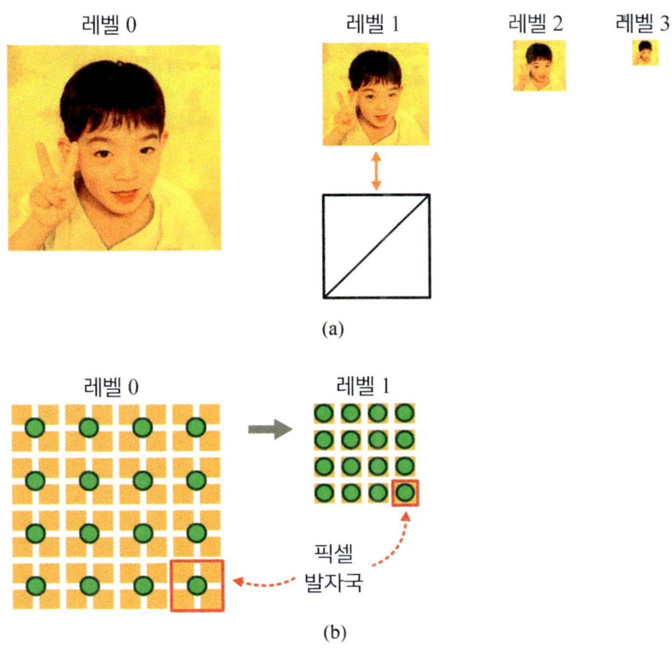

[그림 8.12] 밉맵 필터링 예제 1. (a) 스크린 공간 사각형과 1번 레벨 텍스처의 크기가 같다. (b) 픽셀 발자국은 0번 레벨 텍스처에서는 네 개 텍셀을 차지하지만 1번 레벨 텍스처에서는 하나의 텍셀을 차지한다.

그러면 텍스처 피라미드에서 한 레벨 위로 올라가 보자. 그림 8.12-(b)에서 확인할 수 있는 것처럼, 1번 레벨에서 픽셀 발자국은 하나의 텍셀을 차지한다. 즉, 픽셀과 텍셀의 개수가 같다. 그러면 이 레벨에서 필터링이 수행된다(이 예에서는 픽셀의 중심이 텍셀의 중심과 일치하므로 근접점 샘플링과 겹선형보간 기법 모두 동일한 결과를 산출한다).

그림 8.13-(a)의 예에서 0번 레벨의 텍스처 즉 원본 텍스처는 스크린 공간 사각형의 16배의 크기를 가진다. 그림 8.13-(b)는 픽셀 발자국이 0번, 1번, 2번 레벨 텍스처에서 각각 4×4, 2×2, 1×1 텍셀들을 차지함을 보여준다. 따라서, 픽셀과 텍셀의 개수가 같은 2번 레벨을 선택할 것이다.

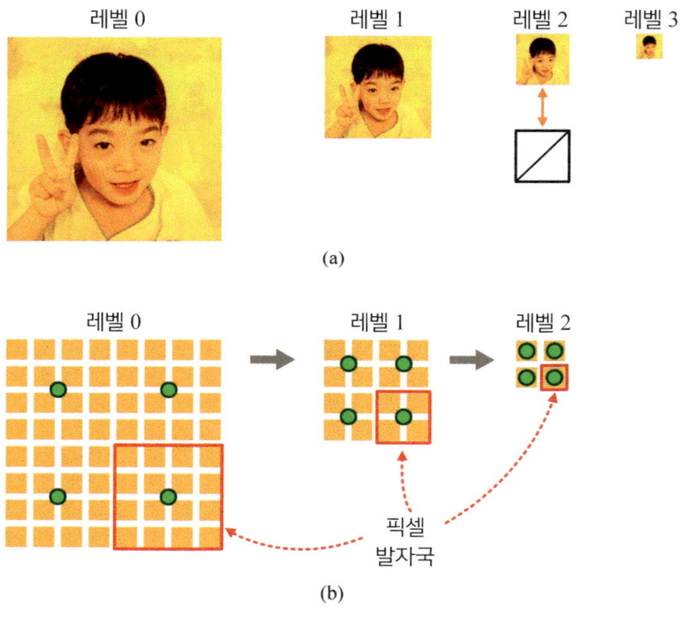

[그림 8.13] 밉맵 필터링 예제 2. (a) 스크린 공간 사각형과 2번 레벨 텍스처의 크기가 같다. (b) 픽셀 발자국은 2번 레벨 텍스처에서 하나의 텍셀을 차지한다.

밉맵 0번 레벨에 있는 원본 텍스처의 RGB 값은 그 상위 레벨에 모두 포함되어 있다. 따라서, 밉맵의 어느 레벨을 골라 필터링을 하건, 원본 텍스처의 텍셀이 배제되는 경우는 없다. 이렇게 해서 에일리어싱 문제를 해결하는 것이다.

필터링을 수행할 밉맵의 레벨을 통상적으로 λ로 표기하는데, 픽셀의 발자국이 0번 레벨 텍스처에서 $m \times m$ 텍셀을 차지하는 경우 λ는 $\log_2 m$으로 설정된다. m이 2의 거듭제곱이라면 λ는 정수가 된다. 그림 8.12의 경우, $m = 2^1$이므로 $\lambda = \log_2 m = \log_2 2^1 = 1$이 된다. 그림 8.13의 경우, $m = 2^2$이므로 $\lambda = \log_2 m = \log_2 2^2 = 2$가 된다.

하지만, 대개의 경우 m은 2의 거듭제곱이 아닐 것이다. 따라서 λ는 정수 아닌 실수가 된다. 그림 8.14-(a)의 예를 보면, 픽셀 발자국은 원본 텍스처에서 3×3 퀵셀들을 차지한다. 따라서 $\lambda = \log_2 3 \simeq 1.585$가 된다. 이처럼 정수 아닌 λ가 계산되면, λ에 가장 가까운 레벨을 선택할 수 있다. 이 레벨은 $\lfloor \lambda + 0.5 \rfloor$로 쉽게 확인되는데, 그림 8.14-(a)에서는 2번 레벨이 된다. 물론 이 레벨은 근접점 샘플링 혹은 겹선형보간을 통해 필터링될 수 있다.

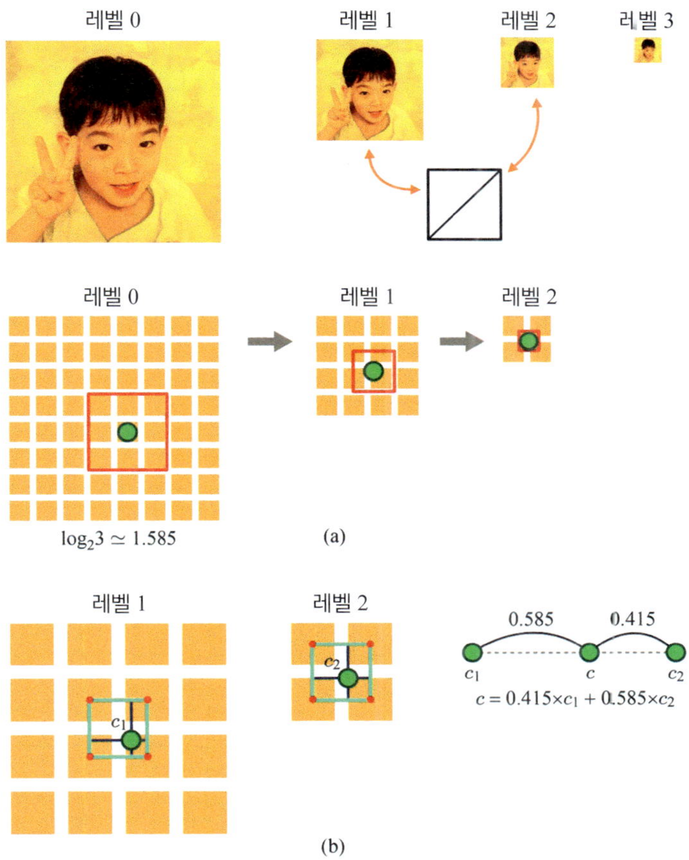

[그림 8.14] 밉맵 필터링 예제 3. (a) 스크린 공간 사각형은 1번 레벨 텍스처보다는 작고 2번 레벨 텍스처보다는 크다. (b) λ가 1.585로 계산되므로 1번 및 2번 레벨이 선택된다. 각 레벨은 겹선형보간 기법으로 필터링되고, 그 결과는 다시 선형보간된다.

그런데, 보다 좋은 방법은 $\lfloor\lambda\rfloor$와 $\lceil\lambda\rceil$ 두 레벨을 모두 선택해서, 각 레벨을 필터링한 결과를 선형보간하는 것이다. 그림 8.14-(b)에서는, λ가 1.585이므로 1번과 2번 레벨을 선택하고, 두 레벨 모두 겹선형보간으로 필터링한 후, 그 결과를 λ의 소수점 이하 값 0.585를 이용해 선형보간한 결과를 보여준다. 이것을 특히 **삼선형보간**(trilinear interpolation)이라 부른다.

이제까지 밉매핑을 설명하면서 정사각형 모양의 픽셀 발작국을 예로 들었다. 하지만, 대개의 경우 픽셀 발자국은 정사각형이 아니므로, 보다 복잡한 방법으로 λ가 계산된다. 그러나, 이 계산은 GPU가 전담하므로 응용 프로그래머는 신경 쓰지 않아도 된다.

8.7 GL에서의 밉맵 필터링

GL은 스크린 공간 각각의 픽셀에 대해 그 발자국을 계산한 후 텍스처가 확대되어야 하는지 아니면 축소되어야 하는지 결정한다. 두 경우 모두 우리는 glTexParameteri를 사용하여 텍스처 필터링 방법을 지정할 수 있다. glTexParameteri는 8.4절에서 소개되었는데, 텍스처가 확대될 경우의 필터링 방법 지정을 위해서는 두 번째 파라미터 pname을 GL_TEXTURE_MAG_FILTER로 하고, 축소의 경우 필터링 방법 지정을 위해서는 pname을 GL_TEXTURE_MIN_FILTER로 해야 한다.

pname이 GL_TEXTURE_MAG_FILTER라면, 즉 텍스처 확대의 경우라면, 항상 원본 텍스처가 사용되는데, glTexParameteri의 마지막 파라미터 param은 GL_NEAREST와 GL_LINEAR 중 하나를 가질 수 있다. GL_NEAREST는 근접점 샘플링을, GL_LINEAR는 겹선형보간을 의미한다(겹선형보간이지만 GL_LINEAR로 간단히 표기한 것에 주의하라).

반면, pname이 텍스처 축소를 의미하는 GL_TEXTURE_MIN_FILTER라면, glTexParameteri의 마지막 파라미터 param은 6개의 기호 상수(symbolic constant) 중 하나를 가질 수 있다. 첫 두 개는 밉맵을 사용하지 않고 원본 텍스처만을 사용하도록 한다.

- GL_NEAREST: 원본 텍스처를 근접점 샘플링으로 필터링한다.
- GL_LINEAR: 원본 텍스처를 겹선형보간으로 필터링한다.

물론 위의 두 가지는 선호되지 않는다. 나머지 네 개의 기호 상수는 실제로 밉매핑을 구현하는 것인데, param은 GL_b_MIPMAP_a 형태를 가진다. 여기서 a는 밉맵의 어느 레벨을 선택할 것인지, b는 그 레벨을 어떻게 필터링할 것인지 지정한다.

- GL_NEAREST_MIPMAP_NEAREST: 밉맵에서 가장 가까운 레벨(그림 8.14-(a) 예에서는 2번 레벨)을 근접점 샘플링으로 필터링한다.
- GL_LINEAR_MIPMAP_NEAREST: 밉맵에서 가장 가까운 레벨을 겹선형보간으로 필터링한다.
- GL_NEAREST_MIPMAP_LINEAR: $\lfloor \lambda \rfloor$ 와 $\lceil \lambda \rceil$ 레벨(그림 8.14-(a) 예에서는 1번과 2번 레벨)을 모두 근접점 샘플링으로 필터링한 후, 그 결과를 선형보간한다.
- GL_LINEAR_MIPMAP_LINEAR: $\lfloor \lambda \rfloor$ 와 $\lceil \lambda \rceil$ 레벨을 모두 겹선형보간으로 필터링한 후, 그 결과를 선형보간한다(이는 그림 8.14-(b)에 보인 삼선형보간이다).

8.8 GL 밉매핑 예시*

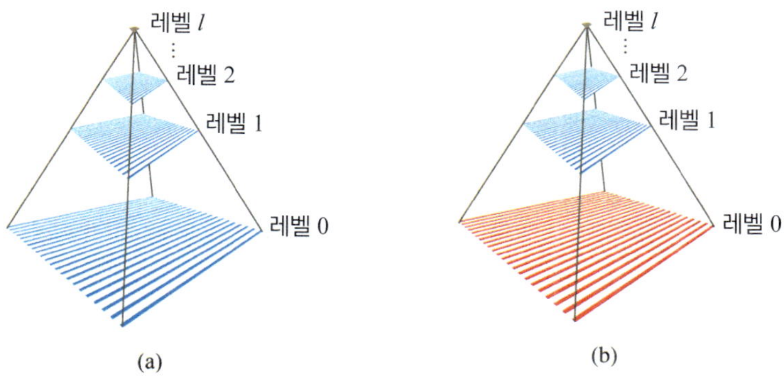

[그림 8.15] GL 밉매핑 예. (a) 파란색 줄무늬 텍스처로 만들어진 밉맵. (b) 밉매핑 작동원리의 이해를 돕고자 0번 레벨만 빨간색 줄무늬 텍스처로 변경.

그림 8.15-(a)는 파란 줄무늬 텍스처가 밉맵으로 구성된 것을 보여준다. 이 절에서는 8.7절에서 소개한 **glTexParameteri**의 마지막 파라미터 **param**을 변경해 가면서 밉매핑 결과를 살펴볼 텐데, 밉매핑 작동 원리를 쉽게 설명하기 위하여, 그림 8.15-(b)에 보인 것처럼 0번 레벨의 텍스처만 빨간색으로 바꾼 인위적인 밉맵을 사용할 것이다.

그림 8.15-(b)의 밉맵을 그림 8.15-(c)의 가늘고 긴 사각형에 적용할 것인데, 이 사각형이 시선 방향으로 크게 기울어져 있다고 가정하자. 즉, 사각형 윗부분은 카메라로부터 매우 멀

리 떨어져 있고 아래 부분은 아주 가깝다면 스크린에서는 그림 8.15-(d)와 같은 모양을 가질 것이다. GL은 스크린 공간 각각의 픽셀에 대해 텍스처를 확대할 것인지 혹은 축소할 것인지 결정하는데, 그림 8.15-(d)의 사각형 영역은 텍스처가 확대될 하단과 텍스처가 축소될 상단으로 나눠진다.

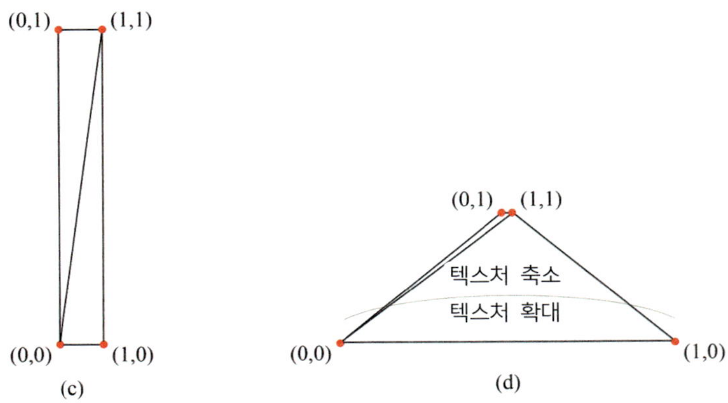

[그림 8.15] GL 밉매핑 예(계속). (c) 가늘고 긴 사각형. (d) 이 사각형이 3차원 스크린 공간 xy평면과 큰 각도를 이루며 기울어진 경우.

그림 8.16은 다양한 밉매핑 결과를 보여주는데, 가독성을 높이기 위해 스크린 공간의 사각형 좌우 끝을 삭제하고 가운데 부분만 그렸다. 그림 8.16-(a)에서 `param`은 텍스처 확대와 축소 경우 모두 `GL_NEAREST`로 설정되었다. 텍스처 확대의 경우 원래 밉맵을 사용하지 않으므로 원본 텍스처가 사용되지만, 텍스처 축소의 경우에도 `GL_NEAREST` 설정으로 인해 밉맵 대신 원본 텍스처를 사용하게 된다. 따라서, 사각형 전체는 빨간 줄무늬로 텍스처링된다.

그림 8.16-(b)에서는 텍스처 확대와 축소 경우 모두 `param`이 `GL_LINEAR`로 설정되었다. 사각형 전체는 여전히 빨간 줄무늬로 텍스처링되지만, 겹선형보간을 사용했으므로 그림 8.16-(a)에 비해 줄무늬가 부드럽게 나타난다.

이제, 텍스처 확대의 경우에는 `GL_LINEAR`를 고정적으로 사용하고, 텍스처 축소의 경우에만 `param`을 바꿔가며 그 결과를 확인해 보도록 하자. 그림 8.16-(c)에서는 `param`으로 `GL_NEAREST_MIPMAP_NEAREST`를 지정하였다. 이제 그림 8.15-(b)의 밉맵이 사용되므로, 0번 레벨의 빨간 줄무늬 텍스처 뿐 아니라, 그 상위 레벨의 파란 줄무늬 텍스처도 나타나게 된다.

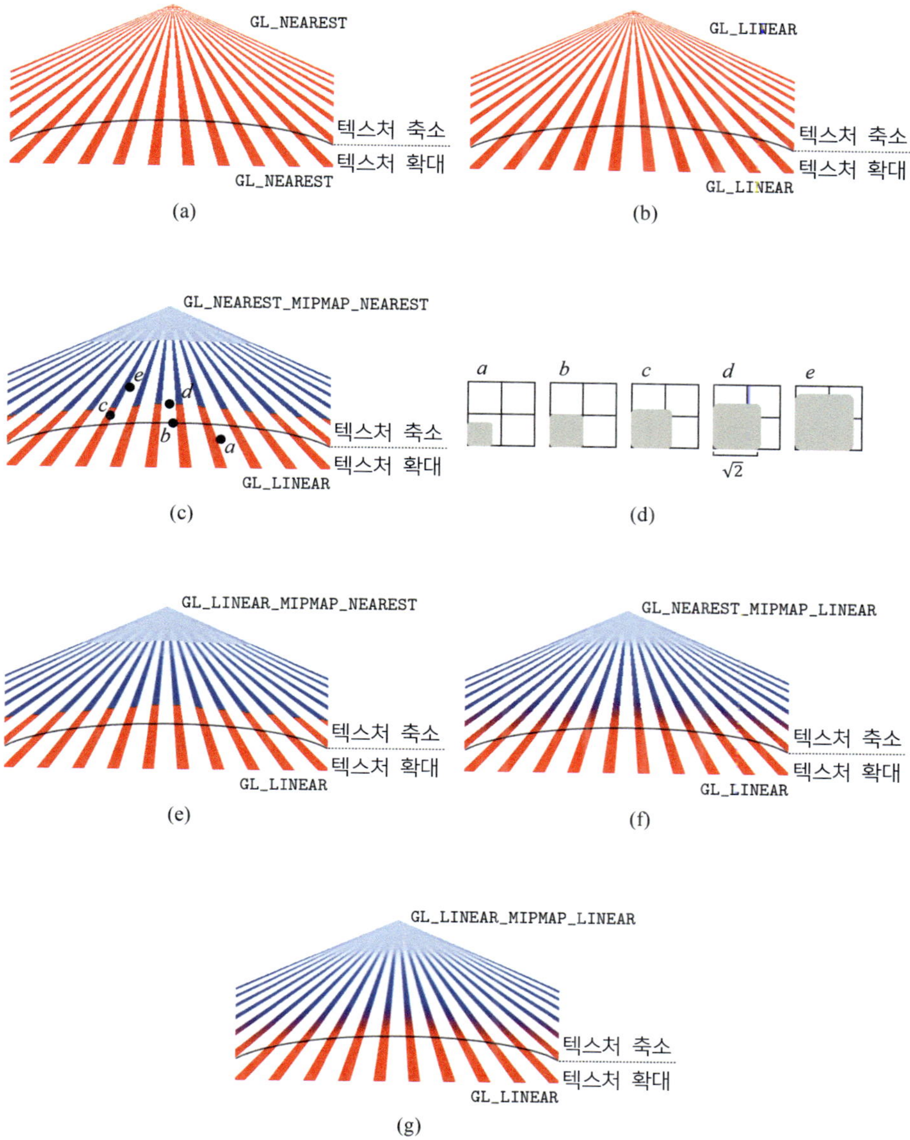

[그림 8.16] 밉매핑 결과.

그림 8.16-(c)에 검은 점으로 표시된 5개의 픽셀을 하나하나 살펴보자. 그림 8.16-(d)는 이들의 발자국 크기를 비교하는데, 텍스처가 확대되는 영역에 있는 픽셀 a의 발자국은 텍셀보다 작다. 반면, 텍스처 확대/축소 영역의 경계에 있는 픽셀 b의 발자국은 텍셀과 크기가 같다. 이제, 0번 레벨 빨간색 텍스처와 1번 레벨 파란색 텍스처 경계에 있는 픽셀 d를 보도

록 하자. d의 발자국 면적은 2이고 변 길이는 $\sqrt{2}$이다. 따라서 λ는 $\log_2\sqrt{2}=0.5$가 되어 0번 레벨과 1번 레벨의 중간에 놓이게 된다. 픽셀 c의 발자국은 d의 발자국보다 조금 작아서 0번 레벨이 선택된 것이고, 픽셀 e의 발자국은 d의 발자국보다 조금 커서 1번 레벨이 선택된 것이다.

그림 8.16-(e)는 param으로 GL_LINEAR_MIPMAP_NEAREST를 지정한 경우이다. 텍스처 축소 영역에서 줄무늬가 부드러워졌다. 이제 param으로 GL_NEAREST_MIPMAP_LINEAR를 지정해 보자. 그림 8.16-(f)는 커다란 변화를 보여준다. 그림 8.16-(e)에서는 텍스처링된 사각형의 빨간색과 파란색 영역 사이에 선명한 경계가 있었다. 경계 바로 아랫부분은 0번 레벨 텍스처에 의해, 경계 바로 윗부분은 1번 레벨 텍스처에 의해 지배되었다. 즉, 선택된 레벨은 한 픽셀에 대해 배타적인 지배권을 가졌고, 두 레벨이 한 픽셀에 동시에 영향을 미칠 수는 없었다. 하지만, 그림 8.16-(f)는 다르다. 텍스처 축소 영역의 모든 픽셀은 더 이상 단일한 레벨의 지배를 받지 않는다. 빨간색과 파란색 영역 사이에 더 이상 확실한 경계를 찾아볼 수 없다는 점에 주목하라. 이는 0번과 1별 레벨 텍스처를 근접점 샘플링으로 필터링한 결과를 '보간'했기 때문이다.

마지막으로, 그림 8.16-(g)는 param으로 GL_LINEAR_MIPMAP_LINEAR를 지정한 경우로, $\lfloor\lambda\rfloor$와 $\lceil\lambda\rceil$ 레벨을 겹선형보간으로 필터링하고 그 결과를 선형보간한다. 그림 8.16-(f)보다 텍스처 축소 영역에서 줄무늬가 부드러워진 것을 확인할 수 있다.

8.9 텍스처링을 위한 프래그먼트 쉐이더

[예제 코드 8-3] 텍스처링을 위한 프래그먼트 쉐이더.

```
#version 300 es

precision mediump float;

uniform sampler2D colorMap;

in vec2 v_texCoord;

layout(location = 0) out vec4 fragColor;

void main() {
    fragColor = texture(colorMap, v_texCoord);
}
```

예제 코드 8-3은 텍스처링을 수행하는 프래그먼트 쉐이더인데, 래스터라이저가 출력하는 각 프래그먼트에 대해 한 번씩 실행된다. 정점 쉐이더와 마찬가지로 프래그먼트 쉐이더도 유니폼을 취할 수 있는데, 텍스처가 대표적인 유니폼이다. 예제 코드 8-3의 5번 줄에 colorMap이라는 이름의 유니폼이 2차원 텍스처를 의미하는 sampler2D 타입으로 정의되었다(GL에서 텍스처는 sampler라고도 불린다).

GL 3.0 프로그래밍을 위해서는 정점 쉐이더와 프래그먼트 쉐이더를 반드시 작성해야 함을 기억하자. 예제 코드 8-3의 프래그먼트 쉐이더는 예제 코드 6-1의 정점 쉐이더와 쌍을 이룬다. 그림 8.17을 보라. 정점 쉐이더는 texCoord를 v_texCoord로 복사하여 출력했었다. 이것이 레스터라이저에게 전달되어 프래그먼트별로 보간되었으므로 예제 코드 8-3의 프래그먼트 쉐이더가 동일한 이름의 v_texCoord를 입력 받을 수 있는 것이다. 이처럼, 프래그먼트 쉐이더에게 텍스처 좌표를 입력하기 위해서는 반드시 정점 쉐이더가 텍스처 좌표를 출력해야 한다. 하지만, 정점 쉐이더의 모든 출력을 프래그먼트 쉐이더가 반드시 취해야 하는 것은 아니다. 예제 코드 6-1의 정점 쉐이더는 v_normal을 출력했고, 이를 래스터라이저가 보간해서 프래그먼트 쉐이더에게 전달했지만, 예제 코드 8-3의 프래그먼트 쉐이더는 이를 받아들이지 않았다. 물론 이렇게 하면 정점 쉐이더와 래스터라이저는 불필요한 작업을 수행한 것이 되는데, 다음 장에서는 v_normal을 사용하는 프래그먼트 쉐이더를 보여줄 것이다.

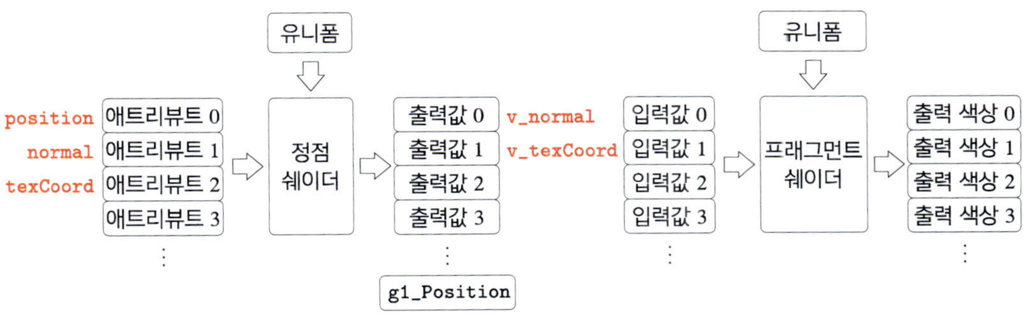

[그림 8.17] 정점 쉐이더와 프래그먼트 쉐이더.

GL 2.0에서는 프래그먼트 쉐이더가 단 한 개의 색상을 출력할 수 있었는 데 비해, GL 3.0에서는 여러 색상 출력이 가능하다. 하지만 예제 코드 8-3에서는 한 개의 색상만이 출력된다. 9번 줄 fragColor가 그것이다. 그 타입 vec4는 *RGBA*를 의미한다. 여기서 *A*는 *RGB* 색상의 **불투명도**(opacity)를 결정하는 추가적인 정보인데, 보통 alpha라고 불리므로 그 앞 글자로 표기했다. A는 보통 [0,1] 범위 안에서 정의된다. A가 1이면 RGB 색상이 완벽하게 불투명하다는 뜻으로, 해당 픽셀/프래그먼트 뒤에 다른 물체가 있더라도 그 물체를 완벽하게 가리게 된다. 하지만, A가 1이 아니라면, 뒤의 물체가 일정 정도 보일텐데, A가 작을수록 많이 보인다. 극단적으로 A가 0이라면 해당 픽셀/프래그먼트의 RGB 색상이 완벽하게 투명하다는 뜻이다. 이는 10장에서 다시 설명한다.

예제 코드 8-3의 12번 줄에서 내장 함수 `texture`를 호출하는데, 이는 `v_texCoord`를 사용해 `colorMap`을 필터링하여 `fragColor`를 결정한다. 8.7절에서 기술한 바와 같이, `colorMap`을 필터링하는 방식은 `glTexParameteri`를 통해 지정된다. 한편, `fragColor`는 이제 GPU 파이프라인의 다음 단계인 출력 병합기(그림 5.1 참조)로 전달될 것이다.

쉐이더의 변수는 저/중/고 **정밀도**(precision) 중 하나를 가질 수 있는데, 이는 각각 `lowp`, `mediump`, `highp`라는 키워드로 지정된다. 정밀도는 개별 GPU에 따라 달라지는데, 예를 들어, `mediump`로 정의된 `float` 타입 변수에는 2바이트를 할당하고, `highp`로 정의된 변수에는 4바이트를 할당할 수 있다. 예제 코드 8-3의 3번 줄은 이 프래그먼트 쉐이더의 모든 `float` 타입 변수가 기본적으로 중간 정밀도를 가진다고 지정한다.

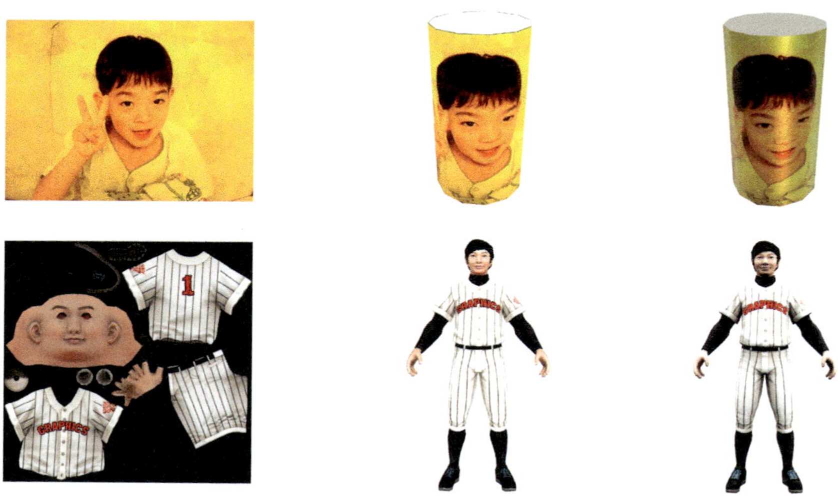

(a) (b) (c)

[그림 8.18] 텍스처링과 라이팅. (a) 텍스처. (b) 텍스처링만 수행한 결과. (c) 텍스처링과 라이팅이 결합된 결과.

그림 8.18-(a)는 두 가지 텍스처를 보여주고, 그림 8.18-(b)는 예제 코드 8-3의 프래그먼트 쉐이더가 이들을 사용하여 텍스처링을 수행한 결과를 보여준다. 그런데, 자세히 살펴보면, 모델 표면이 제대로 **음영처리**(shading)되지 않은 것을 알 수 있다. 즉, 어둡고 밝은 영역의 구분이 없다. 반면, 그림 8.18-(c)에는 이런 구분이 명확한데, 이는 텍스처링에 더불어 라이팅도 수행했기 때문이다. 다음 장은 라이팅을 다룬다.

연습문제

1. 아래 그림은 스크린 공간 삼각형과 교차하는 스캔라인을 보여주는데, 스캔라인의 y좌표는 3.5이다.

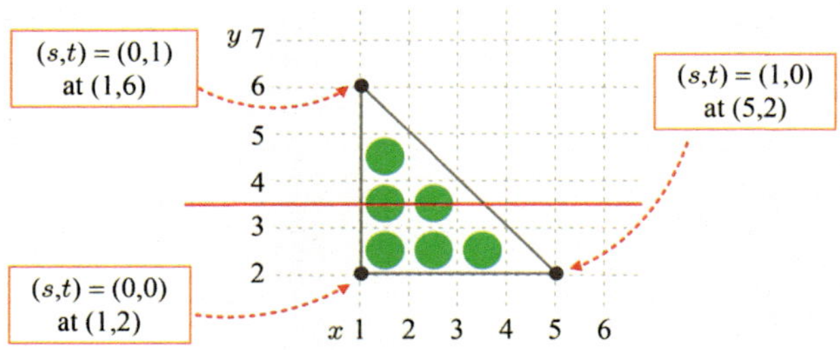

(a) 삼각형 두 변이 스캔라인과 교차하는 점에서의 텍스처 좌표를 계산하라.

(b) 스캔라인 상에 놓인 두 프래그먼트의 텍스처 좌표를 계산하라.

2. 텍스처 좌표 s가 [0,1] 범위를 넘어섰고, 텍스처 포장을 위해 반복 모드(repeat mode)를 사용한다고 가정하자. $\lfloor\ \rfloor$ 혹은 $\lceil\ \rceil$ 함수를 사용하여 s를 [0,1] 범위로 전환하는 방정식을 작성하라.

3. 근접점 샘플링으로 필터링할 텍스처 공간에 한 픽셀이 (s',t')로 투영되었다. $\lfloor\ \rfloor$ 혹은 $\lceil\ \rceil$ 함수를 사용하여 텍셀 ID를 구하는 방정식을 작성하라. 한 텍셀의 ID는 해당 텍셀의 왼쪽 아래 모퉁이의 좌표이다. 예를 들어, 중심 좌표가 (1.5,3.5)인 텍셀의 ID는 (1,3)이다.

4. 다음 그림은 네 개의 텍셀을 가진 텍스처 공간에 16개의 픽셀이 투영된 것을 보여준다. 각 텍셀의 색상을 c_i라고 할 때, 겹선형보간으로 결정되는 픽셀 색상 c를 정의하라.

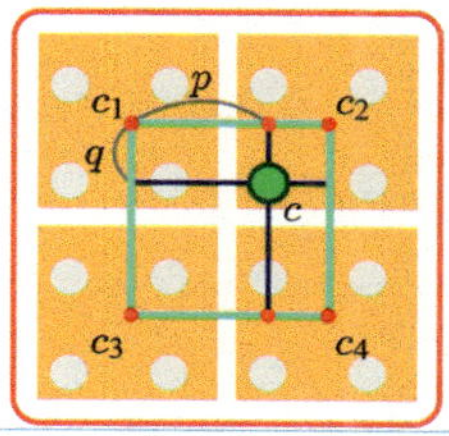

5. 한 픽셀이 8×8 해상도의 텍스처 공간에 투영되었다. 아래 왼쪽 그림의 동그라미는 픽셀, 직사각형은 그 픽셀의 발자국을 나타낸다.

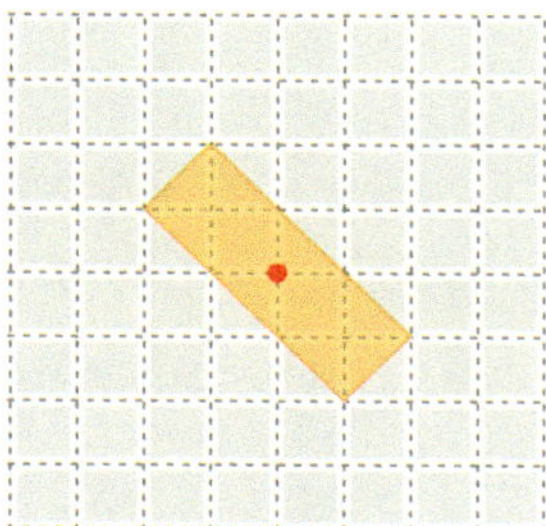
레벨 0

9	9	9	9	9	7	0	1
9	9	9	9	7	9	8	3
6	5	8	9	2	3	2	1
5	8	8	7	7	0	4	1
7	8	1	1	1	1	3	3
8	5	1	5	1	1	0	2
4	9	9	9	1	2	4	8
8	3	9	9	4	1	0	0

레벨 0

9	9	8	3
6	8	3	2
7	2	1	2
6	9	2	3

레벨 1

(a) 텍스처 색상은 회색조이며, 오른쪽 그림은 밉맵의 0번과 1번 레벨 텍스처를 보여주는데, 숫자는 텍셀 밝기를 나타낸다. 이와 같은 방식으로 2번과 3번 레벨 텍스처를 그려라.

(b) 삼선형보간 기법으로 밉맵을 필터링하고, λ 계산을 위해 픽셀 발자국의 '긴' 변 길이를 사용한다고 가정하자. 어떤 레벨이 선택되는가? 또한, 각 레벨에서의 필터링 결과를 계산하라.

(c) 삼선형보간 기법으로 밉맵을 필터링하고, λ 계산을 위해 픽셀 발자국의 '짧은' 변 길이를 사용한다고 가정하자. 어떤 레벨이 선택되는가? 또한, 각 레벨에서의 필터링 결과를 계산하라.

6. GL 함수 `glTexParameteri(GLenum target, GLenum pname, GLint param)`에서 `target`은 `GL_TEXTURE_2D`로, `pname`은 `GL_TEXTURE_MIN_FILTER`로 설정되었다.

(a) param을 GL_LINEAR로 설정할 경우, 어떤 문제가 발생하는가?

(b) λ가 계산되었을 때, 밉맵에서 이로부터 가장 가까운 레벨을 선택하기 위하여 param을 GL_LINEAR_MIPMAP_NEAREST로 설정했다면, 총 몇 번의 선형보간이 이뤄지는가? 여기서 묻는 것은 '겹선형보간'의 횟수가 아닌 '선형보간'의 횟수이다. 아래 문항도 마찬가지다.

(c) param을 GL_NEAREST_MIPMAP_LINEAR로 설정했다면, 총 몇 번의 선형보간이 이뤄지는가?

(d) param을 GL_LINEAR_MIPMAP_LINEAR로 설정했다면, 총 몇 번의 선형보간이 이뤄지는가?

7. 의료 영상 분야에서는 종종 3차원 텍스처링이 필요하다. $2^l \times 2^l \times 2^l$ 해상도를 가지는 3차원 이미지를 생각해보자. 이를 이용해 어떻게 밉맵을 만들 것인가? 이 밉맵은 총 몇 개의 레벨을 가지는가? 밉맵 최상위 레벨 텍스처의 해상도는 무엇인가?

8. 아래는 그림 8.15의 밉맵과 사각형을 이용해 텍스처링을 수행한 결과를 보여준다. 사각형에는 a부터 e까지 5개의 픽셀이 표시되어 있다. 한편, 사각형 아래에는 2×2 텍셀 격자와 픽셀 발자국 쌍 5개를 보여준다. a부터 e까지의 픽셀은 각각 이 중 어느 경우에 해당하는가?

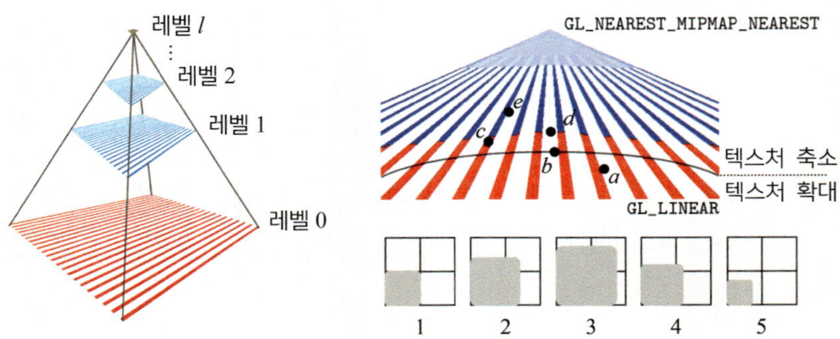

9. 다음 그림은 두 색상으로 구성된 텍스처로, 검은색 텍셀은 0, 밝은 회색 텍셀은 0.8 값을 가진다. 동그라미로 표시된 픽셀이 4개 텍셀의 한가운데로 투영되었는데, 이

픽셀의 발자국은 변의 길이가 $2\sqrt{2}$ 인 정사각형이다.

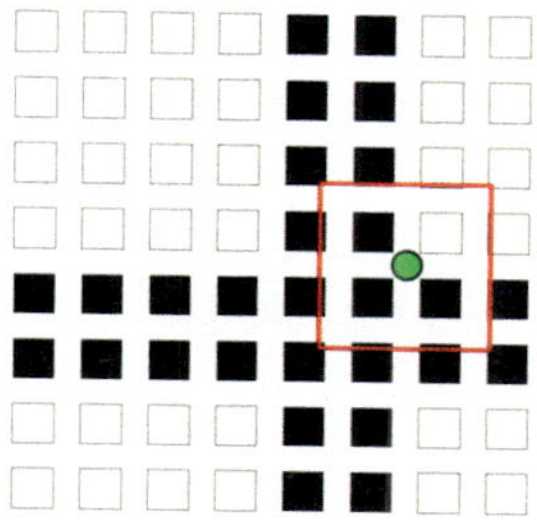

(a) 밉맵의 모든 레벨은 근접점 샘플링으로 필터링되고, 그 결과는 선형보간된다. 근접점 샘플링 시, 픽셀로부터 같은 거리에 있는 텍셀이 여러 개 존재한다면 위의 혹은 오른쪽 위의 텍셀을 선택한다. 픽셀의 최종 텍스처링 색상은 무엇일까?

(b) 밉맵의 모든 레벨이 겹선형보간으로 필터링되고 그 결과가 선형보간된다면, 픽셀의 최종 텍스처링 색상은 무엇일까?

09

라이팅

Lighting

라이팅(lighting 혹은 illumination)은 빛과 물체 간 상호작용을 처리하는 기술이다. 이 장에서는 컴퓨터 그래픽스 분야의 선도적 연구자 퐁(Phong)이 제안한 라이팅 기법(이를 **퐁 모델**이라 칭한다)을 소개하고, 이것이 어떻게 쉐이더로 구현되는지 설명할 것이다. 한편, 이 책의 2부 16장에서는 퐁 모델의 문제점을 논의한 후, 이와는 판이하게 다른 라이팅 기법인 **광선 추적** 및 **래디오시티** 알고리즘을 소개할 것이다.

9.1 퐁 모델

라이팅을 위해서는 우선 **광원**(light source)을 정의해야 한다. 간단한 광원 중 하나는 **점 광원**(point light source)으로, 이는 3차원 공간의 한 점(point)으로부터 전방위로 빛이 발산되는 것을 말한다. 한편, 점 광원으로부터 멀리 떨어진 물체일수록 빛을 덜 받게 되는데, 이는 빛이 물체까지 이동하는 동안 점차 희석되기 때문이다.

한편, 매우 강력한 광원이 아주 멀리 존재할 경우를 생각해 보자. 태양이 좋은 예인데, 햇빛을 받는 지상의 가상 물체를 렌더링한다면, 이 물체 표면의 여러 점에 입사하는 햇빛의 방향은 서로 평행하다고 가정해도 무리가 없다. 이런 광원을 **방향성 광원**(directional light source)이라고 부른다. 또한, 물체 표면의 각 점들로부터 태양까지의 거리는 다르겠지만, 태양이 아주 멀리 떨어져 있으므로 그 차이는 무시할만하다. 따라서, 방향성 광원을 다룰 때에는, 광원의 색상과 단일한 입사 방향만 고려하면 된다. 이 장에서는 방향성 광원을 사용하여 퐁 모델을 기술할 것이다.

물체를 라이팅하기 위해서는, 물체 표면으로 들어오는 빛(irradiance)과 카메라를 향해 나가는 빛(radiance) 사이의 관계를 이른바 BRDF(bidirectional reflectance distribution function; 양방향 반사율 분포 함수)[5]로 정의해야 한다. 퐁 모델은 실시간 렌더링을 위해서 이 BRDF를 극단적으로 단순화했다. 퐁 모델은 물체 표면에서 감지되는 색상을 **디퓨즈**(diffuse), **스페큘러**(specular), **앰비언트**(ambient) 반사와 **발산광**(emissive light) 네 가지 항목으로 분리해서 처리한다. 디퓨즈 및 스페큘러 항은 광원으로부터 물체 표면에 직접 들어오는 빛 즉 **직접 조명**을 다루는 반면, 앰비언트 항은 다른 물체가 반사하는 빛 즉 **간접 조명**을 다룬다. 한편 발산광은 물체 스스로 빛을 발산하는 경우에 사용된다. 그림 9.1은 이 네 가지 항과 이를 결합한 결과를 보여준다. 이제부터 퐁 모델의 네 가지 항을 차례차례 살펴보도록 하자.

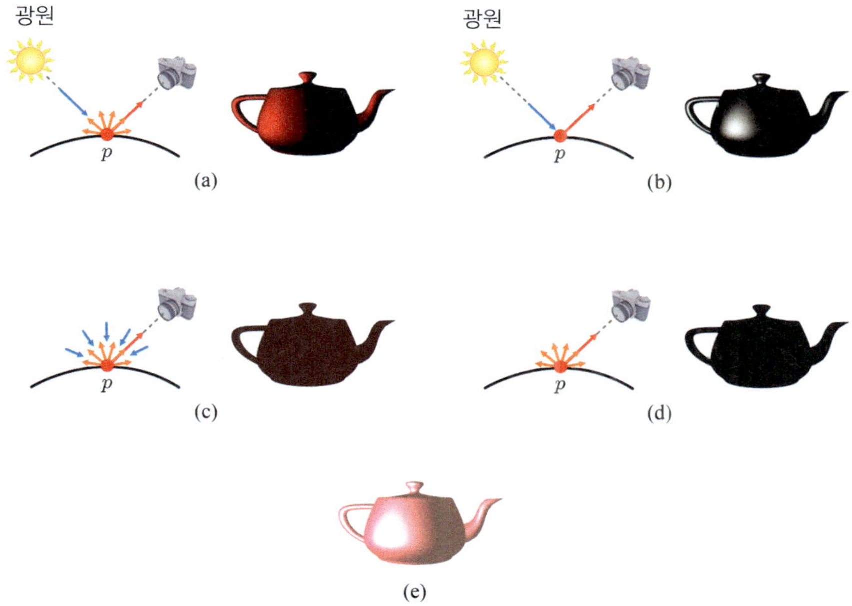

[그림 9.1] 물체 표면의 p점에 들어오는 빛은 파란색 화살표로, 반사되는 빛은 주황색 화살표로, 카메라에 도달하는 빛은 빨간색 화살표로 나타내었다. (a) 디퓨즈 반사. (b) 스페큘러 반사. (c) 앰비언트 반사. (d) 발산광. (e) 네 가지 항의 결합.

9.1.1 디퓨즈 항 - 난반사

디퓨즈 항은 **램버트의 법칙**(Lambert's law)에 따라 정의된다. 즉, **램버시안 표면**(Lambertian surface) 혹은 **디퓨즈 표면**이라 불리는 이상적인 표면으로 들어온 빛은 그림 9.1-(a)에 보인 바와 같이 모든 방향을 따라 같은 강도로 반사된다. 이를 **난반사**(亂反射)라 하는데, 카메라에 의해 감지되는 빛은 카메라의 시선에 무관하며 오로지 물체 표면에 들어오는 빛의 양에 비례하게 된다.

물체 표면으로 들어오는 빛의 방향은 이른바 **빛 벡터**(light vector)에 의해 정의된다. 그런데, 방향성 광원을 사용한다면, 라이팅을 수행할 장면의 모든 지점은 동일한 빛 벡터를 가진다[1]. 그림 9.2-(a)에서 빛 벡터는 l로 표기되었는데, 계산 상 편의를 위해 실제 빛이 들어오

1 만약 점 광원을 사용한다면, 빛 벡터는 각 표면 점마다 변할 것이다. 또한, 물체 표면의 한 점에 들어오는 빛의 양 계산에 있어 그 점과 광원 간의 거리도 고려해야 한다. 그 거리에 비례해서 빛이 희석되기 때문이다.

는 방향과 반대로 정의되어 있다. 한편, 물체 표면의 점 p의 노멀(normal) n과 빛 벡터 l 사이의 각도 θ를 **입사각**(incident angle)이라고 하는데, θ가 작을수록 p는 더 많은 빛을 받는다. n과 l이 정규화되어 단위 벡터로 표현되어 있다면, n과 l의 내적을 사용하여 p에 들어오는 빛의 양을 결정할 수 있다.

$$n \cdot l = \|n\|\|l\| cos\theta = cos\theta \tag{9.1}$$

그림 9.2-(b)에 보인 것처럼, $\theta = 0°$일 경우, 즉 n과 l이 같다면, $n \cdot l = 1$이 되어 p는 최대의 빛을 받는다. 반면, 그림 9.2-(c)에 보인 것처럼, $\theta = 90°$일 경우, $n \cdot l = 0$이 되어 p는 빛을 받지 않는다. 마지막으로, 그림 9.2-(d)와 같이 θ가 90°보다 크면 p는 빛을 받지 않는다. 그러나 이 경우에 식 (9.1)의 $n \cdot l$은 음수가 된다. 이 문제를 해결하기 위해서 식 (9.1)을 다음과 같이 확장한다.

$$max(n \cdot l, 0) \tag{9.2}$$

위 식은 $n \cdot l$이 음수가 되는 경우 0을 선택하여 p에 들어오는 빛의 양을 0으로 만든다.

그런데, 식 (9.2)의 $max(n \cdot l, 0)$은 p에 들어오는 빛의 '강도'만을 결정한다. 반사되는 빛의 '색상'은 다음과 같이 정의된다.

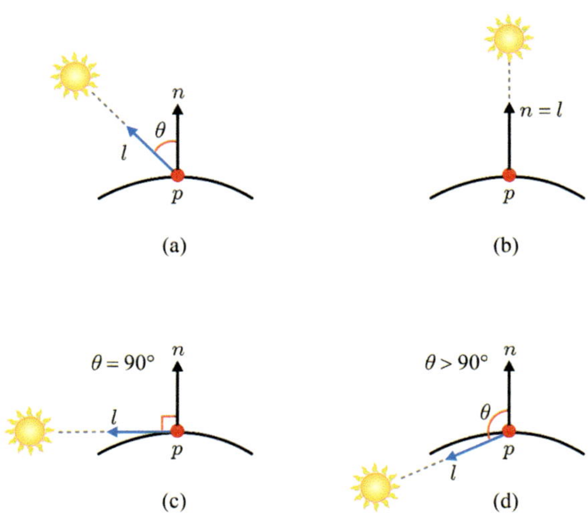

[그림 9.2] 디퓨즈 반사. (a) p로 들어오는 빛의 양은 $n \cdot l$로 정의된다. (b) n과 l이 같을 때 들어오는 빛의 양은 최대가 된다. (c) $\theta = 90°$일 때 빛의 양은 0이 된다. (d) θ가 90°보다 크면 빛의 양은 0이다.

$$s_d \otimes m_d \tag{9.3}$$

여기에서 s_d는 광원의 RGB 색상을, m_d는 물체의 **디퓨즈 계수**(diffuse reflectance)를 나타낸다(우리의 표기법에서 s는 광원(light source)을, m은 재질(material)을 의미한다). 예를 들어, 노란색 광원이라면 s_d는 $(1,1,0)$이다. 만약 m_d가 $(1,1,1)$이라면, s_d와 m_d의 같은 원소 간 곱셈으로 정의되는 $s_d \otimes m_d$는 $(1,1,0)$이 된다. 이는 노란색이 그대로 반사됨을 의미한다. 만약 m_d가 $(1,0,1)$이라면 $s_d \otimes m_d$는 $(1,0,0)$이 되는데, 이는 광원의 RGB 색상 중 G 요소는 물체에 의해 흡수되고 오직 R 요소만이 반사됨을 의미한다.

퐁 모델의 디퓨즈 항은 식 (9.2)와 (9.3)을 결합하여 다음과 같이 정의된다.

$$max(n \cdot l, 0)s_d \otimes m_d \tag{9.4}$$

그림 9.1-(a)의 주전자는 디퓨즈 항에 의해서만 렌더링되었다.

9.1.2 스페큘러 항 – 정반사

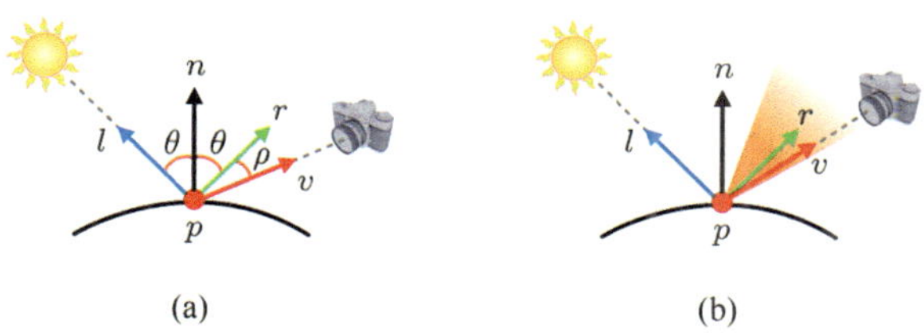

[그림 9.3] 스페큘러 반사. (a) 반사 벡터와 시선 벡터는 각각 r과 v로 표기된다. (b) r을 중심으로 한 원뿔 안에 v가 놓이게 되면 카메라는 p에서 하이라이트를 볼 수 있다.

퐁 모델의 스페큘러 항은 물체 표면에 **하이라이트**(highlight)를 만드는 데 사용된다. 이를 위해서는 **시선 벡터**(view vector)와 **반사 벡터**(reflection vector)가 필요하다. 그림 9.3-(a)에 보인 바와 같이 시선 벡터는 물체 표면의 점 p와 카메라를 연결하는 것으로 v로 표기된다. 빛 벡터 l과 마찬가지로 v 역시 실제 카메라 시선과 반대 방향으로 정의된다.

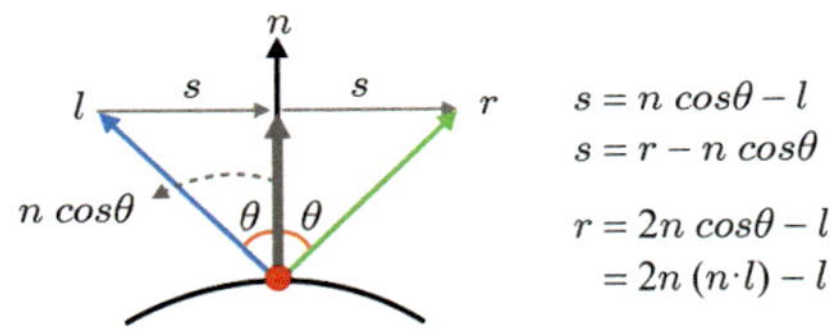

[그림 9.4] 반사 벡터 계산.

한편, p에 들어온 빛이 입사각 θ와 동일한 각도를 이루며 반사되는 것을 **정반사**(正反射)라 하는데, 이 방향을 따른 벡터가 반사 벡터이며 r로 표기한다. 이를 계산해 보자. 그림 9.4에서 n과 l이 이루는 입사각 θ는 n과 r이 이루는 반사각과 같다. 그림에서 두 직각 삼각형은 벡터 $ncos\theta$로 표현된 변을 공유한다. 왼쪽 삼각형의 l과 $ncos\theta$를 연결하는 벡터를 s로 표기하자.

$$s = ncos\theta - l \tag{9.5}$$

오른쪽 삼각형에서도 역시 s를 정의될 수 있는데 이는 아래와 같다.

$$s = r - ncos\theta \tag{9.6}$$

식 (9.5)와 (9.6)을 이용하여 다음과 같이 r을 계산할 수 있다.

$$r = 2ncos\theta - l \tag{9.7}$$

n과 l은 단위 벡터이고 $n \cdot l = \cos\theta$ 이므로 r은 다음과 같이 바꿔 쓸 수 있다.

$$r = 2n(n \cdot l) - l \tag{9.8}$$

l이 단위 벡터이므로 r 역시 단위 벡터가 된다.

그림 9.3-(a)로 돌아가서 r과 v 사이의 각 ρ를 생각해보자. 완벽하게 매끄러운 표면이라면 p에서의 하이라이트는 $\rho = 0$일 경우에만 즉 r과 v가 일치할 경우에만 카메라에 포착될 것이다. 그런데 완벽하게 매끄러운 표면이 아닌 경우, ρ가 정확히 0이 아니더라도 0에 가깝다면 카메라는 하이라이트를 볼 수 있게 된다. 반사광이 퍼지기 때문이다. 즉, $\rho = 0$일 때 최대의 하이라이트를 보게 되고, ρ가 커짐에 따라 하이라이트의 밝기는 빠르게 감소할 것

이다. 하이라이트를 볼 수 있는 영역은 그림 9.3-(b)에 보인 바와 같이 r을 중심으로 한 원뿔 모양으로 묘사할 수 있다. 만약 v가 원뿔 안에 놓이면 카메라는 하이라이트를 볼 수 있다. 원뿔 속에서 하이라이트가 감소되는 정도는 다음과 같이 근사적으로 계산된다.

$$(r \cdot v)^{sh} \tag{9.9}$$

여기에서 sh는 shininess의 앞 글자로 표면의 매끈함의 정도를 나타낸다. r과 v가 같으면 sh값에 관계없이 $(r \cdot v)^{sh} = 1$이 되고 최대의 하이라이트가 카메라에 보인다. 하지만 r과 v가 다르면 sh가 커질수록 하이라이트는 급격히 감소하게 된다.

퐁 모델의 스페큘러 항은 다음과 같이 정의된다.

$$(max(r \cdot v, 0))^{sh} s_s \otimes m_s \tag{9.10}$$

여기에서 s_s는 광원의 색상이고, m_s는 물체의 **스페큘러 계수**(specular reflectance)이다. 디퓨즈 항과 마찬가지 이유로 max 함수가 필요하다. 일반적으로 s_s는 식 (9.4)에서 사용된 s_d와 동일한 값을 가진다. 하지만, 식 (9.4)의 m_d와 달리 m_s는 $(0.9, 0.9, 0.9)$, $(0.8, 0.8, 0.8)$ 등과 같은 회색조(gray-scale)로 표현되는데, 이는 물체 표면의 하이라이트가 광원의 색을 반영하도록 하기 위함이다. 예를 들어 빨간색의 금속성 물체에 흰색 광원이 비치는 경우를 상상해 보자. 물체 표면이 빨간색이더라도 하이라이트 영역은 흰색으로 빛날 것이다. 따라서 m_s는 회색조로 설정되어, s_s가 반사되는 정도를 조절하게 된다. 그림 9.1-(b)의 주전자는 스페큘러 항에 의해서만 렌더링되었다.

9.1.3 앰비언트 항

공간 내 다양한 물체로부터 반사된 빛을 **앰비언트 빛**(ambient light)이라 부르는데, 이는 간접 조명에 해당한다. 앰비언트 빛은 장면의 모든 지점에서 반사된 빛이 어우러진 것이므로 어떤 특정한 방향이 아닌 '모든 방향을 따라' p점에 들어온다. 따라서 이는 p에서 '모든 방향을 따라' 반사된다. 결국 p에 들어오는 앰비언트 빛의 양은 p의 노멀에 무관하고, p에서 반사되는 빛의 양은 카메라 시선에 무관하다. 따라서 앰비언트 반사는 다음과 같이 간단하게 정의된다.

$$s_a \otimes m_a \tag{9.11}$$

여기에서 s_a는 앰비언트 빛의 RGB 색상이고, m_a는 물체의 **앰비언트 계수**(ambient reflectance)이다. 그림 9.1-(c)의 주전자는 앰비언트 항에 의해서만 렌더링되었다. 이는 2차원 물체처럼 보이는데, 표면 노멀 및 카메라 시선에 무관한 식 (9.11)로는 주전자 표면에 음영 차이를 만들 수 없기 때문이다.

간접 조명을 표현하는 앰비언트 항 덕분에 우리는 광원으로부터의 빛이 직접 닿지 않는 부분에도 조명 효과를 줄 수 있게 된다. 예를 들어, 그림 9.1-(a)와 9.1-(b)를 보면 직접 조명을 받지 않는 주전자 오른쪽 아래 부분은 완벽한 검은색임을 알 수 있다. 하지만, 그림 9.1-(c)에서 이 부분은 주전자의 다른 부분과 마찬가지로 약간의 조명을 받는다. 하지만, 식 (9.11)은 실세계 간접 조명의 디테일을 잡아내기에는 너무 단순화되어 있다. 우리는 16.4절에서 보다 세련된 앰비언트 반사 기법을 배울 것이다.

9.1.4 발산광

퐁 모델의 발산광 항은 물체 자신이 빛을 발산하는 경우에 사용된다. 이 RGB 색상은 m_e로 표기된다. 그림 9.1-(d)의 주전자는 발산광 항에 의해서만 렌더링되었다(이 예에서 주전자는 사실 발산광을 거의 내지 않는다). 앰비언트 항의 경우와 마찬가지 이유로, 그 결과는 2차원처럼 보인다. 한편, 퐁 모델은 발산광을 가진 물체를 광원으로 취급하지 않는다. 따라서 같은 공간의 다른 물체를 라이팅하는 데 기여하지 못한다. 이것은 퐁 모델의 명백한 한계 중 하나이다.

퐁 모델은 이상의 네 개 항을 더하여 다음과 같이 정의된다.

$$max(n \cdot l, 0)s_d \otimes m_d + (max(r \cdot v, 0))^{sh} s_s \otimes m_s + s_a \otimes m_a + m_e \tag{9.12}$$

그림 9.1-(e)는 네 개의 항에서 산출된 RGB 값들을 산술적으로 더한 결과를 보여준다. 빛을 발산하지 않는 물체의 경우, 발산광 m_e를 삭제하면 된다. 만약 물체가 램버시안 표면에 가깝다면 m_d를 크게, m_s를 작게 설정한다. 반면, 반짝이는 금속성 물체를 표현하기 위해서는 m_s를 크게 설정한다.

9.2 퐁 라이팅을 위한 쉐이더

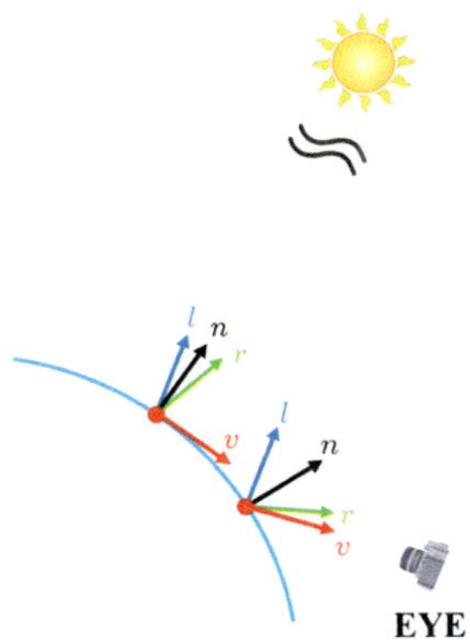

[그림 9.5] 라이팅 계산에 필요한 벡터들.

이 절은 퐁 라이팅 구현을 위한 정점 쉐이더 및 프래그먼트 쉐이더를 소개한다. 그림 9.5는 한 물체 표면의 두 점을 보여주는데, 한 점마다 하나의 프래그먼트가 생성된다고 가정해 보자. 그러면 프래그먼트 쉐이더는 각 점마다 식 (9.12)를 이용해 라이팅을 수행할 것이다. 이를 위해서는 빛 벡터 l, 노멀 n, 반사 벡터 r, 시선 벡터 v가 필요하다. 이 장에서는 방향성 광원만을 다루므로 그림 9.5의 두 점에서 l은 동일한 방향을 가진다. 따라서 이는 프래그먼트 쉐이더에게 유니폼으로 제공된다. 반면, 나머지 n, r, v는 그림 9.5의 두 점에서 모두 다른데, 프래그먼트 쉐이더에게 실제로 입력되는 것은 n과 v이다. 그러면 프래그먼트 쉐이더는 식 (9.8)을 이용해 r을 계산한 후, 최종적으로 식 (9.12)를 구현한다.

광원이 월드 공간에 있으므로 빛 벡터 l은 월드 공간에서 정의된다. 따라서, 퐁 모델 디퓨즈 항에서 l과 결합될 n 역시 월드 공간 벡터여야 한다. 이를 위해 정점 쉐이더는 오브젝트 공간에서 정의된 정점 노멀을 월드 공간으로 변환한 뒤 이를 래스터라이저에게 넘겨줄 것이다. 래스터라이저는 이를 보간하여 각 프래그먼트마다 월드 공간 노멀 n을 할당할 것이다. 그림 9.6-(a)는 구를 표현하는 저해상도 메시인데, 두 정점 p_1과 p_2를 보자. 그림 9.6-(b)는 이 구의 단면인데, p_1과 p_2 각각의 월드 공간 노멀인 n_1과 n_2를 보여준다. 한편, p_1과 p_2를 잇는 선분 상의 두 점 a와 b가 각각 프래그먼트를 생성한다고 가정하자. 래스터라이저는 n_1과 n_2를 보간하여 a의 노멀 n_a와 b의 노멀 n_b를 계산할 것이다.

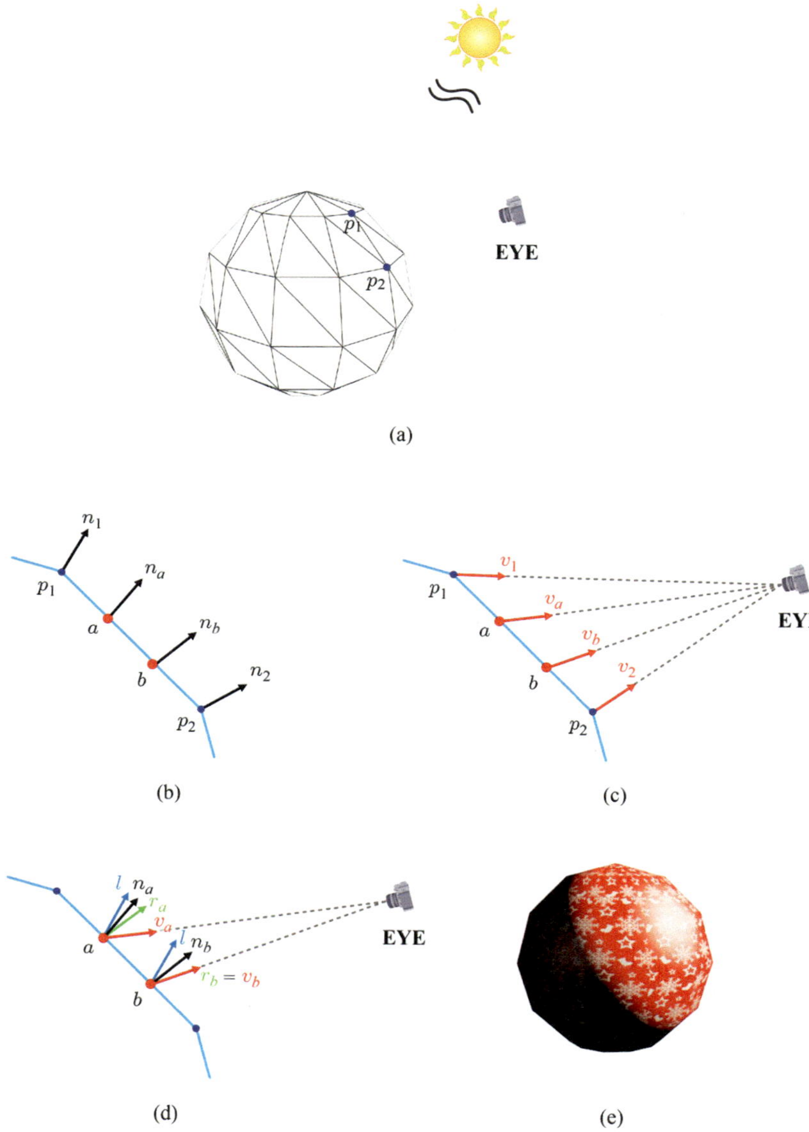

[그림 9.6] 프래그먼트별 라이팅. (a) 구를 표현하는 저해상도 메시의 두 정점. (b) 노멀 보간. (c) 시선 벡터 보간. (d) 라이팅 계산에 참여하는 프래그먼트별 벡터. (e) 텍스처링 및 라이팅 결과.

두 프래그먼트 a와 b는 시선 벡터를 필요로 한다. 이를 각각 v_a와 v_b로 표기하자. 이들도 월드 공간에서 정의되어야 한다. 이를 위해 정점 쉐이더는 각 정점의 오브젝트 공간 좌표를 월드 공간으로 변환한 후 이를 카메라(**EYE**)와 연결하여, 그림 **9.6-(c)**에 보인 것처럼 정점의 월드 공간 시선 벡터 v_1과 v_2를 계산한다. 래스터라이저는 이들을 보간하여 프래그먼트별 월드 공간 시선 벡터 v_a와 v_b를 계산한다.

이렇게 해서, 라이팅 계산을 담당할 프래그먼트 쉐이더가 필요로 하는 데이터는 모두 준비되었다. 즉, n과 v는 래스터라이저가 제공하고, l은 GL 프로그램이 유니폼으로 제공한다. 이런 입력이 들어오면 프래그먼트 쉐이더는 우선 식 (9.8)을 이용해 r을 계산한 후, 최종적으로 식 (9.12)를 구현한다. 프래그먼트 쉐이더가 식 (9.12) 구현을 위해 사용하는 l, n, r, v는 모두 월드 공간 벡터임을 다시 상기하자. 스크린 공간 프래그먼트의 색상 계산을 위하여 월드 공간 데이터를 이용하는 것이다.

그림 9.6의 구가 금속성의 매끄러운 표면을 가졌다고 가정하자. 그림 9.6-(d)는 a와 b에서의 스페큘러 반사를 비교한다. a와 b는 동일한 l을 가진다. 한편, a의 경우, 반사 벡터 r_a와 시선 벡터 v_a 사이의 각도가 크다. 따라서, 카메라는 a에서 하이라이트를 거의 보지 못할 것이다. 반면, b의 경우, 반사 벡터 r_b와 시선 벡터 v_b가 일치하므로, 카메라는 b에서 강력한 하이라이트를 볼 것이다. 그림 9.6-(e)는 퐁 모델로 라이팅을 수행한 결과를 보여준다(물론 텍스처링도 이뤄졌다).

[예제 코드 9-1] 퐁 라이팅을 위한 정점 쉐이더.

```
#version 300 es

uniform mat4 worldMat, viewMat, projMat;
uniform vec3 eyePos;

layout(location = 0) in vec3 position;
layout(location = 1) in vec3 normal;
layout(location = 2) in vec2 texCoord;

out vec3 v_normal, v_view;
out vec2 v_texCoord;

void main() {
    v_normal = normalize(transpose(inverse(mat3(worldMat))) * normal);
    vec3 worldPos = (worldMat * vec4(position, 1.0)).xyz;
    v_view = normalize(eyePos - worldPos);
    v_texCoord = texCoord;
    gl_Position = projMat * viewMat * vec4(worldPos, 1.0);
}
```

예제 코드 9-1은 퐁 라이팅을 위한 정점 쉐이더이다. 이는 예제 코드 6-1의 정점 쉐이더를 확장한 것으로, 4번 줄에 유니폼 eyePos가 추가되었다. 이는 카메라 위치(**EYE**)를 말한다. 또한, 10번 줄에 출력 변수 v_view가 추가되었는데, 이는 정점별 월드 공간 시선 벡터를 말한다. 메인 함수는 가장 먼저 월드 공간 정점 노멀을 계산해서 이를 출력 변수 v_normal에 할당한다. 그 다음, 월드 공간 시선 벡터를 계산해서 이를 v_view에 할당한다. 텍스처 좌표는 예전과 마찬가지로 v_texCoord로 복사된다(이렇게 출력된 v_normal, v_view, v_texCoord는 래스터라이저가 보간에 사용할 것이다). 메인 함수는 마지막으로 클립 공간 정점 좌표 gl_Position을 출력한다.

[예제 코드 9-2] 퐁 라이팅을 위한 프래그먼트 쉐이더.

```
#version 300 es

precision mediump float;

uniform sampler2D colorMap;
uniform vec3 matSpec, matAmbi, matEmit; // Ms, Ma, Me
uniform float matSh; // shininess
uniform vec3 srcDiff, srcSpec, srcAmbi; // Sd, Ss, Sa
uniform vec3 lightDir; // directional light

in vec3 v_normal, v_view;
in vec2 v_texCoord;

layout(location = 0) out vec4 fragColor;

void main() {
    // normalization
    vec3 normal = normalize(v_normal);
    vec3 view = normalize(v_view);
    vec3 light = normalize(lightDir);

    // diffuse term
    vec3 matDiff = texture(colorMap, v_texCoord).rgb;
    vec3 diff = max(dot(normal, light), 0.0) * srcDiff * matDiff;

    // specular term
    vec3 refl = 2.0 * normal * dot(normal, light) - light;
    vec3 spec = pow(max(dot(refl, view), 0.0), matSh) * srcSpec * matSpec;

    // ambient term
    vec3 ambi = srcAmbi * matAmbi;

    fragColo r = vec4(diff + spec + ambi + matEmit, 1.0);
}
```

예제 코드 9-2는 퐁 라이팅을 위한 프래그먼트 쉐이더이다. 6~9번 줄의 유니폼들은 식 (9.12)의 퐁 모델을 구성하는 요소들이다. 특히, 9번 줄의 `lightDir`은 월드 공간에서 정의된 방향성 광원의 빛 벡터 l이다. 래스터라이저가 제공하는 n, v, 텍스처 좌표는 11번과 12번 줄에 정의되어 있다.

예제 코드 9-2의 메인 함수는 퐁 모델의 디퓨즈, 스페큘러, 앰비언트 항을 차례차례 계산한다. 23번 줄의 `matDiff`는 디퓨즈 계수 m_d를 말하는 것인데, 이는 텍스처를 필터링하여 얻어진다는 것에 유의하라. 24번 줄은 식 (9.4)의 디퓨즈 항을 그대로 구현한 것인데, 두 개의 내장 함수를 호출한다. 두 벡터 `a`와 `b`의 내적을 계산하는 `dot(a,b)`, 두 값 `a`와 `b` 중 큰 것을 골라내는 `max(a,b)`가 그것이다. 한편, 28번 줄은 식 (9.10)의 스페큘러 항을 그대로 구현한 것인데, `a`의 `b`승을 계산하는 내장 함수 `pow(a,b)`를 호출한다. 31번 줄은 식 (9.11)의 앰비언트 항을 그대로 구현했다.

18번 줄의 `normalize(v_normal)`은 눈여겨 볼 가치가 있다. 예제 코드 9-1의 정점 쉐이더가 출력한 `v_normal`은 단위 벡터였지만, 프래그먼트 쉐이더 입력으로 제공되는 `v_normal`은 단위 벡터라는 보장이 없다. 두 쉐이더 중간에 놓인 래스터라이저가 노멀을 보간하기 때문이다. 2차원 예를 들어보자. 두 개의 단위 벡터 $(-1/\sqrt{2},1/\sqrt{2})$과 $(1/\sqrt{2},1/\sqrt{2})$에 모두 가중치 0.5를 줘서 보간한 결과는 $(0,1/\sqrt{2})$로 단위 벡터가 아니다. 단위 벡터가 필요하다면 정규화를 통해 이를 (0,1)로 바꿔야 한다. 퐁 라이팅에 쓰이는 모든 노멀은 단위 벡터이다. 따라서, 예제 코드 9-2의 18번 줄은 내장 함수 `normalize`를 호출하여 `v_normal`을 다시 정규화시키는 것이다. 19번 줄의 `normalize(v_view)`도 같은 방식으로 설명된다.

연습문제

1. 아래의 퐁 모델은 하나의 방향성 광원을 가정하여 정의되었다.

$$max(n \cdot l, 0)s_d \otimes m_d + (max(r \cdot v, 0))^{sh} s_s \otimes m_s + s_a \otimes m_a + m_e$$

(a) 여러 개의 방향성 광원을 다룰 수 있도록 위 식을 수정하라.

(b) 방향성 광원을 점 광원으로 대체해 보자. 물체 표면의 한 점에 입력되는 빛의 세기는 그 점과 광원 사이의 거리 제곱에 반비례한다. 이에 맞춰 위 식을 수정하라.

2. 예제 코드 9-1의 16번 줄에서 `v_view`는 단위 벡터이다. 그런데, 예제 코드 9-2의 19번 줄에서 `v_view`를 정규화하였다. 그 이유를 설명하라.

3. 예제 코드 9-2의 24번 줄은 왜 `max`를 호출하는가?

4. 스페큘러 반사 구현을 위해서는, 노멀 n과 빛 벡터 l을 이용해 반사 벡터 r을 계산해야 한다. n과 l의 내적을 이용해 r을 정의하라.

5. 다음 그림은 퐁 모델의 스페큘러 항 $(max(r \cdot v, 0))^{sh} s_s \otimes m_s$에 관한 것이다. 가운데 열의 원뿔은 카메라가 하이라이트를 볼 수 있는 영역을 말한다. 첫째 열과 두 번째 열을 잇고, 두 번째 열과 세 번째 열을 이어라. 예를 들어, sh가 작을수록 원뿔이 작아진다면, 왼쪽 위 상자와 가운데 위 상자를 이어라.

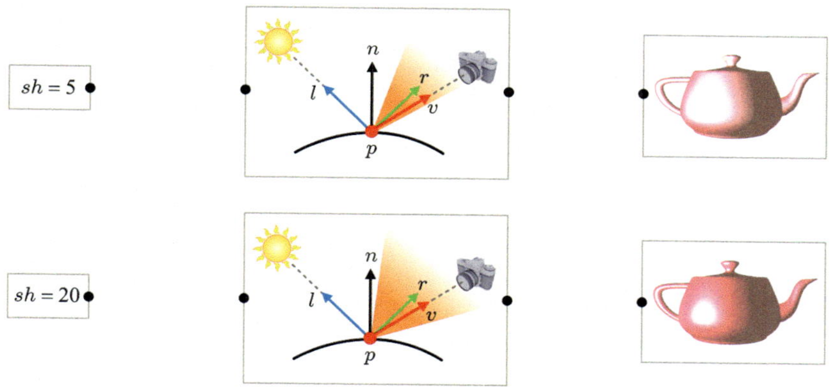
sh = 5
n
l
r
v
p
sh = 20
n
l
r
v
p

10

출력 병합기
Output Merger

우리는 이제 GPU 파이프라인의 마지막 단계인 출력 병합기(output merger)에 이르렀다.[1] 래스터라이저와 마찬가지로, 출력 병합기도 하드웨어로 고정되어 있는데, GL 함수를 사용하여 그 작동 방식을 일부 조절할 수 있다. 이 장은 출력 병합기가 수행하는 두 가지 주된 작업인 z-**버퍼링**과 **알파 블렌딩**을 다룬다.

10.1 Z-버퍼링

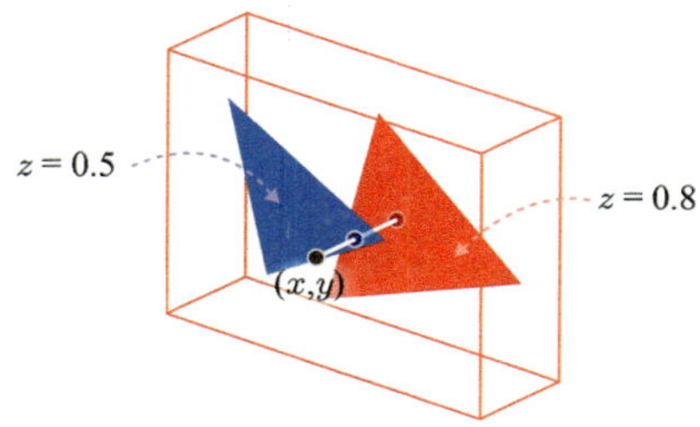

[그림 10.1] 뷰포트 내의 두 삼각형이 (x,y) 좌표의 픽셀을 놓고 경쟁하는데, 이 픽셀은 결국 파란색으로 칠해진다.

그림 10.1은 뷰포트 안의 두 삼각형, 그리고 스크린 공간 좌표가 (x,y)인 픽셀을 보여준다. 파란색 삼각형이 빨간색 삼각형 앞에 있으므로 픽셀은 파란색으로 그려질 것이다. 이러한 결정은 (x,y)에서 두 삼각형의 z값 비교를 통해 이뤄진다.

GL은 **컬러 버퍼**(color buffer), **깊이 버퍼**(depth buffer), **스텐실 버퍼**(stencil buffer)를 제공하는데, 이들을 합해서 **프레임 버퍼**(frame buffer)라고 한다. 컬러 버퍼는 스크린의 2차원 뷰포트에 나타날 픽셀 전체를 저장하는 메모리 공간이다. 깊이 버퍼는 **z-버퍼**라고도 불리는데, 컬러 버퍼와 동일한 해상도를 가지며 현재 컬러 버퍼에 저장되어 있는 픽셀의 z값을 저장한다. 이 z값은 스크린 공간에서 정의된 3차원 뷰포트의 z범위에 속한다(이 책은 스텐실 버퍼를 다루지 않는다).

---

1 GL은 출력 병합기라는 이름 대신 '프래그먼트별 연산(per-fragment operations)'이라는 용어를 사용한다. 하지만, 프래그먼트 쉐이더 역시 프래그먼트별 연산을 수행하므로, GL의 이러한 명명법은 혼란을 초래할 수 있다.

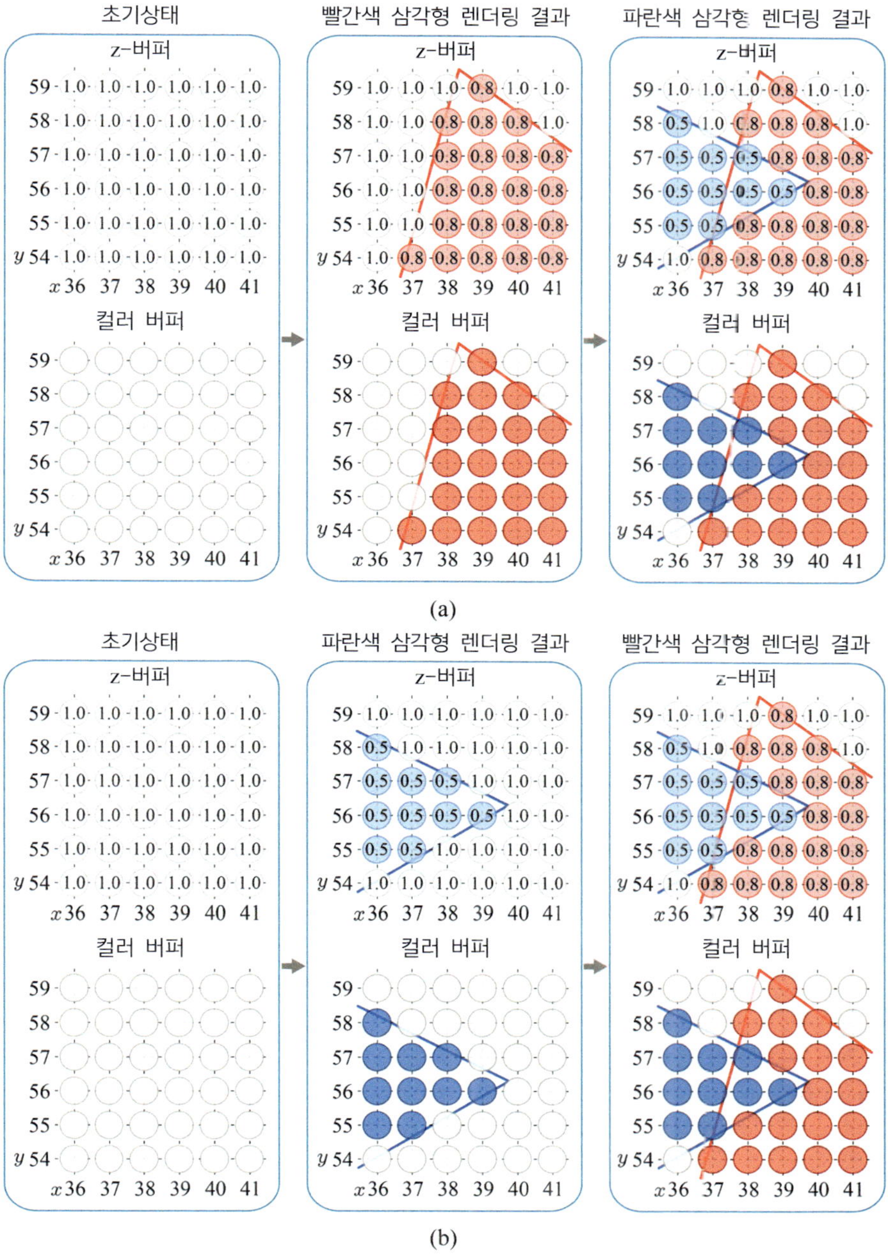

[그림 10.2] Z-버퍼링. (a) 빨간색, 파란색 삼각형 순서로 렌더링이 이루어졌다. (b) 파란색, 빨간색 삼각형 순서로 렌더링이 이루어졌다.

[예제 코드 10-1] 컬러 버퍼와 깊이 버퍼를 초기화하는 GL 프로그램.

```
glClearDepthf(1.0f); // initialized with depth 1.0
glClearColor(1.0f, 1.0f, 1.0f, 1.0f); // initialized with white
glClear(GL_DEPTH_BUFFER_BIT | GL_COLOR_BUFFER_BIT); // clear buffers
```

그림 10.1에서 빨간색 삼각형을 먼저, 파란색 삼각형을 나중에 처리할 때 z-버퍼와 컬러 버퍼가 갱신되는 과정이 그림 10.2-(a)에 나와 있다. 7.4절에서 소개한 것처럼, **glDepthRange**로 정의된 스크린 공간 3차원 뷰포트의 z범위가 [0.0,1.0]이라고 가정하자. 그러면 z-버퍼는 배경의 z값에 해당하는 1.0으로 초기화된다. 한편, 컬러 버퍼는 배경색으로 초기화된다. 그림 10.2에서 배경은 흰색이라고 가정했다. 예제 코드 10-1에서, **glClearDepth**와 **glClearColor**는 각각 초기 z값과 컬러를 설정하고, **glClear**는 이를 이용해 z-버퍼와 컬러 버퍼를 초기화한다.

프래그먼트 쉐이더가 한 프래그먼트의 $RGBA$ 색상을 출력할 때, 그 프래그먼트의 스크린 공간 좌표 (x,y,z)는 자동으로 출력 병합기에 전달된다. 그러면 출력 병합기는 그 z좌표를 현재 z-버퍼의 (x,y)에 기록되어 있는 z값과 비교한다. 만약 프래그먼트의 z좌표가 작다면, 이는 현재 컬러 버퍼에 저장되어있는 픽셀보다 앞에 있다는 뜻이므로, 컬러 버퍼의 픽셀을 프래그먼트 색상으로 대체한다. 동시에 z-버퍼의 (x,y)에 저장된 z값도 프래그먼트의 z좌표로 대체한다. 반대로, 프래그먼트의 z좌표가 크다면, 이는 현재 컬러 버퍼에 저장되어 있는 픽셀보다 뒤에 있어 보이지 않게 되므로 해당 프래그먼트를 버린다.

간단한 논의를 위해 그림 10.1의 두 삼각형은 스크린 공간의 xy평면에 평행하고, 파란색과 빨간색 삼각형은 각각 0.5와 0.8의 z값을 가진다고 가정하자. 그림 10.2-(a)의 가운데 열은 빨간색 삼각형만을 렌더링한 결과를 보여준다. 그 다음에 파란색 삼각형을 렌더링한 결과는 그림 10.2-(a)의 오른쪽 열에 있다. $(38,56)$, $(38,57)$, $(39,56)$ 좌표에 위치한 픽셀들이 빨간색에서 파란색으로 바뀐 것에 주목하라. 동시에 z-버퍼의 같은 곳에서 z값 역시 0.8에서 0.5로 갱신되었다. 이처럼 z-버퍼를 이용하여 픽셀과 프래그먼트의 앞뒤 순서를 가리는 알고리즘을 **z-버퍼링**(z-buffering) 혹은 **깊이 버퍼링**(depth buffering)이라 부른다.

그림 10.2-(b)는 삼각형을 반대의 순서로 처리한 경우를 보여준다. 즉, 파란색 삼각형이 먼저, 빨간색 삼각형이 나중에 그려졌다. 렌더링이 끝났을 때 z-버퍼와 컬러 버퍼는 그림 10.2-(a)와 동일한 내용을 담고 있게 된다. 원칙적으로 z-버퍼링 알고리즘은 삼각형들을 임

의의 순서로 처리하는 것을 허용한다. 이러한 특징 덕분에 z-버퍼링 알고리즘이 널리 채택될 수 있었다. 하지만 삼각형 처리 순서가 중요할 때가 있는데, 이에 대해서는 다음 절에서 논의할 것이다.

Z-버퍼링을 활성화하기 위해서는 `glEnable(GL_DEPTH_TEST)`를 호출해야 한다. 그 다음, `glDepthFunc`를 사용하여 z값 비교에 사용할 방법을 지정해야 한다. 특별한 경우가 아니라면 프래그먼트의 z좌표가 픽셀의 z값보다 작을(less) 때, z-버퍼와 컬러 버퍼가 갱신되므로, `glDepthFunc`의 기본값은 `GL_LESS`이다.

10.2 알파 블렌딩

앞 절에서 우리는 '프래그먼트 쉐이더가 출력한 프래그먼트'와 '컬러 버퍼에 저장된 픽셀'이 어떻게 경쟁하는지 배웠다. 프래그먼트는 픽셀을 대체하거나 혹은 폐기되었다. 이 절은 프래그먼트와 픽셀이 혼합(blending)되어야 하는 경우를 설명할 것이다.

이제까지 우리는 암묵적으로 모든 삼각형들은 불투명(opaque)하다고 가정했다. 따라서, 한 픽셀을 놓고 경쟁하는 두 삼각형 중 하나는 다른 하나를 완전히 가리게 된다. 하지만 **반투명**(translucent) 물체를 렌더링할 때는 이야기가 달라진다. 반투명한 프래그먼트의 z좌표가 컬러 버퍼에 있는 픽셀의 z값보다 작을 경우, 픽셀의 색상은 프래그먼트를 통해 비쳐 보여야 한다. 이는 픽셀과 프래그먼트 색상의 혼합을 필요로 한다.

프래그먼트 쉐이더가 출력하는 프래그먼트의 $RGBA$ 색상 중 A를 **알파 채널**(alpha channel)이라고도 하는데, 픽셀과의 혼합 과정은 프래그먼트의 알파 채널을 이용하므로 **알파 블렌딩**(alpha blending)이라 불린다. A는 대개 RGB 각각의 채널과 같은 크기의 비트 수를 가진다. 예를 들어, R에 8비트가 할당된다면 A에도 8비트가 할당되어 총 32비트의 $RGBA$ 색상을 이룬다. 이렇게 A에 8비트를 할당할 경우, 256 단계의 불투명도를 표현할 수 있는데, [0,255]의 정수 범위보다는 정규화된 범위인 [0,1]이 선호된다. 최소값 0은 '완전한 투명'을 나타내고 최대값 1은 '완전한 불투명'을 나타낸다. 전형적인 알파 블렌딩 식은 다음과 같다.

$$c = \alpha c_f + (1-\alpha)c_p \tag{10,1}$$

여기서 c는 블렌딩된 색상을 나타내고, α는 프래그먼트의 불투명도(알파 채널), c_f는 프래그먼트 색상, c_p는 픽셀 색상을 나타낸다. 만약 α가 0이면 투명한 프래그먼트는 보이지 않게 되고, α가 1이면 프래그먼트는 픽셀을 완전히 가리게 된다. 만약 α가 0.5라면 c는 프래그먼트와 픽셀 색상의 평균값이 될 것이다.

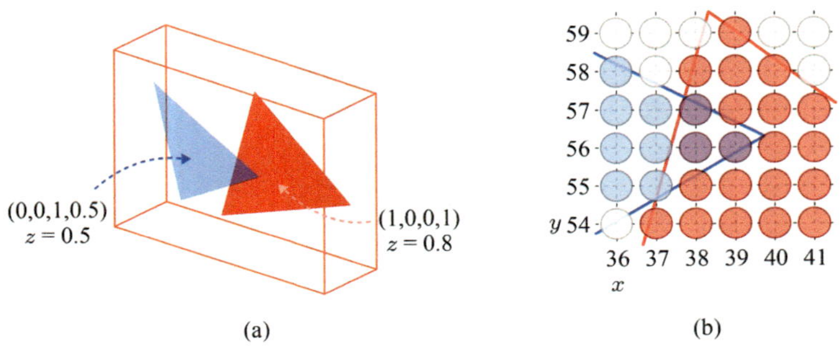

[그림 10.3] 알파 블렌딩. (a) 파란색 삼각형은 반투명하고, 빨간색 삼각형은 불투명하다. (b) 컬러 버퍼의 세 픽셀이 블렌딩된 색상을 가진다.

그림 10.3-(a)에서 파란색 삼각형의 $RGBA$ 색상은 $(0,0,1,0.5)$이고, 빨간색 삼각형의 $RGBA$ 색상은 $(1,0,0,1)$이다. 즉, 파란색 삼각형은 반투명하고, 빨간색 삼각형은 불투명하다. 빨간색 삼각형이 먼저 처리되어 컬러 버퍼가 채워졌고, 이제 프래그먼트 쉐이더가 $(38,56)$ 좌표를 가진 파란색 프래그먼트를 출력했다고 하자. 그러면 파란색 프래그먼트는 식 (10.1)에 의해 빨간색 픽셀과 블렌딩된다. 블렌딩된 색상 c는 $(0.5,0,0.5)$가 되고, 이는 컬러 버퍼의 $(38,56)$ 좌표에 쓰여진다. 또한, z-버퍼의 $(38,56)$ 좌표는 파란색 프래그먼트의 깊이 0.5로 변경된다. 마찬가지로, $(38,57)$과 $(39,56)$ 좌표도 처리된다.

그런데, 렌더링 순서가 바뀌어, 파란색 삼각형을 먼저, 빨간색 삼각형을 나중에 그리면 어떻게 될까? $(38,56)$ 좌표를 예로 들면, 빨간색 프래그먼트의 z좌표 0.8은 파란색 픽셀의 z값 0.5보다 크므로 폐기될 것이다. 블렌딩이 이뤄지지 않는다.

우리는 앞 절에서, z-버퍼링 알고리즘은 삼각형 처리 순서에 독립적임을 보였다. 하지만 이는 불투명한 삼각형들에만 적용된다. 반투명한 삼각형들은 이렇게 임의의 순서로 렌더링될 수 없다. 대신, 모든 불투명한 삼각형이 처리된 뒤, 반투명한 삼각형들은 **뒤에서부터 앞으로**(back-to-front) 차례차례 처리되어야 한다. 이를 위해 반투명한 삼각형들은 **정렬**(sorting)되어야 한다. 하지만 삼각형들을 정렬하는 것은 간단한 문제가 아니다. 또한 매 프레임마다 카메라 시선이 바뀐다면, 새로운 시선에 대해 실시간으로 정렬이 이루어져야 한다. 뷰 프러스텀 안에 반투명한 삼각형이 많을수록 계산 부하는 커진다.

[예제 코드 10-2] 알파 블렌딩을 위한 GL 프로그램.

```
glEnable(GL_BLEND);
glBlendFunc(GL_SRC_ALPHA, GL_ONE_MINUS_SRC_ALPHA);
glBlendEquation(GL_FUNC_ADD);
```

예제 코드 10-2는 알파 블렌딩을 위한 GL 프로그램인데, z-버퍼링에서와 마찬가지로, 우선 glEnable(GL_BLEND)를 호출해서 알파 블렌딩을 활성화한 후, glBlendFunc와 glBlendEquation을 사용하여 프래그먼트와 픽셀이 혼합되는 방법을 지정한다. glBlendFunc의 첫 번째와 두 번째 파라미터는 각각 프래그먼트와 픽셀의 가중치를 설정한다. 예제 코드 10-2에서는 glBlendFunc의 첫 번째 파라미터로 GL_SRC_ALPHA를 썼는데, 여기에서 SRC(source)는 프래그먼트를 의미하므로, GL_SRC_ALPHA는 프래그먼트의 α가 된다. 반면, glBlendFunc의 두 번째 파라미터 GL_ONE_MINUS_SRC_ALPHA는 이름 그대로 $1-\alpha$를 뜻한다. 이러한 가중치를 가진 프래그먼트 색상과 픽셀 색상이 어떻게 혼합될 것인지를 glBlendEquation이 지정하는데, 그 기본값은 GL_FUNC_ADD이다. 즉 둘을 더하라는 것이다. 예제 코드 10-2는 식 (10.1)을 그대로 구현하고 있다.

연습문제

1. 하나의 픽셀을 놓고 네 개의 삼각형이 경쟁하고 있다. 이들은 해당 픽셀 위치에서 서로 다른 z값을 가지고 있다. 삼각형들이 임의의 순서로 처리된다면, 이 픽셀에 대해 평균 몇 번의 z-버퍼 쓰기 연산이 수행되는가?

2. 하나의 픽셀을 놓고 경쟁하는 세 개의 삼각형이 이 픽셀 위치에서 다음과 같은 $RGBA$ 색상과 z값을 가지고 있다: $\{(1,0,0,0.5),0.25\}$, $\{(0,1,0,0.5),0.5\}$, $\{(0,0,1,1),0.75\}$. 삼각형은 뒤에서부터 앞으로 차례차례 처리된다. 픽셀의 최종 색상을 계산하라.

3. 뷰포트 안에 세 개의 삼각형이 있는데, 이들은 모두 z축에 수직이다. 빨간색 삼각형이 초록색 삼각형 뒤에 있고, 초록색 삼각형은 파란색 삼각형 뒤에 있다. 다음과 같은 $RGBA$ 색상을 가진 프래그먼트 세 개가 하나의 픽셀을 놓고 경쟁한다: $(1,0,0,1)$, $(0,1,0,0.5)$, $(0,0,1,0.5)$. 이들은 뒤에서부터 앞으로 차례차례 처리된다. 픽셀의 최종 색상을 계산하라.

4. 하나의 픽셀을 놓고 경쟁하는 다섯 개의 프래그먼트가 다음과 같은 $RGBA$ 색상과 z값을 가지고 있다:

$$f_1 = \{(1,0,0,0.5),0.2\}$$
$$f_2 = \{(0,1,1,0.5),0.4\}$$
$$f_3 = \{(0,0,1,1),0.6\}$$
$$f_4 = \{(1,0,1,0.5),0.8\}$$
$$f_5 = \{(0,1,0,1),1.0\}$$

(a) 이들 다섯 개 프래그먼트를 처리하는 올바른 순서는 무엇인가?
(b) 픽셀의 최종 색상은 무엇인가?

5. 컴퓨터 그래픽스에서는 야외 장면의 현실감을 높이기 위해 종종 안개(fog)를 사용한다. 안개 중 가장 간단한 것은 이른바 선형 안개(linear fog)로, 뷰 프러스텀 내부에 안개가 고루 분포하게 만드는 것이다. 전방 평면(near plane)에서 후방 평면(far plane)으로 갈수록 안개가 짙어져서, 전방 평면에 위치한 물체는 완벽하게 보이고 후방 평면에 위치한 물체는 완전히 안개에 가려 보이지 않게 해야 한다. 이러한 선형 안개를 위해 다음과 같은 블렌딩 기법을 사용한다.

$$c = f c_f + (1 - f) c_o$$

여기에서 c는 안개가 혼합된 최종 색상이고, f는 카메라로부터 거리가 멀어질수록 안개가 짙어지는 정도를 나타내며, c_f는 안개의 색상이고, c_o는 프래그먼트의 색상이다. 전방 평면까지의 수직 거리 N과 후방 평면까지의 수직 거리 F를 이용하여 f를 정의하라.

6. 아래 그림과 같이 삼각형 세 개가 겹쳐져 있다.

(a) 삼각형 세 개는 모두 반투명한데, 빨간색, 초록색, 파란색 삼각형 순서로 처리된다. 렌더링 결과를 그려라.

(b) 렌더링 결과에 어떤 문제가 있는가? 그리고 이를 해결하기 위한 방안은 무엇인가?

제 2 부

고급 주제 및 응용

Advanced Topics

11

오일러 변환 및 쿼터니언

Euler Transforms and Quaternions

물체가 회전하면 그 방향이 바뀐다. 4.3.2절에서 우리는 x, y, z축을 중심으로 하는 세 종류의 회전을 소개했다. 이 장은 먼저 그러한 회전을 적절하게 결합하면 물체가 임의의 방향을 가지게 됨을 보여줄 것이다. 그 다음, 주축이 아닌 임의의 축을 중심으로 물체를 회전하는 기법에 대해 기술할 것이다.

11.1 오일러 변환

세 개의 주축 중심 회전을 결합한 것을 **오일러 변환**(Euler transform)이라 한다. 그런데, 이 주축은 월드 공간에서 택할 수도 있고, 오브젝트 공간에서 택할 수도 있다.

11.1.1 월드 공간 오일러 변환

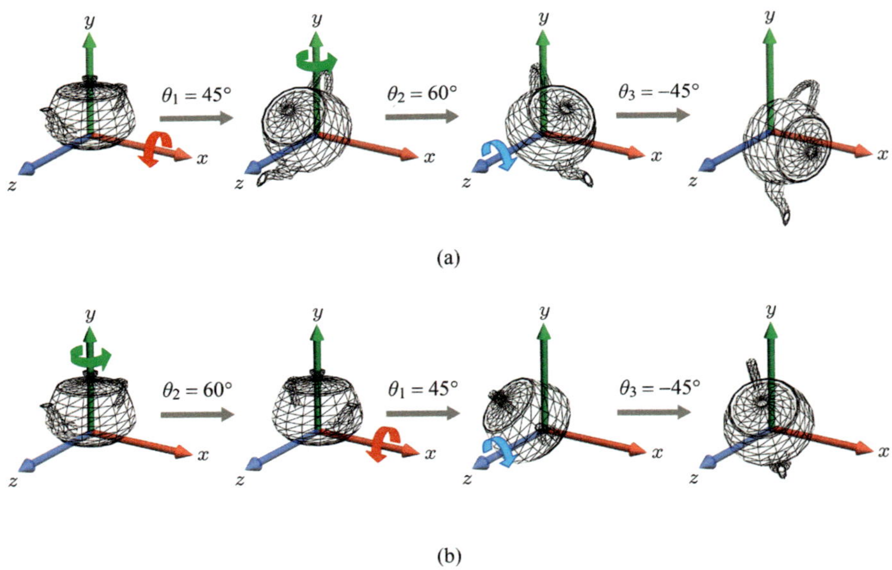

[그림 11.1] 월드 공간 오일러 변환. (a) x, y, z축 순서 회전. (b) y, x, z축 순서 회전.

그림 11.1-(a)에서는 주전자를 월드 공간의 x, y, z축 중심으로 순차적으로 회전시켰다. 세 축 중심의 회전각 θ_1, θ_2, θ_3를 **오일러 각**(Euler angles)이라 부른다. 세 개의 회전 행렬을 하나로 결합하면 다음과 같다.

$$
\begin{aligned}
R_z(-45°)R_y(60°)R_x(45°) &= \begin{pmatrix} \frac{\sqrt{2}}{2} & \frac{\sqrt{2}}{2} & 0 \\ -\frac{\sqrt{2}}{2} & \frac{\sqrt{2}}{2} & 0 \\ 0 & 0 & 1 \end{pmatrix} \begin{pmatrix} \frac{1}{2} & 0 & \frac{\sqrt{3}}{2} \\ 0 & 1 & 0 \\ -\frac{\sqrt{3}}{2} & 0 & \frac{1}{2} \end{pmatrix} \begin{pmatrix} 1 & 0 & 0 \\ 0 & \frac{\sqrt{2}}{2} & -\frac{\sqrt{2}}{2} \\ 0 & \frac{\sqrt{2}}{2} & \frac{\sqrt{2}}{2} \end{pmatrix} \\
&= \begin{pmatrix} \frac{\sqrt{2}}{4} & \frac{2+\sqrt{3}}{4} & \frac{-2+\sqrt{3}}{4} \\ -\frac{\sqrt{2}}{4} & \frac{2-\sqrt{3}}{4} & \frac{-2-\sqrt{3}}{4} \\ -\frac{\sqrt{3}}{2} & \frac{\sqrt{2}}{4} & \frac{\sqrt{2}}{4} \end{pmatrix}
\end{aligned}
$$

그림 11.1-(a)에 보인 주전자의 최종적인 방향은 하나의 주축을 중심으로 하는 회전으로는 얻어질 수 없다.

오일러 변환은 반드시 x, y, z축 순서를 따라야 하는 것은 아니다. 그림 11.1-(b)는 y, x, z축 순서의 오일러 변환을 보여주는데, 그 결과는 그림 11.1-(a)와 다름을 확인하라.

11.1.2 오브젝트 공간 오일러 변환*

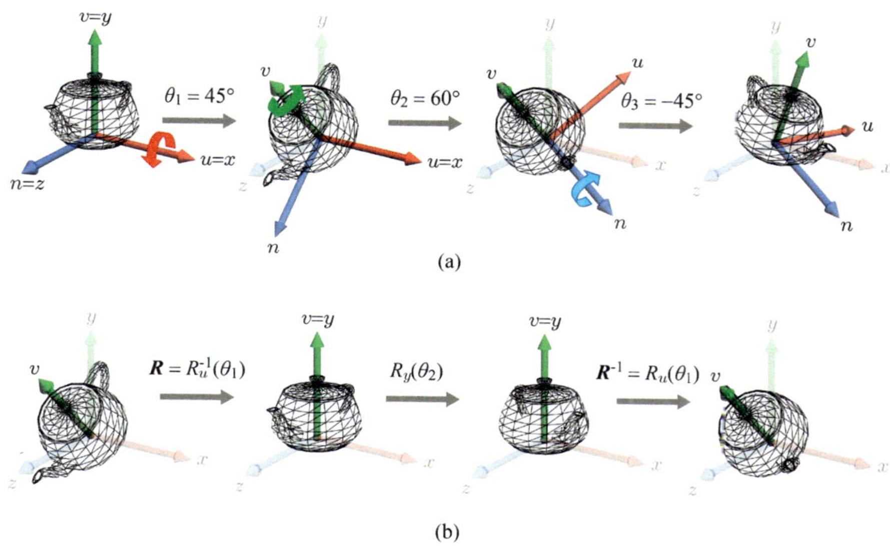

[그림 11.2] 오브젝트 공간 오일러 변환. (a) 오브젝트 공간의 u, v, n 중심 회전. (b) 세 가지 기본적인 회전의 조합으로 정의된 $R_v(\theta_2)$.

앞서 우리는 오일러 변환에 필요한 주축들을 월드 공간에서 택했는데, 이제는 이를 오브젝트 공간에서 택해 보도록 하자. 그림 11.2-(a)는 u, v, n으로 표기한 오브젝트 공간 기저 벡터를 중심으로 하는 오일러 변환을 보여준다.

4.5절에서 설명한 것처럼, 물체가 움직이면 그 오브젝트 공간도 같이 움직인다. 그림 11.2-(a)에서 u를 중심으로 주전자를 회전한 결과, v와 n도 따라서 회전하게 된다. 결국 v가 y축을 벗어나게 되므로, v를 중심으로 하는 회전은 y축 중심 회전과 전혀 다른 것이 된다. 그림 11.1-(a)와 11.2-(a)는 동일한 오일러 각을 사용했지만 그 결과는 상이하다.

오브젝트 공간 오일러 변환 행렬을 계산해 보자. 먼저 u 중심으로 θ_1만큼 회전하고, v 중심으로 θ_2만큼 회전하는 경우를 보자. 이는 $R_v(\theta_2)R_u(\theta_1)$으로 표기된다. 초기에 오브젝트 공간은 월드 공간과 일치하므로, $R_u(\theta_1)$은 $R_x(\theta_1)$과 같다. $R_x(\theta_1)$의 행렬은 식 (4.35)에 정의되어 있다.

이제 $R_v(\theta_2)$를 계산해 보자. $R_u(\theta_1)$때문에 v는 y축을 벗어나게 되었으므로 $R_v(\theta_2)$는 더 이상 y축을 중심으로 하는 회전이 아니다. 우리는 이런 회전의 행렬을 정의한 바 없다. 하지만 이는 그림 11.2-(b)에 보인 것처럼 세 단계를 거쳐 계산 가능하다: (1) v를 y축과 평행하도록 회전(이 회전을 $\boldsymbol{R}$로 표기하자), (2) y축 중심으로 θ_2만큼 회전(이는 $R_y(\theta_2)$로 표기하는데, 식 (4.36)에 정의되어 있다), (3) $\boldsymbol{R}$의 역변환.

즉, $R_v(\theta_2)=\boldsymbol{R}^{-1}R_y(\theta_2)\boldsymbol{R}$인데, v를 y축과 평행하도록 회전하는 $\boldsymbol{R}$은 결국 $R_u(\theta_1)$을 무효화하는 것이므로 $R_u(\theta_1)$의 역변환인 $R_u^{-1}(\theta_1)$이다. 따라서 $R_v(\theta_2)R_u(\theta_1)$은 다음과 같이 정리된다.

$$\begin{aligned} R_v(\theta_2)R_u(\theta_1) &= \boldsymbol{R}^{-1}R_y(\theta_2)\boldsymbol{R}R_u(\theta_1) \\ &= [R_u^{-1}(\theta_1)]^{-1}R_y(\theta_2)R_u^{-1}(\theta_1)R_u(\theta_1) \\ &= R_u(\theta_1)R_y(\theta_2) \\ &= R_x(\theta_1)R_y(\theta_2) \end{aligned} \tag{11.1}$$

이를 가만히 살펴보면, 먼저 u 중심으로 θ_1, 그 다음 v 중심으로 θ_2만큼 회전하는 오브젝트 공간 오일러 변환은, 월드 공간 주축을 대신 사용하되 그 순서를 거꾸로 하는, 즉 먼저 y축 중심으로 θ_2, 그 다음 x축 중심으로 θ_1만큼 회전하는 것과 동일함을 알 수 있다.

이제 한 걸음 더 나아가, 오브젝트 공간 기저 벡터 세 개를 모두 사용하는 오일러 변환 $R_n(\theta_3)R_v(\theta_2)R_u(\theta_1)$을 정의해 보자. $R_v(\theta_2)R_u(\theta_1)$은 식 (11.1)에서 정의했으므로 $R_n(\theta_3)$만 구하면 된다. 이는 그림 11.3에 보인 것처럼 세 단계를 거쳐 계산 된다: (1) n을

z축과 평행하도록 회전(이 회전을 $\boldsymbol{Q}$로 표기하자), (2) z축 중심으로 θ_3만큼 회전(이는 $R_z(\theta_3)$로 표기하는데, 식 (4.31)에 정의되어 있다), (3) $\boldsymbol{Q}$의 역변환. 즉, $R_n(\theta_3) = \boldsymbol{Q}^{-1} R_z(\theta_3)\boldsymbol{Q}$이다.

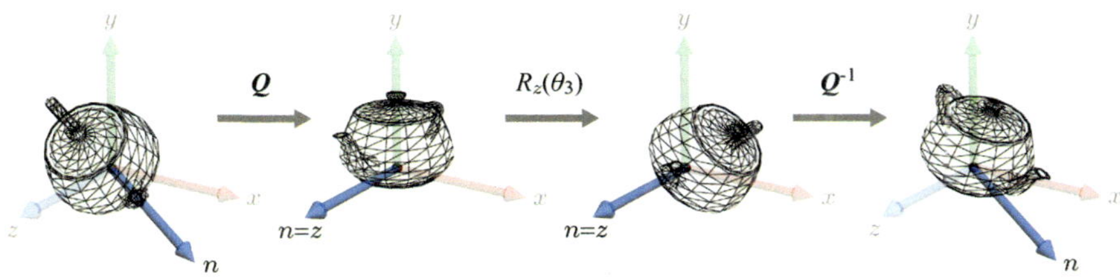

[그림 11.3] $R_n(\theta_3)$는 세 가지 회전의 조합으로 정의된다.

우리가 얻고자 하는 오일러 변환 $R_n(\theta_3)R_v(\theta_2)R_u(\theta_1)$ 중 $R_v(\theta_2)R_u(\theta_1)$을 $\boldsymbol{P}$로 표기하자. 그러면, $\boldsymbol{Q}$는 $\boldsymbol{P}$의 역변환이 된다. 이를 이용해서, $R_n(\theta_3)R_v(\theta_2)R_u(\theta_1)$은 다음과 같이 정리된다.

$$
\begin{aligned}
R_n(\theta_3)R_v(\theta_2)R_u(\theta_1) &= \boldsymbol{Q}^{-1}R_z(\theta_3)\boldsymbol{Q}\boldsymbol{P} \\
&= [\boldsymbol{P}^{-1}]^{-1}R_z(\theta_3)\boldsymbol{P}^{-1}\boldsymbol{P} \\
&= \boldsymbol{P}R_z(\theta_3) \\
&= R_v(\theta_2)R_u(\theta_1)R_z(\theta_3) \\
&= R_x(\theta_1)R_y(\theta_2)R_z(\theta_3)
\end{aligned} \tag{11.2}
$$

식 (11.1)에서 $R_v(\theta_2)R_u(\theta_1) = R_x(\theta_1)R_y(\theta_2)$임을 보였으므로, 식 (11.2)의 마지막 줄이 얻어진 것이다. 식 (11.1)에서 살펴본 바와 마찬가지로, u, v, n 순서로 오브젝트 공간 오일러 변환을 수행하는 것은, 월드 공간 주축을 대신 사용하되 그 순서를 거꾸로 해서, 즉 z, y, x축 중심으로 회전하는 것과 동일함을 알 수 있다.

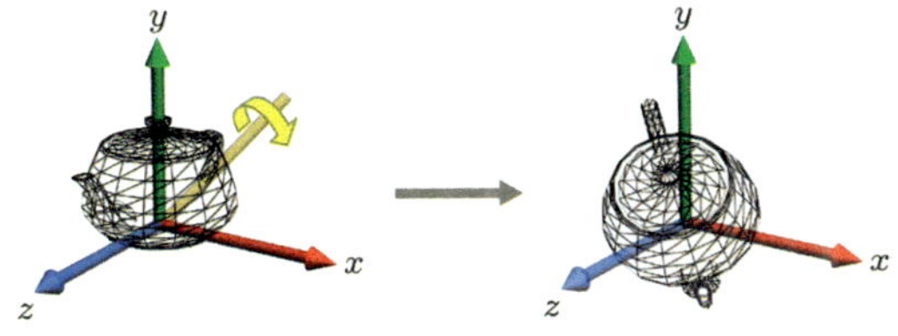

[그림 11.4] 주축이 아닌 임의의 축을 중심으로 하는 회전.

이제까지 우리는 주축 중심 회전을 적절하게 결합하면 물체가 임의의 방향을 가지게 됨을 보였다. 그런데, 물체에 임의의 방향을 제공하는 보다 직접적인 방법은 그림 11.4에 보인 것처럼 주축이 아닌 임의의 축을 중심으로 하는 회전이다. 11.3절은 이에 대해 다룬다.

11.2 키프레임 애니메이션과 오일러 변환

애니메이터가 애니메이션 패키지를 사용해 제작한 일련의 동작은 런타임에 재생된다. 그런데 애니메이터는 렌더링될 모든 프레임(frame)에서의 동작을 정의하지 않는다. 예를 들어 60 fps 애니메이션의 경우 1초에 60보다 훨씬 적은 수의 프레임에 대해서만 동작을 정의한다. 이를 가리켜 **키프레임**(keyframe)이라 부른다. 키프레임 사이의 **중간 프레임**(in-between frame)은 런타임에 자동으로 채워진다. 이는 선임 애니메이터가 키프레임을 만들고 보조 애니메이터가 중간 프레임을 채우는 전통적인 수작업 만화 영화에서 비롯됐다.

11.2.1 2차원 키프레임 애니메이션

키프레임에 할당된 중요 데이터를 **키 데이터**(key data)라 부르자. 중간 프레임에서는 이러한 키 데이터가 **보간**되는데, 시간에 따라 변하는 데이터는 모두 보간 대상이 된다. 대표적인 예로 물체의 위치, 방향, 축소확대 인자 등을 들 수 있다.

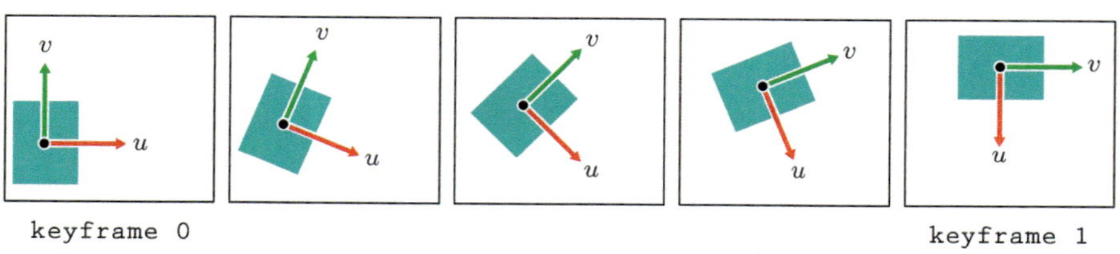

[그림 11.5] 키프레임의 위치와 방향이 보간되어 중간 프레임을 결정한다.

그림 11.5의 2차원 사각형 애니메이션 예를 보도록 하자. 사각형과 묶여 함께 움직이는 좌표계는 오브젝트 공간을 나타낸다. `keyframe 0`과 `keyframe 1`의 키 데이터를 각각 $\{p_0,\theta_0\}$와 $\{p_1,\theta_1\}$이라 하자. 여기에서 p_i는 사각형 중심의 좌표를, θ_i는 회전각 즉 방향을 나타낸다. 한편, [0,1] 범위에 속한 정규화된 값 t가 `keyframe 0`에서는 0, `keyframe 1`에서 1이라

고 하자. 그러면 중간 프레임 t에서의 사각형의 위치는 다음과 같이 선형보간을 통해 결정된다.

$$p(t) = (1-t)p_0 + tp_1 \tag{11.3}$$

사각형의 방향도 같은 방식으로 선형보간된다.

$$\theta(t) = (1-t)\theta_0 + t\theta_1 \tag{11.4}$$

예를 들어, t가 0.5라면 한 가운데 중간 프레임을 의미하는데, 그림 11.5에서 확인할 수 있듯이 사각형의 위치는 $(p_0+p_1)/2$, 방향은 $(\theta_0+\theta_1)/2$이다.

11.2.2 3차원 키프레임 애니메이션

2차원 키프레임 애니메이션에서 소개한 개념은 3차원에 그대로 적용된다. 그림 11.6-(a)는 움직이는 주전자에 대한 세 개의 키프레임을 보여주는데, 가운데 그려진 좌표계는 월드 공간을 의미한다. `keyframe 0`의 주전자를 x축을 따라 이동하여 `keyframe 1`을 얻고, 여기에 다시 회전과 이동 변환을 적용하여 `keyframe 2`의 주전자를 얻었다.

그림 11.6-(b)의 그래프에서 키 데이터는 검은 점으로 표기되었는데, 이들을 잇는 선분은 키 데이터를 **선형보간**했음을 의미한다. 그림 11.6-(b) 좌측은 x, y, z축 중심의 회전 각도를 보여주는데, 이는 바로 오일러 각이다. 주전자는 [`keyframe 0`, `keyframe 1`] 구간에서 회전하지 않으므로, 오일러 각 그래프는 이 구간에서 모두 0이다. 한편, 오른쪽의 위치 그래프의 [`keyframe 0`, `keyframe 1`] 구간에서 x좌표는 증가한다(반면, y와 z좌표는 변함없이 0이다).

이제 [`keyframe 1`, `keyframe 2`] 구간을 살펴보자. 이 구간에서 주전자는 먼저 x축 중심으로 90° 회전한 후 z축 중심으로 $-90°$(시계 방향 90°) 회전하여 `keyframe 2` 주전자의 방향을 가진다(y축 중심으로는 회전하지 않는다). 그러면 오일러 각 $(\theta_x, \theta_y, \theta_z)$는 $(90°, 0°, -90°)$로 표현할 수 있다. 그림 11.6-(b) 좌측 열의 세 그래프는 이러한 오일러 각 및 그 선형보간 결과를 보여준다. 한편, 그림 11.6-(b) 우측 열 위치 그래프의 [`keyframe 1`, `keyframe 2`] 구간에서 x좌표는 증가하지만, y좌표는 감소한다. 한편, z좌표는 0을 유지하는데, 이는 주전자가 xy평면 위에서 이동한다는 것을 의미한다.

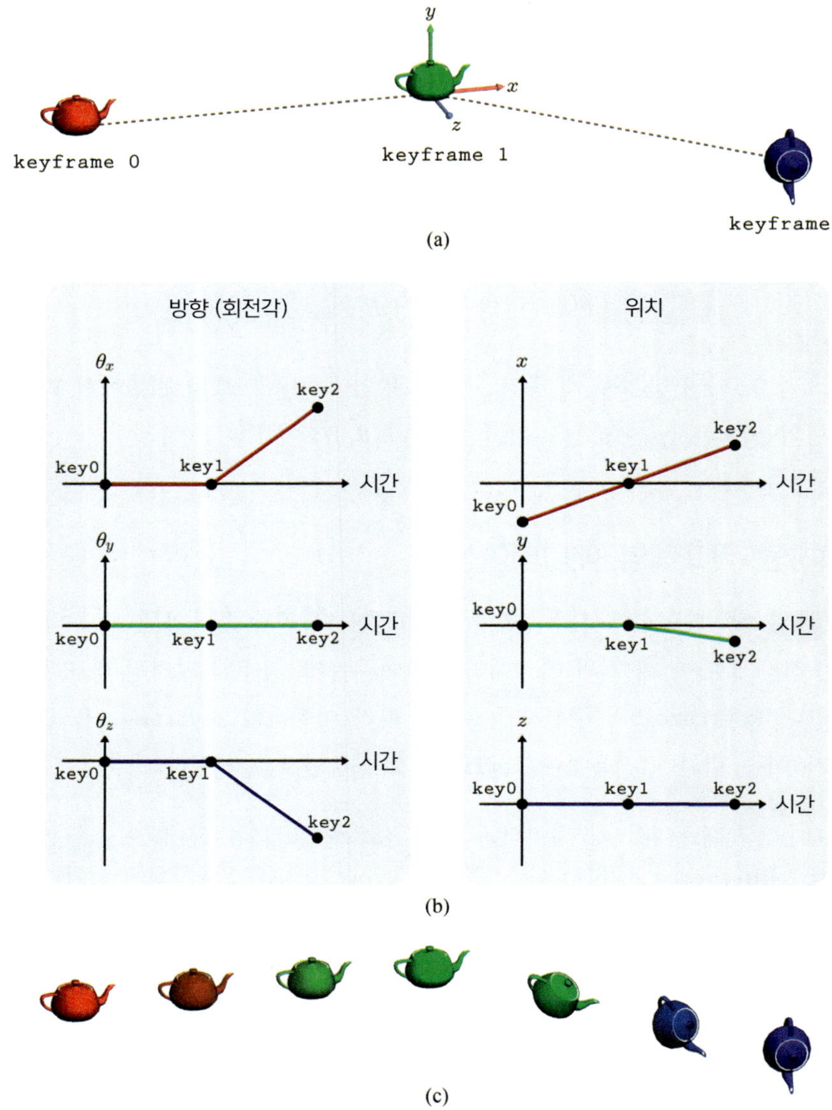

[그림 11.6] 3차원 키프레임 애니메이션은 2차원 키프레임 애니메이션과 개념적으로 동일하다. 키프레임의 위치와 방향이 보간되어 중간 프레임을 결정한다. (a) 키프레임. (b) 키 데이터 그래프. (c) 키프레임 및 중간 프레임.

중간 프레임에서 주전자의 $(\theta_x, \theta_y, \theta_z)$와 (x, y, z)를 얻기 위해서는 그림 11.6-(b)의 여섯 개 그래프를 동일한 시간에서 샘플링하면 된다. 이렇게 얻어진 위치 및 방향 데이터를 이용해 주전자를 렌더링한다. 그림 11.6-(c)는 키프레임과 함께 중간 프레임들을 보여주는데, 주전자의 색상 역시 보간되었다.

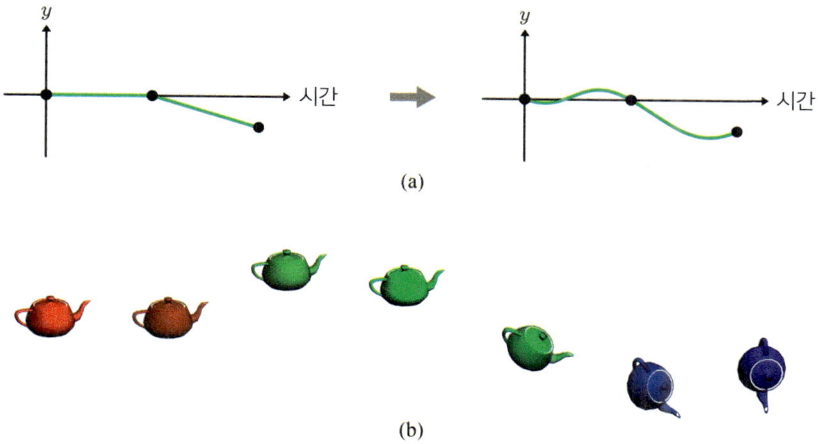

[그림 11.7] 부드러운 애니메이션은 종종 고차원 보간을 통해 얻어진다. (a) 키 데이터를 직선이 아닌 곡선으로 보간했다. (b) 주전자가 곡선 경로를 따라 움직인다.

일반적으로 모델링 및 애니메이션 패키지는 그래픽 인터페이스를 통해 그림 11.6-(b)와 같은 그래프를 애니메이터에게 제공하고 그래프를 편집할 수 있게 한다. 편집 과정에서 키 데이터를 수정할 수 있는 것은 물론, 선형보간 대신 그림 11.7-(a)에 보인 바와 같은 고차원 보간을 선택할 수도 있고 보간 곡선의 모양을 변경할 수도 있다. 그림 11.7-(b)는 그림 11.7-(a)의 곡선을 이용해 보간한 애니메이션 결과를 보여준다.

11.2.3 오일러 각의 보간

물체의 방향을 정의하는 데 있어 오일러 각 $(\theta_x, \theta_y, \theta_z)$는 매우 직관적인 수단을 제공한다. 하지만, 오일러 각이 가진 문제 중 하나는, 이것이 올바르게 **보간**된다는 보장이 없다는 사실이다. 그림 11.8의 L자형 물체를 생각해 보자. 그림 11.8-(a)는 오일러 각을 연속적으로 적용한 결과를 보여준다. 이 방향은 $(0°, 90°, 0°)$로 표현되는데, 이를 $t=0$인 `keyframe 0`에서의 키 데이터로 취하자. 한편 그림 11.8-(b)에서 물체의 방향은 $(90°, 45°, 90°)$로 표현된다. 이를 $t=1$인 `keyframe 1`에서의 키 데이터로 취하자.

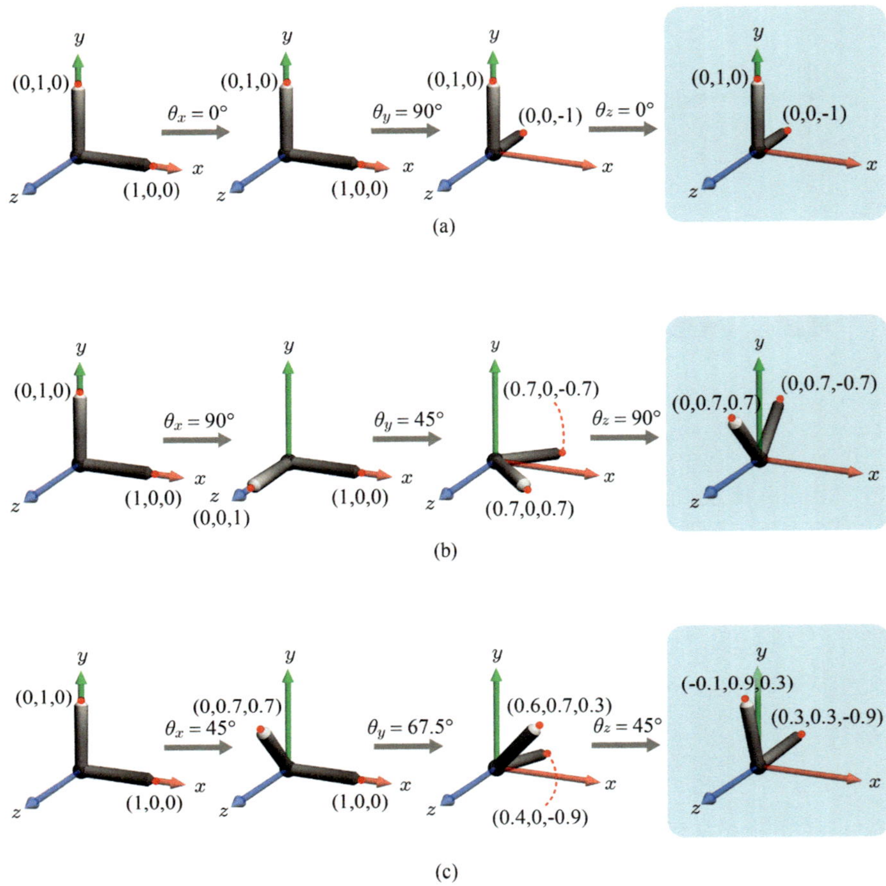

[그림 11.8] 오일러 각은 임의의 방향을 표현하는 데 자주 사용되지만, 때로 올바르게 보간되지 않는다는 문제점이 있다.

이 둘을 선형보간하여 $t = 0.5$인 중간 프레임에서의 방향을 계산해 보면 그 결과는 $(45°, 67.5°, 45°)$이다. 그림 11.8-(c)는 이 오일러 각을 연속적으로 적용한 결과를 보여준다. 이제 L자형 물체의 양 끝점의 x좌표를 보자. 이들은 0이 아니다. 즉, 물체는 yz평면에 놓여있지 않다. 두 키프레임의 물체가 yz평면에 놓여있기 때문에 중간 프레임의 물체도 그렇게 되어야 하는데, 오일러 각 보간은 예기치 않은 결과를 낳은 것이다.

이처럼 오일러 각은 올바르게 보간된다는 보장이 없기 때문에, 보간을 핵심 기능으로 가지는 키프레임 애니메이션에 적합하지 않다. 반면, 임의의 방향이나 회전을 표현하는 또 다른 기법인 **쿼터니언**(quaternion)[6]은 항상 올바르게 보간된다. 이제부터 쿼터니언에 대해 공부해보자.

11.3 쿼터니언

쿼터니언 이론은 간단하지 않다. 따라서 이 절은 독자들이 쿼터니언의 아름다움을 외면하지 않을 정도의 깊이로만 그 이론을 설명할 것이다.

11.3.1 쿼터니언 표현

쿼터니언 q는 **복소수**를 확장한 것으로 다음과 같이 네 개의 항[1]으로 표현된다.

$$(q_x, q_y, q_z, q_w) = q_x i + q_y j + q_z k + q_w \tag{11.5}$$

여기에서 q_x, q_y, q_z는 **허수부**(imaginary part)를 구성하고, q_w는 **실수부**(real part)인데, i, j, k를 **허수단위**(imaginary unit)라 한다. 허수부는 종종 $\mathbf{q}_v$로 줄여 쓴다. 따라서 쿼터니언은 $(\mathbf{q}_v, q_w)$로 표현하기도 한다. 허수단위는 다음과 같은 특징을 가진다.

$$i^2 = j^2 = k^2 = -1 \tag{11.6}$$

두 개의 서로 다른 허수단위가 곱해지면 다음과 같은 순환치환(cyclic permutation)적인 특징을 가진다.

$$\begin{aligned} ij = k, ji = -k \\ jk = i, kj = -i \\ ki = j, ik = -j \end{aligned} \tag{11.7}$$

두 개의 쿼터니언 (p_x, p_y, p_z, p_w)와 (q_x, q_y, q_z, q_w)를 각각 p와 q로 표기하자. 이들의 곱은 다음과 같이 계산된다.

$$\begin{aligned} \mathbf{pq} &= (p_x i + p_y j + p_z k + p_w)(q_x i + q_y j + q_z k + q_w) \\ &= (p_x q_w + p_y q_z - p_z q_y + p_w q_x)i + \\ &\quad (-p_x q_z + p_y q_w + p_z q_x + p_w q_y)j + \\ &\quad (p_x q_y - p_y q_x + p_z q_w + p_w q_z)k + \\ &\quad (-p_x q_x - p_y q_y - p_z q_z + p_w q_w) \end{aligned} \tag{11.8}$$

일반 복소수처럼 쿼터니언도 **켤레**(conjugate)를 가진다. q의 켤레 쿼터니언은 다음과 같다.

---

1 이런 특성 때문에 쿼터니언을 '4원수'로 번역하기도 한다.

$$\begin{aligned}\mathbf{q}^* &= (-\mathbf{q}_v, q_w) \\ &= (-q_x, -q_y, -q_z, q_w) \\ &= -q_x i - q_y j - q_z k + q_w\end{aligned} \tag{11.9}$$

식 (11.8)과 (11.9)를 이용하면, 두 개의 쿼터니언 **p**와 **q**에 대해 $(\mathbf{pq})^* = \mathbf{q}^*\mathbf{p}^*$임을 쉽게 증명할 수 있다.

쿼터니언의 크기(norm)는 일반적인 벡터의 경우와 같은 방법으로 계산된다.

$$||\mathbf{q}|| = \sqrt{q_x^2 + q_y^2 + q_z^2 + q_w^2} \tag{11.10}$$

만약 **q**의 크기 즉 $\|\mathbf{q}\|$가 1이라면 **q**는 **단위 쿼터니언**(unit quaternion)이라 불린다.

11.3.2 쿼터니언을 이용한 회전

그림 4.2의 2차원 회전으로 돌아가 보자. (x,y) 좌표를 가진 벡터를 반시계방향으로 θ만큼 회전하는 것은 다음과 같이 행렬-벡터 곱셈으로 표현되었다.

$$\begin{aligned}\begin{pmatrix} x' \\ y' \end{pmatrix} &= \begin{pmatrix} cos\theta & -sin\theta \\ sin\theta & cos\theta \end{pmatrix}\begin{pmatrix} x \\ y \end{pmatrix} \\ &= \begin{pmatrix} xcos\theta - ysin\theta \\ xsin\theta + ycos\theta \end{pmatrix}\end{aligned} \tag{11.11}$$

이제 x를 실수부로 y를 허수부로 가지는 복소수 $x+yi$를 **p**라 표기하자. 한편, 회전각 θ가 주어졌을 때 이를 크기가 1인 극형식(polar form)의 복소수로 표현하면 $cos\theta + sin\theta i$가 된다. 이를 **q**라 하자. **p**와 **q**를 곱하면 다음과 같은 결과를 얻는다.

$$\begin{aligned}\mathbf{pq} &= (x+yi)(cos\theta + sin\theta i) \\ &= (xcos\theta - ysin\theta) + (xsin\theta + ycos\theta)i\end{aligned} \tag{11.12}$$

식 (11.12) 복소수의 실수부와 허수부는 각각 식 (11.11)의 x' 및 y'와 일치함을 발견할 수 있다. 즉, 복소수를 이용하여 2차원 회전을 표현한 것이다.

비슷한 방법으로 3차원 회전을 정리해 보자. 그림 11.9-(a)와 같이 3차원 벡터 p를 u 중심으로 θ만큼 회전시키는 경우에, 회전할 벡터와 회전 변환 각각을 쿼터니언으로 표현하자. 우선 p를 쿼터니언 **p**로 표현할텐데, **p**의 허수부는 p가 되고 실수부는 0이 된다.

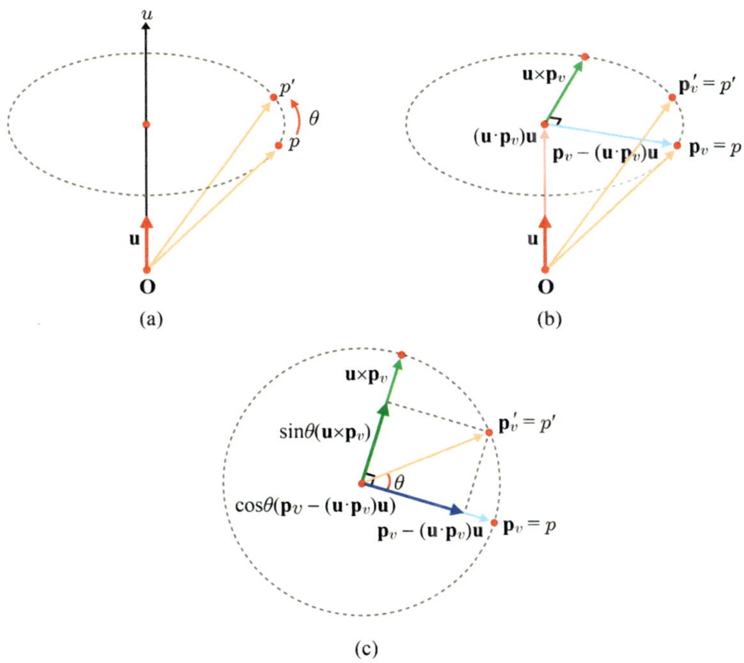

[그림 11.9] 3차원 회전. (a) u 중심으로 p를 θ만큼 회전. (b) 원반 위에 놓인 두 개의 수직 벡터. (c) 서로 수직인 벡터를 사용한 p' 계산.

$$\begin{aligned}\mathbf{p} &= (\mathbf{p}_v, p_w) \\ &= (p, 0)\end{aligned} \tag{11.13}$$

또한, 회전축 u와 회전각 θ로 또 다른 쿼터니언 $\mathbf{q}$를 정의할 것인데, 회전을 표현하는 쿼터니언의 크기는 1이 되어야 한다. 이를 위해 먼저 u를 자신의 길이로 나누어 단위 벡터 $\mathbf{u}$를 만들자. 그러면 크기가 1인 극형식의 쿼터니언은 다음과 같이 정의된다.

$$\begin{aligned}\mathbf{q} &= (\mathbf{q}_v, q_w) \\ &= (sin\tfrac{\theta}{2}\mathbf{u}, cos\tfrac{\theta}{2})\end{aligned} \tag{11.14}$$

마지막으로 p를 $\mathbf{u}$ (혹은 u) 중심으로 θ만큼 회전하는 것은 다음과 같이 표현된다.

$$\mathbf{p}' = \mathbf{q}\mathbf{p}\mathbf{q}^* \tag{11.15}$$

식 (11.8)에서 보인 것처럼 두 개의 쿼터니언을 곱하면 새로운 쿼터니언이 된다. 위에서 $\mathbf{qp}$는 쿼터니언이다. 여기에 또 다른 쿼터니언인 $\mathbf{q}^*$를 곱하면 이 역시 쿼터니언이 된다. 즉,

p′는 쿼터니언이다. p′의 실수부는 0이지만, 허수부는 p의 회전 결과인 p'와 같게 된다. 즉, 복소수로 2차원 회전을 표현할 수 있었던 것처럼, 복소수의 확장판인 쿼터니언으로 3차원 회전을 표현한 것이다. 이에 대한 증명은 아래 노트에 나와 있다.

노트 쿼터니언을 이용한 회전 - 증명

쿼터니언 p와 q를 각각 $(\mathbf{p}_v, p_w)$와 $(\mathbf{q}_v, q_w)$로 표기하면 식 (11.8)의 pq는 다음과 같이 고쳐 쓸 수 있다.

$$\begin{aligned}\mathbf{pq} &= (p_x q_w + p_y q_z - p_z q_y + p_w q_x)i + \\ &\quad (-p_x q_z + p_y q_w + p_z q_x + p_w q_y)j + \\ &\quad (p_x q_y - p_y q_x + p_z q_w + p_w q_z)k + \\ &\quad (-p_x q_x - p_y q_y - p_z q_z + p_w q_w) \\ &= (\mathbf{p}_v \times \mathbf{q}_v + q_w \mathbf{p}_v + p_w \mathbf{q}_v, p_w q_w - \mathbf{p}_v \cdot \mathbf{q}_v)\end{aligned} \tag{11.16}$$

여기에서 ×는 벡터곱을, ·은 내적을 나타낸다.

식 (11.13), (11.14), (11.16)을 이용하여 식 (11.15)의 qpq*를 전개하면 다음과 같다.

$$\begin{aligned}\mathbf{qpq}^* &= (\mathbf{q}_v \times \mathbf{p}_v + q_w \mathbf{p}_v, -\mathbf{q}_v \cdot \mathbf{p}_v)\mathbf{q}^* [1] \\ &= (\mathbf{q}_v \times \mathbf{p}_v + q_w \mathbf{p}_v, -\mathbf{q}_v \cdot \mathbf{p}_v)(-\mathbf{q}_v, q_w) \\ &= ((\mathbf{q}_v \times \mathbf{p}_v + q_w \mathbf{p}_v) \times (-\mathbf{q}_v) + q_w(\mathbf{q}_v \times \mathbf{p}_v + q_w \mathbf{p}_v) + (-\mathbf{q}_v \cdot \mathbf{p}_v)(-\mathbf{q}_v), \\ &\quad (-\mathbf{q}_v \cdot \mathbf{p}_v) q_w - (\mathbf{q}_v \times \mathbf{p}_v + q_w \mathbf{p}_v) \cdot (-\mathbf{q}_v)) [2] \\ &= ((\mathbf{q}_v \cdot \mathbf{p}_v)\mathbf{q}_v - (\mathbf{q}_v \cdot \mathbf{q}_v)\mathbf{p}_v + 2q_w(\mathbf{q}_v \times \mathbf{p}_v) + q_w^2 \mathbf{p}_v + (\mathbf{q}_v \cdot \mathbf{p}_v)\mathbf{q}_v, 0) [3] \\ &= (2(\mathbf{q}_v \cdot \mathbf{p}_v)\mathbf{q}_v + (q_w^2 - \|\mathbf{q}_v\|^2)\mathbf{p}_v + 2q_w(\mathbf{q}_v \times \mathbf{p}_v), 0) \\ &= (2sin^2\tfrac{\theta}{2}(\mathbf{u} \cdot \mathbf{p}_v)\mathbf{u} + (cos^2\tfrac{\theta}{2} - sin^2\tfrac{\theta}{2})\mathbf{p}_v + 2cos\tfrac{\theta}{2}sin\tfrac{\theta}{2}(\mathbf{u} \times \mathbf{p}_v), 0) [4] \\ &= ((1 - cos\theta)(\mathbf{u} \cdot \mathbf{p}_v)\mathbf{u} + cos\theta \mathbf{p}_v + sin\theta(\mathbf{u} \times \mathbf{p}_v), 0) [5] \\ &= ((\mathbf{u} \cdot \mathbf{p}_v)\mathbf{u} + cos\theta(\mathbf{p}_v - (\mathbf{u} \cdot \mathbf{p}_v)\mathbf{u}) + sin\theta(\mathbf{u} \times \mathbf{p}_v), 0) [6]\end{aligned} \tag{11.17}$$

여기에서 [1]은 p_w가 0이므로 얻어지는 결과이고, [2]는 식 (11.16)에서 유도되며, [3]의 허수부는 '$\mathbf{a} \times (\mathbf{b} \times \mathbf{c}) = (\mathbf{a} \cdot \mathbf{c})\mathbf{b} - (\mathbf{a} \cdot \mathbf{b})\mathbf{c}$'의 정리에 따라 얻고, [3]의 실수부가 0이 되는 이유는 $(\mathbf{q}_v \times \mathbf{p}_v) \cdot \mathbf{q}_v = 0$이기 때문이며, [4]는 $\mathbf{q} = \left(sin\frac{\theta}{2}\mathbf{u}, cos\frac{\theta}{2}\right)$라는 정의를 사용하여 얻어지고, [5]는 '$sin^2\frac{\theta}{2} = \frac{1 - cos\theta}{2}$, $cos^2\frac{\theta}{2} = \frac{1 + cos\theta}{2}$, $sin2\theta = 2sin\theta cos\theta$'의 정리에 따라 얻어지며, [6]은 [5]를 재구성하여 얻어진 것

이다.

그림 11.9-(b)에서 p가 원반 둘레를 따라 회전하여 p'로 변환되는 것을 보자. 원점 O와 원반 중심을 잇는 벡터는 $(\mathbf{u}\cdot\mathbf{p}_v)\mathbf{u}$이다. 서로 직교하는 원반 위의 벡터 한 쌍을 생각해 보자. 하나는 $\mathbf{u}\times\mathbf{p}_v$로, 다른 하나는 원반 중심과 p를 잇는 벡터 $\mathbf{p}_v-(\mathbf{u}\cdot\mathbf{p}_v)\mathbf{u}$로 설정할 수 있다. 그림 11.9-(c)는 원반을 위에서 바라본 그림인데, p'는 $cos\theta(\mathbf{p}_v-(\mathbf{u}\cdot\mathbf{p}_v)\mathbf{u})$와 $sin\theta(\mathbf{u}\times\mathbf{p}_v)$의 합이 된다. 여기에 원반 중심까지의 벡터 $(\mathbf{u}\cdot\mathbf{p}_v)\mathbf{u}$가 더해지면 p'의 최종적인 값을 얻는다. 이는 바로 식 (11.17)에서 [6]의 허수부이다.

식 (11.15)에서 $\mathbf{p}'$는 회전 후 벡터 p'를 나타내는데, p'를 또 다른 쿼터니언 $\mathbf{r}$을 사용하여 회전시키는 경우를 생각해 보자.

$$\begin{aligned}\mathbf{rp'r}^* &= \mathbf{r}(\mathbf{qpq}^*)\mathbf{r}^* \\ &= (\mathbf{rq})\mathbf{p}(\mathbf{q}^*\mathbf{r}^*) \\ &= (\mathbf{rq})\mathbf{p}(\mathbf{rq})^*\end{aligned} \tag{11.18}$$

이는 rq가 두 회전이 결합된 쿼터니언임을 보여준다.

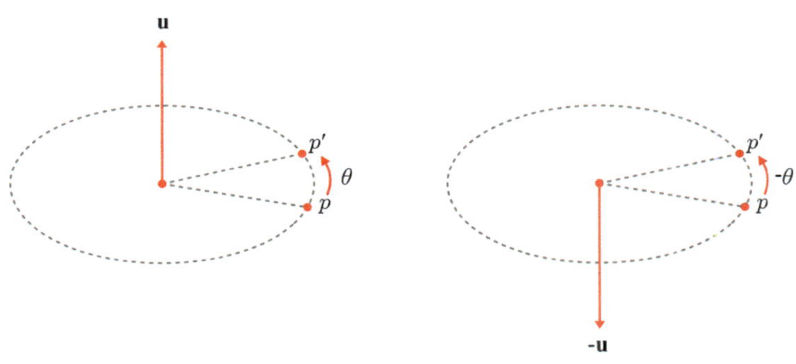

[그림 11.10] $\mathbf{u}$ 중심 θ만큼 회전 $=-\mathbf{u}$ 중심 $-\theta$만큼 회전.

그림 11.10은 '$\mathbf{u}$를 중심으로 θ만큼 회전'하는 것은 '$-\mathbf{u}$를 중심으로 $-\theta$만큼 회전'하는 것과 같음을 보여준다. 이들을 각각 q와 $\mathbf{r}$로 표기하자. q는 다음과 같이 정의된다.

$$\mathbf{q} = (sin\tfrac{\theta}{2}\mathbf{u}, cos\tfrac{\theta}{2}) \tag{11.19}$$

한편, **r**을 정리해 보면 다음과 같다.

$$\begin{aligned}\mathbf{r} &= (sin\tfrac{-\theta}{2}(-\mathbf{u}), cos\tfrac{-\theta}{2}) \\ &= (sin\tfrac{\theta}{2}\mathbf{u}, cos\tfrac{\theta}{2})\end{aligned} \tag{11.20}$$

이는 **q**와 **r**이 동일한 쿼터니언임을 증명한다.

쿼터니언 **q**는 '**u** 중심 θ만큼 회전' 즉 $\mathbf{q}=\left(sin\frac{\theta}{2}\mathbf{u},\ cos\frac{\theta}{2}\right)$이고, **s** 는 '**u** 중심 $2\pi+\theta$만큼 회전'이라고 하자. **q**와 **s** 가 동일한 회전을 표현하는 것은 명백한데, **s** 는 다음과 같이 정리될 수 있다.

$$\begin{aligned}\mathbf{s} &= (sin\tfrac{2\pi+\theta}{2}\mathbf{u}, cos\tfrac{2\pi+\theta}{2}) \\ &= (sin(\pi+\tfrac{\theta}{2})\mathbf{u}, cos(\pi+\tfrac{\theta}{2})) \\ &= (-sin\tfrac{\theta}{2}\mathbf{u}, -cos\tfrac{\theta}{2})\end{aligned} \tag{11.21}$$

이는 **q**의 모든 원소의 부호를 바꾼 것이므로 $-\mathbf{q}$로 쓸 수 있다. 즉 $\mathbf{s} = -\mathbf{q}$의 관계가 성립한다. 따라서 $\mathbf{q} = -\mathbf{q}$이다. 즉 **q**와 $-\mathbf{q}$는 동일한 회전을 표현한다.

11.3.3 쿼터니언의 보간

회전을 나타내는 두 개의 단위 쿼터니언 **q**와 **r**을 생각해보자. 이들은 [0,1] 범위에서 정규화된 파라미터 t를 사용해 다음처럼 보간된다.

$$\frac{sin(\phi(1-t))}{sin\phi}\mathbf{q} + \frac{sin(\phi t)}{sin\phi}\mathbf{r} \tag{11.22}$$

여기에서 ϕ는 **q**와 **r** 사이의 각도인데 이를 계산해 보자. **q**와 **r** 의 내적은 $(q_x, q_y, q_z, q_w) \cdot (r_x, r_y, r_z, r_w) = q_x r_x + q_y r_y + q_z r_z + q_w r_w$ 혹은 $\|\mathbf{q}\|\|\mathbf{r}\|cos\phi$로 정의된다. 후자의 경우, $\|\mathbf{q}\| = \|\mathbf{r}\| = 1$이므로, $cos\phi$와 같다. 따라서 $q_x r_x + q_y r_y + q_z r_z + q_w r_w = cos\phi$이고, $\phi = \arccos(q_x r_x + q_y r_y + q_z r_z + q_w r_w)$가 된다. 식 (11.22)는 선형보간의 변형으로, **구체 선형보간**(spherical linear interpolation; slerp)이라 부른다. 다음 페이지의 노트는 식 (11.22)를 증명한다.

노트 구체 선형보간 - 증명

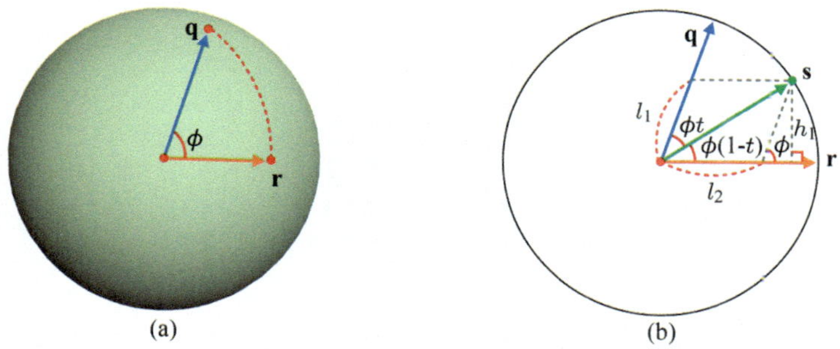

[그림 11.11] 4차원 단위 구체 상에서의 구체 선형보간. (a) **q**와 **r**을 잇는 최단 길이 호. (b) **q**와 **r**을 구체 선형보간하여 얻게 되는 **s**.

모든 가능한 쿼터니언을 모으면 4차원 단위 구체(unit sphere)가 형성된다. 그림 11.11-(a)는 이 단위 구체 상의 두 쿼터니언 **q**와 **r**을 보여준다. **q**와 **r**을 보간한 쿼터니언은 이들을 잇는 최단 거리 호(shortest arc) 위에 존재해야 한다. 그림 11.11-(b)는 4차원 단위 구체의 단면을 보여준다. 이는 사실 **q**와 **r**에 의해 정의된 대원(great circle)이다. **q**와 **r**을 보간한 쿼터니언을 **s**로 표기하자. 이는 평행사변형 법칙에 따라 다음과 같이 정의된다.

$$\mathbf{s} = l_1\mathbf{q} + l_2\mathbf{r} \tag{11.23}$$

그림 11.11-(b)에서 $sin\phi = h_1/l_1$이므로 $l_1 = h_1/\sin\phi$이다. 또한 $h_1 = sin(\phi(1-t))$이므로 다음 식을 유도할 수 있다.

$$l_1 = \frac{sin(\phi(1-t))}{sin\phi} \tag{11.24}$$

마찬가지 방식으로 l_2도 다음과 같이 계산된다.

$$l_2 = \frac{sin(\phi t)}{sin\phi} \tag{11.25}$$

식 (11.24)와 (11.25)를 식 (11.23)에 대입하면 식 (11.22)를 얻을 수 있다.

11.3.4 쿼터니언과 회전 행렬

쿼터니언 (q_x, q_y, q_z, q_w)가 주어졌을 때 이를 회전 행렬로 전환하면 다음과 같다.

$$\mathbf{M} = \begin{pmatrix} 1-2(q_y^2+q_z^2) & 2(q_xq_y-q_wq_z) & 2(q_xq_z+q_wq_y) & 0 \\ 2(q_xq_y+q_wq_z) & 1-2(q_x^2+q_z^2) & 2(q_yq_z-q_wq_x) & 0 \\ 2(q_xq_z-q_wq_y) & 2(q_yq_z+q_wq_x) & 1-2(q_x^2+q_y^2) & 0 \\ 0 & 0 & 0 & 1 \end{pmatrix} \tag{11.26}$$

역으로, 회전 행렬이 주어졌을 때 쿼터니언을 계산하는 것 역시 가능하다. 아래의 노트를 보라.

노트 쿼터니언에서 회전 행렬로의 전환

식 (11.8)에서 **pq**의 네 개 원소는 모두 p_x, p_y, p_z, p_w의 선형조합(linear combination)이므로, **pq**는 다음과 같이 행렬과 벡터의 곱으로 표현될 수 있다.

$$\mathbf{pq} = \begin{pmatrix} q_w & q_z & -q_y & q_x \\ -q_z & q_w & q_x & q_y \\ q_y & -q_x & q_w & q_z \\ -q_x & -q_y & -q_z & q_w \end{pmatrix} \begin{pmatrix} p_x \\ p_y \\ p_z \\ p_w \end{pmatrix} = M_{\mathbf{q}}\mathbf{p} \tag{11.27}$$

한편, 식 (11.8)에서 **pq**의 네 개 원소는 q_x, q_y, q_z, q_w의 선형조합이기도 하므로, **pq**는 다음과 같이 표현될 수도 있다.

$$\mathbf{pq} = \begin{pmatrix} p_w & -p_z & p_y & p_x \\ p_z & p_w & -p_x & p_y \\ -p_y & p_x & p_w & p_z \\ -p_x & -p_y & -p_z & p_w \end{pmatrix} \begin{pmatrix} q_x \\ q_y \\ q_z \\ q_w \end{pmatrix} = N_{\mathbf{p}}\mathbf{q} \tag{11.28}$$

이를 이용해서 식 (11.15)에서 **qpq***로 표현된 회전은 다음과 같이 정리된다.

$$\begin{aligned}\mathbf{qpq}^* &= (\mathbf{qp})\mathbf{q}^* \\ &= M_{\mathbf{q}^*}(\mathbf{qp}) \\ &= M_{\mathbf{q}^*}(N_{\mathbf{q}}\mathbf{p}) \\ &= (M_{\mathbf{q}^*}N_{\mathbf{q}})\mathbf{p} \\ &= \begin{pmatrix} q_w & -q_z & q_y & -q_x \\ q_z & q_w & -q_x & -q_y \\ -q_y & q_x & q_w & -q_z \\ q_x & q_y & q_z & q_w \end{pmatrix} \begin{pmatrix} q_w & -q_z & q_y & q_x \\ q_z & q_w & -q_x & q_y \\ -q_y & q_x & q_w & q_z \\ -q_x & -q_y & -q_z & q_w \end{pmatrix} \begin{pmatrix} p_x \\ p_y \\ p_z \\ p_w \end{pmatrix}\end{aligned} \tag{11.29}$$

여기에서 $M\mathbf{q}^*N\mathbf{q}$는 하나의 4×4 행렬로 표현되는데, 그 첫 번째 원소는 $(q_w^2 - q_z^2 - q_y^2 + q_x^2)$이 된다. q가 단위 쿼터니언이므로 $q_x^2 + q_y^2 + q_z^2 + q_w^2 = 1$이 성립한다. 따라서 행렬의 첫 번째 원소는 $1-2(q_y^2+q_z^2)$으로 고쳐 쓸 수 있다. 행렬의 4×4 원소가 모두 이와 같은 방법으로 처리되었을 때 $M\mathbf{q}^*N\mathbf{q}$는 식 (11.26)처럼 정리된다.

노트 회전 행렬에서 쿼터니언으로의 전환

주어진 회전 행렬을 쿼터니언으로 전환하는 것은 식 (11.26)의 **M**에서 q_x, q_y, q_z, q_w를 추려내는 것과 같다. **M**의 대각 원소 모두를 합해서 $tr(\mathbf{M})$이라고 표기하자.

$$\begin{aligned} tr(\mathbf{M}) &= 4 - 4(q_x^2 + q_y^2 + q_z^2) \\ &= 4 - 4(1 - q_w^2) \\ &= 4q_w^2 \end{aligned} \tag{11.30}$$

이로부터 쿼터니언의 실수부 q_w는 $\pm\sqrt{tr(\mathbf{M})}/2$로 계산된다. 이제 **M**의 두 가지 원소 $m_{21} = 2(q_xq_y + q_wq_z)$와 $m_{12} = 2(q_xq_y - q_wq_z)$로 눈을 돌리자. 둘의 차이는 다음과 같다.

$$\begin{aligned} m_{21} - m_{12} &= 2(q_xq_y + q_wq_z) - 2(q_xq_y - q_wq_z) \\ &= 4q_wq_z \end{aligned} \tag{11.31}$$

우리는 이미 q_w를 구했으므로 q_z를 얻을 수 있다. 이는 $(m_{21} - m_{12})/4q_w$이다.

같은 방식으로 q_x와 q_y를 구할 수 있다. 즉, $q_x = (m_{32} - m_{23})/4q_w$이고 $q_y = (m_{13} - m_{31})/4q_w$이다. 이렇게 얻어진 (q_x, q_y, q_z, q_w)를 $\mathbf{q}$라 표기하자. 그런데, q_w가 양수와 음수 두 가지 값을 가지므로, $\mathbf{q}$뿐 아니라 $-\mathbf{q}$도 $\mathbf{M}$으로부터 얻어진 적법한 쿼터니언이 되는데, 11.3.2절에서 밝힌 것처럼, $\mathbf{q}$와 $-\mathbf{q}$는 동일한 회전을 나타낸다.

연습문제

1. 아래 그림은 세 개 키프레임에서 주전자와 위치 그래프를 보여주고 있다. 방향 그래프를 그려라.

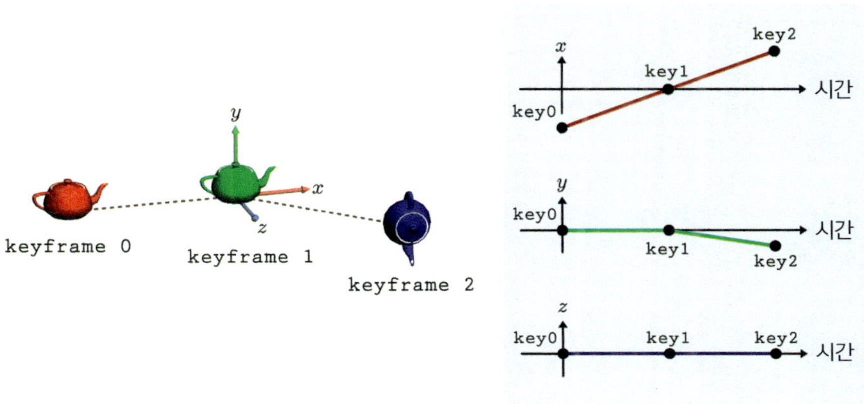

2. 오브젝트 공간의 기저를 $\{u, v, n\}$으로 표기하자. 물체가 n을 중심으로 θ_n만큼 회전한 후, 다시 u를 중심으로 θ_u만큼 회전했다고 하자. 오브젝트 공간 오일러 변환 $R_u(\theta_u)R_n(\theta_n)$을 월드 공간 회전 행렬의 결합으로 표현하라. 월드 공간의 x, y, z축을 중심으로 하는 회전은 각각 R_x, R_y, R_z로 표기한다.

3. 벡터 $(0, 1, 0)$을 또 다른 벡터 $(1, 0, 1)$ 중심으로 $90°$ 회전시키자.

(a) $(1, 0, 1)$ 중심 $90°$ 회전을 쿼터니언으로 표현하라. [힌트: 쿼터니언의 허수부는 sine 함수를 가지고 있고, 실수부는 cosine 함수를 가지고 있다.]

(b) 회전 대상인 $(0, 1, 0)$을 쿼터니언으로 표현하라.

(c) **q**와 **p**를 각각 위 (a)와 (b)항의 쿼터니언이라고 할 때, $\mathbf{qpq}^*$는 $(0, 1, 0)$을 $(1, 0, 1)$ 중심으로 $90°$ 회전시키는 것을 의미한다. $\mathbf{qp}$와 $\mathbf{q}^*$를 계산하라. [힌트: $ij = k$.]

4. 단위 벡터 $\mathbf{u}$를 중심으로 θ만큼의 회전을 표현하는 쿼터니언을 $\mathbf{q}$라 표기하자. $\mathbf{q}$와 $-\mathbf{q}$가 동일한 회전을 표현하는 것을 증명하라.

12

스크린 물체 조작

Screen-space Object Manipulation

스크린에 렌더링된 여러 물체 중 일부를 선택하는 것은 3차원 그래픽스 응용 분야에서 자주 사용되는 기능 중 하나이다. 많이 사용되는 또 다른 기능 중 하나는 물체를 회전시키는 것이다. 12.1절과 12.2절은 각각 물체 선택과 회전을 다루는데, 이러한 기능들은 1부에서 우리가 배운 변환들을 조합해서 구현할 수 있다.

12.1 물체 선택

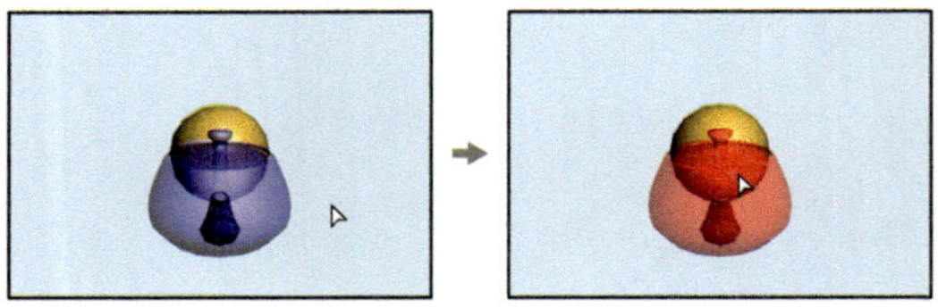

[그림 12.1] 스크린 상에서 마우스를 클릭하여 주전자를 선택하였다.

터치스크린의 경우 렌더링된 물체를 손가락으로 선택할 수 있고, PC 스크린에서는 그림 12.1에 보인 것처럼 마우스를 클릭하여 물체를 선택할 수 있다. 이를 **피킹**(picking)이라고도 한다. 스크린에 렌더링된 영상은 픽셀의 2차원 배열이다. 따라서 피킹 시에 얻을 수 있는 정보는 스크린 상에서 손가락 혹은 마우스로 선택한 점의 2차원 좌표 (x_s, y_s)일 뿐이다. 즉, 물체에 대한 정보는 없다. 이 절은 (x_s, y_s)를 사용해서 해당 위치의 물체를 찾아내는 기법을 설명한다.

12.1.1 스크린 공간 광선

7.4절에서 기술한 바와 같이 3차원 뷰포트는 왼쪽 아래 모퉁이 좌표 (minX, minY), 해상도 w×h, z 범위 [minZ, maxZ]로 정의된다. 그림 12.2의 뷰포트는 (minX, minY) = (0,0), [minZ, maxZ] = [0,1]이다.

마우스 커서의 위치 (x_s, y_s)가 주어졌을 때, **시작점**은 $(x_s, y_s, 0)$이고 **방향 벡터**는 $(0,0,1)$인 스크린 공간 **광선**(ray)을 정의할 수 있다. 이 광선에 의해 처음 부딪히는 물체가 선택될 것이다. 즉, 우리는 광선-물체 교차 검사를 수행해야 한다. 하지만, 이 검사를 스크린 공간에서 수행할 수는 없다. 스크린 공간에는 물체에 관한 정보가 없기 때문이다. 따라서 우리는 이 광선을 오브젝트 공간까지 변환하여 그 공간에서 광선-물체 교차 검사를 수행할 것이다. 12.1.2절은 일단 스크린 공간에서 카메라 공간까지의 변환을 다루고, 12.1.3절은 카메라 공간에서 오브젝트 공간까지의 변환을 다룬다.

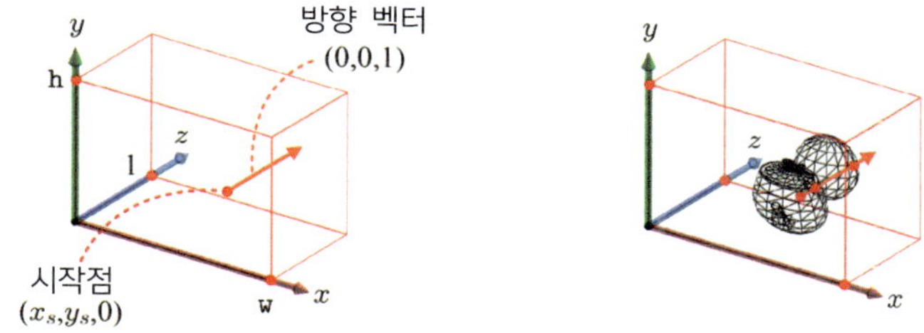

[그림 12.2] 스크린에서 선택된 점의 위치 (x_s, y_s)가 주어지면, $(x_s, y_s, 0)$에서 시작해 $(x_s, y_s, 1)$로 향하는 광선을 만들 수 있다.

12.1.2 카메라 공간 광선

그림 12.3은 카메라 공간에서 스크린 공간까지의 변환을 보여준다. 이는 모두 1부에서 배운 것인데, 우리는 이를 거슬러 올라갈 것이다. 즉, 스크린 공간 광선을 카메라 공간으로 변환할 것이다. 카메라 공간 광선 역시 그 자신의 **시작점**과 **방향 벡터**로 정의된다. 그림 12.3에 보인 바와 같이, 뷰포트의 앞면은 뷰 프러스텀의 전방 평면(near plane)에 해당되므로, 뷰포트 앞면에 놓인 시작점은 카메라 공간의 전방 평면으로 변환된다. 전방 평면의 z좌표가 $-n$이므로, 카메라 공간 광선의 시작점은 $(x_c, y_c, -n)$으로 나타낼 수 있다. 즉 시작점의 z좌표는 $-n$으로 고정되므로, 우리는 x_c와 y_c만 계산하면 된다.

식 (5.12)에 주어진 투영 행렬을 $(x_c, y_c, -n)$에 적용하자.

$$\begin{pmatrix} m_{11} & 0 & 0 & 0 \\ 0 & m_{22} & 0 & 0 \\ 0 & 0 & -\frac{f+n}{f-n} & -\frac{2nf}{f-n} \\ 0 & 0 & -1 & 0 \end{pmatrix} \begin{pmatrix} x_c \\ y_c \\ -n \\ 1 \end{pmatrix} = \begin{pmatrix} m_{11}x_c \\ m_{22}y_c \\ -n \\ n \end{pmatrix} \rightarrow \begin{pmatrix} \frac{m_{11}x_c}{n} \\ \frac{m_{22}y_c}{n} \\ -1 \\ 1 \end{pmatrix} \tag{12.1}$$

여기에서 m_{11}과 m_{22}는 각각 $cot(fovy/2)/aspect$와 $cot(fovy/2)$를 간단히 표기한 것이고, →는 원근 나눗셈을 의미한다. 식 (12.1)의 결과는 식 (7.4)에 주어진 뷰포트 행렬에 의해 스크린 공간으로 변환된다.

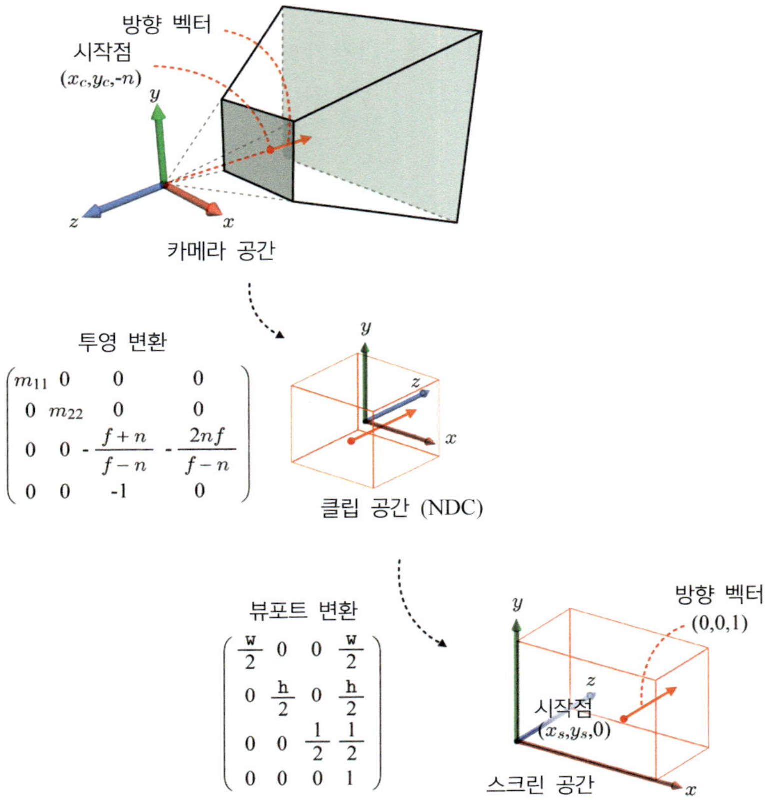

[그림 12.3] 스크린 공간 광선의 시작점은 카메라 공간의 $(x_c, y_c, -n)$으로 변환되는데, x_c와 y_c는 투영 변환과 뷰포트 변환을 사용하여 계산할 수 있다. 한편, 카메라 공간의 원점과 광선의 시작점을 잇는 벡터를 카메라 공간 광선의 방향 벡터로 설정할 수 있다.

$$\begin{pmatrix} \frac{w}{2} & 0 & 0 & \frac{w}{2} \\ 0 & \frac{h}{2} & 0 & \frac{h}{2} \\ 0 & 0 & \frac{1}{2} & \frac{1}{2} \\ 0 & 0 & 0 & 1 \end{pmatrix} \begin{pmatrix} \frac{m_{11}x_c}{n} \\ \frac{m_{22}y_c}{n} \\ -1 \\ 1 \end{pmatrix} = \begin{pmatrix} \frac{w}{2}(\frac{m_{11}x_c}{n}+1) \\ \frac{h}{2}(\frac{m_{22}y_c}{n}+1) \\ 0 \\ 1 \end{pmatrix} \tag{12.2}$$

위 식의 x좌표는 x_s와 같고 y좌표는 y_s와 같다는 사실을 이용하면 x_c와 y_c를 계산할 수 있다. 즉, 카메라 공간 광선의 시작점은 아래와 같이 얻어진다.

$$\begin{pmatrix} x_c \\ y_c \\ -n \\ 1 \end{pmatrix} = \begin{pmatrix} \frac{n}{m_{11}}(\frac{2x_s}{w}-1) \\ \frac{n}{m_{22}}(\frac{2y_s}{h}-1) \\ -n \\ 1 \end{pmatrix} \tag{12.3}$$

카메라 공간 광선의 시작점을 얻었으므로 이제 방향 벡터를 계산하자. 5.4.2절에서 기술한 것처럼, 뷰 프러스텀은 카메라 공간의 원점으로 수렴하는 투영선들의 집합이다. 따라서 그림 12.3에 보인 바와 같이, 카메라 공간 광선을 뒤로 늘이면 원점에 닿게 될 것이다. 원점과 광선의 시작점을 연결한 벡터는 다음과 같다.

$$\begin{pmatrix} \frac{n}{m_{11}}(\frac{2x_s}{\mathtt{w}}-1) \\ \frac{n}{m_{22}}(\frac{2y_s}{\mathtt{h}}-1) \\ -n \\ 1 \end{pmatrix} - \begin{pmatrix} 0 \\ 0 \\ 0 \\ 1 \end{pmatrix} = \begin{pmatrix} \frac{n}{m_{11}}(\frac{2x_s}{\mathtt{w}}-1) \\ \frac{n}{m_{22}}(\frac{2y_s}{\mathtt{h}}-1) \\ -n \\ 0 \end{pmatrix} \rightarrow \begin{pmatrix} \frac{1}{m_{11}}(\frac{2x_s}{\mathtt{w}}-1) \\ \frac{1}{m_{22}}(\frac{2y_s}{\mathtt{h}}-1) \\ -1 \\ 0 \end{pmatrix} \tag{12.4}$$

식 (12.4)의 벡터는 x, y, z좌표 모두 n을 포함하고 있으므로, 모든 좌표를 n으로 나눠서 단순화된 벡터를 얻었다. 이것이 바로 스크린 공간 광선의 방향 벡터이다.

12.1.3 오브젝트 공간 광선

앞 절에서 계산된 카메라 공간 광선을 이제 월드 공간으로, 그 다음에 오브젝트 공간으로 변환할 것이다. 먼저 월드 공간으로의 변환을 위해서는 뷰 변환의 역(inverse)이 필요하다. 식 (5.10)에 나와 있는 것처럼, 뷰 변환 M_{view}는 이동(T)에 이은 회전(R), 즉 RT로 정의된다. 따라서 역변환 M_{view}^{-1}은 $T^{-1}R^{-1}$이 된다. 회전 행렬의 역은 그 전치행렬과 같다. 즉 R^{-1}은 R^T와 같다. 한편, T는 $-$**EYE**만큼의 이동을 표현하므로 T^{-1}은 **EYE**만큼의 이동을 표현한다. 따라서 M_{view}^{-1}은 아래와 같이 정의된다.

$$\begin{aligned} M_{view}^{-1} &= (RT)^{-1} \\ &= T^{-1}R^{-1} \\ &= \begin{pmatrix} 1 & 0 & 0 & \mathbf{EYE}_x \\ 0 & 1 & 0 & \mathbf{EYE}_y \\ 0 & 0 & 1 & \mathbf{EYE}_z \\ 0 & 0 & 0 & 1 \end{pmatrix} \begin{pmatrix} u_x & v_x & n_x & 0 \\ u_y & v_y & n_y & 0 \\ u_z & v_z & n_z & 0 \\ 0 & 0 & 0 & 1 \end{pmatrix} \\ &= \begin{pmatrix} u_x & v_x & n_x & \mathbf{EYE}_x \\ u_y & v_y & n_y & \mathbf{EYE}_y \\ u_z & v_z & n_z & \mathbf{EYE}_z \\ 0 & 0 & 0 & 1 \end{pmatrix} \end{aligned} \tag{12.5}$$

이 행렬은 카메라 공간 광선을 월드 공간으로 변환하는데, 그림 12.4의 첫 단계가 이에 해당한다.

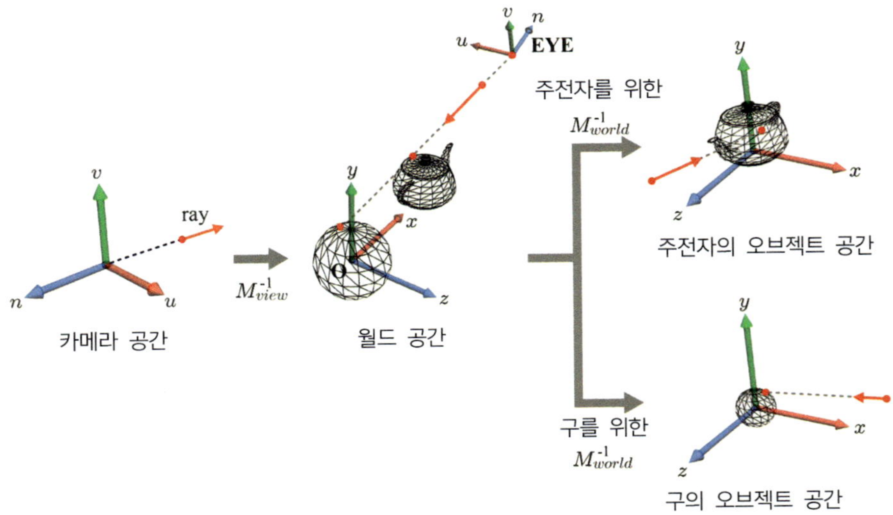

[그림 12.4] 뷰 변환의 역을 이용해 카메라 공간 광선이 월드 공간으로 변환된다. 그 다음, 월드 공간 광선은 월드 변환의 역을 이용해 오브젝트 공간으로 변환된다.

한편, 그림 12.4의 구와 주전자는 각자 고유의 오브젝트 공간과 월드 변환을 가지고 있음을 상기하자. 이러한 월드 변환의 역이 월드 공간 광선에 적용되므로, 구와 주전자는 각기 다른 오브젝트 공간 광선을 가지게 된다. 그림 12.4의 두 번째 단계가 이를 보여준다.

광선을 **매개변수 방정식**(parametric equation)으로 표현하면 다음과 같다.

$$p(t) = s + td \tag{12.6}$$

여기에서 s는 시작점을, d는 방향 벡터를 의미하는데, 매개변수 t는 $[0, \infty]$ 범위에 있다. 그림 12.5를 보라. 구와 주전자의 오브젝트 공간에서 s의 좌표는 다르다. 마찬가지로 d도 다르다. 다음 절에서는 이러한 오브젝트 공간 광선을 사용해 구와 주전자 중 어떤 것을 선택할 지 설명한다.

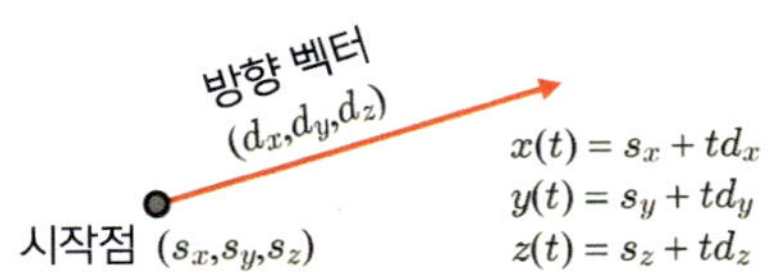

[그림 12.5] 3차원 광선은 매개변수 방정식으로 표현된다.

12.1.4 광선과 바운딩 볼륨 간 교차 검사

폴리곤 메시로 표현된 물체와 광선 간 교차 검사를 수행하기 위해서는 원칙적으로 물체의 모든 삼각형에 대해 광선-삼각형 교차 검사를 실시해야 한다. 광선과 부딪히는 삼각형이 하나 이상 존재할 때, 그 물체는 광선과 교차한다고 판정할 수 있다. 그런데, 삼각형 마다 이러한 교차 검사를 수행하는 것은 때로 많은 시간을 필요로 한다. 이보다는 부정확하지만 훨씬 빠른 방법이 있다. 각 메시를 완벽히 감싸는 **바운딩 볼륨**(bounding volume)을 구한 뒤 이를 광선과의 교차 검사에 사용하는 것이다.

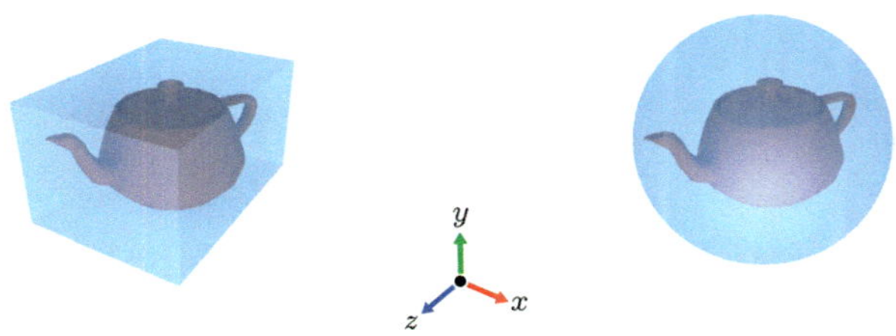

[그림 12.6] 가장 많이 사용되는 바운딩 볼륨은 AABB와 바운딩 구이다.

그림 12.6은 대표적인 바운딩 볼륨 두 가지를 보여준다. 하나는 좌표축과 나란한 직육면체로 **AABB**(axis-aligned bounding box)라 부르며, 세 축별 범위 $[x_{min}, x_{max}]$, $[y_{min}, y_{max}]$, $[z_{min}, z_{max}]$로 정의된다. 다른 하나는 **바운딩 구**(bounding sphere)라고 부르며, 중심 좌표와 반지름 길이로 정의된다.

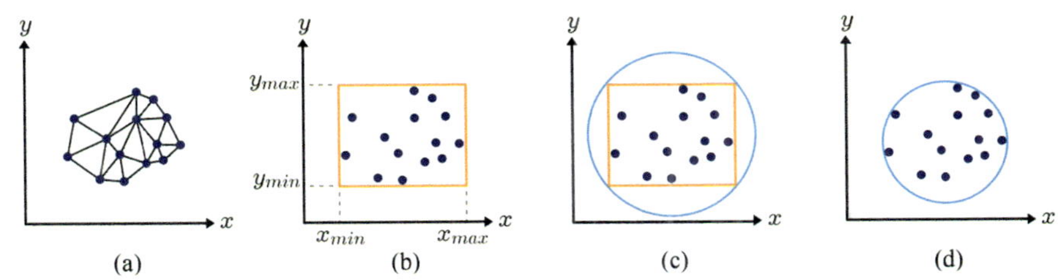

[그림 12.7] AABB와 바운딩 구 계산법. (a) 폴리곤 메시의 정점들. (b) 2차원 AABB는 $[x_{min}, x_{max}]$와 $[y_{min}, y_{max}]$로 정의된다. (c) 느슨한 바운딩 구. (d) 최적의 바운딩 구.

그림 12.7은 2차원에서 AABB와 바운딩 구가 어떻게 계산되는지 보여준다. AABB 계산은 아주 간단하다. 그림 12.7-(a)와 같은 2차원 폴리곤 메시를 예로 들자. 초기화를 위해 임의로 한 정점을 선택해 이 정점의 x좌표를 x_{min}과 x_{max}에, 이 정점의 y좌표를 y_{min}과 y_{max}에 할당한다. 이후 나머지 정점을 하나하나 방문하면서, 그 정점의 x좌표가 현재 x_{min}보다 작으면 x_{min}에 해당 x좌표를 할당하고, x좌표가 현재 x_{max}보다 크면 x_{max}에 해당 x좌표를 할당한다. 비슷한 과정을 통해 y_{min} 혹은 y_{max}를 수정한다. 그림 12.7-(b)는 이런 방식을 통해 얻어진 2차원 AABB를 보여준다.

바운딩 구를 얻는 가장 단순한 방법은 AABB를 이용하는 것이다. 즉, AABB의 중점을 바운딩 구의 중심으로 취하고, AABB의 대각선 길이의 반을 바운딩 구의 반지름으로 취하면 된다. 이는 그림 12.7-(c)에 그려진 바와 같다. 하지만, 이런 방식으로 얻어진 바운딩 구는 종종 필요 이상으로 크다. 그림 12.7-(d)는 최적화된, 즉 모든 정점들을 포함하는 '가장 작은' 바운딩 구를 보여준다. 이러한 최적화된 바운딩 구를 계산하는 좋은 알고리즘은 이미 개발되어 있다. 이 절에서는 2차원 AABB와 바운딩 구를 결정하는 알고리즘을 설명했지만, 이 알고리즘은 3차원으로 그대로 확장될 수 있다.

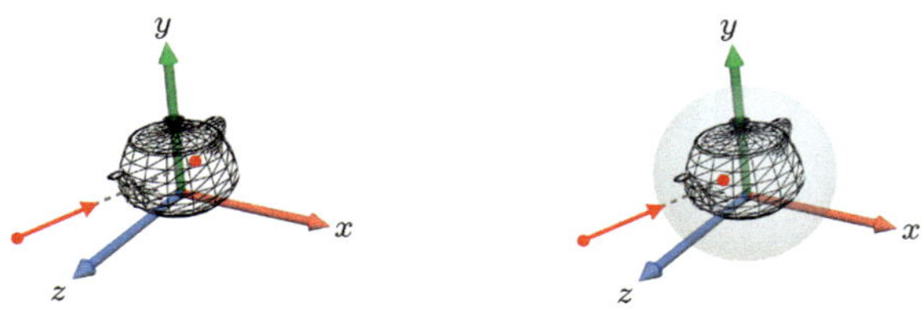

[그림 12.8] 광선과 폴리곤 메시 간 교차 검사는 정확한 결과를 보장하지만, 때로 시간이 많이 소요된다. 광선과 바운딩 볼륨 간 교차 검사는 수행 속도는 빠르지만 부정확한 결과가 나올 수 있다. 위 두 예에서 교차점의 위치가 다른 것에 주목하라.

이 절에서는 **바운딩 구**를 사용해서 광선과의 교차 검사를 수행할 것이다. 그런데, 그림 12.8에서 볼 수 있는 것처럼, 바운딩 구를 사용한 결과는 폴리곤 메시 자체를 사용한 결과와 달라질 수 있다는 것을 명심하자.

그림 12.5에 보인 것처럼, 3차원 광선은 다음과 같은 3개의 매개변수 방정식으로 정의된다.

$$p(t) = \begin{pmatrix} x(t) \\ y(t) \\ z(t) \end{pmatrix} = \begin{pmatrix} s_x + td_x \\ s_y + td_y \\ s_z + td_z \end{pmatrix} \tag{12.7}$$

한편, 바운딩 구의 중심을 (C_x, C_y, C_z)로, 반지름을 r로 표기하자. 그러면 바운딩 구는 아래와 같은 함수로 정의된다.

$$(x - C_x)^2 + (y - C_y)^2 + (z - C_z)^2 = r^2 \tag{12.8}$$

식 (12.7)의 $x(t)$, $y(t)$, $z(t)$를 식 (12.8)의 x, y, z에 각각 대입하면 아래와 같은 형태의 2차 방정식을 얻게 된다.

$$at^2 + bt + c = 0 \tag{12.9}$$

여기에서 a, b, c값은 알고 있지만, t는 미지수이다. 식 (12.9)를 매개변수 t에 대해 풀기 위해서 아래와 같은 근의 공식을 쓰자.

$$t = \frac{-b \pm \sqrt{b^2 - 4ac}}{2a} \tag{12.10}$$

이렇게 계산된 근이 바로 광선과 바운딩 구 간 교차점에서의 매개변수가 된다.

식 (12.10)에서 **판별식** $b^2 - 4ac$가 양수라면 우리는 서로 다른 두 실근을 얻게 된다. 이를 t_1과 t_2라 하자. 그림 12.9-(a)는 이를 기하적으로 해석한 것이다. 여기에서 t_1은 t_2보다 작은데, 이것이 바로 광선과 바운딩 구의 교차점이 된다. 이 t_1을 (12.7)에 넣으면 교차점의 3차원 좌표를 얻을 수 있다. 하지만, 우리의 현재 목표는 광선과 부딪히는 물체를 찾는 것이지, 교차점의 좌표를 찾는 것이 아님에 유의하라.

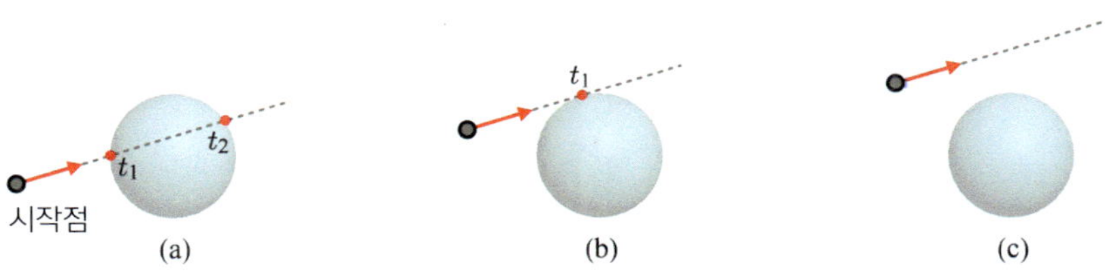

[그림 12.9] 광선과 바운딩 구 사이의 교차점. (a) 두 근 t_1과 t_2 모두 양수인데, 첫 교차점에서의 매개변수는 t_1이다. (b) t_1이 중근이므로 광선은 구에 접한다. (c) 광선이 구와 부딪히지 않으므로 실근이 없다.

만약 판별식이 0이면 중근을 가진다. 이는 그림 12.9-(b)에서 볼 수 있듯, 광선이 바운딩 구와 접한다는 뜻이다. 마지막으로, 만약 판별식이 음수라면 실근은 존재하지 않는다. 즉, 그림 12.9-(c)에 보인 것처럼 광선은 바운딩 구와 교차하지 않는다.

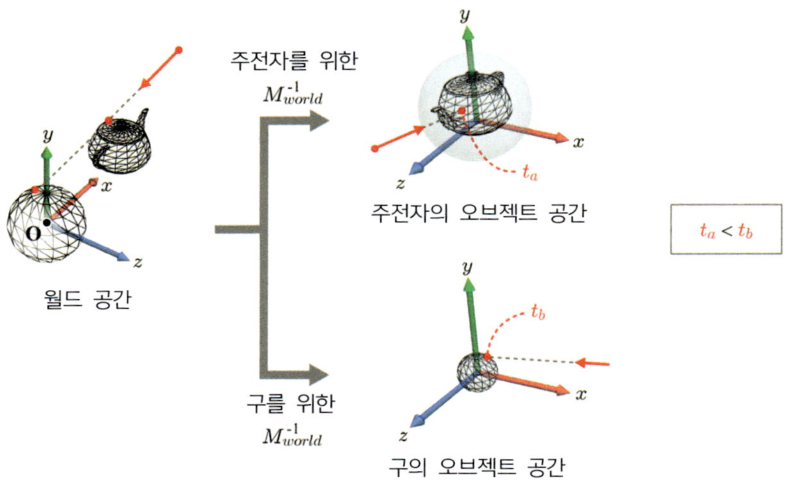

[그림 12.10] 오브젝트 공간에서의 광선-물체 교차 검사.

그림 12.10은 그림 12.4를 다시 그린 것이다. 두 개의 바운딩 볼륨이 따로 처리되는데, 광선은 두 바운딩 볼륨과 모두 부딪힌다. 그런데, 주전자의 바운딩 볼륨과 부딪히는 점에서의 매개변수 t_a가 구의 바운딩 볼륨과 교차하는 점에서의 매개변수 t_b보다 작다. 그림만으로 대강 유추해 보면, t_a는 2, t_b는 4 정도의 값을 가질 것이다. 따라서 주전자가 광선과 **처음으로 교차**하는 물체로 선택된다.

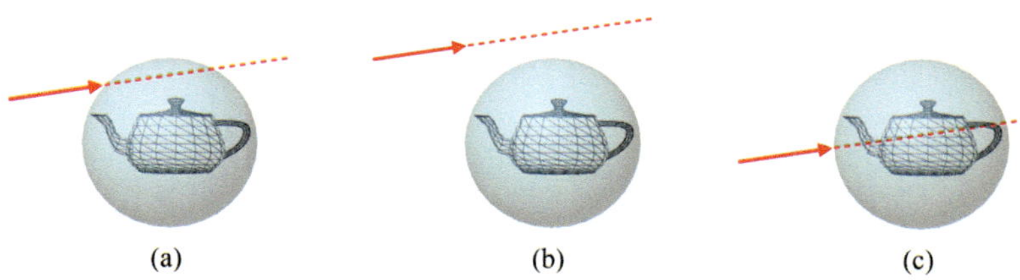

[그림 12.11] 광선과 바운딩 구 간 교차 검사가 전처리 단계에서 수행된다. (a) 광선이 바운딩 볼륨과 교차하므로 광선-삼각형 교차 검사를 수행한다. 하지만 실제 교차는 일어나지 않는다. (b) 광선이 바운딩 볼륨과 교차하지 않으므로 광선-삼각형 교차 검사를 생략한다. (c) 광선이 바운딩 볼륨과 교차하므로 광선-삼각형 교차 검사를 수행한다. 실제 교차가 일어난다.

광선과 바운딩 볼륨 간 교차 검사는 종종 부정확한 결과를 산출한다. 예를 들어, 그림 12.11-(a)에서 볼 수 있는 것처럼, 광선이 바운딩 구와 교차하더라도 실제 폴리곤 메시와는 교차하지 않을 수 있다. 따라서 정확한 계산이 필요할 때에는 반드시 폴리곤 메시의 모든 삼각형과 광선 간 교차 검사를 수행해야 한다. 하지만, 이렇게 광선-삼각형 교차 검사를 하더라도 전처리 단계에서는 광선과 바운딩 볼륨 간 교차 검사를 수행한다. 그림 12.11-(b)에서처럼 만약 광선과 바운딩 볼륨이 교차하지 않는다면 폴리곤 메시는 광선과 교차하지 않는다고 보장할 수 있기 때문이다. 이렇게 바운딩 볼륨을 이용한 간단한 검사를 통해, 광선-삼각형 교차 검사를 여러 번 수행하는 헛수고를 피할 수 있다. 반면, 그림 12.11-(c)에 보인 것처럼, 광선이 폴리곤 메시와 교차한다면 광선은 이 메시의 바운딩 볼륨과도 반드시 교차하므로, 필요한 광선-삼각형 교차 검사를 놓치게 되는 경우는 없다.

12.1.5 광선과 삼각형 간 교차 검사

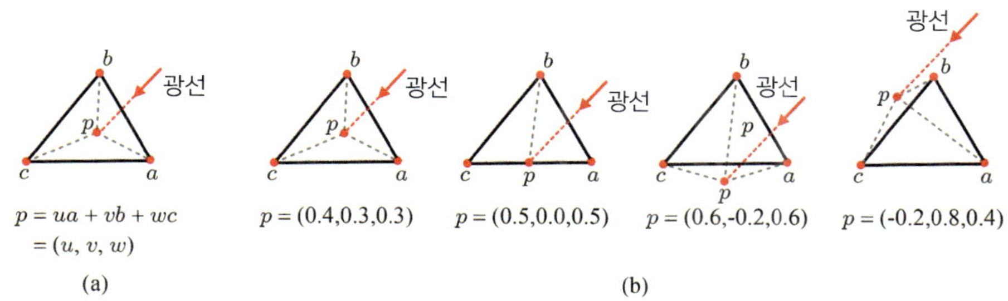

[그림 12.12] 광선-삼각형 교차 검사. (a) 삼각형의 한 점이 무게 중심 좌표 (u,v,w)를 가진다. (b) 삼각형이 놓인 평면과 광선 간 교차점은 실제 삼각형 밖에 놓일 수 있다.

정확한 광선-물체 교차 검사를 위해서는 그 물체의 폴리곤 메시의 모든 삼각형과 광선 간 교차 검사를 수행해야 한다. 삼각형 한 개와 광선 간 교차 검사를 살펴 보자. 그림 12.12-(a)에서 광선과 삼각형 $<a,b,c>$는 p점에서 교차하는데, 이 삼각형은 p에 의해 세 개의 작은 삼각형 $<p,a,b>$, $<p,b,c>$, $<p,c,a>$로 나눠진다고 볼 수 있다. 이중 정점 a의 건너편에 있는 삼각형 $<p,b,c>$가 원래의 삼각형 $<a,b,c>$에서 차지하는 면적의 비중을 u라 하자. 이는 p가 a에 얼마만큼 가까이 있는지를 말해준다. 예를 들어, b와 c를 잇는 변에 p가 놓여 있다면 u는 0이고, p가 a에 가까이 갈수록 u는 증가한다. 만약 p와 a가 같다면, u는 1이다.

노트 삼각형 면적 비율 계산

3차원 삼각형 $< v_0, v_1, v_2 >$에서 v_i의 좌표를 (x_i, y_i, z_i)라 하자. 우리는 각 정점을 xy, yz, zx평면 중 하나에 투영할 수 있다. 투영된 삼각형의 면적이 0이 아니라는 조건만 만족하는 평면을 고르면 되는데, 예를 들어 xy평면이 선택되었다고 하자. 그러면 투영 후 v_i의 좌표는 (x_i, y_i)가 되고, 투영된 삼각형의 면적은 다음과 같이 계산된다.

$$\frac{1}{2}\begin{vmatrix} x_0 & x_1 & x_2 \\ y_0 & y_1 & y_2 \\ 1 & 1 & 1 \end{vmatrix}$$

그림 12.12-(a)의 a, b, c, p를 모두 투영하면, $< a,b,c >$와 $< p,b,c >$의 투영 면적을 구하고 이들 간 비율을 구할 수 있는데, 이런 삼각형 면적의 비율은 투영 전후에 변화가 없으므로, 그 비율을 3차원에서 그대로 사용하면 된다. 나머지 삼각형 $< p,a,b >$와 $< p,c,a >$에 대해서도 같은 방법을 적용한다.

이와 마찬가지로, 정점 b의 건너편에 있는 삼각형 $< p,c,a >$가 $< a,b,c >$에서 차지하는 면적의 비중을 v라 하고, 정점 c의 건너편에 있는 삼각형 $< p,a,b >$가 $< a,b,c >$에서 차지하는 면적의 비중을 w라 하자. 그러면 p는 다음과 같이 세 정점의 가중치 합으로 정의된다.

$$p = ua + vb + wc \tag{12.11}$$

여기에서 (u,v,w)를 삼각형 $< a,b,c >$에 대한 p의 **무게중심 좌표**(barycentric coordinates)라고 부른다. 한편, u, v, w는 모두 [0,1] 범위에 있으며 $u+v+w=1$이 된다. 따라서 w는 $1-u-v$로 대체될 수 있고, 식 (12.11)은 아래처럼 다시 쓸 수 있다.

$$p = ua + vb + (1-u-v)c \tag{12.12}$$

한편, 광선은 매개변수 방정식 $s+td$로 표현된다. 이 광선과 삼각형 $< a,b,c >$ 간 교차점 계산은 다음과 같은 방정식을 푸는 것과 같다.

$$s + td = ua + vb + (1-u-v)c \tag{12.13}$$

이를 다시 쓰면 다음과 같다.

$$td + u(c-a) + v(c-b) = c - s \tag{12.14}$$

여기에서 $c-a$, $c-b$, $c-s$를 각각 A, B, S로 표기하자.

$$td + uA + vB = S \tag{12.15}$$

그런데, d, A, B, S 모두 3차원 좌표이므로 식 (12.15)는 다음과 같은 선형 시스템으로 정리된다.

$$\begin{aligned} td_x + uA_x + vB_x &= S_x \\ td_y + uA_y + vB_y &= S_y \\ td_z + uA_z + vB_z &= S_z \end{aligned} \tag{12.16}$$

이는 크레이머 법칙(Cramer's rule)으로 풀 수 있다.

$$t = \frac{\begin{vmatrix} S_x & A_x & B_x \\ S_y & A_y & B_y \\ S_z & A_z & B_z \end{vmatrix}}{\begin{vmatrix} d_x & A_x & B_x \\ d_y & A_y & B_y \\ d_z & A_z & B_z \end{vmatrix}}, u = \frac{\begin{vmatrix} d_x & S_x & B_x \\ d_y & S_y & B_y \\ d_z & S_z & B_z \end{vmatrix}}{\begin{vmatrix} d_x & A_x & B_x \\ d_y & A_y & B_y \\ d_z & A_z & B_z \end{vmatrix}}, v = \frac{\begin{vmatrix} d_x & A_x & S_x \\ d_y & A_y & S_y \\ d_z & A_z & S_z \end{vmatrix}}{\begin{vmatrix} d_x & A_x & B_x \\ d_y & A_y & B_y \\ d_z & A_z & B_z \end{vmatrix}} \tag{12.17}$$

이렇게 얻은 u와 v를 식 (12.12)에 대입하면 교차점을 얻을 수 있다. 하지만, 이는 삼각형이 광선과 교차하는 점이 아니라, '삼각형이 놓인 무한한 넓이의 평면'이 광선과 교차하는 점이다. 따라서, 교차점이 삼각형 안에 놓인다는 보장은 없다. 그림 12.12-(b)에 보인 것처럼, 일부 교차점은 삼각형 밖에 놓인다. 교차점이 삼각형 안에 있으려면, $u \geq 0$, $v \geq 0$, $w \geq 0$ 조건을 만족해야 한다. 한편, $w = 1 - u - v$이므로 마지막 조건 $w \geq 0$는 $u + v \leq 1$로 대체된다.

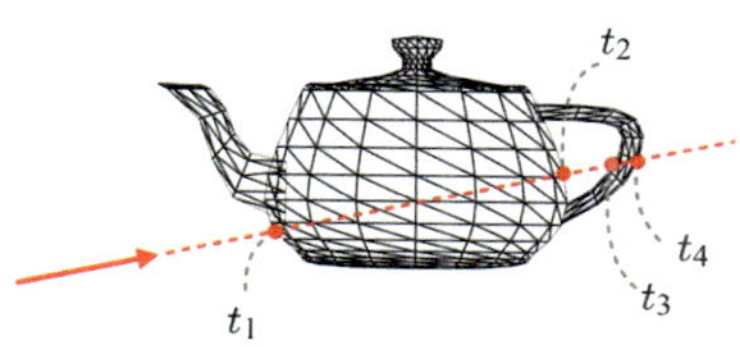

[그림 12.13] 광선이 주전자와 여러 번 부딪힌다. 이 경우 가장 작은 매개변수가 선택된다. 이 예에서는 t_1이다.

폴리곤 메시의 모든 삼각형에 대해 광선-삼각형 교차 검사를 수행했을 때, 광선과 부딪히는 삼각형이 여러 개 발견될 수 있다. 이 경우, 그림 12.13에 예시한 바와 같이, 가장 작은 양수 t를 가지는 교차점을 선택한다.

12.2 물체 회전

그림 12.14-(a)는 터치스크린에서 손가락을 밀어 주전자를 회전시키는 것을 보여준다. 손가락 끝의 궤적을 추적해서 얻은 터치스크린 위의 2차원 점들을 $\{p_1, p_2, \ldots, p_n\}$이라고 하자. 그림 12.14-(b)는 이웃한 두 점 p_i와 p_{i+1}을 보여준다. 물체 회전을 효율적으로 구현하기 위해서, 해상도 $\mathtt{w} \times \mathtt{h}$의 터치스크린을 그림 12.14-(c)에 보인 2×2 크기의 정사각형으르 변환할 것인데, 이 변환을 p_i와 p_{i+1}에 적용해 q_i와 q_{i+1}을 얻는다.

터치스크린 위의 점 p와 정사각형 스크린 위의 점 q의 좌표를 각각 (x,y)와 (x',y')로 표기하자. 터치스크린의 원점은 왼쪽 아래 귀퉁이에 있고, 정사각형 스크린의 원점은 중앙에 있으므로 (x,y)와 (x',y')의 관계는 다음과 같다.

$$\begin{aligned} x' &= 2x/\mathtt{w} - 1 \\ y' &= 2y/\mathtt{h} - 1 \end{aligned} \qquad (12.18)$$

여기에서 x는 [0,w], y는 [0,h], x'와 y'는 $[-1,1]$ 범위에 있다.

그림 12.14-(c)에 보인 바와 같이, 정사각형 스크린 뒤에는 아크볼(arcball)이라는 가상의 구가 존재한다. 이는 $2\times2\times2$ 크기의 정육면체 안에 놓여 있는데, 그 중심 좌표는 (0,0,0)이고 반지름은 1이다. 스크린 위에서 움직이는 손가락은 이 아크볼을 정육면체 안에서 돌릴 것이고 그만큼 주전자가 회전할 것이다.

그림 12.14-(d)처럼 정사각형 스크린의 q를 $-z$축을 따라 아크볼 표면에 투영하고, 좌표계 원점과 이 투영점을 이은 벡터를 v라 하자. q와 v의 xy 좌표는 같다. 즉, $v_x = q_x$, $v_y = q_y$이다. 한편, 아크볼 반지름은 1이고 v는 단위 벡터이므로, $v_z = \sqrt{1-v_x^2-v_y^2}$이 된다.

하지만, 이러한 방식으로 v의 좌표를 계산할 수 없는 경우가 존재한다. 즉, $q_x^2 + q_y^2$이 1보다 크다면, q는 아크볼 표면으로 투영되지 않는다. 이 경우, q를 먼저 3차원 좌표계의 xy평면으로 1차 투영한다. 이 투영점의 좌표는 $(q_x, q_y, 0)$이다. 그림 12.14-(e)는 xy평면에서의 아크볼 단면과 투영점을 보여준다. 이 투영점을 정규화하자. 즉 $(q_x, q_y, 0)$을 자기 자신의 길이 $\sqrt{q_x^2 + q_y^2}$으로 나눈다. 이는 $(q_x, q_y, 0)$을 아크볼 표면으로 2차 투영하는 결과를 낳는다. 원점과 이 2차 투영점을 이은 벡터를 v로 취한다.

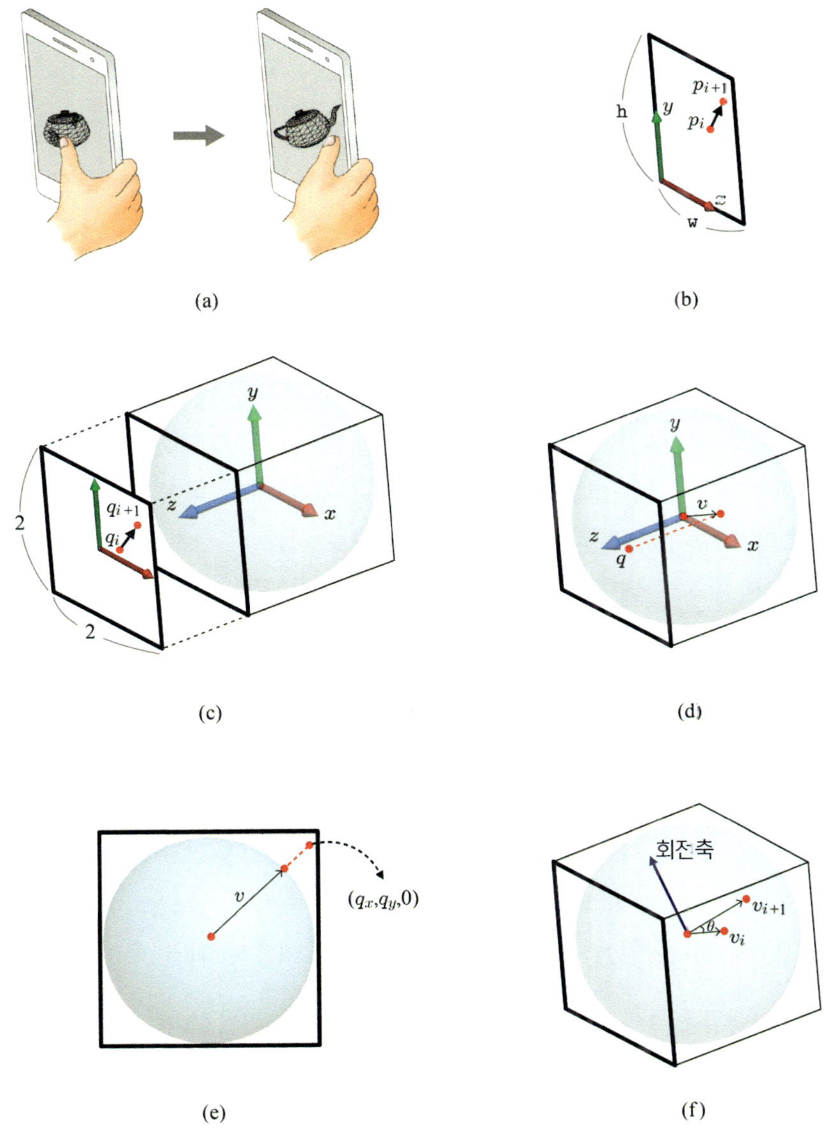

[그림 12.14] 아크볼을 이용한 물체 회전.

이와 같은 방식으로, q_i와 q_{i+1}으로부터 각각 v_i와 v_{i+1}을 계산할 수 있다. 그림 12.14-(f)를 보라. 우리가 원하는 회전은 v_i를 v_{i+1}으로 옮기는 것이다. 이러한 회전은 v_i와 v_{i+1}에 모두 수직인 **회전축** 그리고 v_i와 v_{i+1} 사이의 **회전각** θ에 의해 정의된다. 회전축은 v_i와 v_{i+1}의

벡터곱과 같다. 한편, v_i와 v_{i+1}은 단위 벡터이므로 $v_i \cdot v_{i+1} = \|v_i\|\|v_{i+1}\|\cos\theta = \cos\theta$이다. 따라서, $\theta = \arccos(v_i \cdot v_{i+1}) = \arccos(v_{i_x}v_{i+1_x} + v_{i_y}v_{i+1_y} + v_{i_z}v_{i+1_z})$가 된다.

이러한 회전축과 회전각을 이용해 회전된 물체는 GPU 파이프라인을 통해 즉각 스크린에 렌더링되어야 한다. 따라서, 실제 회전은 GPU 파이프라인의 첫 연산인 월드 변환보다 앞서 적용되어야 한다. 즉, 물체를 회전시킨 후 월드 변환, 뷰 변환 등을 거쳐 최종 스크린에 출력해야 한다. 따라서, 앞서 구한 회전축은 오브젝트 공간으로 변환되어야 한다(회전각 θ는 스칼라이므로 오브젝트 공간에서 그냥 사용하면 된다).

12.1절에서는 스크린 공간에서 오브젝트 공간까지의 변환을 다뤘다. 이 공간들은 모두 GPU 파이프라인의 구성요소들이었다. 따라서, 공간 사이의 변환을 계산할 수 있었다. 하지만, 우리가 회전축을 계산한 그림 12.14의 아크볼 공간은 GPU 파이프라인에 존재하는 것이 아니라, 우리가 임시로 만든 것이다. 다행스럽게도, 여기서 탈출하는 방법은 간단하다. 아크볼 공간의 회전축을 카메라 공간으로 그대로 옮기면 된다. 그림 12.15의 상단에 보인 바와 같이, '벡터'로서의 회전축은 카메라 공간에 놓인 주전자의 중심에 꽂혀 있는 것으로 간주할 수 있다. 이렇게 카메라 공간의 벡터가 주어지면, 12.1.3절에서 이미 배운 것처럼 이를 오브젝트 공간으로 변환할 수 있다.

이제 오브젝트 공간으로 변환된 회전축을 이용해서 회전 행렬을 구해야 하는데, 6.4.1절에 소개된 **glm**을 이용하면 된다. 즉, **glm::rotate(angle, axis)**를 호출하면 된다. 물론 여기서 **angle**은 회전각 θ이고, **axis**는 오브젝트 공간 회전축이다. **glm**을 사용하지 않는다면, 식 (11.14)에 따라 쿼터니언을 정의하고, 식 (11.26)을 이용해 회전 행렬을 구하면 된다.

현재 월드 변환 행렬을 M이라고 하자. 터치스크린에서 손가락이 p_1에서 p_2로 이동하면, 앞서 설명한 방식대로 회전축과 회전각이 계산되고, 그림 12.15의 변환 과정을 거치는데, 이 과정의 마지막 단계인 월드 공간에서 오브젝트 공간으로의 변환은 M^{-1}에 의해 이뤄진다. 한편, 오브젝트 공간으로 변환된 회전축을 이용해 계산한 회전 행렬을 R_1이라고 하자. 그러면 MR_1이 정점 쉐이더에게 새로운 월드 변환 행렬로 주어진다. 이렇게 해야, p_1에서 p_2로 이동한 손가락에 의해 회전된 물체가 GPU 파이프라인을 거쳐 렌더링될 것이다.

위의 MR_1을 M'로 약칭하자. 그 다음, 터치스크린에서 손가락이 p_2에서 p_3로 이동하면, 그림 12.15의 마지막 단계에서 회전축은 $(M')^{-1}$에 의해 월드 공간에서 오브젝트 공간으로 변환된다. 오브젝트 공간으로 변환된 회전축을 이용해 계산한 회전 행렬을 이제 R_2라고 하자. 그러면 $M'R_2$가 정점 쉐이더에게 새로운 월드 변환 행렬로 주어진다. 그 다음 p_3에서 p_4로의 이동을 포함한 모든 손가락 움직임에 대해 이와 같은 연산이 반복적으로 이뤄진다.

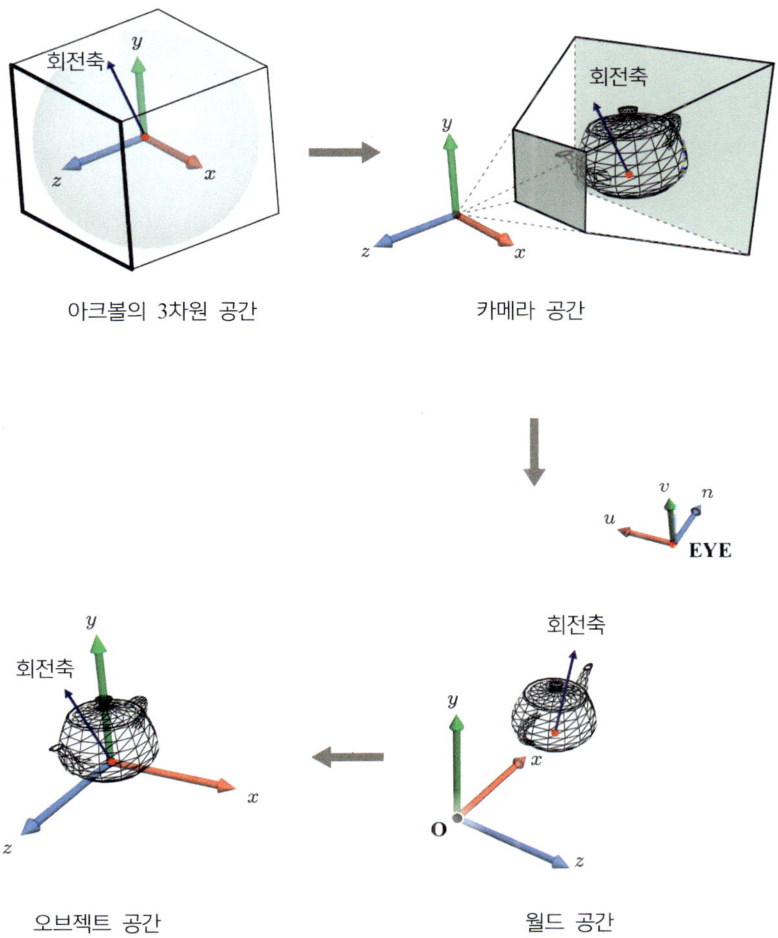

[그림 12.15] 아크볼 회전축을 오브젝트 공간으로 변환한다.

연습문제

1. 그림 12.3에서 스크린 공간 광선의 시작점은 $(x_s, y_s, 0)$이고, 카메라 공간 광선의 시작점은 $(x_c, y_c, -n)$이다.

(a) 뷰포트 변환의 역(inverse)을 이용하여 NDC로 표현된 클립 공간에서의 광선 시작점을 계산하라.

(b) 위 (a)항의 결과는 식 (12.1)과 같아야 한다는 사실을 이용하여 x_c와 y_c를 계산하라.

2. 스크린 상의 물체 선택을 위해 뷰포트 한 가운데를 마우스로 클릭했다고 하자.

(a) 뷰프러스텀 파라미터는 다음과 같다: $n = 12$, $f = 18$, $fovy = 120°$, $aspect = 1$. 카메라 공간 광선을 t의 매개변수 방정식으로 표현하라. [힌트: 뷰포트의 한 가운데를 마우스로 클릭했으므로, 스크린 공간과 카메라 공간 간 변환 행렬을 계산하는 대신, 직관적으로 카메라 공간 광선을 얻을 수 있다.]

(b) 카메라 공간에 중심이 $(0, -1, -14)$에 있고 반지름이 2인 바운딩 구가 있다. 광선이 바운딩 구와 부딪히는 점의 t값 및 3차원 좌표를 계산하라.

3. 스크린 공간에 다음과 같은 삼각형이 있다. 정점별 속성은 $\{(R, G, B), z\}$이다.

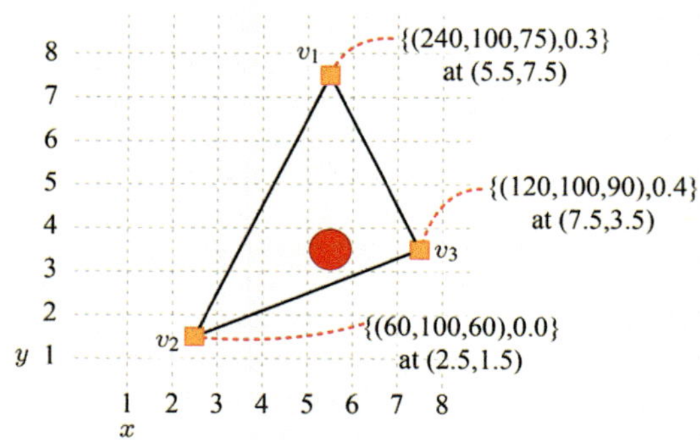

(a) 세 정점 v_1, v_2, v_3를 기준으로, $(5.5, 3.5)$에 놓인 픽셀의 무게중심 좌표를 계산하라.
(b) 이 무게중심 좌표를 이용해 $(5.5, 3.5)$의 R과 z를 계산하라.

4. 그림 12.15의 마지막 단계는 월드 변환의 역(inverse)이다. 현재 월드 변환이 회전(R_0)에 이른 이동(T)의 결합이라 하자. 한편, 손가락의 터치스크린 접촉점을 추적해서 얻은 좌표를 $\{p_1, p_2, .., p_n\}$이라 하자.

(a) 손가락이 p_1에서 p_2로 이동했을 때 얻은 회전 변환을 R_1이라고 하자. R_1 계산에 이용된 월드 변환의 역은 무엇인가? T와 R_0를 이용해 표현하라.
(b) 손가락이 p_2에서 p_3로 이동했을 때 얻은 회전 변환을 R_2라고 하자. R_2 계산에 이용된 월드 변환의 역은 무엇인가? T와 R_0와 R_1을 이용해 표현하라.

13

캐릭터 애니메이션

Character Animation

그래픽스에서 애니메이션을 적용할 가장 중요한 대상은 캐릭터이다. 이중 특히 사람 캐릭터가 중요하다. 사실적이고 자연스러운 캐릭터 움직임을 만들어내는 것은 컴퓨터 애니메이션의 영원한 과제이다. 이를 위해 수많은 기술이 개발되었는데, 이 장은 실시간 캐릭터 애니메이션의 기초적인 기법을 소개한다.

13.1 캐릭터 골격과 공간 이전

실시간 캐릭터 애니메이션을 위해서는 대체로 캐릭터의 **골격**(skeleton)을 이용한다. 캐릭터의 골격은 다수의 **뼈**(bone)로 구성된 **관절체**(articulated body)이다.

13.1.1 골격

1장에 설명한 것처럼 그래픽 디자이너는 3차원 모델링 패키지를 사용하여 캐릭터를 제작하는데, 그림 13.1-(a)와 같은 폴리곤 메시가 제작되었다고 하자. 이와 같은 캐릭터의 기본 자세를 **드레스 포즈**(dress pose)라 한다[1].

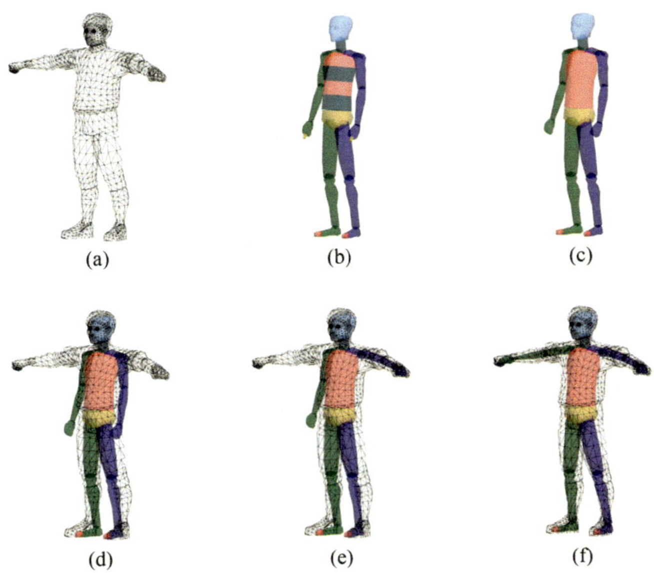

[그림 13.1] 캐릭터의 폴리곤 메시와 골격.

[1] 영문 동의어로 default pose, rest pose, bind pose 등이 있다.

대부분의 3차원 모델링 패키지는 사람 캐릭터에 적합한 기본적인 골격을 제공한다. 그림 13.1-(b)는 3ds Max에서 제공하는 **바이페드**(biped)라는 기본 골격이다. 이는 편집 가능하다. 그림 13.1-(c)의 골격은 바이페드의 척추 뼈 네 개를 하나로 합치는 등의 편집 과정을 거쳐 만들어졌다.

이러한 골격은 그림 13.1-(d)처럼 폴리곤 메시로 옮겨진 후, 캐릭터의 드레스 포즈에 수작업으로 맞춰진다. 그림 13.1-(e)에서는 드레스 포즈에 맞도록 골격의 왼팔을 들어 올렸다. 그림 13.1-(f)는 모든 뼈에 대해 이런 작업을 수행한 결과를 보여 준다.

그림 13.1에서는 뼈를 마치 부피를 가진 물체처럼 그렸는데, 이는 골격을 드레스 포즈에 맞추는 과정에서만 쓰인다. 일단 골격이 드레스 포즈에 맞춰지면, 각 뼈마다 하나의 **변환 행렬**이 자동으로 계산된다. 나중에 골격의 애니메이션을 표현하는데 이 행렬들을 이용한다. 이 절의 나머지는 드레스 포즈에서 계산된 행렬에 대해 다룬다.

13.1.2 뼈와 공간 이전

골격을 구성하는 뼈들은 계층적으로 부모-자식(parent-child) 관계를 형성한다. 그림 13.2는 이 장에서 사용할 골격을 구성하는 뼈의 이름과 그 계층적 구조를 보여준다. 캐릭터 애니메이션에서는 관례적으로 **골반**(pelvis)을 루트 노드로 정한다.

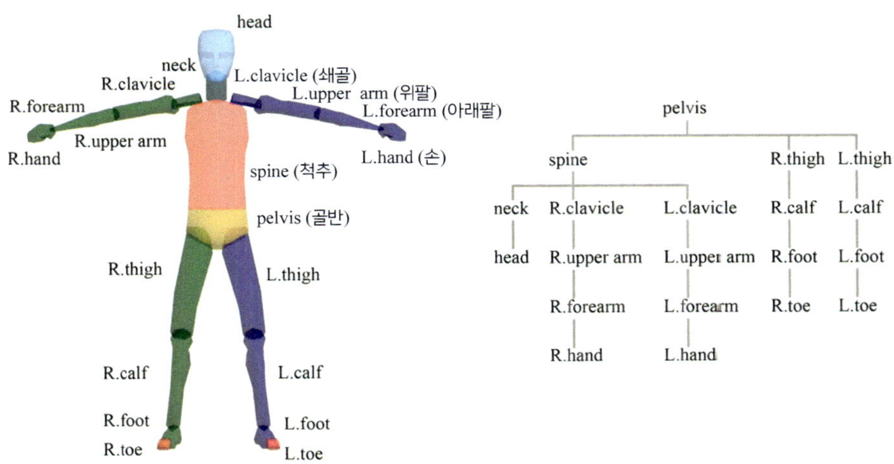

[그림 13.2] 이 장에서 사용할 캐릭터의 골격은 계층 구조를 가지는 20개의 뼈로 이루어졌다.

뼈는 **관절**(joint)로 연결되어 있다. 그림 13.3은 캐릭터 골격 중에서 세 개의 뼈(위팔, 아래팔, 손)와 세 개의 관절(어깨, 팔꿈치, 손목)을 보여주는데, 쉬운 이해를 위하여 앞으로는 하단의 2차원 그림을 사용할 것이다. 이 그림에서 정점 v_u, v_f, v_h는 각각 위팔, 아래팔, 손에 속한다(아래첨자 u, f, h는 각각 upper arm, forearm, hand의 첫 글자이다). 한 뼈가 움직이면 그 뼈에 속한 정점도 움직인다. 예를 들어 아래팔이 움직인다면 v_f도 따라 움직여야 하는데 이를 위해서는 v_f를 아래팔의 **오브젝트 공간**에 정의해야 한다. 4.5절 및 그 이후에 누차 논의한 것처럼, 한 물체는 자신의 오브젝트 공간과 결합되어 있다. 아래팔과 그 오브젝트 공간은 항상 같이 움직이므로, 오브젝트 공간에 정의된 v_f는 항상 아래팔과 같이 움직이게 된다.

캐릭터 메시의 모든 정점이 정의되어 있는 공간을 **캐릭터 공간**이라 부르자. 드레스 포즈에 골격이 맞춰지면, 캐릭터 공간의 각 정점은 자신이 속한 뼈의 오브젝트 공간으로 변환되어야 하는데, 이를 간단히 **뼈 공간**이라 부르자. 그림 13.3의 예에서 v_f는 원래 캐릭터 공간에서 정의되었지만 아래팔의 뼈 공간으로 변환되어 (2,0)의 좌표를 가지게 된다. 그런데 우리는 거꾸로 뼈 공간에서 캐릭터 공간으로의 변환을 계산할 것이다. 즉, 아래팔 공간에서 (2,0)의 좌표를 가지는 v_f를 캐릭터 공간으로 변환할 것인데, 이의 역(inverse)을 취하면 바로 우리가 원하는 변환을 얻게 된다.

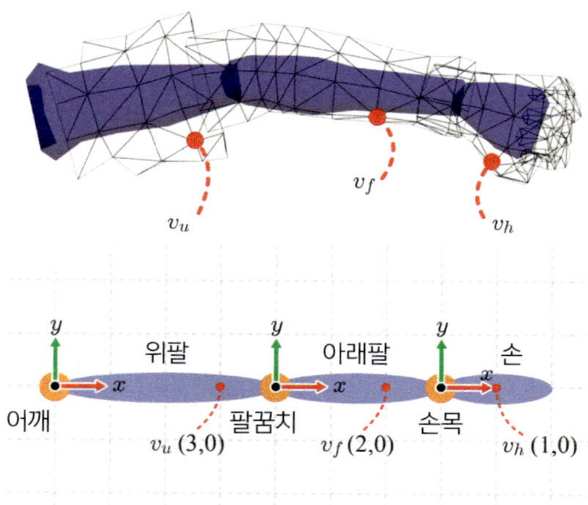

[그림 13.3] 세 개의 뼈와 세 개의 관절. 하단 2차원 그림의 배경으로 주어진 격자를 사용하면 v_u, v_f, v_h의 뼈 공간 좌표를 쉽게 이해할 수 있다.

그림 13.1-(f)에서와 같이 **드레스 포즈**에 골격이 맞춰지면, 부모와 자식 뼈 사이의 상대적인 위치와 방향이 결정된다. 한 뼈에 속한 정점을 그 부모의 뼈 공간으로 변환해 보자. 우리는 이를 **부모 변환**(to-parent transform)이라 부른다. 아래팔의 부모 변환 행렬을 $M_{f,p}$로 표기하자. 여기에서 f는 forearm을 p는 parent를 의미한다. 아래팔에서 위팔로의 **공간 이전**(space change)을 의미하는 $M_{f,p}$는 위팔 좌표계를 아래팔 좌표계에 포개는 행렬과 같다(이해되지 않는다면, 5.2.2절의 뷰 변환을 복습하라).

골격을 구성하는 각 뼈는 고유의 길이를 갖고 있으며, 자신의 뼈 공간의 x축을 따라 놓이는 것이 관례이다. 그림 13.3에서 위팔의 길이는 4이고, 팔꿈치는 위팔 공간에서 (4,0)에 위치한다. 따라서, $M_{f,p}$는 x축을 따라 4만큼 이동하는 행렬로 표현된다.

$$M_{f,p} = \begin{pmatrix} 1 & 0 & 4 \\ 0 & 1 & 0 \\ 0 & 0 & 1 \end{pmatrix} \tag{13.1}$$

이는 아래팔 공간에서 (2,0)의 좌표를 가지는 v_f를 위팔 공간으로 변환한다.

$$\begin{aligned} M_{f,p}v_f &= \begin{pmatrix} 1 & 0 & 4 \\ 0 & 1 & 0 \\ 0 & 0 & 1 \end{pmatrix} \begin{pmatrix} 2 \\ 0 \\ 1 \end{pmatrix} \\ &= \begin{pmatrix} 6 \\ 0 \\ 1 \end{pmatrix} \end{aligned} \tag{13.2}$$

그림 13.3을 보면 위팔 공간에서 v_f가 $(6,0)$의 좌표를 가진다는 사실을 쉽게 이해할 수 있을 것이다.

이제 손의 부모 변환을 생각해 보자. 그 행렬은 다음과 같다.

$$M_{h,p} = \begin{pmatrix} 1 & 0 & 3 \\ 0 & 1 & 0 \\ 0 & 0 & 1 \end{pmatrix} \tag{13.3}$$

손 공간에서 좌표가 $(1,0)$인 v_h는 위 행렬에 의해 아래팔 공간으로 변환된다.

$$
\begin{aligned}
v'_h &= M_{h,p}v_h \\
&= \begin{pmatrix} 1\ 0\ 3 \\ 0\ 1\ 0 \\ 0\ 0\ 1 \end{pmatrix} \begin{pmatrix} 1 \\ 0 \\ 1 \end{pmatrix} \\
&= \begin{pmatrix} 4 \\ 0 \\ 1 \end{pmatrix}
\end{aligned} \tag{13.4}
$$

한편 식 (13.4)의 $v_h{}'$는 식 (13.1)의 $M_{f,p}$에 의해 위팔 공간으로 변환될 수 있다.

$$
\begin{aligned}
M_{f,p}v'_h &= \begin{pmatrix} 1\ 0\ 4 \\ 0\ 1\ 0 \\ 0\ 0\ 1 \end{pmatrix} \begin{pmatrix} 4 \\ 0 \\ 1 \end{pmatrix} \\
&= \begin{pmatrix} 8 \\ 0 \\ 1 \end{pmatrix}
\end{aligned} \tag{13.5}
$$

식 (13.5)는 다음과 같이 고쳐 쓸 수 있다.

$$
\begin{aligned}
M_{f,p}v'_h &= M_{f,p}M_{h,p}v_h \\
&= \begin{pmatrix} 1\ 0\ 4 \\ 0\ 1\ 0 \\ 0\ 0\ 1 \end{pmatrix} \begin{pmatrix} 1\ 0\ 3 \\ 0\ 1\ 0 \\ 0\ 0\ 1 \end{pmatrix} \begin{pmatrix} 1 \\ 0 \\ 1 \end{pmatrix} \\
&= \begin{pmatrix} 8 \\ 0 \\ 1 \end{pmatrix}
\end{aligned} \tag{13.6}
$$

즉 $M_{h,p}$가 $M_{f,p}$와 결합되어 손에 속하는 정점을 **조부모**인 위팔 공간으로 변환한 것이다.

이 사실을 일반화하면, 한 뼈의 정점이 주어졌을 때 부모 변환 행렬을 계속 결합하면 골격 계층 구조의 어떤 조상이든지 그것의 뼈 공간으로 정점을 변환할 수 있음을 알 수 있다. 물론 이 조상은 계층 구조의 루트 노드일 수 있다.

13.1.3 캐릭터 공간에서 뼈 공간으로의 변환

그림 13.4는 골반, 척추, 쇄골, 위팔, 아래팔, 손의 부모-자식 관계에 집중해서 그림 13.2의 골격을 다시 그린 것이다. 논의를 간결하게 진행하기 위해, 골반은 1, 척추는 2와 같은 일련 번호로 부르도록 하자. 따라서, 그림 13.4에서 부모 변환 행렬은 $M_{2,p}$, $M_{3,p}$, $M_{4,p}$, $M_{5,p}$,

$M_{6,p}$로 표기된다. 예를 들어, $M_{3,p}$는 쇄골(3번) 공간에서 척추 공간으로 이전하는 부모 변환 행렬이다.

드레스 포즈의 골격이 주어지면, 각 뼈 공간에서 캐릭터 공간으로의 변환을 결정할 수 있다. 이 행렬을 $M_{i,d}$로 표기하자. 여기에서 i은 뼈의 일련번호를, d는 드레스 포즈를 의미한다. 골반은 루트 노드이므로, 골반 공간은 캐릭터 공간과 동일하다고 간주하자. 따라서 $M_{1,d}$는 단위 행렬(I)이다.

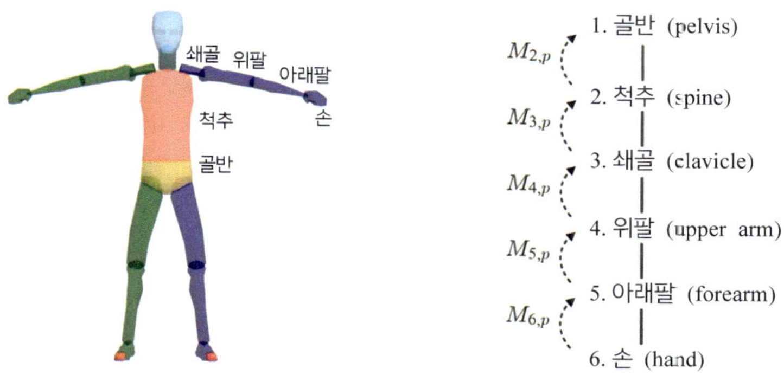

[그림 13.4] 부모 변환.

이제 척추 공간에서 캐릭터 공간으로 변환하는 행렬 $M_{2,d}$를 구해 보자. 이는 다음과 같이 두 개 행렬의 결합으로 정의된다.

$$M_{2,d} = M_{1,d}M_{2,p} \tag{13.7}$$

즉 척추의 정점은 $M_{2,p}$에 의해 척추의 부모인 골반의 뼈 공간으로 우선 변환되고, 그 다음 $M_{1,d}$에 의해 캐릭터 공간으로 변환된다. 그림 13.5-(a)의 점선 화살표 두 개가 이 경로를 보여준다.

나머지 뼈에 대해서도 같은 방식을 적용할 수 있다. 쇄골의 정점은 그림 13.5-(b)에 보인 것처럼 세 개의 행렬을 통해 캐릭터 공간으로 변환된다.

$$M_{3,d} = M_{1,d}M_{2,p}M_{3,p} \tag{13.8}$$

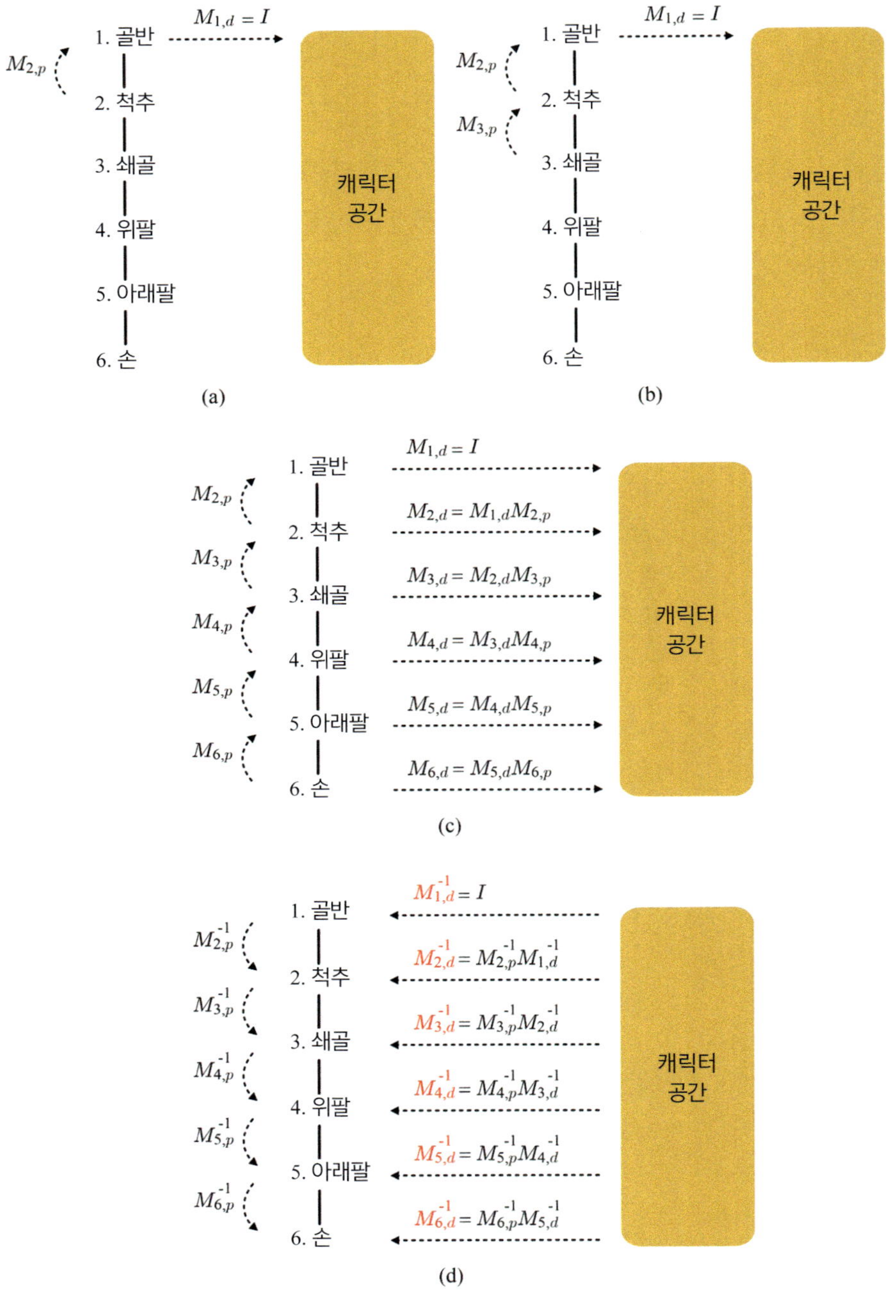

[그림 13.5] 드레스 포즈 골격에서 캐릭터 공간과 뼈 공간 사이의 변환. (a) 척추 공간에서 캐릭터 공간으로 (b) 쇄골 공간에서 캐릭터 공간으로. (c) 뼈 공간에서 캐릭터 공간으로. (d) 캐릭터 공간에서 뼈 공간으로.

앞의 식에서 $M_{1,d}M_{2,p}$는 식 (13.7)의 $M_{2,d}$와 동일하다. 이는 그림 13.5-(b)에서 쇄골의 정점이 캐릭터 공간에 도달하기 위해 밟아가는 경로가 그림 13.5-(a)에서 척추의 정점이 밟아가는 경로를 포함한다는 사실을 반영한다. 식 (13.8)은 다음과 같이 간략화될 수 있다.

$$\begin{aligned} M_{3,d} &= M_{1,d}M_{2,p}M_{3,p} \\ &= M_{2,d}M_{3,p} \end{aligned} \tag{13.9}$$

식 (13.7)과 (13.9)는 다음과 같이 일반화된다.

$$M_{i,d} = M_{i-1,d}M_{i,p} \tag{13.10}$$

그림 13.5-(c)의 수평 화살표들은 이러한 변환을 모두 보여준다.

지금까지 우리는 뼈 공간에서 캐릭터 공간으로의 변환 $M_{i,d}$를 정의했다. 그러나 관절체 애니메이션에서 필요한 것은 그 **역변환**인 $M_{i,d}^{-1}$이다.

$$M_{i,d}^{-1} = M_{i,p}^{-1}M_{i-1,d}^{-1} \tag{13.11}$$

그림 13.5-(d)의 수평 화살표들은 이러한 변환을 모두 보여준다.

요약해 보자. **드레스 포즈** 골격이 주어지면, 각 뼈의 부모 변환 행렬 $M_{i,p}$가 즉시 결정된다. 이는 $M_{i,p}^{-1}$이 즉시 결정된다는 뜻이도 하다. 따라서, 식 (13.11)의 $M_{i,d}^{-1}$ 계산을 위해서는 $M_{i-1,d}^{-1}$만 있으면 된다. 그런데 $M_{i-1,d}^{-1}$을 위해서는 $M_{i-2,d}^{-1}$이 필요할 것이다. 이런 식으로 골격 계층을 거슬러 올라가 보면 우리에게 궁극적으로 필요한 것은 루트 노드인 골반의 $M_{1,d}^{-1}$임을 알 수 있다. 다행히 $M_{1,d}^{-1}$은 단위 행렬이다. 따라서, $M_{1,d}^{-1}$부터 시작해서 골격 계층 구조를 따라 '위에서 아래로 내려가면서' 모든 뼈의 $M_{i,d}^{-1}$을 구할 수 있다.

13.2 정기구학

앞 절에서 소개한 $M_{i,d}^{-1}$은 **드레스 포즈** 골격의 캐릭터 공간 정점을 i번째 뼈 공간으로 변환한다. 예를 들어 그림 13.6-(a)의 v_5는 원래 캐릭터 공간에 정의되었지만, $M_{5,d}^{-1}$에 의해 변환되어 아래팔 공간에서 $(2,0)$의 좌표를 가지게 되었다.

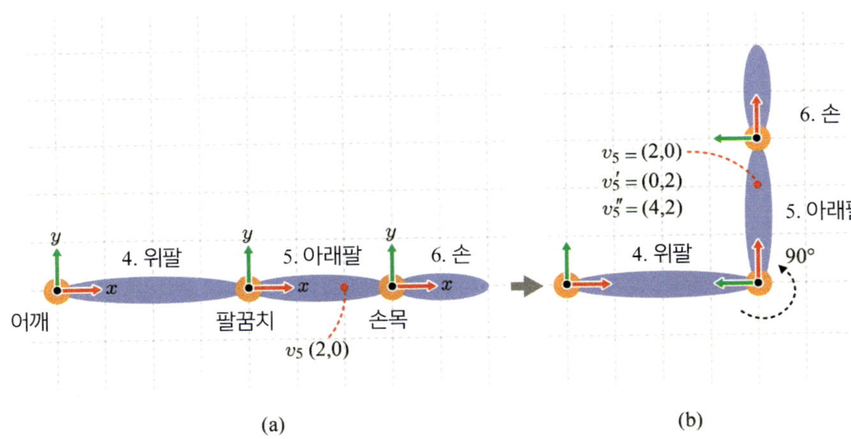

[그림 13.6] 정기구학. (a) 드레스 포즈. (b) 애니메이션 포즈.

이제 관절체 애니메이션을 생각해 보자. 각 정점은 자신이 속한 뼈에 의해 움직이는데, 그림 13.6-(b)는 아래팔이 회전함에 따라 v_5도 회전한 것을 보여준다. 그런데, 이렇게 애니메이션이 완료된 정점을 렌더링에 사용하기 위해서는 이를 다시 캐릭터 공간으로 변환해야 한다. 이렇게 해야 **애니메이션 포즈**의 캐릭터 전체가 GPU 파이프라인을 따라 월드 변환, 뷰 변환 등을 거쳐서 최종적으로 스크린에 렌더링될 것이다. 그림 13.6에서 우리는 "(1) v_5에 애니메이션을 적용하고, (2) 그 결과를 캐릭터 공간으로 옮기는 변환"이 필요하다. 이를 $M_{5,a}$라 표기하자. 여기서 a는 animation을 의미한다.

그림 13.6-(b)에서 아래팔은 90° 회전했다. 이는 아래팔의 뼈 공간의 원점인 팔꿈치를 중심으로 한 회전이다. 이러한 지역적인(local) 특성을 반영하여 이를 **지역 변환**(local transform)이라 부르자. 아래팔의 지역 변환은 $M_{5,l}$로 표기할 것이다(여기에서 5는 아래팔의 고유 번호이고, l은 local을 의미한다). 2차원 동차 좌표계에서의 회전 행렬은 다음과 같다.

$$\begin{pmatrix} cos\theta & -sin\theta & 0 \\ sin\theta & cos\theta & 0 \\ 0 & 0 & 1 \end{pmatrix} \tag{13.12}$$

따라서 90° 회전을 표현하는 $M_{5,l}$은 다음과 같다.

$$M_{5,l} = \begin{pmatrix} 0 & -1 & 0 \\ 1 & 0 & 0 \\ 0 & 0 & 1 \end{pmatrix} \tag{13.13}$$

이는 v_5에 적용된다.

$$\begin{aligned} v_5' &= M_{5,l}v_5 \\ &= \begin{pmatrix} 0 & -1 & 0 \\ 1 & 0 & 0 \\ 0 & 0 & 1 \end{pmatrix} \begin{pmatrix} 2 \\ 0 \\ 1 \end{pmatrix} \\ &= \begin{pmatrix} 0 \\ 2 \\ 1 \end{pmatrix} \end{aligned} \tag{13.14}$$

그림 13.6-(b)에서 v_5와 $v_5{}'$를 비교해 보라. 아래팔과 그 뼈 공간은 하나로 묶여 있으므로, 아래팔이 회전해도 v_5는 아래팔 공간에서 $(2, 0)$이라는 좌표를 그대로 유지한다. 반면, $v_5{}'$는 '회전되기 전의' 아래팔 공간을 기준으로 하는 좌표이다(배경의 점선 격자를 이용해 $(0, 2)$ 좌표를 이해하라). 그런데, '회전되기 전의' 아래팔과 위팔 사이의 관계는 식 (13.1)의 $M_{5,p}(M_{f,p})$에 의해 정의되었다. 따라서, $v_5{}'$는 $M_{5,p}$에 의해 위팔 공간으로 변환된다.

$$\begin{aligned} v_5'' &= M_{5,p}v_5' \\ &= \begin{pmatrix} 1 & 0 & 4 \\ 0 & 1 & 0 \\ 0 & 0 & 1 \end{pmatrix} \begin{pmatrix} 0 \\ 2 \\ 1 \end{pmatrix} \\ &= \begin{pmatrix} 4 \\ 2 \\ 1 \end{pmatrix} \end{aligned} \tag{13.15}$$

그림 13.6-(b)의 점선 격자를 보면 위팔 공간에서 $v_5{}''$가 $(4, 2)$의 좌표를 가지고 있음을 쉽게 확인할 수 있을 것이다. 식 (13.14)와 (13.15)는 아래와 같이 결합된다.

$$\begin{aligned} v_5'' &= M_{5,p}M_{5,l}v_5 \\ &= \begin{pmatrix} 1 & 0 & 4 \\ 0 & 1 & 0 \\ 0 & 0 & 1 \end{pmatrix} \begin{pmatrix} 0 & -1 & 0 \\ 1 & 0 & 0 \\ 0 & 0 & 1 \end{pmatrix} \begin{pmatrix} 2 \\ 0 \\ 1 \end{pmatrix} \\ &= \begin{pmatrix} 4 \\ 2 \\ 1 \end{pmatrix} \end{aligned} \tag{13.16}$$

관절체 애니메이션에서 모든 뼈는 회전 가능하다. 즉, 아래팔뿐 아니라 위팔도 회전할 수 있다. "(1) 위팔에 속한 정점에 애니메이션을 적용하고, (2) 그 결과를 캐릭터 공간으로 옮기는 변환"을 $M_{4,a}$라 표기하자. 그러면 $M_{4,a}$와 식 (13.16)의 $M_{5,p}M_{5,l}$을 결합해서 $M_{5,a}$를 정의할 수 있다.

$$M_{5,a} = M_{4,a}M_{5,p}M_{5,l} \tag{13.17}$$

즉 $M_{5,p}M_{5,l}$에 의해 아래팔 공간에서 위팔 공간으로 옮겨진 다음, $M_{4,a}$에 의해 캐릭터 공간으로 변환되는 것이다. 골격의 계층 구조를 생각해보면, 식 (13.17)은 다음과 같이 일반화될 수 있다.

$$M_{i,a} = M_{i-1,a}M_{i,p}M_{i,l} \tag{13 18}$$

애니메이터가 캐릭터의 **애니메이션 포즈**를 만들면, 각 뼈의 $M_{i,l}$은 확정된다. 20개의 뼈를 가진 캐릭터라면, 20개의 $M_{i,l}$이 정해지는데, 식 (13.13)의 $M_{5,l}$이 하나의 예가 된다. 한편, 그림 13.4에 보인 것처럼, **드레스 포즈**로부터 $M_{i,p}$도 확정된다. 따라서 식 (13.18)의 $M_{i,a}$ 계산을 위해서는 $M_{i-1,a}$만 있으면 된다. 그런데 $M_{i-1,a}$ 계산을 위해서는 $M_{i-2,a}$가 필요하다. 이런 식으로 골격 계층을 거슬러 올라가 보면 우리에게 궁극적으로 필요한 것은 루트 노드인 골반의 $M_{1,a}$임을 알 수 있다.

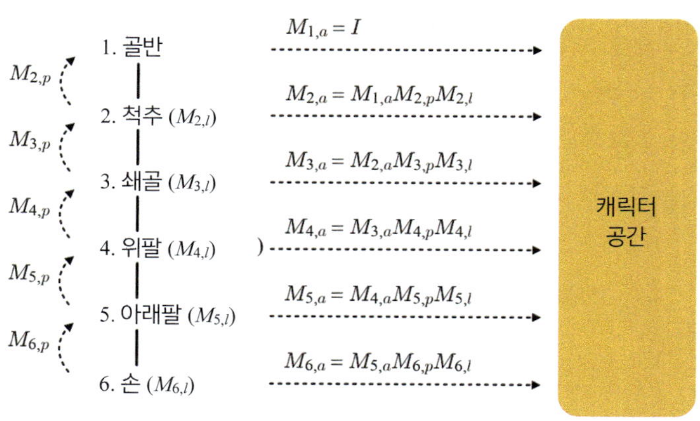

[그림 13.7] 애니메이션 포즈에서 각 뼈 공간에서 캐릭터 공간으로의 변환.

$M_{1,a}$는 "(1) 골반에 속한 정점에 애니메이션을 적용하고, (2) 그 결과를 캐릭터 공간으로 옮기는 변환"으로 정의된다. (1)항의 골반 애니메이션은 뭘까? 월드 공간에서 캐릭터의 위치와 방향을 정하기 위해 월드 변환이 필요할 텐데, 이 월드 변환은 골격의 루트 노드인 골반을 기준으로 정한다. 즉, 골반의 애니메이션은 나중에 캐릭터의 월드 변환으로 대체될 수 있으므로 지금은 불필요하다. (2)항의 변환도 불필요하다. 골반 공간은 캐릭터 공간과 같기 때문이다. 따라서, $M_{1,a}$는 단위 행렬이다. 이제 우리는 애니메이션 포즈에서 모든 뼈의 $M_{i,a}$를 계산할 수 있다. 그림 13.7을 보라. 단위 행렬인 $M_{1,a}$부터 시작해 골격 계층 구조를 따라 '위에서 아래로 내려가면서' 각 뼈마다 식 (13.18)를 사용해 $M_{i,a}$를 계산하면 된다.

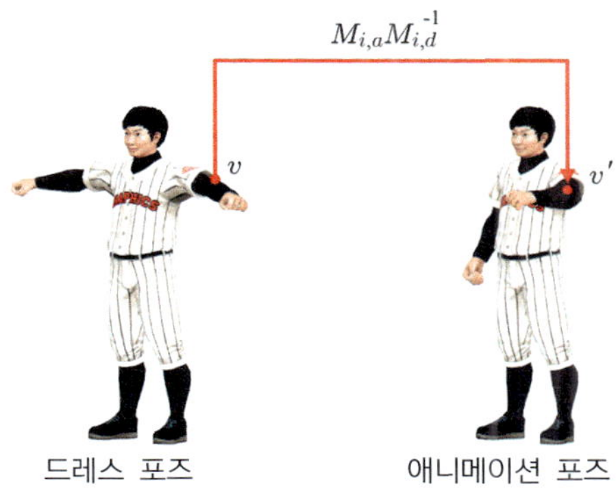

[그림 13.8] v와 v'는 모두 캐릭터 공간에서 정의되었는데, 매 프레임 v'가 갱신된다.

전체를 요약해 보자. **드레스 포즈** 골격이 결정되면, 그림 13.5-(d)에 보인 바와 같이, 골격 계층 구조를 따라 '위에서 아래로 내려가면서' 각 뼈마다 $M_{i,d}^{-1}$을 계산한다. 이는 단 한번 계산된다. 한편, **애니메이션 포즈**가 결정되면, 그림 13.7에 보인 것처럼, 골격 계층 구조를 따라 역시 '위에서 아래로 내려가면서' 각 뼈마다 $M_{i,a}$를 계산한다. 이는 모든 애니메이션 포즈에서, 즉 애니메이션의 각 프레임마다 반복된다. 드레스 포즈에서 정점의 캐릭터 공간 좌표를 v로 표기하자. 이는 우선 $M_{i,d}^{-1}$에 의해 해당 뼈 공간으로 변환된다. 그 이후 $M_{i,a}$에 의해 애니메이션되고 캐릭터 공간으로 변환된다. 이 정점을 v'라 표기하자.

$$v' = M_{i,a}M_{i,d}^{-1}v \tag{13.19}$$

이렇게 얻어진 v'들을 모아 렌더링하면 애니메이션 포즈의 캐릭터를 얻게 된다. 그림 13.8을 보라.

기구학(kinematics)은 질량이나 힘을 고려하지 않고 물체의 움직임을 기술하는 학문 분야이다[2]. 모든 뼈의 변환을 계산하여 관절체 전체의 모습을 결정하는 것을 **정기구학**(forward kinematics 혹은 direct kinematics)이라고 부른다. 이 절에서 다룬 내용이 바로 정기구학이다. 우리는 13.4절에서 **역기구학**(inverse kinematics)에 대해 공부할 것인데, 이는 관절체의 말단 노드의 위치와 방향이 주어졌을 때 이를 위하여 관절체의 뼈에 어떠한 변환을 적용해야 하는 지 결정한다.

13.3 스키닝

캐릭터의 폴리곤 메시를 **피부**(skin)라고도 부르는데, 이 절은 골격 움직임에 따라 어떻게 피부를 부드럽게 변형하는지 다룬다.

13.3.1 정점 블렌딩

(a) (b)

	위팔	아래팔
a	0.7	0.3
b	0.5	0.5
c	0.3	0.7

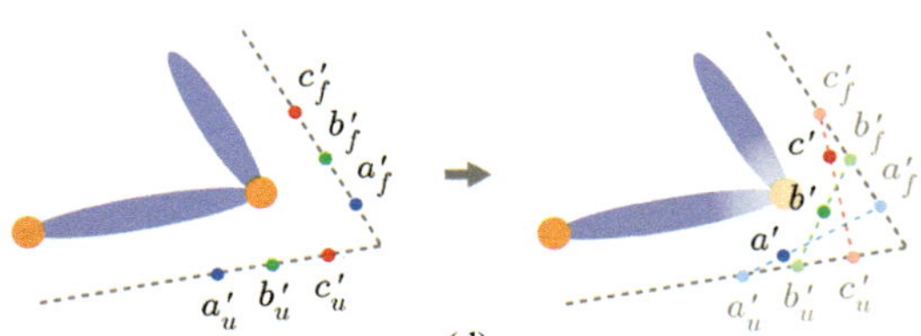

(c) (d)

[그림 13.9] 스키닝 애니메이션. (a) 피부 위의 정점. (b) 블렌딩을 수행하지 않은 경우. (c) 블렌딩 가중치. (d) 블렌딩을 수행한 경우.

이제까지 우리는 한 정점은 오직 하나의 뼈에 속한다고 가정했다. 그림 13.9-(a)는 팔꿈치에 연결된 위팔과 아래팔을 보여주는데, 팔꿈치 주위의 세 정점 a, b, c를 보자. 이 중 a는 위팔

2 반면, 동역학(dynamics)은 움직임을 만들어 내는 데 필요한 힘(force)에 대해 다룬다.

에 속하고 b와 c는 아래팔에 속한다고 가정하자. 그림 13.9-(b)는 이런 가정 하에 두 팔이 회전했을 때의 결과를 보여준다. 변형된 피부는 부드럽지 않다.

한 정점은 오직 하나의 뼈에 속한다는 제약 때문에 이러한 문제가 발생한 것인데, 여러 개의 뼈가 한 정점에 영향을 주도록 하고 그 결과를 **블렌딩**(blending)하면 이 문제는 상당히 완화될 수 있다. 이를 위해서는 각 뼈가 한 정점에 얼마나 영향을 주는지 미리 정해줘야 하는데, 이를 **블렌딩 가중치**(blending weight) 혹은 간단히 가중치라 부른다. 그림 13.9-(c)에서, a에 대해 위팔은 70%, 아래팔은 30%의 가중치를 가진다. a가 아래팔보다는 위팔에 더 가까이 있으므로 위팔에 더 많은 영향을 받게 설정하는 것은 타당하다. b와 c의 가중치도 비슷한 원칙에 따라 정해질 수 있다.

그림 13.9-(a)의 드레스 포즈에서, 정점 a는 캐릭터 공간에서 정의되었다. 이것이 위팔 공간으로 변환되어, 위팔의 움직임에 따라 애니메이션된 후, 다시 캐릭터 공간으로 변환된 것이 그림 13.9-(d)에 보인 a_u'이다. 그런데, 이제 a는 아래팔의 영향도 받는다. a가 아래팔 공간으로 변환되어, 아래팔의 움직임에 따라 애니메이션된 후, 다시 캐릭터 공간으로 변환된 것이 그림 13.9-(d)의 a_f'이다. a_u'와 a_f'에 각각 0.7과 0.3의 가중치를 곱해 더한 것이 a'이다. 즉, 0.7과 0.3의 가중치를 이용해 a_u'와 a_f'를 선형보간한 것이다. b'와 c'도 그림 13.9-(c)의 가중치를 사용해서 같은 방법으로 구해진다. 이제 a', b', c'를 연결하면 그림 13.9-(b)보다 훨씬 부드러운 피부를 얻게 된다. 이러한 기법을 **스키닝**(skinning) 혹은 **정점 블렌딩**(vertex blending)이라 부른다.

그림 13.10에서 v는 드레스 포즈의 캐릭터 공간에서 정의된 정점이다. 이것이 $M_{5,d}^{-1}$에 의해 아래팔 공간으로 변환된 것을 v_5로 표기하였다.

$$v_5 = M_{5,d}^{-1} v \tag{13.20}$$

이제 아래팔뿐 아니라 손도 v에 영향을 준다고 가정하자. 그러면 v는 $M_{6,d}^{-1}$에 의해 손 공간으로도 변환되는데, 이를 v_6로 표기하자.

$$v_6 = M_{6,d}^{-1} v \tag{13.21}$$

이제 아래팔이 90° 회전하고 손이 −90°, 즉 시계방향으로 90° 회전하여 그림 13.10-(b)와 같은 애니메이션 포즈를 얻었다고 가정하자. 그러면 v_5와 v_6는 각각 $M_{5,a}$와 $M_{6,a}$에 의해

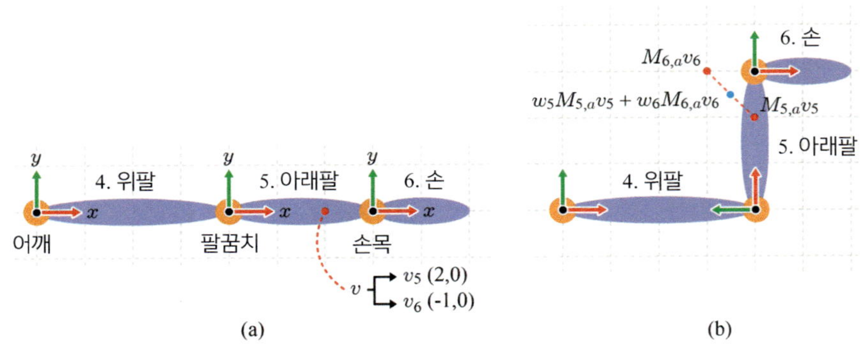

[그림 13.10] 정점 블렌딩. (a) 하나의 정점은 두 개의 뼈 공간에서 서로 다른 좌표(v_5와 v_6)를 가진다. (b) 애니메이션 포즈에서 v_5와 v_6는 각기 다른 캐릭터 공간 좌표를 가지게 되는데, 이를 블렌딩하여 최종 위치를 결정한다.

애니메이션되고 캐릭터 공간으로 변환된 후, 미리 정의된 가중치 w_5와 w_6를 사용해 블렌딩된다.

$$v' = w_5 M_{5,a} v_5 + w_6 M_{6,a} v_6 \tag{13.22}$$

식 (13.20)과 (13.21)을 식 (13.22)에 삽입한 결과는 다음과 같다.

$$v' = w_5 M_{5,a} M_{5,d}^{-1} v + w_6 M_{6,a} M_{6,d}^{-1} v \tag{13.23}$$

일반적으로, 한 정점에 영향을 주는 뼈들과 그 가중치는 애니메이션 과정 전체에 걸쳐 일정하게 유지되는데, m개의 뼈가 한 정점에 영향을 준다고 가정하자(게임과 같은 실시간 그래픽스 응용에서는 대체로 m은 4로 고정된다. 물론 m개의 뼈의 가중치 합은 1이다). 그러면 식 (13.23)은 다음과 같이 일반화된다.

$$v' = \sum_{i=1}^{m} w_i M_{i,a} M_{i,d}^{-1} v \tag{13.24}$$

$M_{i,a} M_{i,d}^{-1}$을 간단히 M_i로 표기하자.

$$v' = \sum_{i=1}^{m} w_i M_i v \tag{13.25}$$

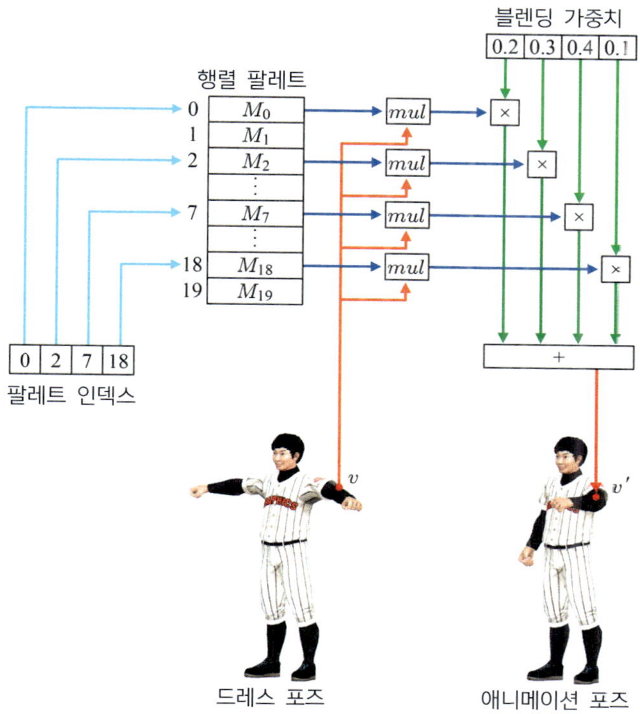

[그림 13.11] 스키닝 알고리즘의 입력 및 작동 원리. 팔레트 인덱스와 가중치는 정점별로 고정되어 있다. 스키닝 알고리즘은 드레스 포즈의 v를 애니메이션 포즈의 v'로 변환한다.

그림 13.11은 식 (13.25)가 어떻게 구현되는지 보여준다. 야구 선수 캐릭터의 골격은 20개의 뼈를 가진다. 따라서 애니메이션 과정의 매 프레임마다 20개의 M_i를 갱신해야 한다. 이는 **행렬 팔레트**(matrix pallette)라 불리는 테이블에 저장된다. 드레스 포즈의 한 정점 v를 보자. 그림 13.11에서 v에 영향을 미치는 뼈의 인덱스는 0, 2, 7, 18이다. 따라서, v는 행렬-정점 곱셈을 의미하는 mul 함수를 이용하여 M_0, M_2, M_7, M_{18} 네 개의 행렬에 의해 변환되고, 그 결과는 각각 0.2, 0.3, 0.4, 0.1의 가중치를 이용해 결합된다. 그 결과가 바로 v'이다.

일반적으로 스키닝 알고리즘은 정점 쉐이더로 구현된다. 정점 쉐이더에게 행렬 팔레트는 **유니폼**으로 제공된다. 반면, 팔레트 인덱스와 블렌딩 가중치는 정점 위치, 노멀, 텍스처 좌표 등과 함께 정점 배열에 저장된다. 그림 13.11에서 $(0, 2, 7, 18)$과 $(0.2, 0.3, 0.4, 0.1)$이 정점 배열 내 v의 칸에 저장되는 것이다. 이들은 모두 정점 쉐이더에게 **애트리뷰트**로 제공된다.

13.3.2 키프레임 애니메이션에서의 스키닝*

식 (13.24)의 정점 블렌딩을 **키프레임 애니메이션**에 적용해 보자. $M_{i,d}^{-1}$는 드레스 포즈의 골격을 이용해 단 한 번 계산된 후, 모든 애니메이션 프레임에 사용된다. 반면, 애니메이션 포즈는 **키프레임**에서만 정의될 것이므로, 키프레임에서 정의된 $M_{i,a}$를 보간하여 **중간 프레임**에 사용해야 한다.

식 (13.18)에 보인 바와 같이, $M_{i,a}$는 $M_{i-1,a}M_{i,p}M_{i,l}$로 정의된다. 이 중 $M_{i,l}$은 특별한 경우가 아니면 회전 행렬로 국한된다(사람의 관절은 회전만 가능하다). 한편 $M_{i,p}$는 회전과 이동이 결합된 공간 이전 행렬이다. 따라서 $M_{i,p}M_{i,l}$은 **강체 변환**이고 $[\boldsymbol{R}|\boldsymbol{t}]$로 표기할 수 있다. $\boldsymbol{R}$은 '누적된 회전'을, $\boldsymbol{t}$는 '누적된 이동'을 나타낸다(이것이 이해되지 않는다면 4.2절과 4.4절을 다시 읽어보라). 키프레임에서 각각의 뼈에는 $\boldsymbol{R}$이 쿼터니언(q로 표기하자)으로 변환되어 저장되고, $\boldsymbol{t}$는 3차원 벡터로 저장된다. 이것이 바로 뼈의 키 데이터를 구성한다. 20개의 뼈를 가진 캐릭터라면, 하나의 키프레임은 q와 $\boldsymbol{t}$의 쌍을 20개 가진다.

중간 프레임에서는 골격 계층 구조를 따라 '위에서 아래로 내려가면서' 각 뼈마다 $M_{i,a}$를 계산해야 하는데, 이를 위해 키프레임의 q와 $\boldsymbol{t}$를 각각 보간한다. 보간된 q는 식 (11.26)에 따라 4×4 행렬로 전환된다. 보간된 $\boldsymbol{t}$는 이 행렬의 네 번째 열을 채운다. 이것이 부모 뼈의 $M_{i-1,a}$와 결합되어 $M_{i,a}$를 완성하는 것이다.

예제 코드 13-1은 키프레임 애니메이션에서의 스키닝 알고리즘의 슈도코드이다. 첫 번째 `for` 루프는 $M_{i,d}^{-1}$을 의미하는 `Md-`를 각 뼈에 할당한다. 이 작업은 단 한 번 수행된다. 두 번째 `for` 루프는 애니메이션 과정의 매 프레임마다 실행되는데, 우선 보간을 사용하여 $M_{i,a}$를 의미하는 `Ma`를 각각의 뼈마다 계산한다. 그 다음, `Ma`는 `Md-`와 결합되어 식 (13.25)의 M_i를 의미하는 `Mi`를 구성한다. 이것은 **행렬 팔레트**에 저장되어 정점 쉐이더에게 넘겨진다. 그림 13.12-(a)의 왼쪽과 오른쪽 끝은 두 개의 키프레임을, 가운데 세 개는 중간 프레임을 보여주며, 그림 13.12-(b)는 이들 다섯 개 프레임을 중첩해서 보여준 것이다.

[예제 코드 13-1] 키프레임 기반 스키닝 알고리즘의 슈도코드

```
for each bone // default pose
    compute Md-

for each frame
    for each bone i // animated pose
        interpolate key data
        compute Ma
        combine Ma with Md- to define Mi
        store Mi in the matrix palette
    invoke vertex shader for skinning
```

[그림 13.12] 스키닝을 사용한 키프레임 애니메이션. (a) 키프레임 및 중간 프레임. (b) 겹쳐서 그려진 프레임.

13.4 역기구학

로봇 팔의 끝에 부착되어 물체를 잡고 다루는 등의 용도로 쓰이는 기구를 **말단 장치**(end effector)라 한다. **정기구학**(forward kinematics)은 로봇 팔의 관절 각도를 입력으로 받아 말단 장치의 위치 및 방향을 결정한다. 이러한 작업의 역(逆)순을 **역기구학**(inverse kinematics; 이하 IK로 약칭)이라 한다. 즉, 목표로 하는 말단 장치의 위치 및 방향이 입력으로 주어지면, 이 목표를 달성하기 위해 필요한 각 관절의 각도를 계산한다.

로봇 분야에서 개발된 IK는 캐릭터 애니메이션에도 유용하게 사용된다. 예를 들어 울퉁불퉁한 지형을 걷는 캐릭터의 발이 지형 표면에 정확히 놓일 수 있도록 다리의 관절 각도를 결정하는데 IK가 쓰인다. 이렇게 실시간으로 IK를 풀어서 캐릭터의 관절 운동을 결정하게 되면, 미리 예측할 수 없는 환경 혹은 동적으로 변화하는 환경에서도 자연스러운 캐릭터 애니메이션을 구현할 수 있다.

로봇 분야에서는 미분 방정식을 풀어서 IK 해를 구한다. 이는 대체로 복잡한 계산 과정을 거치고 연산 시간이 많이 든다는 단점이 있다. 실시간 응용 분야에서는 이를 대신하는 간단한 알고리즘이 널리 사용되는데, 이 절은 그 중 두 가지 기법을 소개한다.

13.4.1 해석적 기법

[그림 13.13] 관절과 자유도. (a) 1자유도의 팔꿈치. (b) 3자유도의 어깨.

물체의 상태를 정의하는 독립적인 변수의 개수를 **자유도**(degrees of freedom; DOF)라 부른다. 13.13-(a)의 로봇 팔꿈치는 기구학적으로 경첩(hinge)과 같아서, 아래팔을 위아래로 움직이는 자유도만 가지고 있으므로, **1자유도 관절**이라 한다. 반면, 그림 13.13-(b)의 어깨는 기구학적으로 볼 조인트(ball joint)와 같은데, 위팔이 특정한 방향을 가리키려면 좌우로 한 번 움직이고 위아래로 한 번 움직이면 된다.[3] 여기까지는 자유도가 2이다. 그런데, 위팔은 스크루 드라이버처럼 회전될 수 있다.[4] 결국 자유도는 하나 증가하여 3이 된다. 즉, 어깨는 **3자유도 관절**이다.

IK를 위해 **해석적**(analytic) **기법**을 사용할 수 있는데, 그림 13.14-(a)와 같이 두 개의 관절을 가진 로봇 팔을 예로 들어보자. 문제를 단순화하기 위해 말단 장치의 방향은 무시하고 위치만 고려하자. 그림 13.14-(a)에서는 아래팔의 끝점 T가 G로 표기된 목표 위치에 닿을 수 있도록 위팔과 아래팔이 회전되어야 한다. IK는 이렇게 위팔과 아래팔을 회전시키는데 필요한 어깨와 팔꿈치의 **관절각**(joint angle)을 계산한다.

1자유도 관절인 팔꿈치의 관절각은 간단히 계산된다. 그림 13.14-(b)에 2차원으로 그려진 로봇 팔을 보자. 위팔과 아래팔의 길이는 각각 l_u와 l_f로 표기하였다. T가 G에 닿았을 때의 팔꿈치 관절각을 θ로 표기하고, 위치가 고정되어 있는 어깨와 목표 지점 G 사이의 거리를 l_g로 표기하자. 여기에 **코사인 법칙**을 적용한 결과는 다음과 같다.

$$l_g^2 = l_u^2 + l_f^2 - 2l_u l_f cos\theta \tag{13.26}$$

---

3 이를 영문으로는 각각 yaw와 pitch라고 한다.

4 이를 영문으로는 roll이라고 한다.

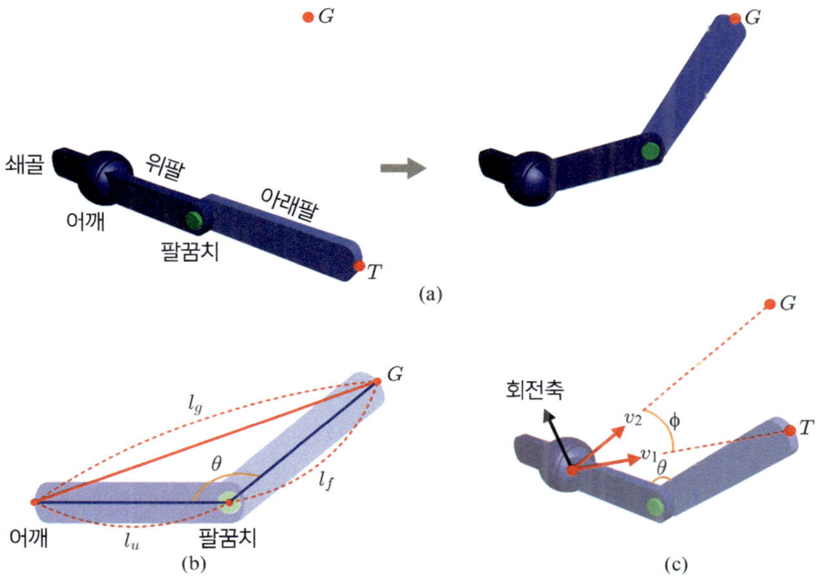

[그림 13.14] IK를 풀기 위한 해석적 기법. (a) 목표 위치 G와 초기 자세를 입력으로 받아 최종 자세가 출력된다. (b) 1자유도 팔꿈치의 관절각 θ를 계산한다. (c) 3자유도 어깨에서는 회전축과 회전각 ϕ를 계산한다.

위 식에서 θ는 다음과 같이 계산된다.

$$\theta = arccos\frac{l_u^2 + l_f^2 - l_g^2}{2l_u l_f} \tag{13.27}$$

이렇게 계산된 팔꿈치 관절각 θ만큼 아래팔이 회전하면 그림 13.14-(c)와 같은 자세를 얻는다. 이제 위팔을 회전하면 아래팔이 따라서 움직여서 T가 G에 닿을 것이다. 어깨와 T를 연결하는 단위 벡터를 v_1, 어깨와 G를 연결하는 단위 벡터를 v_2라 하자. 만약 v_1이 ϕ만큼 회전해서 v_2가 된다면 T는 G에 닿을 것이다. 회전각 ϕ는 v_1과 v_2의 **내적**을 통해 계산된다($v_1 \cdot v_2 = \|v_1\|\|v_2\| cos\phi$임을 기억하자). 3자유도를 가진 어깨의 경우 회전각 하나로는 충분하지 않다. 회전축이 필요하다. 이는 v_1과 v_2에 모두 수직이어야 하므로 이들의 **벡터곱**을 통해 결정된다. 이렇게 구해진 회전축을 중심으로 위팔이 ϕ만큼 회전하면 T는 G에 닿게 된다.

13.4.2 CCD 알고리즘

간단한 관절체의 경우 해석적 기법을 사용하면 빠르고 정확하게 IK를 해결할 수 있다. 하지만 많은 관절을 가진 복잡한 관절체에는 이것을 사용하기 어렵다. 대안으로 종종 **CCD**(cyclic coordinate descent) **알고리즘**이 채택된다. 이 기법은 말단 장치로부터 시작해 계층 구조를 거슬러 올라가면서, 말단 장치와 목표 지점 간 거리가 최소화되도록 관절각을 조정한다. 모든 관절각 조정을 마쳤는데도 말단 장치와 목표 지점 간 거리가 임계값 이상 벌어지면, 말단 장치로부터 시작해 관절각을 조정하는 작업을 반복한다.

그림 13.15-(a)는 위팔, 아래팔, 손으로 이루어진 골격을 이용해 CCD 작동 원리를 설명한다. 최종 목표는 T와 G를 같게 하는 것이다. CCD는 말단 장치인 손부터 움직이는데, T가 G를 가리키도록 회전시킨다. 손의 뼈 공간 원점 O_h를 생각해보자. $\overrightarrow{O_hT}$는 O_h와 손끝 T를 연결하는 벡터이다. $\overrightarrow{O_hG}$는 O_h와 G를 연결하는 벡터이다. $\overrightarrow{O_hT}$는 $\overrightarrow{O_hG}$와 겹쳐지기 위해서 θ만큼 회전할 것이다. 또한 회전축도 필요하다. 회전각과 회전축은 앞 절에서 기술한 것처럼 $\overrightarrow{O_hT}$와 $\overrightarrow{O_hG}$를 사용해 각각 내적과 벡터곱으로 구할 수 있다.

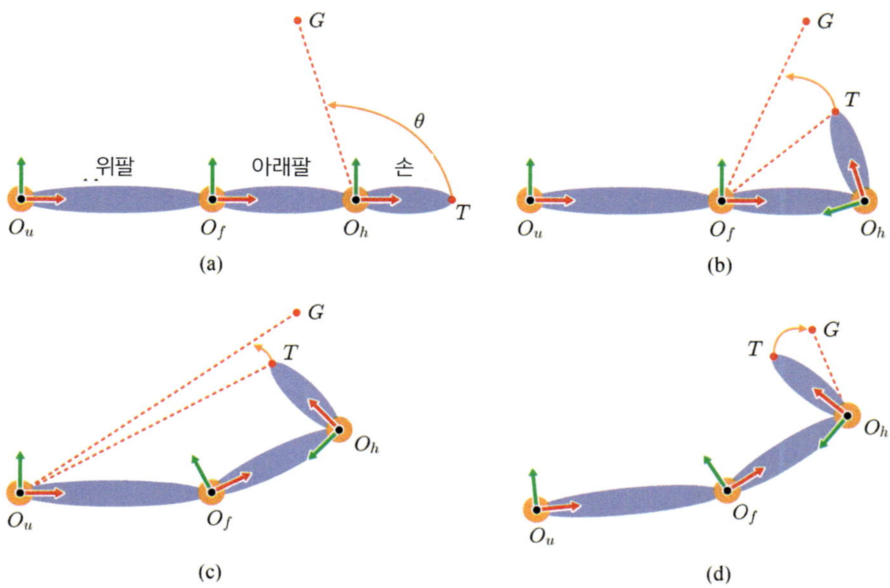

[그림 13.15] CCD 알고리즘. (a) 초기 자세. (b) 손이 회전되었고, 다음은 아래팔이 회전할 차례이다. (c) 아래팔이 회전되었고, 다음은 위팔이 회전할 차례이다. (d) 위팔이 회전되었다. T와 G간 거리가 충분히 가깝지 않으면, 다시 손부터 시작하는 회전을 반복할 것이다.

그림 13.15-(b)는 손이 회전된 결과를 보여준다. 아직 T와 G는 일치하지 않는다. 따라서 손의 부모인 아래팔이 회전할 차례이다. $\overrightarrow{O_fT}$가 $\overrightarrow{O_fG}$와 겹쳐지도록 회전해야 하는데, 회전각과 회전축은 앞서 설명한 방법으로 계산된다. 그림 13.15-(c)는 아래팔이 회전된 결과를 보여준다. 아직 T와 G는 일치하지 않는다. 따라서, 이제 위팔이 회전할 차례인데, 회전각과 회전축은 앞서 설명한 방법으로 계산된다. 그림 13.15-(d)는 그 결과를 보여준다. T와 G간 거리를 계산해서 그 거리가 충분히 가까우면 CCD 알고리즘은 종료되지만, 아니라면 그림 13.15-(d)에 보인 것처럼 말단 장치인 손에서 시작해 동일한 작업을 반복한다. 이러한 반복은 T와 G간 거리가 미리 정한 임계값 이하가 되거나 혹은 미리 설정한 최대 반복 횟수에 도달했을 때 중단된다.

[그림 13.16] 날아가는 공을 응시하고 공을 향해 손을 뻗는데 IK가 사용되었다.

게임에서는 자연스러운 캐릭터 애니메이션을 위해 IK를 자주 사용한다. 예를 들어, 축구 게임의 경우 선수의 발이 날아오는 공을 향하도록 만드는 데 IK를 사용한다. 그림 13.16에서는 날아가는 공을 향해 군인의 팔을 뻗는 데 IK가 사용되었다. 이 말고도 IK의 사용 범위는 넓다. 캐릭터가 이리저리 움직이는 물체를 응시하도록 할 때에는 IK가 캐릭터의 머리 뼈에 적용된다. 그림 13.16에서는 팔뿐 아니라 머리에도 IK가 적용되었고, 이에 따라 군인이 날아가는 공을 응시하게 된 것이다. 슈팅게임에서 군인이 적에게 총을 겨누도록 하는 데도 역시 IK가 사용된다.

연습문제

1. 아래 그림은 드레스 포즈 골격의 계층 구조 및 이와 관련된 변환을 보여준다.

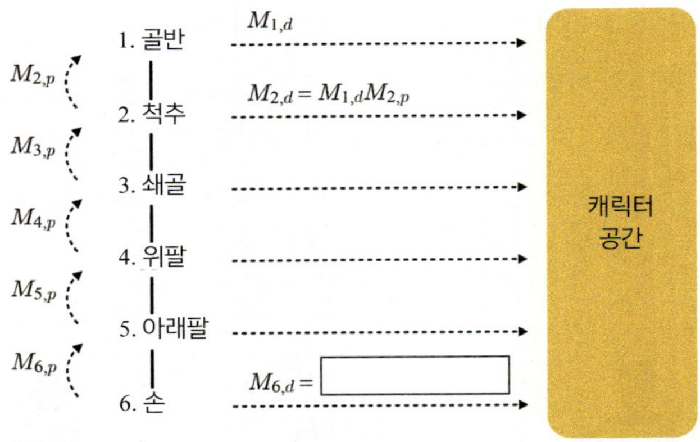

(a) $M_{2,p}$가 무엇인지 설명하라.

(b) $M_{2,d}$가 무엇인지 설명하라.

(c) $M_{6,d}$의 빈칸을 채워라.

(d) 아래 그림은 위 그림의 역변환을 보여준다. 빈칸을 채워라.

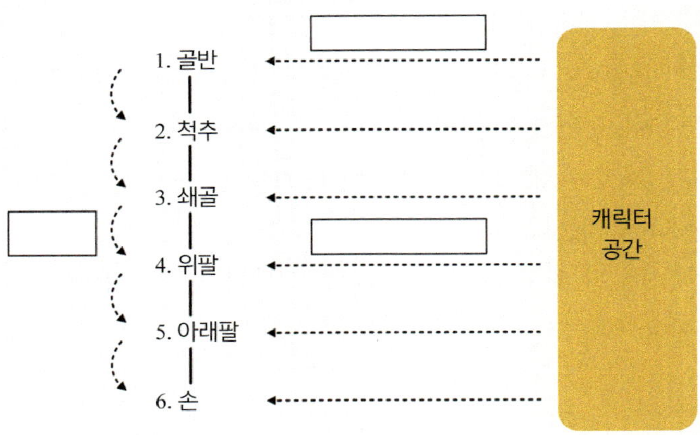

2. 아래에서 왼쪽 그림은 팔의 드레스 포즈를 보여준다. 문제를 간단하게 만들기 위해서, 위팔의 뼈 공간을 캐릭터 공간이라 하자. 아래팔과 손의 뼈 공간 원점은 캐릭터 공간 기준으로 각각 $(12,0)$과 $(22,0)$이다. 드레스 포즈의 아래팔이 $90°$, 손이 $-90°$ 회전하여 오른쪽에 보인 애니메이션 포즈를 만들었다.

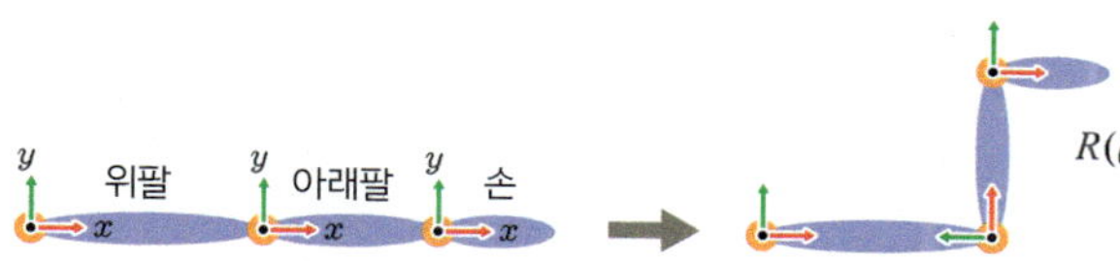

$$R(\theta) = \begin{pmatrix} cos\theta & -sin\theta & 0 \\ sin\theta & cos\theta & 0 \\ 0 & 0 & 1 \end{pmatrix}$$

(a) 드레스 포즈에서 아래팔과 손의 부모 변환 행렬 $M_{f,p}$와 $M_{h,p}$를 계산하라.

(b) $M_{f,p}$와 $M_{h,p}$를 이용하여, 아래팔과 손에 속한 정점을 캐릭터 공간으로 변환하는 행렬 $M_{f,d}$와 $M_{h,d}$를 계산하라.

(c) $M_{f,d}^{-1}$과 $M_{h,d}^{-1}$을 계산하라.

(d) 아래팔과 손의 애니메이션을 묘사하는 지역 변환 행렬 $M_{f,l}$과 $M_{h,l}$을 계산하라.

(e) 아래팔에 속한 정점을 애니메이션하고 이를 다시 캐릭터 공간으로 변환하는 행렬 $M_{f,a}$를 계산하라.

(f) 손에 속한 정점을 애니메이션하고 이를 다시 캐릭터 공간으로 변환하는 행렬 $M_{h,a}$를 계산하라.

(g) 아래팔의 뼈 공간에서 $(8,0)$의 좌표를 가지는 정점을 v라고 표기하자. 이는 아래팔과 손에 의해서만 영향 받는다. 두 뼈의 블렌딩 가중치는 동일하다. 스키닝 알고리즘을 사용하여 애니메이션 포즈에서 v의 캐릭터 공간 좌표를 계산하라.

3. 왼쪽에 보인 드레스 포즈에서 아래팔이 $-90°$, 손이 $90°$ 회전하여 오른쪽과 같은 애니메이션 포즈를 만들었다. 위 2번 문항과 같은 (a)에서 (g)까지 답하라.

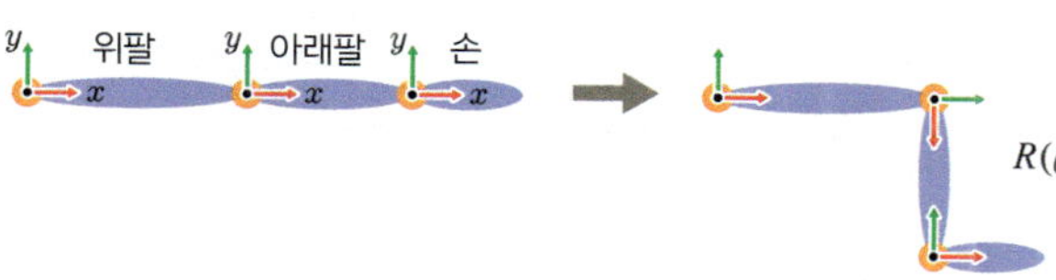

$$R(\theta) = \begin{pmatrix} cos\theta & -sin\theta & 0 \\ sin\theta & cos\theta & 0 \\ 0 & 0 & 1 \end{pmatrix}$$

4. 왼쪽에 보인 드레스 포즈에서 아래팔이 $-90°$, 손이 $90°$ 회전하여 오른쪽과 같은 애니메이션 포즈를 만들었다. 정점 v는 아래팔과 손에 의해 영향 받는다.

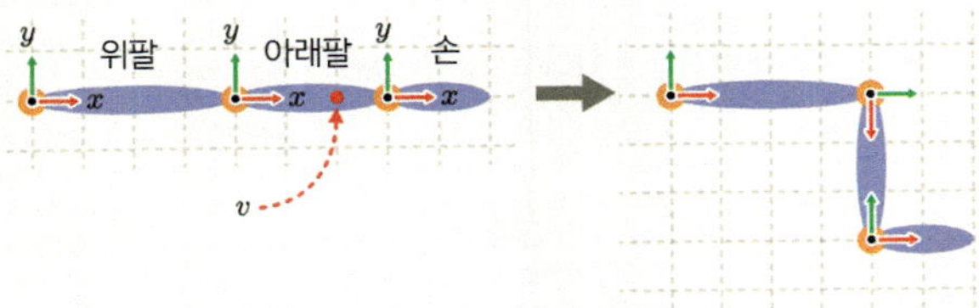

$$R(\theta) = \begin{pmatrix} cos\theta & -sin\theta & 0 \\ sin\theta & cos\theta & 0 \\ 0 & 0 & 1 \end{pmatrix}$$

(a) 아래팔의 뼈 공간에서 v의 좌표는 무엇인가?

(b) 아래팔에 의해 회전된 v가 위팔의 뼈 공간에서 어떤 좌표를 가지는지 계산하는 과정을 두 개의 행렬을 사용해서 설명하라.

(c) 손의 뼈 공간에서 v의 좌표는 무엇인가?

(b) 손에 의해 회전된 v가 위팔의 뼈 공간에서 어떤 좌표를 가지는지 계산하는 과정을 네 개의 행렬을 사용해서 설명하라.

(e) v에 대한 아래팔과 손의 블렌딩 가중치는 80%와 20%이다. 위팔의 뼈 공간에서 v의 좌표를 계산하라.

5. 아래는 키프레임 애니메이션과 스키닝을 결합하는 슈도코드이다.

```
 1: for each bone // default pose
 2:     compute Md-
 3:
 4: for each frame
 5:     for each bone i // animated pose
 6:         interpolate key data
 7:         compute Ma
 8:         combine Ma with Md- to define Mi
 9:         store Mi in the matrix palette
10:     invoke vertex shader for skinning
```

(a) 6번 줄에서 어떤 키 데이터들이 보간되는가?

(b) 10번 줄에서 호출한 정점 쉐이더는 스키닝 말고도 라이팅과 텍스처링을 수행한다. 이러한 정점 쉐이더를 위한 정점 배열의 구성 요소를 나열하라.

6. 아래 그림은 스키닝 알고리즘이 어떻게 구현되는지 보여준다.

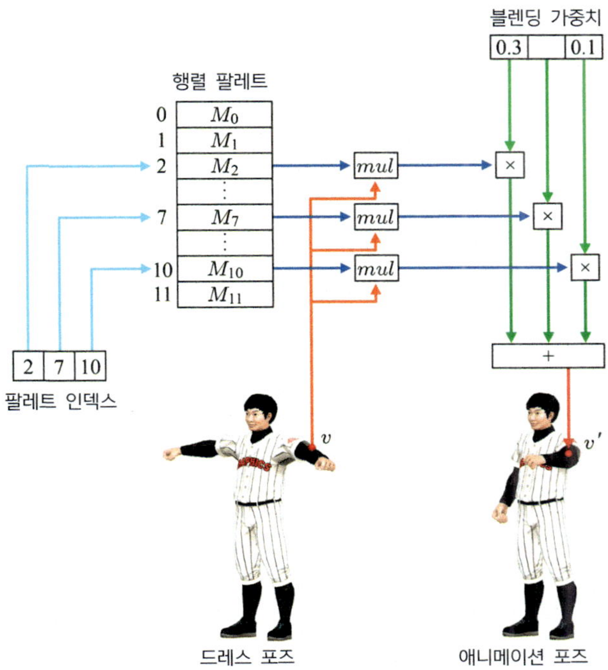

(a) 위 캐릭터는 총 몇 개의 뼈를 가지고 있는가?

(b) 한 정점에 영향을 주는 뼈의 개수는 몇 개인가?

(c) 오른쪽 위 빈칸을 채워라.

(d) 행렬 팔레트의 각 원소 M_i는 두 개 행렬의 결합인데, 하나는 애니메이션 전 과정에 걸쳐 고정 불변이고, 다른 하나는 매 프레임 갱신된다. 이들 행렬의 역할이 무엇인지 기술하라.

7. 그림 13.16에서 날아가는 공을 캐릭터가 응시하도록 만들기 위해 머리뼈와 목뼈를 잇는 3자유도 관절을 사용하도록 하자. 머리뼈를 회전시켜 공을 응시하도록 하는 해석적 기법의 알고리즘을 기술하라.

14

노멀 매핑
Normal Mapping

실세계의 많은 물체는 오돌토돌한 표면을 가지고 있다. 벽돌이나 아스팔트 표면 등이 대표적인 예이다. 그림 14.1-(a)는 천연석으로 포장된 보도 표면에 대한 폴리곤 메시인데, 여기에 그림 14.1-(b)의 텍스처가 입혀져서 그림 14.1-(c)의 결과를 얻었다. 이를 가까이에서 본 것이 그림 14.1-(d)인데, 세 개의 점 a, b, c에서의 디퓨즈 반사를 생각해 보자. 이는 노멀 n과 빛 벡터 l에 의해 결정되는데, b의 경우 n과 l 사이 각도가 작아서 빛을 많이 받는다. 따라서 밝게 보인다. 하지만 a와 c는 n과 l 사이 각도가 커서 빛을 적게 받고 어두워 보인다. 표면 전체에 걸쳐 이처럼 노멀이 불규칙하게 변하므로, 표면 밝기도 불규칙하게 변해서 오돌토돌한 표면을 잘 표현해 준다. 하지만 문제는 그림 14.1-(a)의 폴리곤 메시의 해상도가 너무 높다는 것이다. 이러한 고해상도 메시 처리에는 많은 시간이 소요된다.

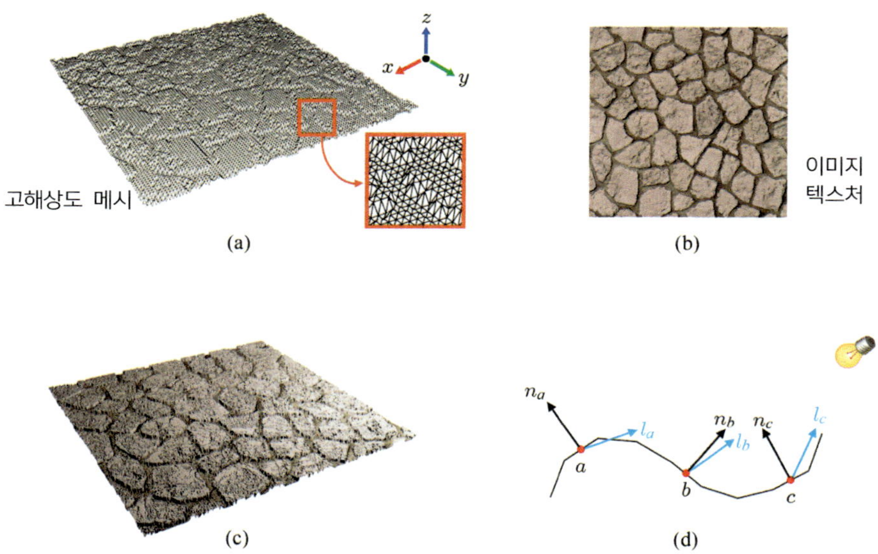

[그림 14.1] 고해상도 메시의 불규칙한 노멀을 사용하여 오돌토돌한 표면을 렌더링하였다.

빠른 연산을 위하여 그림 14.2에서는 삼각형 두 개로 구성된 메시를 사용하였다. 하지만, 이러한 저해상도 메시로는 오돌토돌한 표면을 잘 표현할 수 없다. 그림 14.2-(c)를 그림 14.1-(c)와 비교해 보라. 그림 14.2-(c)의 렌더링 결과를 가까이에서 본 것이 그림 14.2-(d)인데, 표면 전체에 걸쳐 노멀이 일정하게 유지되는 것에 주목하자. a에서 b를 거쳐 c로 갈 때, n과 l 사이의 각도는 서서히 작아져서 점차 밝아보이게 된다. 이렇게 서서히 변화하는 표면 밝기로 인해서 표면의 오돌토돌한 특징이 드러나지 않게 된다.

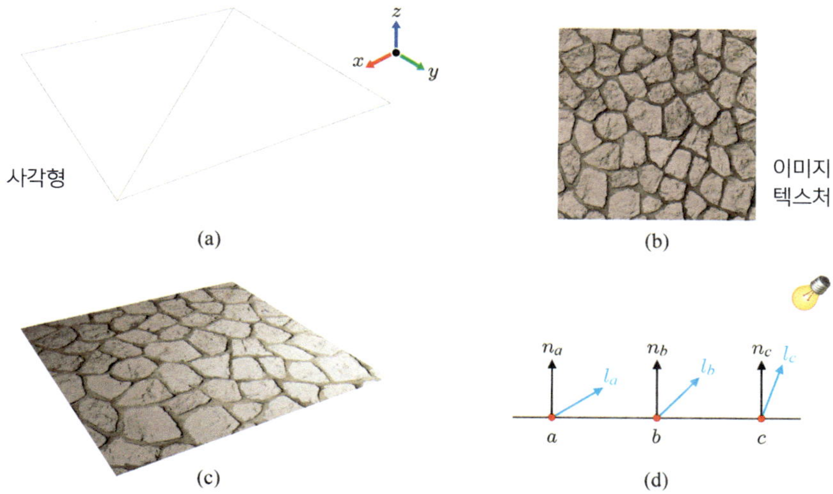

(a) (b) (c) (d)

[그림 14.2] 매끄러운 메시에 이미지 텍스처만 적용하면 오돌토돌한 표면을 표현하기 어렵다.

이 문제를 해결하기 위한 한 가지 방법은, 그림 14.1-(a)의 고해상도 메시의 노멀을 미리 계산하고, 이를 **노멀맵**(normal map)이라고 하는 특수한 텍스처에 저장한 후, 런타임에는 그림 14.2-(a)의 저해상도 메시를 처리하되 노멀맵으로부터 노멀을 읽어서 이를 라이팅에 사용하는 것이다. 이러한 특수한 텍스처링 기법을 **노멀 매핑**(normal mapping) 혹은 **범프 매핑**(bump mapping)이라 부른다.

14.1 하이트맵

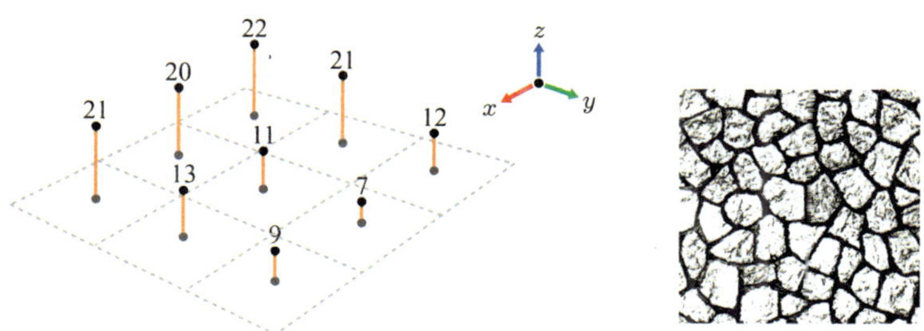

(a) (b)

[그림 14.3] 하이트맵. (a) 균일하게 샘플된 (x,y) 좌표에 높이 값이 저장된다. (b) 하이트맵은 회색조의 이미지로 가시화할 수 있다.

그림 14.1-(a)의 표면은 이른바 **하이트 필드**(height field)로 표현할 수 있다. 이는 2차원 좌표 (x,y)가 주어졌을 때 높이(height) 혹은 z값을 반환하는 함수 $h(x,y)$이다. 그림 14.3-(a)는 일정한 간격의 (x,y) 좌표에서 샘플된 하이트 필드를 보여준다. 이러한 높이 값을 저장한 2차원 텍스처를 **하이트맵**(height map)이라고 한다.

높이 값을 회색조(gray-scale) 색상으로 해석하면 하이트맵은 회색조 이미지로 그릴 수 있다. 예를 들어, 높이가 $[0, 255]$ 범위에 있다면, 최저값 0은 검은색, 최고값 255는 흰색으로 표현된다. 그림 14.3-(b)는 그림 14.1-(a)의 표면을 샘플한 하이트맵을 회색조로 그린 것이다. 색상이 비교적 일정한 부분은 상대적으로 매끈한 영역을 나타내고, 색상이 불규칙한 부분은 오돌토돌한 영역을 나타낸다.

(a) (b) (c)

[그림 14.4] 하이트맵과 노멀맵 생성. (a) 이미지 텍스처. (b) 하이트맵은 이미지 텍스처로부터 반자동으로 생성된다. (c) 노멀맵은 하이트맵으로부터 자동으로 생성된다.

회색조 이미지로 표현되는 하이트맵은 2차원 그래픽스 패키지를 사용해 만들 수도 있다. 예를 들어, 그림 14.4-(a)의 이미지 텍스처가 주어졌다면, 각 픽셀의 RGB 값을 회색조로 바꾸고[1], 필요에 따라 이를 수작업으로 편집하여 그림 14.4-(b)의 하이트맵을 얻을 수 있다. 이렇게 이미지 텍스처를 이용해 생성된 하이트맵은 원본 텍스처와 동일한 해상도를 가진다.

노트 하이트맵과 지형 렌더링

이 장에서는 노멀 매핑을 위해 하이트맵이 어떻게 사용되는지 기술할 것이다. 그런데 하이트맵은 실은 지형(terrain)을 표현하는 대표적인 기법이며, 물과 같은 유체의 표면을 표현하는 데에도 많이 사용된다. 그림 14.5-(a)는 산악 지형을 표현하는 회색조

1 이를 수행하는 가장 간단한 방법은 R, G, B 세 개 값의 평균을 택하는 것이다.

의 하이트맵이고, 그림 14.5-(b)는 이를 위한 이미지 텍스처이다. 하이트맵으로부터 폴리곤 메시를 생성하는 방법은 아주 간단한데, 그림 14.5-(c)를 보면 이를 직관적으로 이해할 수 있다. 그림 14.5-(d)는 그림 14.5-(a)의 하이트맵으로부터 생성된 삼각형 메시의 일부를 보여준다. 그림 14.5-(e)는 텍스처링된 삼각형 메시이다.

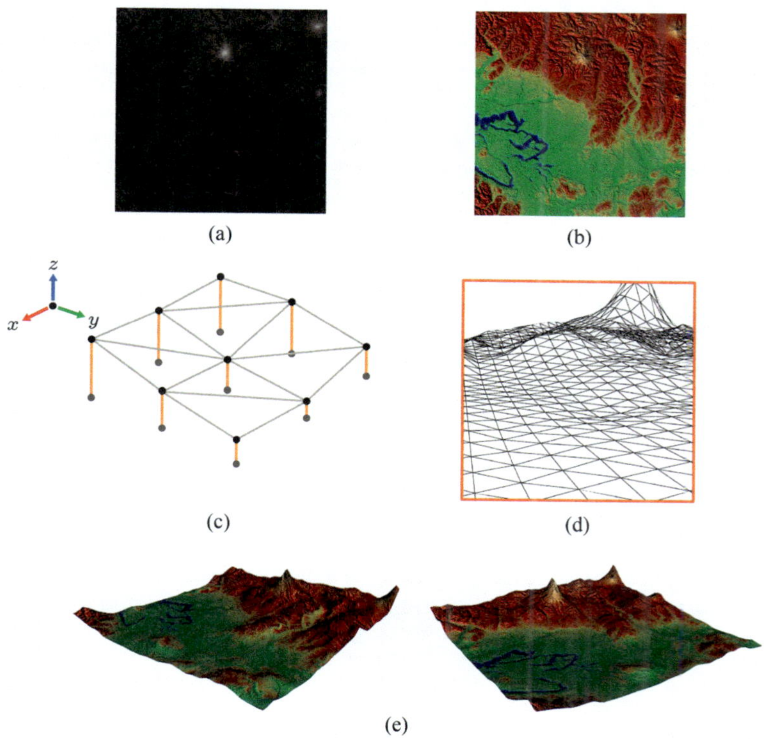

[그림 14.5] 하이트맵과 이미지 텍스처를 사용한 지형 렌더링(이 그림에서 사용된 하이트맵은 미국 지질 정보원(US Geological Survey) 데이터를 참고문헌 [7] 논문의 저자들이 가공한 것이다).

14.2 노멀맵

노멀맵을 만드는 방법 중 하나는 하이트맵을 사용하는 것이다. 그림 14.6-(a)는 그림 14.3-(a)의 하이트맵을 다시 그린 것인데, 하이트맵 텍셀 9개를 이용해 사각형 메시를 만들었다. 이 메시 표면의 가운데 점 $(x, y, h(x, y))$의 노멀을 계산해보자. 여기에서 $h(x, y)$는 하이트 필드 함수를 의미한다. $(x-1, y, h(x-1, y))$와 $(x+1, y, h(x+1, y))$를 잇는 벡터를 $(2,0,\delta h_x)$로 표기하자. 여기에서 δh_x는 $h(x+1,y)-h(x-1,y)$이다. 마찬가지로, $(x,y-1,h(x,y-1))$과 $(x,y+1,h(x,y+1))$을 잇는 벡터를 $(0,2,\delta h_y)$로 표기하자. δh_y는 $h(x,y+1)-h(x,y-1)$이다. $(2,0,\delta h_x)$와 $(0,2,\delta h_y)$는 $(x,y,h(x,y))$에서의 **탄젠트 벡터**로 생각할 수 있는데, 이 둘의 벡터곱 $(-2\delta h_x,-2\delta h_y,4)$를 $(x,y,h(x,y))$의 노멀로 취하면 된다. 이를 정규화하여 노멀맵에 저장한 것이 그림 14.6-(b)이다. 이렇게 계산된 노멀은 하이트 필드의 바깥쪽을 가리키며 $(x,y,h(x,y))$ 주변의 표면 경사도를 반영한다. 그림 14.6-(c)는 각 텍셀에 노멀이 저장된 노멀맵의 개념을 보여준다. 일반적으로 노멀맵은 하이트맵과 동일한 해상도를 가진다.

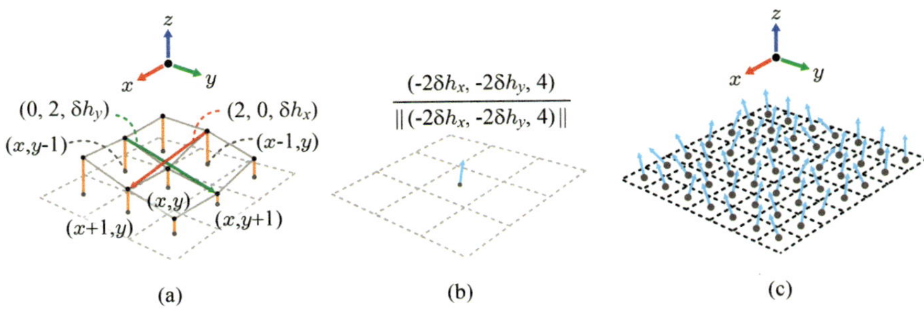

[그림 14.6] 하이트맵의 한 점에서의 노멀은 그 이웃 점들의 높이를 이용해 계산한다. (a) $(x,y,h(x,y))$의 노멀은 벡터곱으로 정의된다. (b) $(x,y,h(x,y))$의 노멀은 (x,y)에 저장된다. (c) RGB 색상 대신 노멀 벡터들을 저장하고 있는 노멀맵을 개념적으로 그렸는데, 모든 노멀은 $(0,0,1)$ 방향의 벡터를 '흔들어 놓은' 것으로 묘사할 수 있다.

위에서 우리는 노멀맵을 계산하는 아주 간단한 알고리즘을 소개했다. 보다 복잡한 알고리즘의 경우, 하이트맵의 한 점에서 노멀을 계산하기 위해 네 개 이상의 이웃 점들을 사용하기도 한다. 포토샵을 비롯한 2차원 그래픽스 패키지들은 하이트맵에서 자동으로 노멀맵을 생성하는 플러그인을 제공한다.

정규화된 노멀 (n_x,n_y,n_z)의 각 좌표는 모두 $[-1,1]$ 범위의 실수값이다. 반면, 이런 노멀을 저장할 텍스처의 RGB 채널은 모두 $[0,1]$ 범위에 있다. 따라서 다음과 같은 범위 전환이 필요하다.

$$\begin{aligned} R &= (n_x+1)/2 \\ G &= (n_y+1)/2 \\ B &= (n_z+1)/2 \end{aligned} \tag{14.1}$$

완벽하게 평평한 지면이 있다면 모든 점에서의 높이는 같다. 이 지면의 하이트맵으로부터 생성한 노멀맵의 텍셀에는 모두 $(0,0,1)$이 저장되어 있을 것이다. 그런데, 오돌토돌한 지면으로부터 노멀맵을 만들더라도, 그 지면 중 급경사가 있다면 모를까, 대부분의 영역에서 (n_x, n_y, n_z)는 $(0,0,1)$과 많이 벌어져 있지는 않을 것이다. 그렇다면, 그림 14.6-(c)에서 보인 것처럼, 노멀맵은 $(0,0,1)$을 이쪽저쪽으로 조금씩 '흔들어 놓은' 노멀들의 집합으로 이해할 수 있다. 따라서 n_z가 n_x와 n_y에 비해 상대적으로 클 것이고, 식 (14.1)에서 계산된 R, G, B 중 B값이 크게 된다. 결국 노멀맵을 이미지 텍스처로 취급하여 그리게 되면 그림 14.4-(c)처럼 전체적으로 파란 색조를 띄게 될 것이다.

14.3 노멀 매핑 쉐이더

노멀 매핑에 입력으로 제공되는 그림 14.2-(a)와 같은 폴리곤 메시를 **기초 표면**(base surface)이라고 부르자[2]. 이 기초 표면은 래스터라이저에 의해 프래그먼트로 분해되고, 각 프래그먼트의 라이팅을 담당하는 프래그먼트 쉐이더는 노멀맵으로부터 노멀을 얻게 된다.

[예제 코드 14-1] 노멀 매핑을 위한 정점 쉐이더.

```
#version 300 es

uniform mat4 worldMat, viewMat, projMat;
uniform vec3 eyePos;

layout(location = 0) in vec3 position;
layout(location = 2) in vec2 texCoord;

out vec3 v_view;
out vec2 v_texCoord;

void main() {
    vec3 worldPos = (worldMat * vec4(position, 1.0)).xyz;
    v_view = normalize(eyePos - worldPos);
    v_texCoord = texCoord;
    gl_Position = projMat * viewMat * vec4(worldPos, 1.0);
}
```

2 공식적으로는 이를 매크로구조(macrostructure)라고 부른다.

예제 코드 14-1의 정점 쉐이더는 9.2절의 예제 코드 9-1을 약간 수정한 것인데, 정점 노멀 입력이 없음에 주목하라. 반면, 이전과 마찬가지로 texCoord는 v_texCoord에 그대로 복사된다. 프래그먼트 쉐이더는 보간된 텍스처 좌표 v_texCoord를 입력으로 받아서, 이를 이용해 노멀맵으로부터 노멀을 얻어 라이팅에 사용할 것이다.

[예제 코드 14-2] 노멀 매핑을 위한 프래그먼트 쉐이더.

```
 1: #version 300 es
 2:
 3: precision mediump float;
 4:
 5: uniform sampler2D colorMap, normalMap;
 6: uniform vec3 matSpec; // Ms
 7: uniform float matSh; // shininess
 8: uniform vec3 srcDiff, srcSpec, srcAmbi; // Sd, Ss, Sa
 9: uniform vec3 lightDir; // directional light
10:
11: in vec3 v_view;
12: in vec2 v_texCoord;
13:
14: layout(location = 0) out vec4 fragColor;
15:
16: void main() {
17:     // normal map filtering
18:     vec3 normal = normalize(2.0 * texture(normalMap, v_texCoord).xyz
                - 1.0);
19:
20:     vec3 light = normalize(lightDir);
21:     vec3 view = normalize(v_view);
22:
23:     // diffuse term
24:     vec3 matDiff = texture(colorMap, v_texCoord).rgb;
25:     vec3 diff = max(dot(normal, light), 0.0) * srcDiff * matDiff;
26:
27:     // specular term
28:     vec3 refl = 2.0 * normal * dot(normal, light) - light;
29:     vec3 spec = pow(max(dot(refl, view), 0.0), matSh) * srcSpec * matSpec;
30:
31:     fragColor = vec4(diff + spec, 1.0);
32: }
```

예제 코드 14-2는 프래그먼트 쉐이더인데, 이는 퐁 라이팅을 구현한 9.2절의 예제 코드 9-2를 수정한 것이다. 5번 줄에는 이미지 텍스처(colorMap) 말고도 노멀맵(normalMap)이 정의되었다. 이는 18번 줄에서 v_texCoord를 사용해 필터링되는데, 내장 함수 texture는 RGB 색상을 출력한다. RGB 각 채널은 [0,1] 범위에 있으므로, 이를 $[-1, 1]$ 범위로 전환해야 하는데, 이는 식 (14.1)이 했던 일을 되돌리는 것과 같다.

$$
\begin{aligned}
n_x &= 2R - 1 \\
n_y &= 2G - 1 \\
n_z &= 2B - 1
\end{aligned}
\tag{14.2}
$$

노멀맵이 겹선형보간을 통해 필터링되면 위에서 얻은 (n_x, n_y, n_z)는 대개의 경우 그 길이가 1이 아니다. 따라서 18번 줄은 내장 함수인 **normalize**를 호출했고, 그 결과 정규화된 벡터 **normal**은 디퓨즈 항 계산(25번 줄) 및 스페큘러 항의 반사 벡터 계산(28번 줄)에 사용되었다.

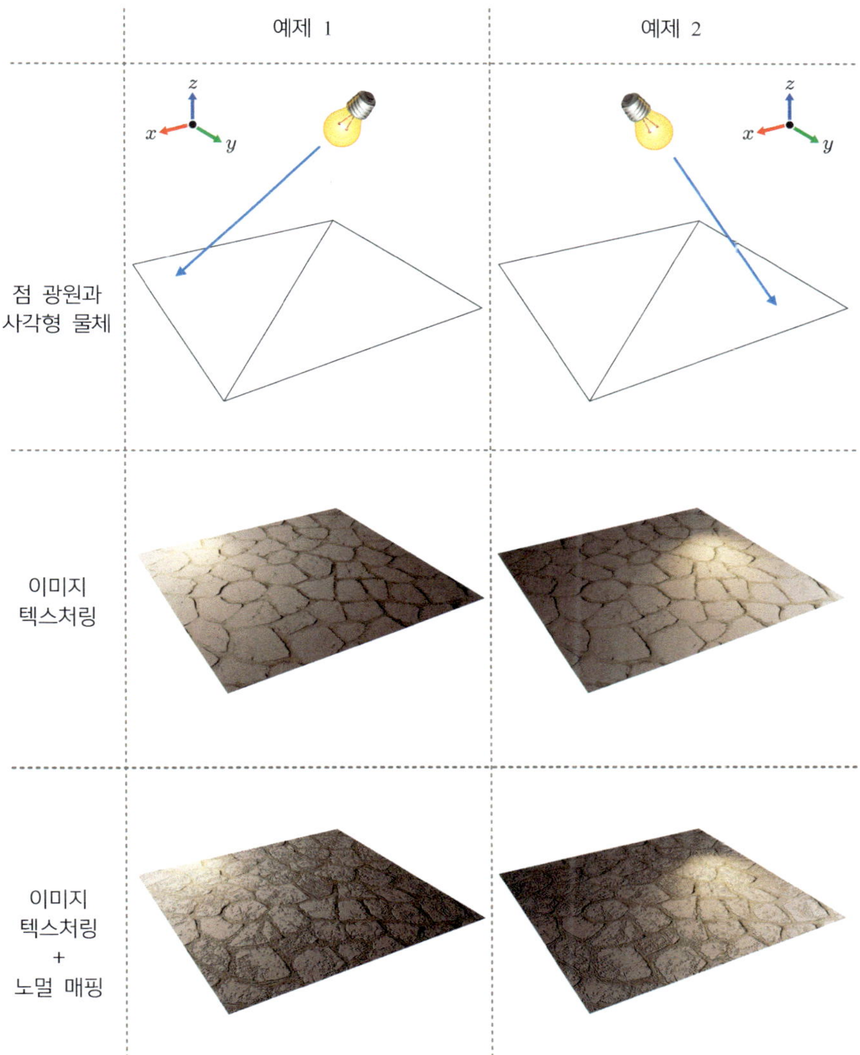

[그림 14.7] '이미지 텍스처링'과 '노멀 매핑이 결합된 이미지 텍스처링' 비교.

그림 14.7은 이미지 텍스처링만 적용한 사각형을 이미지 텍스처링과 노멀 매핑을 모두 적용한 사각형과 비교한 것이다. 이 예에서 사각형이 좌표계의 xy평면에 놓여 있다고 가정하자. 노멀 매핑을 사용하지 않을 경우, 모든 프래그먼트의 노멀은 z축을 향하는 단위 벡터인 $(0, 0, 1)$로 고정된다. 반면, 노멀 매핑을 사용하는 경우, 프래그먼트의 노멀은 모두 노멀맵에서 읽어오는데, 이 노멀은 $(0, 0, 1)$을 이쪽저쪽으로 조금씩 '흔들어 놓은' 벡터일 것이다. 따라서 인접한 프래그먼트라 하더라도 다른 방향의 노멀을 가질 수 있고, 이에 따라 쉐이딩 결과는 매우 불규칙하게 되어 그림 14.7 하단과 같은 영상을 얻게 된다.

그런데, 노멀 매핑은 기초 표면 자체를 오돌토돌하게 바꾸는 게 아니라 노멀을 사용하여 오돌토돌한 표면을 '흉내' 내는 것임을 이해하자. 그림 14.7 하단의 렌더링 결과를 보면, 그림 14.1-(c)와는 달리 테두리가 일직선임을 발견할 수 있는데, 이 같은 한계는 피할 수 없다.

노트 하이트 필드와 지형 렌더링

그림 14.8은 하이트 필드의 단면을 보여주는데, 기초 표면의 프래그먼트 f를 라이팅할 때, 하이트 필드 상의 점 p에서 계산된 n_p를 사용한다. 만약 우리가 렌더링을 위해 이 하이트 필드를 직접 사용한다면 카메라가 실제 보는 점은 q이므로, 라이팅에 n_q가 사용될 것이다.

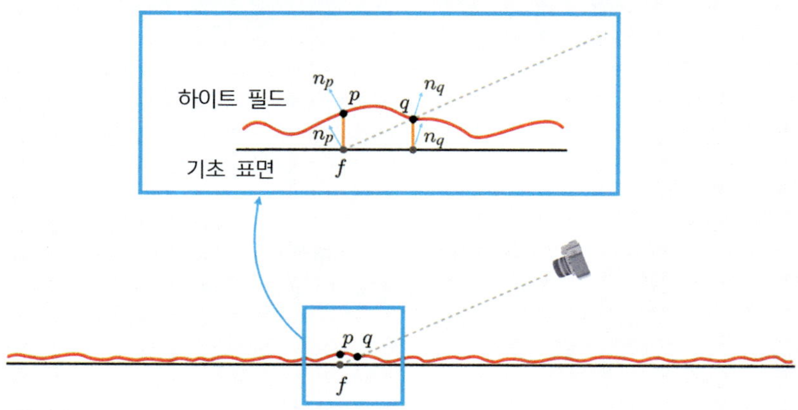

[그림 14.8] 하이트 필드 처리 및 근사적 기법(참고문헌 [8]에서 수정 발췌).

이상은 노멀 매핑 결과가 정확하지 않을 수 있음을 말해 준다. 하지만 노멀 매핑은 그림 14.8에 보인 것처럼, 기초 표면의 면적에 비해서 하이트 필드의 높이 값이 아주 작다고 가정한다. 보도와 아스팔트 길 등은 실제 이 같은 특징을 가지고 있다. 따라서, q의 노멀 n_q 대신, q에 아주 가까이 있는 p의 노멀 n_p를 사용해도 사람들은 그 차이를 인지하지 못한다.

14.4 탄젠트 공간 노멀 매핑

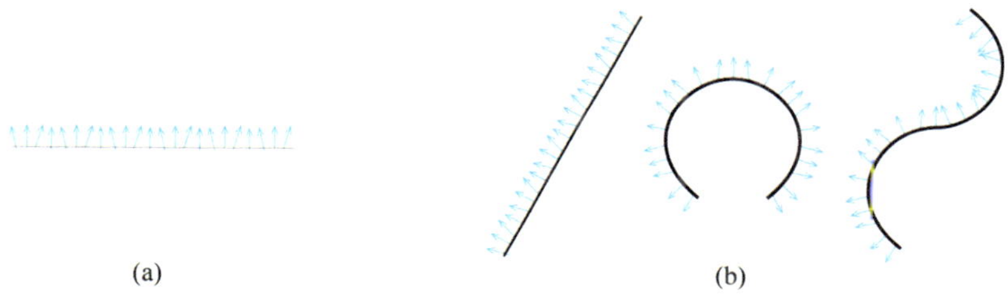

[그림 14.9] 노멀 매핑. (a) 노멀맵 가시화. (b) 다양한 표면에 입혀진 노멀맵.

텍스처링은 물체 표면에 벽지 바르듯이 텍스처를 입히는 것으로 이해하면 된다. 그림 14.9-(a)는 노멀맵에 저장된 노멀을 옆에서 본 것이고, 그림 14.9-(b)는 이 노멀맵을 여러 종류의 표면에 입힌 것이다. 노멀맵이 물체 표면에 벽지 바르듯이 입혀졌다. 이와 같은 노멀 매핑을 위해서는 이미지 텍스처링에서는 불필요했던 한 가지 작업을 더 수행해야 한다.

14.4.1 탄젠트 공간 노멀

물체 표면의 한 점에서의 노멀을 N으로 표기하자. 한편, N에 수직인 **접면**(tangent plane)에는 두 개의 서로 수직인 단위 벡터 T와 B를 정의할 수 있다(T는 tangent를, B는 bitangent를 의미한다). 그림 14.10-(a)는 $\{T, B, N\}$의 두 가지 예를 보여주는데, 이렇게 한 점에서의 $\{T, B, N\}$은 해당 점과 함께 **탄젠트 공간**(tangent space)을 구성한다. 표면의 각 점은 자신만의 탄젠트 공간을 가진다. 그림 14.10-(a)에서 p와 q의 탄젠트 공간은 다르다.

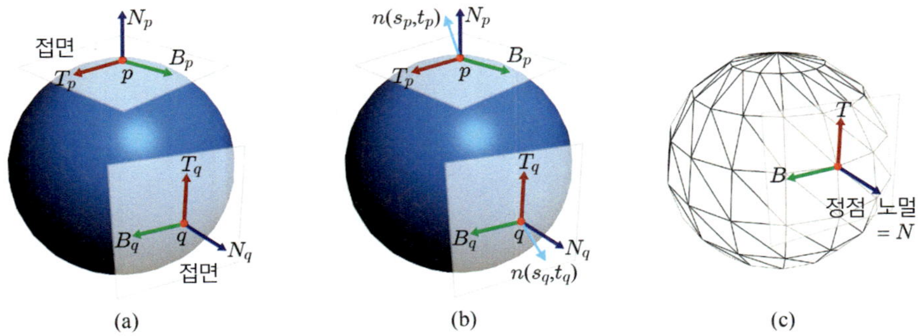

[그림 14.10] 탄젠트 공간 노멀 매핑. (a) 탄젠트 공간. (b) 탄젠트 공간 노멀. (c) 정점 별 탄젠트 공간.

그림 14.10-(b)에서는, p의 텍스처 좌표 (s_p,t_p)를 이용해 노멀맵에서 가져온 노멀을 $n(s_p,t_p)$로 표기했다. 노멀 매핑을 사용하지 않았다면 라이팅에 N_p를 썼겠지만, 지금은 N_p 대신 $n(s_p,t_p)$를 사용한다. N_p는 p의 탄젠트 공간에서 (0,0,1)이고, $n(s_p,t_p)$는 N_p를 약간 흔들어 놓은 것으로 해석할 수 있다. 이 같은 해석은 $n(s_p,t_p)$를 p의 탄젠트 공간에서 정의된 벡터로 보아야 가능하다. 또 다른 점 q에서도 같은 해석을 할 수 있는데, $n(s_q,t_q)$는 q의 탄젠트 공간에서 정의된 벡터이다. 결론은, 물체 표면의 어떤 점에 노멀 매핑을 적용하건, 노멀맵에서 읽어온 노멀은 바로 그 점의 탄젠트 공간에서 정의된 벡터로 보면 된다. 이런 관점에서 우리는 **탄젠트 공간 노멀맵**이라는 용어를 쓴다.

14.4.2 탄젠트 공간 노멀 매핑 쉐이더

예제 코드 14-2의 프래그먼트 쉐이더는 25번 줄에서 `dot(normal, light)`를 호출했다. 하지만, 이는 우연히 성공했을 뿐이다. `normal`은 탄젠트 공간 벡터인 반면 `light`는 월드 공간 벡터이다. 서로 다른 공간에서 정의된 벡터들에 대해 내적 연산을 수행할 수는 없다. 그림 14.7의 경우, `dot(normal, light)` 호출이 성공한 이유는, 기초 표면인 사각형 전체에 걸쳐 탄젠트 공간 기저(basis)가 월드 공간 기저와 같았기 때문이다. 그림 14.11을 보라. 그런데, 만약 이 기초 표면이 기울어진다면, 탄젠트 공간과 월드 공간의 기저는 달라지고 `dot(normal, light)`는 예기치 않은 렌더링 결과를 산출할 것이다.

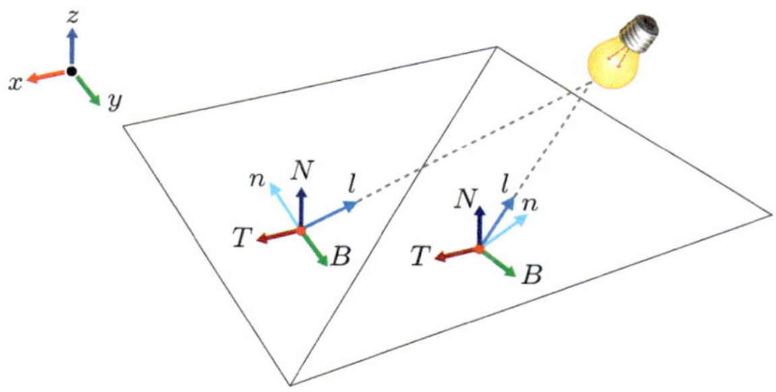

[그림 14.11] 이 특별한 경우에서는, 사각형 표면의 어느 점을 고르건 그 점에서의 탄젠트 공간 기저는 월드 공간 기저와 동일하다.

이 문제를 해결하는 방법은 두 가지가 있다. 첫째는, `normal`을 월드 공간으로 변환하는 것이고, 둘째는, `light`를 탄젠트 공간으로 변환하는 것이다. 두 가지 중 후자를 선택하기로 하자. 물체 표면의 각 점은 자신만의 탄젠트 공간 기저를 가질 수 있으므로, `light`를 탄젠트 공간으로 변환하는 행렬은 각 프래그먼트마다 새로 계산되어야 한다.

폴리곤 메시의 정점은 자신의 노멀을 가지고 있음을 상기하자. 이를 N으로 취하고 여기에 T와 B를 더하면 '정점별 $\{T, B, N\}$'을 정의할 수 있다. 그림 14.10-(c)를 보라(14.4.3절은 폴리곤 메시의 각 정점마다 이렇게 $\{T, B, N\}$을 계산하는 기법을 소개한다).

$\{T, B, N\}$은 전처리 단계에서 정점별로 계산되고 정점 배열에 저장되어 정점 쉐이더로 넘겨진다. T, B, N은 오브젝트 공간에서 정의된 벡터들이다. 정점 쉐이더는 여기에 먼저 월드 변환을 적용하여 이들을 월드 공간으로 옮긴다. 그 다음, 월드 공간 벡터 T, B, N을 행으로 가지는 3×3 회전 행렬을 구성한다.

$$M_{TBN} = \begin{pmatrix} T_x & T_y & T_z \\ B_x & B_y & B_z \\ N_x & N_y & N_z \end{pmatrix} \tag{14.3}$$

이는 바로 월드 공간 벡터를 탄젠트 공간으로 변환하는 **기저 이전** 행렬이다.

[예제 코드 14-3] 탄젠트 공간 노멀 매핑을 위한 정점 쉐이더.

```
 1: #version 300 es
 2:
 3: uniform mat4 worldMat, viewMat, projMat;
 4: uniform vec3 eyePos, lightDir;
 5:
 6: layout(location = 0) in vec3 position;
 7: layout(location = 1) in vec3 normal;
 8: layout(location = 2) in vec2 texCoord;
 9: layout(location = 3) in vec3 tangent;
10:
11: out vec3 v_lightTS, v_viewTS;
12: out vec2 v_texCoord;
13:
14: void main() {
15:     vec3 worldPos = (worldMat * vec4(position, 1.0)).xyz;
16:
17:     vec3 Nor = normalize(transpose(inverse(mat3(worldMat))) * normal);
18:     vec3 Tan = normalize(transpose(inverse(mat3(worldMat))) * tangent);
19:     vec3 Bit = cross(Nor, Tan);
20:     mat3 tbnMat = transpose(mat3(Tan, Bit, Nor)); // row major
21:
22:     v_lightTS = tbnMat * normalize(lightDir);
23:     v_viewTS = tbnMat * normalize(eyePos - worldPos);
24:
25:     v_texCoord = texCoord;
26:     gl_Position = projMat * viewMat * vec4(worldPos, 1.0);
27: }
```

예제 코드 14-3은 탄젠트 공간 노멀 매핑을 위한 정점 쉐이더이다. 7번 줄 **normal**은 N을 의미하고, 9번 줄 **tangent**는 T를 의미한다. 메인 함수의 17, 18번 줄에서 이들은 모두 월드 공간으로 변환된다. 또 다른 애트리뷰트로 B(bitangent)를 제공할 수도 있지만, 이렇게 하면 정점 배열이 커진다. CPU-GPU 간 데이터 전송을 최소화하려면 정점 배열의 크기를 줄이는 것이 좋다. 따라서, 정점 배열에 B를 저장하는 대신, 정점 쉐이더로 하여금 N과 T의 벡터곱을 통해 B를 계산하도록 한다(19번 줄). 벡터곱은 내장 함수인 **cross**로 구현된다.

20번 줄에서는 T, B, N으로 식 (14.3)의 행렬을 구성한다.[3] 이는 유니폼으로 제공된 월드 공간의 빛 벡터 **lightDir**을 탄젠트 공간으로 변환한다(22번 줄). 한편, 라이팅 계산에는 노멀과 빛 벡터 말고도 시선 벡터가 필요한데, 이 역시 탄젠트 공간으로 변환된다(23번 줄).

3 GL에서 **mat3** 등을 호출하면 열 우선(column major)으로 행렬이 만들어진다. 20번 줄의 경우, **Tan**, **Bit**, **Nor**이 각각 첫째, 둘째, 셋째 열을 채운다. 이렇게 되면 식 (14.3)의 전치행렬을 얻게 된다. 따라서 20번 줄에서 **transpose**를 호출하여 식 (14.3)과 동일한 행렬을 만드는 것이다.

7번 줄의 **normal**은 식 (14.3)을 구성하는 데만 사용되고, 래스터라이저로 출력되지 않는다. 노멀은 나중에 프래그먼트 쉐이더가 노멀맵으로부터 얻어올 것이기 때문이다. 반면, **v_lightTS**와 **v_viewTS**는 래스터라이저로 출력되어 보간된 후 프래그먼트 쉐이더에게 제공된다.

[예제 코드 14-4] 탄젠트 공간 노멀 매핑을 위한 프래그먼트 쉐이더.

```
#version 300 es

precision mediump float;

uniform sampler2D colorMap, normalMap;
uniform vec3 matSpec; // Ms
uniform float matSh; // shininess
uniform vec3 srcDiff, srcSpec, srcAmbi; // Sd, Ss, Sa

in vec3 v_lightTS, v_viewTS;
in vec2 v_texCoord;

layout(location = 0) out vec4 fragColor;

void main() {
    vec3 normal = normalize(2.0 * texture(normalMap, v_texCoord).xyz
            - 1.0);

    vec3 light = normalize(v_lightTS);
    vec3 view = normalize(v_viewTS);

    vec3 matDiff = texture(colorMap, v_texCoord).rgb;
    vec3 diff = max(dot(normal, light), 0.0) * srcDiff * matDiff;

    vec3 refl = 2.0 * normal * dot(normal, light) - light;
    vec3 spec = pow(max(dot(refl, view), 0.0), matSh) * srcSpec * matSpec;

    fragColor = vec4(diff + spec, 1.0);
}
```

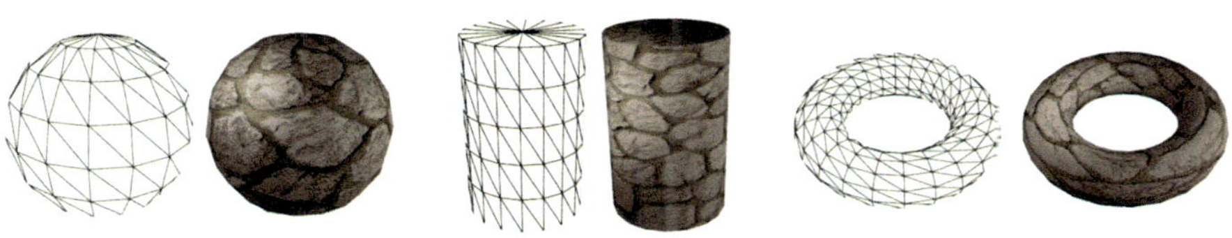

[그림 14.12] 이미지 텍스처와 노멀맵 한 쌍이 공, 원통, 도넛에 적용되었다.

예제 코드 14-4의 프래그먼트 쉐이더는 예제 코드 14-2를 약간 수정한 것이다. 이는 새 변수로 `v_lightTS`와 `v_viewTS`를 받아들여 정규화한다. 그 결과 만들어진 `light`와 `view`는 `normal`과 마찬가지로 탄젠트 공간 벡터들이다. 따라서 `light`, `view`, `normal`을 함께 타이팅 계산에 사용할 수 있다. 그림 14.12는 한 쌍의 이미지 텍스처(그림 14.4-(a))와 노멀맵(그림 14.4-(c))이 다양한 물체에 적용될 수 있음을 보여준다.

14.4.3 탄젠트 공간 계산*

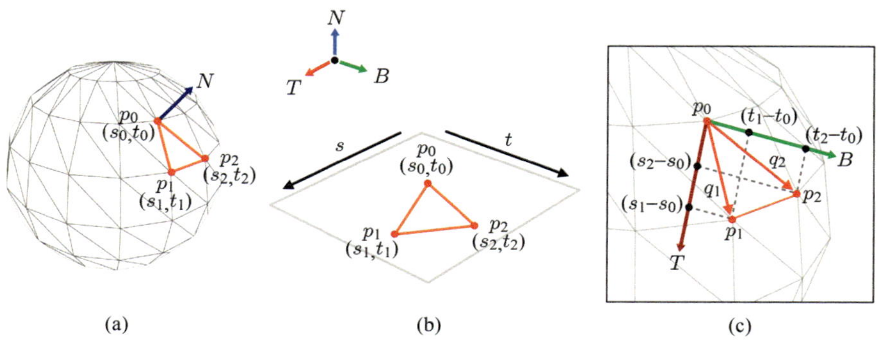

[그림 14.13] 정점별 탄젠트 공간 계산. (a) 폴리곤 메시 삼각형의 세 정점은 모두 텍스처 좌표 (s_i,t_i)를 가지고 있다. (b) 각 정점의 텍스처 좌표 s_i는 s축 혹은 T축 기준으로 정의되고, t_i는 t축 혹은 B축 기준으로 정의된다. (c) 세 정점의 (s_i,t_i)를 분석하여 T와 B축의 방향을 결정할 수 있다.

앞 절에서 기술한 바와 같이, 폴리곤 메시의 정점마다 $\{T,B,N\}$을 계산해야 한다. 보다 정확히 말하면, 정점 노멀 N이 주어졌을 때, T와 B를 계산해야 한다. 그림 14.13-(a)의 삼각형 $<p_0,p_1,p_2>$를 보자. 각 정점 p_i는 이미지 텍스처링과 노멀 매핑에 공히 사용될 텍스처 좌표 (s_i,t_i)를 가지고 있다. 그림 14.13-(b)는 이미지 텍스처의 파라미터 공간에서 (s_i,t_i)를 보여준다. 이 공간의 s축은 노멀맵의 T축과 일치한다. 마찬가지로 t축은 노멀맵의 B축과 일치한다. 세 정점에 할당된 텍스처 좌표 (s_i,t_i)를 분석해서 T와 B축의 방향을 계산해 보자.

그림 14.13-(c)는 삼각형 $<p_0,p_1,p_2>$와 함께 T와 B축을 보여주는데, 여기에서 T와 B축은 아직 결정되지 않은 상태이다. p_0와 p_1을 연결하는 벡터를 q_1으로, p_0와 p_2를 연결하는 벡터를 q_2로 표기하면, q_1과 q_2는 다음과 같이 정의된다.

$$\begin{aligned} q_1 &= (s_1 - s_0)T + (t_1 - t_0)B \\ q_2 &= (s_2 - s_0)T + (t_2 - t_0)B \end{aligned} \tag{14.4}$$

$(s_1 - s_0)$를 s_{10}으로 줄여 쓰고, $(t_1 - t_0)$, $(s_2 - s_0)$, $(t_2 - t_0)$도 마찬가지로 t_{10}, s_{20}, t_{20}으로 표기하면, 위 식은 다음과 같이 고쳐 쓸 수 있다.

$$\begin{aligned} q_1 &= s_{10}T + t_{10}B \\ q_2 &= s_{20}T + t_{20}B \end{aligned} \tag{14.5}$$

여기서 q_1, q_2, T, B는 모두 3차원 벡터이므로, 우리는 총 여섯 개의 미지수와 여섯 개의 방정식을 가지고 있다. 따라서 T와 B를 계산할 수 있다.

식 (14.5)를 이용해 p_0의 T와 B를 계산했지만, 이는 그림 14.13에 보인 삼각형 $< p_0, p_1, p_2 >$만을 고려해서 얻은 것이다. 이것 말고도 여러 개의 삼각형이 p_0를 공유하므로, 각 삼각형마다 T와 B를 따로 계산해야 한다. 이렇게 해서 얻은 모든 T들의 합을 T'로, 모든 B들의 합을 B'로 표기하자. T'와 B'는 단위 벡터가 아닐뿐더러 서로 수직도 아닐 것이다. 또한 이들은 N과도 수직이 아닐 것이다. 이러한 $\{T', B', N\}$에 그람-슈미트(Gram- Schmidt) 알고리즘을 적용하면 직교정규 기저를 얻을 수 있고, 이것이 바로 p_0에서의 탄젠트 공간의 기저가 된다(그람-슈미트 알고리즘에 대해 알아보려면 선형대수 교과서를 보라. 거의 모든 선형대수 책은 이를 다룬다).

14.5 노멀맵 제작*

평면이나 곡률이 낮은 곡면에 입혀질 노멀맵은 14.2절에서 기술한 것처럼 2차원 그래픽스 패키지를 사용해 만들 수 있다. 하지만 복잡한 곡면을 위한 노멀맵은 2차원 그래픽스 패키지로 제작하기 어려우므로, Pixologic사가 개발한 **지브러쉬**(ZBrush)와 같은 **조각 도구**(sculpting tool)를 사용한다. 지브러쉬를 사용하면 폴리곤 메시의 전체 혹은 일부를 쉽게 변형시킬 수 있는데, 그림 14.14는 저해상도 모델을 오돌토돌한 표면을 가진 고해상도 모델로 바꾸는 과정을 보여준다.

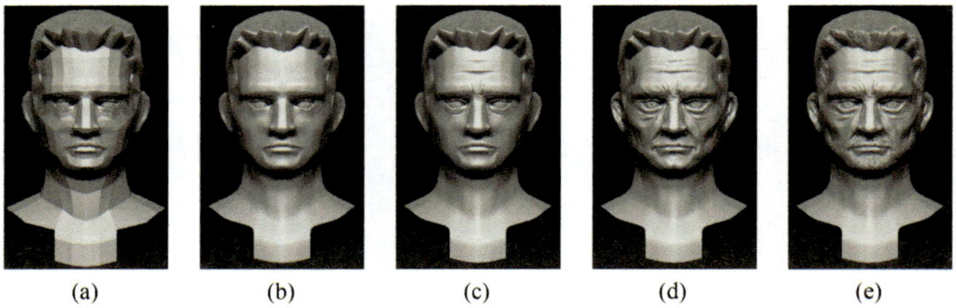

[그림 14.14] 조각 작업. (a)는 입력으로 주어진 저해상도 모델이고, (b)는 (a)를 자동으로 세분화하여 얻은 고해상도 모델인데 이는 수작업을 통해 (c)와 (d)를 거쳐 (e)의 오돌토돌한 모델로 변환된다.

그림 14.14-(a)의 저해상도 모델은 노멀 매핑을 위한 **기초 표면**(base surface)으로 사용될 것이다. 한편, 그림 14.14-(e)의 오돌토돌한 표면을 가진 고해상도 모델은 **참조 표면**(reference surface)이라 부른다. 그림 14.15-(a)는 기초 표면과 참조 표면을 중첩해서 보여준다(참조 표면의 폴리곤 메시는 보라색 계열로 그려졌다). 전처리 과정에서 지브러쉬는 이 두 면을 사용하여 자동으로 노멀맵을 만들고, 런타임에서는 노멀 매핑을 통해 이 노멀맵이 기초 표면에 입혀질 것이다.

이제부터 지브러쉬가 어떻게 노멀맵을 생성하는지 살펴보자. 지브러쉬는 우선 기초 표면을 **파라미터화**(parameterization)한다(8.2절을 보라). 이 결과, 기초 표면의 모든 정점은 정규화된 텍스처 좌표 (s,t)를 가지게 된다. 우리가 만들고자 하는 노멀맵의 해상도가 $r_x \times r_y$라 하자. 그러면 좌표 s와 t에 각각 r_x와 r_y를 곱해서 새로운 좌표 $(r_x s, r_y t)$를 정의한다. 그림 14.15-(b)는 이렇게 파라미터화된 후 $r_x \times r_y$ 크기를 가지게 된 기초 표면을 보여준다. 이제 기초 표면의 각 삼각형은 그림 14.15-(b)의 오른쪽 상자에 보인 것처럼 **스캔 전환**(scan conversion)되어 다수의 텍셀을 포함하게 된다. 우리는 각 텍셀에 노멀을 할당할 것이다. 그러면 해상도가 $r_x \times r_y$인 노멀맵이 완성되는 것이다.

그림 14.15-(b)의 오른쪽 상자는 $< v_0, v_1, v_2 >$와 하나의 예제 텍셀 T를 보여준다. 기초 표면은 원래 3차원 폴리곤 메시이므로 각 정점에는 노멀 정보가 저장되어 있다. 이러한 정점 노멀은 스캔 전환 과정에서 **보간**되어 텍셀들에 '임시로' 할당된다. 그림 14.15-(b)에서 세 정점 노멀은 n_0, n_1, n_2로, T에 임시로 할당된 노멀은 n_T로 표기되었다.

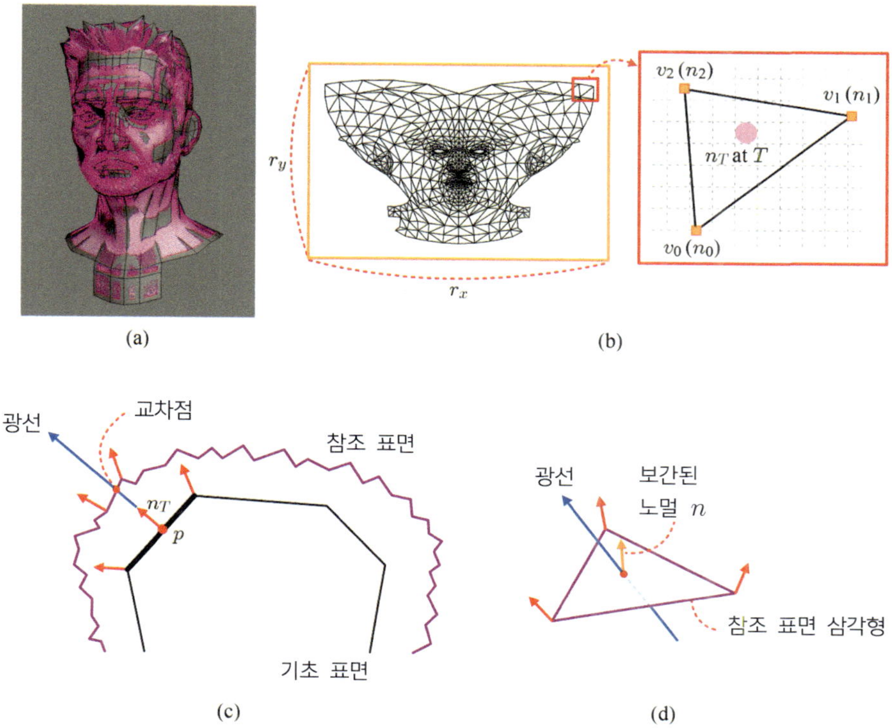

[그림 14.15] 노멀맵 제작. (a) 기초 표면과 참조 표면. (b) 파라미터화된 기초 표면을 확대한 후 스캔 전환. (c) 광선-삼각형 교차. (d) 노멀 보간.

그림 14.15-(c)는 중첩된 상태의 기초 표면과 참조 표면의 단면을 보여주는데(기초 표면과 참조 표면을 의도적으로 분리해서 그렸지만 실제로는 서로 겹쳐져 있을 것이다), 기초 표면에서 굵게 그린 삼각형은 $< v_0, v_1, v_2 >$에 해당하는 것이고, p는 텍셀 T에 해당한다. 그림 14.15-(b)의 2차원 삼각형에 대한 T의 **무게중심 좌표**(barycentric coordinates)를 계산하여, 이를 그림 14.15-(c)의 3차원 삼각형에 그대로 적용하면 p의 3차원 좌표가 계산된다(무게중심 좌표 계산법은 12.1.5절에 기술되었다). 이제 노멀 n_T 방향으로 p에서 **광선**(ray)을 발사하자. 이는 참조 표면의 삼각형과 교차하는데, 이 교차점이 참조 표면 삼각형에 대해 가지는 무게중심 좌표를 계산한다. 이 무게중심 좌표를 이용하여 그림 14.15-(d)에 보인 것처럼 참조 표면 삼각형의 정점 노멀을 보간한다. 보간된 노멀 n이 바로 참조 표면 교차점에서의 표면 노멀로 채택되어 그림 14.15-(b)의 텍셀 T에 저장된다. 이는 나중에 텍스처 좌표 (s,t)를 사용해 읽혀질 것이다.

(e)

(f)

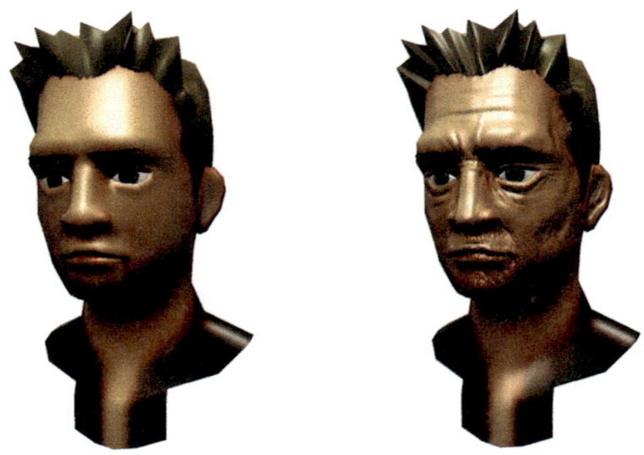

(g)

[그림 14.15] 노멀맵 제작(계속): (e) 오브젝트 공간 노멀맵. (f) 탄젠트 공간 노멀맵. (g) 노멀 매핑 미적용 및 적용 사례 비교.

이제까지 기술한 알고리즘은 오브젝트 공간에서 노멀을 계산했음을 이해하자. 이러한 노멀을 저장한 텍스처를 **오브젝트 공간 노멀맵**이라 부른다. 이는 그림 14.15-(e)에 RGB 색상으로 가시화되었다. 참조 표면의 표면 노멀은 대개의 경우 온갖 방향으로 다양하게 분포되어 있을 것이므로 오브젝트 공간 노멀맵은 특정 색상이 지배하지 않는다.

오브젝트 공간의 노멀을 **탄젠트 공간**으로 변환해야 한다. 다시 그림 14.15-(c)를 보자. p가 놓인 삼각형의 각 정점에 대해 14.4.3절에 기술한 방식을 사용하여 탄젠트 공간의 기저 $\{T, B, N\}$을 계산한 후, p의 무게중심 좌표를 사용하여 정점별 기저를 보간하면 p의 탄젠트 공간 기저를 얻을 수 있다. 이렇게 얻은 p의 T, B, N으로 식 (14.3)의 행렬을 구성하면, 이것이 바로 오브젝트 공간 노멀 n을 탄젠트 공간으로 변환하는 기저 이전 행렬이 된다. 이렇게 생성된 **탄젠트 공간 노멀맵**은 그림 14.15-(f)에 가시화되었다. 대부분의 탄젠트 공간 노멀맵과 마찬가지로 파란색 계열이 지배적인 색상이 된다. 그림 14.15-(g)는 노멀 매핑을 적용한 모델과 하지 않은 모델을 비교한다.

노트 폴리곤 메시 편집

그림 14.14는 지브러쉬를 사용하여 저해상도 폴리곤 메시로부터 오돌토돌한 고해상도 메시를 만들 수 있음을 보였다. 그런데, 지브러쉬는 이 말고도 많은 기능을 제공하는데, 거꾸로 고해상도 메시를 간략하게 만드는데 쓰이기도 한다.

실세계 물체의 복잡한 표면을 디지털화하기 위해서 종종 3차원 스캐닝(3D scanning) 기술을 사용하는데, 대개의 경우 3차원 스캐닝을 통해 획득한 정점의 개수는 매우 많다. 이들 정점을 삼각형으로 이으면 그림 14.16-(a)와 같은 고해상도 메시를 얻는다. 이 메시는 10만 개의 삼각형을 가지고 있다. 정점의 수가 너무 많을 경우 편집하기도 어렵고 실시간 렌더링에도 부담을 준다. 이런 경우, 지브러쉬를 사용해 자동으로 혹은 반자동으로 메시 해상도를 낮출 수 있다. 그림 14.16-(b)는 그 결과를 보여준다. 이러한 저해상도 메시는 편집하기 쉽다. 이 얼굴 메시의 눈을 3ds Max로 편집한 결과가 그림 14.16-(c)에 있다. 여기에 이미지 텍스처를 입힌 것이 그림 14.16-(d)이다.

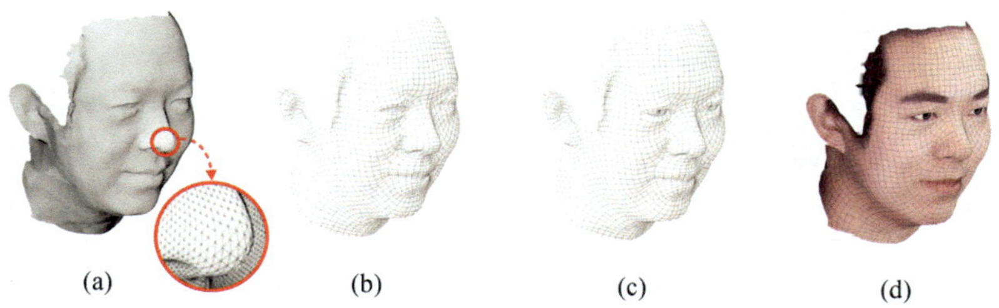

(a) (b) (c) (d)

[그림 14.16] 메시 간략화 및 편집. (a) 3차원 스캐닝을 통해 얻은 고해상도 메시. (b) 지브러쉬를 이용해 반자동으로 간략화된 메시. (c) 3ds Max를 이용한 수작업 편집 결과. (d) 텍스처링 결과.

연습문제

1. 정점 배열 데이터.

(a) 캐릭터에 탄젠트 공간 노멀 매핑을 적용하려고 한다. 정점 배열에 저장해야 하는 데이터를 모두 나열하라.

(b) 위의 캐릭터에 스키닝 애니메이션도 적용하려고 한다. 정점 배열에 저장해야 하는 데이터를 모두 나열하라.

2. 아래는 탄젠트 공간 노멀 매핑을 위한 정점 쉐이더이다. 빈칸을 채워라.

```
#version 300 es

uniform mat4 worldMat, viewMat, projMat;
uniform vec3 eyePos, lightDir;

layout(location = 0) in vec3 position;
layout(location = 1) in vec3 normal;
layout(location = 2) in vec2 texCoord;
layout(location = 3) in vec3 tangent;

out vec3 v_lightTS, v_viewTS;
out vec2 v_texCoord;

void main() {
    vec3 worldPos = (worldMat * vec4(position, 1.0)).xyz;
    vec3 Nor = normalize(transpose(inverse(mat3(worldMat))) * normal);
    vec3 Tan = ____________;
    vec3 ____________;
    mat3 tbnMat = transpose(mat3(Tan, Bit, Nor)); // row major

    v_lightTS = tbnMat * normalize(lightDir);
    v_viewTS = ____________;

    v_texCoord = texCoord;
    gl_Position = projMat * viewMat * vec4(worldPos, 1.0);
}
```

3. 정점 배열에 저장된 정점별 탄젠트 공간의 기저 $\{T, B, N\}$이 정점 쉐이더에게 제공되었다. 탄젠트 공간 노멀 벡터를 월드 공간으로 변환하는 행렬을 구하라.

4. 그림 14.6-(a)와 달리, 한 점을 공유하는 삼각형들의 노멀을 사용해 그 점의 노멀을 계산하는 알고리즘을 기술하라.

5. 아래는 탄젠트 공간 노멀 매핑을 위한 프래그먼트 쉐이더이다. 빈칸을 채워라.

```
#version 300 es

precision mediump float;

uniform sampler2D colorMap, normalMap;
uniform vec3 srcDiff; // Sd

in vec3 v_lightTS;
in vec2 v_texCoord;

layout(location = 0) out vec4 fragColor;

void main() {
    // normal map access
    vec3 normal = ____________________;

    vec3 light = __________;

    // diffuse term
    vec3 matDiff = ____________________;
    vec3 diff = max(dot(normal, light), 0.0) * srcDiff * matDiff;

    fragColor = vec4(diff, 1.0);
}
```

6. 다음 그림은 원통의 파라미터화 결과를 보여준다. 원통의 축이 좌표계의 y축과 같다. 원통 표면에 노멀 매핑을 적용하려고 한다. 원통의 각 정점 (x,y,z)에 대해 어떻게 탄젠트 공간을 정의할 것인지 기술하라. 단, 한 정점의 탄젠트 공간 계산 시, 주위 정점 정보를 사용할 수 없다.

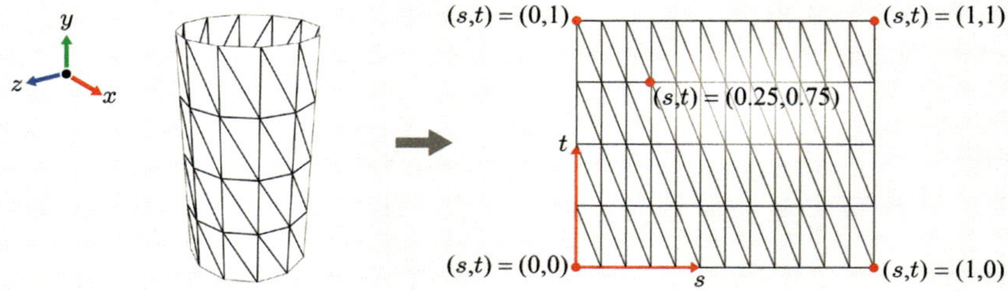
y
z
x
(s,t) = (0,1)
(s,t) = (1,1)
(s,t) = (0.25,0.75)
t
(s,t) = (0,0)
s
(s,t) = (1,0)

15

쉐도우 매핑

Shadow Mapping

실세계에서 그림자가 없는 장면을 찾기는 어렵다. 따라서 렌더링된 영상의 시각적 사실감을 높이는 데 있어 그림자는 필수불가결한 항목이다. 또한 그림자는 물체들 사이의 공간적 관계를 이해하는 데도 도움을 준다. 그림 15.1-(a)에서 캐릭터와 지면 간 상대적인 위치는 경확하지 않는 반면, 그림 15.1-(b)에서는 캐릭터가 지면에 착지하는 중임을 쉽게 알아낼 수 있다.

[그림 15.1] 그림자는 3차원 장면의 구조를 이해하는데 도움을 준다. (a) 캐릭터와 지면의 공간적 관계가 불명확하다. (b) 캐릭터와 지면의 공간적 관계가 명확하다.

15.1 두 단계 렌더링

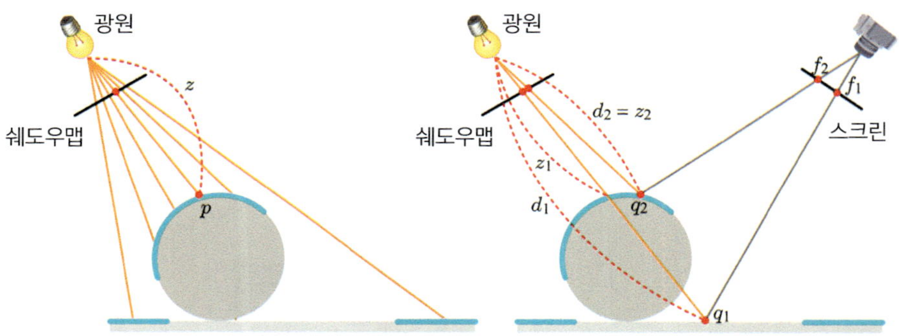

[그림 15.2] 쉐도우 매핑을 위한 두 단계 알고리즘. (a) 첫 번째 패스는 쉐도우맵을 생성한다. (b) 두 번째 파스는 3차원 장면의 점이 광원에서 보이는지 검사하기 위해 쉐도우맵을 사용한다.

쉐도우 매핑 알고리즘은 두 번의 **렌더링 패스**(rendering pass)를 통해 수행된다. 첫 번째 패스에서는 **쉐도우맵**(shadow map)이라는 특수한 텍스처를 생성한다. 그림 15.2-(a)를 보자. 광원데서 나온 빛이 미치는 표면은 굵은 선으로 표시되었다. 이들 표면을 균일하게 샘플하여, 각 샘플점 p마다 광원까지의 거리를 쉐도우맵에 저장한다. 이 거리를 z로 표기하는데, 이는 광원에서 본 3차원 장면의 **깊이**다. 따라서, 쉐도우맵은 **광원 기준의 깊이맵**(depth map)이라고도 한다.

두 번째 패스에서는 실제 렌더링을 수행하는데, 이 과정에서 쉐도우맵을 사용하여 그림자를 생성한다. 그림 15.2-(b)에서 프래그먼트 f_1을 처리하는 경우를 보자. 이 프래그먼트에 해당하는 월드 공간의 점을 q_1이라 하자. 광원과 q_1 사이의 거리 d_1은 쉐도우맵에 저장된 깊이값 z_1보다 크다. 이는 z_1이라는 깊이 값을 가진 어떤 점이 광원과 q_1 사이에 놓여 있어서 q_1으로 향하는 빛을 가리고 있다는 것을 의미한다. 따라서 q_1은 그림자에 속하는 점으로 판정된다. 반면, 프래그먼트 f_2에 해당하는 월드 공간 점 q_2의 경우, 광원까지의 거리 d_2는 쉐도우맵에 저장된 값 z_2와 같다. 즉, q_2는 광원에서 보이는 점이다. 따라서 q_2는 빛을 받는 점으로 판정된다.

이상 설명한 바와 같이 쉐도우 매핑 알고리즘은 개념적으로 매우 간단하다. 하지만, 이를 그대로 구현할 경우, 여러 문제와 마주치게 된다. 그림 15.3-(a)는 장면 및 카메라 구성을, 그림 15.3-(b)는 쉐도우 매핑을 사용해 장면을 렌더링한 결과를 보여준다. 완전하게 빛을 받는 지역에 자잘한 그림자가 섞여 있다.[1]

다시 그림 15.2-(b)로 돌아가 보자. f_2의 월드 공간 점 q_2는 쉐도우맵을 생성할 때 샘플한 점과 일치했다. 하지만 실제 이 같은 경우는 거의 발생하지 않는다. 즉, 첫 번째 패스에서 샘플한 점과 두 번째 패스에서 샘플한 점은 대개의 경우 불일치한다. 그림 15.3-(c)의 예를 보자. q_1은 첫 번째 패스에서 쉐도우맵을 구성하기 위하여 샘플한 어떤 점과도 일치하지 않는다.

쉐도우맵은 텍스처의 한 종류이므로 이를 어떻게 필터링할 것인지 미리 정해야 하는데, **근접점 샘플링**(nearest point sampling)을 사용한다고 가정하자. 그러면 그림 15.3-(c)의 q_1의 경우, 쉐도우맵에서 z_1을 읽어올 것이다. 이는 q_1과 광원 사이의 거리 d_1보다 작기 때문에 q_1은 그림자에 속하는 점으로 판정된다. 이는 잘못된 판정이다. 반면, f_1에 인접한 프래그먼트 f_2를 보자. f_2의 월드 공간 점 q_2에 대해서는 쉐도우맵에서 z_2를 읽어오므로, q_2는 빛을 받는다고 판정된다. 이는 옳은 판정이다. 이처럼 완전하게 빛을 받는 지역임에도 일부 프래그먼트는 빛을 못 받는 것으로 판정되어 그림 15.3-(b)처럼 자잘한 그림자가 생성되는 것이다.

1 이런 현상을 영어로는 surface acne라고 표현한다.

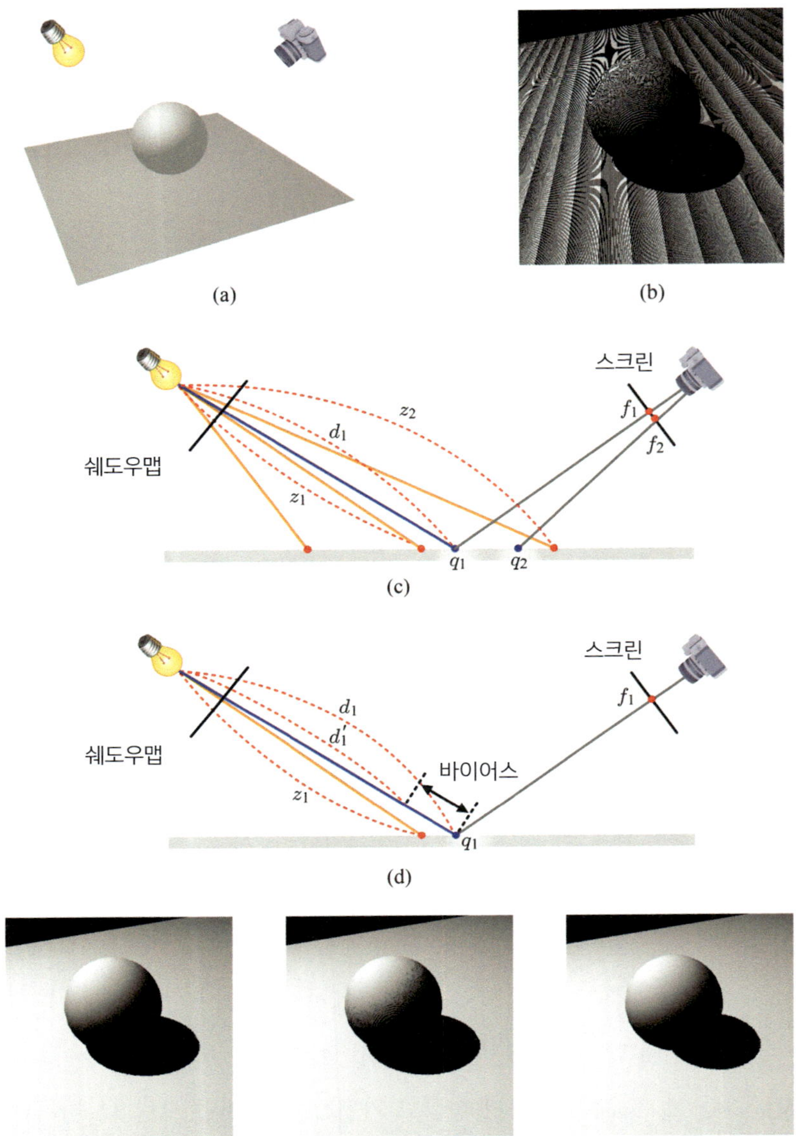

[그림 15.3] 쉐도우 매핑의 문제점과 해결 방법. (a) 장면 및 카메라 구성. (b) 렌더링 오류. (c) 그림자 진 q_1과 빛을 받는 q_2. (d) 바이어스 기반 해결 방법. (e) 개선된 그림자. (f) 너무 작은 바이어스. (g) 너무 큰 바이어스.

이 문제를 해결하는 방법은 간단하다. 두 번째 패스에서 샘플한 점들을 광원 쪽으로 약간 이동하면 된다. 즉 광원까지의 거리 d에서 일정한 값을 빼는 것이다. 이 값을 **바이어스**(bias)라 한다. 그림 15.3-(d)에서는 d_1에서 바이어스를 빼서 d_1'를 만든 후 이를 z_1과 비교하였다. d_1'가 z_1보다 작으므로 q_1은 빛을 받는 것으로 판정된다. 그림 15.3-(e)는 이러한 방법을 통해 쉐도우 매핑을 개선한 결과를 보여준다.

쉐도우 매핑에서는 적절한 바이어스를 설정하는 것이 중요한데, 바이어스가 너무 작을 경우 불필요한 자잘한 그림자를 완벽히 제거할 수 없다. 그림 15.3-(f)의 공 표면을 보라. 반면, 바이어스가 너무 크면 그림 15.3-(g)에 보인 것처럼 그림자가 과도하게 축소될 수 있다. 그늘져야 할 부분이 빛을 받는 것으로 판정된 결과이다. 바이어스는 대개 몇 번의 시험을 거쳐 적절한 값으로 설정된다.

15.2 쉐도우맵 필터링

그림 15.4-(a)의 월드 공간 점 q_1과 q_2를 보자. 이는 쉐도우맵으로 투영(project)되어 두 텍셀 p_1과 p_2 사이에 놓이게 된다. **근접점 샘플링**으로 쉐도우맵을 필터링하면, q_1은 p_1과 비교되어 그림자 지는 것으로 판정되고, q_2는 p_2와 비교되어 빛을 받는 것으로 판정된다. 즉, 하나의 프래그먼트는 완전히 빛을 받거나 완전히 그늘지거나 둘 중 하나로 판정될 뿐, 다른 여지는 없다. 그 결과 그림 15.4-(b)처럼 거친 윤곽선을 가진 그림자가 생성된다. 이는 그림 8.9-(a)에 보인 문제점과 유사하다.

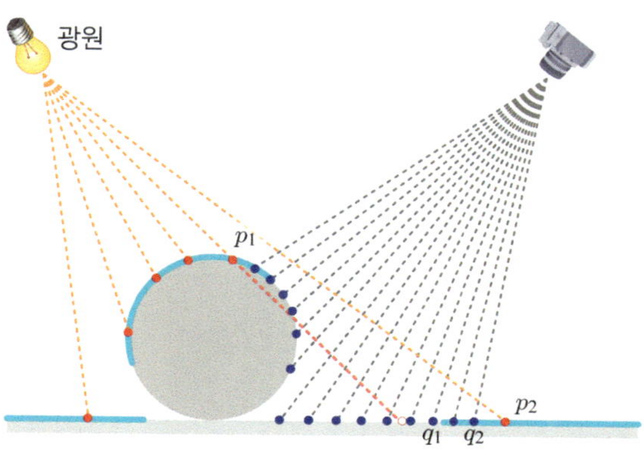

(a)

(b)

[그림 15.4] 쉐도우맵 필터링. (a) 쉐도우맵에 투영된 q_1과 q_2. (b) 근접점 샘플링으로 생성된 그림자의 거친 윤곽선.

이제 **겹선형보간**으로 쉐도우맵을 필터링해 보자. 그림 15.4-(c)는 쉐도우맵에 투영된 프래그먼트 q를 보여준다. q를 둘러싼 네 개 텍셀의 깊이 값은 쉐도우맵에서 읽어온 것이다.[2] 이 깊이 값을 겹선형보간하면 64가 된다. 만약 q의 깊이가 80이라면, q는 그늘진 것으로 판정된다. 즉, 완전히 빛을 받거나 완전히 그늘지거나 둘 중 하나로 판정되는 문제는 여전하다. 그림 15.4-(c) 오른쪽 그림을 보라. 그림자의 윤곽선은 여전히 거칠다. 그림 8.9-(b)와는 달리, 겹선형보간이 문제를 해결해 주지 않는다.

이 문제를 해결하는 방법은 네 개의 텍셀 각각에 대해 q의 **가시성**(visibility)을 결정한 후 이를 보간하는 것이다. 그림 15.4-(d)를 보자. 왼쪽 위의 텍셀만 고려하면 q에는 그림자가 맺히는 것으로 판정될 것이다. 즉, 이 텍셀에 대한 q의 가시성은 0이다. 반면, 나머지 세 개의 텍셀에 대해서는 q는 빛을 받는 것으로 판정된다. 즉, 이들에 대한 q의 가시성은 1이다. 네 개의 가시성 값을 겹선형보간하면 q의 가시성은 0.58로 계산된다. 이 값은 q가 **빛을 받는 정도**를 나타낸다. 즉, 완전히 빛을 받거나 완전히 그늘지거나 둘 중 하나를 택하는 대신, [0,1] 범위 안의 값을 취하게 된다. 0에 가까우면 어둡게, 1에 가까우면 밝게 처리된다. 이 결과 그림 15.4-(d) 오른쪽에 보인 것처럼 그림자의 윤곽선은 그림 15.4-(c)보다 부드러워졌다.

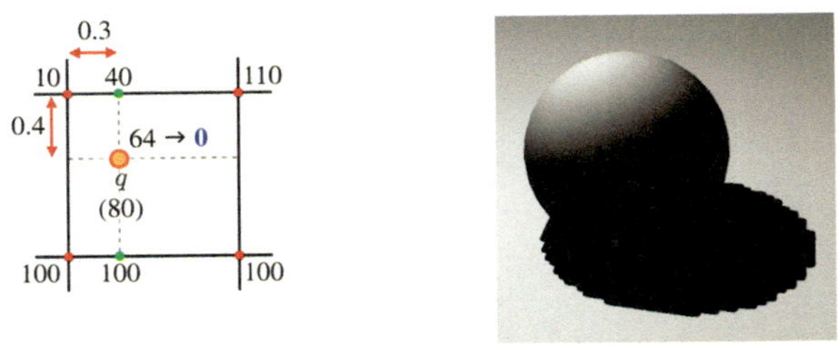

(c)

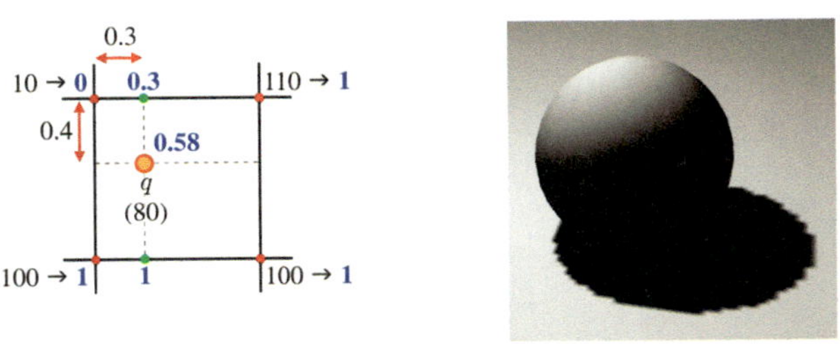

(d)

[그림 15.4] 쉐도우맵 필터링(계속). (c) 겹선형보간은 근접점 샘플링과 큰 차이를 생성하지 않는다. (d) 각 텍셀에 대해 가시성이 계산되고 겹선형보간된다.

---

2 다음 절에서 설명하겠지만, 기본적으로 쉐도우맵 텍셀은 [0,1] 범위의 실수값을 가진다. 하지만 여기에서는 설명의 편의를 위하여 정수값을 사용하였다.

쉐도우맵에서 여러 개의 텍셀을 참조하여 이들에 대한 픽셀의 가시성을 결정하고 그 결과를 결합하는 기법을 일반적으로 PCF(percentage closer filtering)라고 부른다. 그런데, 그림 15.4-(c)와 (d)의 왼쪽을 비교해 보면, PCF는 기존의 겹선형보간과 다른 방식으로 구현되어야 한다는 것을 알 수 있다. 이에 대해서는 다음 절에서 다룬다.

15.3 쉐도우 매핑을 위한 GL 프로그램과 쉐이더*

쉐도우 매핑의 첫 번째 렌더링 패스에서는 광원에서 보이는 표면을 샘플하여 쉐도우맵을 생성한다. 이를 위해서 카메라를 광원의 위치에 놓고 3차원 장면을 렌더링한다. 라이팅과 텍스처링 등은 전혀 수행하지 않는다. 다만, 최종적으로 얻은 z-버퍼를 쉐도우맵으로 취한다. 두 번째 패스에서는 실제 카메라 관점에서 통상적인 렌더링을 수행하면서 쉐도우맵을 이용한다.

이 절은 쉐도우 매핑 구현 기법을 다루는데, 각 패스마다 정점 및 프래그먼트 쉐이더를 소개할 것이다. 그런데, 이 코드는 이해하기 쉽지 않을 것이므로, 프로그래밍에 큰 관심이 없다면 이 절은 생략해도 된다.

15.3.1 첫 번째 패스의 쉐이더

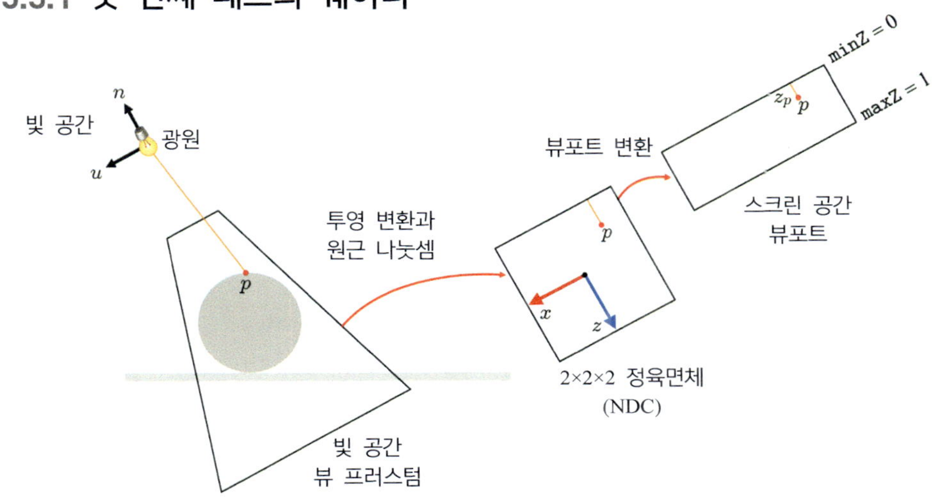

[그림 15.5] 광원 기준으로 설정된 **EYE**, **AT**, **UP**을 이용해 $\{u,v,n\}$이 계산된다(이 단면도에서는 u와 n축만 그렸다). **EYE**와 $\{u,v,n\}$은 빛 공간을 정의하고, 뷰 프러스텀은 빛 공간에서 설정된다. 빛 공간의 점 p는 클립 공간으로 투영 변환되고, 원근 나눗셈에 의해 NDC로 표현된다. 마지막으로, 뷰포트 변환에 의해 [0,1] 범위의 z_p가 결정된다.

첫 번째 패스에서는, 모든 3차원 정점이 월드 변환을 통해 월드 공간으로 변환된 후 **카메라 파라미터**가 광원 기준으로 설정된다(광원의 위치에 **EYE**가 놓인다). 그림 15.5를 보라. 이러한 카메라 파라미터에 의해 정의된 공간은 카메라 공간 대신 **빛 공간**(light space)이라 부른다. 뷰 프러스텀은 그림 15.5 왼쪽에 보인 것처럼 빛 공간에서 정의된다.

[예제 코드 15-1] 쉐도우 매핑을 위한 첫 번째 패스의 정점 쉐이더.

```
#version 300 es

uniform mat4 worldMat;
uniform mat4 lightViewMat, lightProjMat;

layout(location = 0) in vec3 position;

void main() {
    // generate shadow map
    gl_Position = lightProjMat * lightViewMat * worldMat
            * vec4(position, 1.0);
}
```

예제 코드 15-1은 정점 쉐이더이다. 이는 새로운 유니폼으로 `lightViewMat`와 `lightProjMat`를 받는다. 월드 공간 정점이 `lightViewMat`에 의해 빛 공간으로 변환되면, `lightProjMat`가 빛 공간 정점을 '광원 기준의 클립 공간'으로 변환한다. 이는 `gl_Position`에 저장된다. 정점 쉐이더는 이 말고는 아무 것도 출력하지 않는다. `gl_Position`은 래스터라이저로 들어가 원근 나눗셈된다. 그림 15.5의 p는 광원에서 보이는 정점을 나타내는데, 원근 나눗셈 결과 NDC로 표현된 $2\times2\times2$ 크기의 정육면체 뷰 볼륨 안에 놓이게 된다.

[예제 코드 15-2] 쉐도우 매핑을 위한 첫 번째 패스의 프래그먼트 쉐이더.

```
#version 300 es

void main() {}
```

정육면체 뷰 볼륨은 그림 15.5 오른쪽에 보인 바와 같이 스크린 공간 뷰포트로 변환된다. 스크린 공간 삼각형은 스캔 전환에 의해 프래그먼트로 나눠지는데, 실은 이 과정에서 보간할 것은 아무 것도 없다. 정점 쉐이더가 `gl_Position` 말고는 아무 것도 출력하지 않았기 때문이다. 예제 코드 15-2는 프래그먼트 쉐이더인데, 아무런 입력 변수가 없고 메인 함수는 비어 있다. 쉐도우 매핑은 첫 번째 패스에서 프래그먼트의 색상을 결정하지 않기 때문이다.

이렇게 프래그먼트 쉐이더는 아무 것도 출력하지 않지만, 각 프래그먼트의 스크린 공간 좌표는 GPU 파이프라인의 다음 단계인 출력 병합기로 건네진다. 따라서 출력 병합기는 이를 이용해 z-**버퍼링**을 수행한다. 이렇게 해서 첫 번째 패스가 끝나면, z-버퍼에는 광원에서 보이는 점들의 깊이 값이 저장된다. 이것을 **쉐도우맵**으로 취한다. 그림 5.5에서 z_p는 광원에서 보이는 점 p의 스크린 공간 깊이 값을 의미한다.

뷰포트의 z 범위 [minZ, maxZ]가 [0,1]로 설정되었다고 가정하자. 그러면 쉐도우맵의 모든 텍셀은 [0,1] 범위 안의 값을 가진다. 그림 15.2에서는 쉐도우맵이 월드 공간에서 광원까지의 거리를 저장하고 있는 것으로 설명했지만 이는 이해를 돕기 위한 것이었고, 실제 구현에서는 이렇게 스크린 공간에서 정규화된 값을 저장하게 된다.

15.3.2 프레임버퍼 오브젝트

[예제 코드 15-3] 프레임버퍼 오브젝트를 위한 GL 프로그램.

```
#define SHADOW_MAP_SIZE 1024

GLuint texture;
glGenTextures(1, &texture);
glBindTexture(GL_TEXTURE_2D, texture);
glTexImage2D(GL_TEXTURE_2D, 0, GL_DEPTH_COMPONENT16,
          SHADOW_MAP_SIZE, SHADOW_MAP_SIZE, 0,
          GL_DEPTH_COMPONENT, GL_UNSIGNED_SHORT, NULL);
glTexParameteri(GL_TEXTURE_2D, GL_TEXTURE_MIN_FILTER, GL_LINEAR);
glTexParameteri(GL_TEXTURE_2D, GL_TEXTURE_MAG_FILTER, GL_LINEAR);
glTexParameteri(GL_TEXTURE_2D, GL_TEXTURE_WRAP_S, GL_CLAMP_TO_EDGE);
glTexParameteri(GL_TEXTURE_2D, GL_TEXTURE_WRAP_T, GL_CLAMP_TO_EDGE);
glTexParameteri(GL_TEXTURE_2D, GL_TEXTURE_COMPARE_MODE,
          GL_COMPARE_REF_TO_TEXTURE);
glTexParameteri(GL_TEXTURE_2D, GL_TEXTURE_COMPARE_FUNC, GL_LEQUAL);

GLuint fbo;
glGenFramebuffers(1, &fbo);
glBindFramebuffer(GL_FRAMEBUFFER, fbo);
glFramebufferTexture2D(GL_FRAMEBUFFER,
          GL_DEPTH_ATTACHMENT, GL_TEXTURE_2D, texture, 0);
```

쉐도우 매핑의 첫 번째 패스에서, 렌더링은 실제 스크린 대신 텍스처에 이뤄진다. 이렇게 텍스처에 렌더링(render-to-texture)하기 위해서 GL 프로그램은 먼저 쉐도우맵으로 사용할 텍스처를 확보해야 한다. 예제 코드 15-3의 4~6번 줄은 `glGenTextures`, `glBindTextures`, `glTexImage2D`를 차례차례 호출하는데, 이는 예제 코드 8-1에서 보인 것과 동일하다. 6번 줄 `glTexImage2D`의 세 번째 파라미터인 `GL_DEPTH_COMPONENT16`은 쉐도우맵의 깊이 값이 16비트로 저장됨을, 네 번째와 다섯 번째 파라미터는 쉐도우맵의 해상도가 1024×1024임을 말해준다. 한편, 7, 8번 줄은 쉐도우맵을 어떻게 필터링할지 지정하는데, 텍스처 확대와 축소의 경우 모두 `GL_LINEAR`를 선택했다. 하지만, 쉐도우맵의 경우는 일반적인 겹선형 보간과는 다른 방식으로 필터링되는데, 이에 대해서는 15.3.3절에서 다룬다. 9, 10번 줄은 텍스처 포장 모드를 지정한다. 11, 12번 줄은 나중에 설명할 것이다.

10.1절에서 컬러, 깊이, 스텐실 버퍼로 구성된 **프레임 버퍼**(framebuffer)를 소개했다. 실제 스크린에 렌더링할 때에는 이 프레임 버퍼를 사용하지만, 텍스처에 렌더링하기 위해서는 **프레임 버퍼 오브젝트**(framebuffer object; 이하 FBO로 약칭)를 사용해야 한다. 예제 코드 15-3의 15, 16번 줄은 FBO를 생성하고 바인드한다. 프레임 버퍼와 마찬가지로 FBO는 컬러, 깊이, 스텐실 세 가지 요소로 구성되는데, 쉐도우맵을 위해 확보한 텍스처 오브젝트(`texture`)는 FBO의 깊이 요소에 붙여(attach)져야 한다. 이를 위해 17번 줄에서 `GL_DEPTH_ATTACHMENT`를 사용한다.

15.3.3 두 번째 패스의 쉐이더

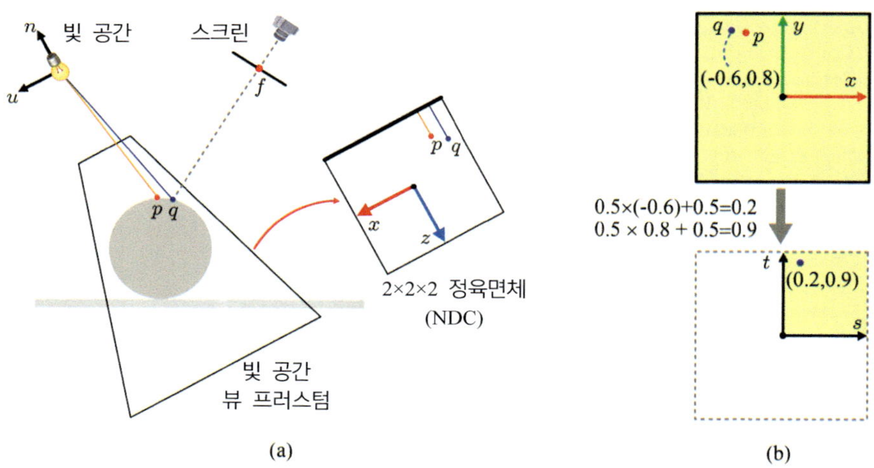

[그림 15.6] 깊이 비교. (a) 첫 번째 패스에서 샘플한 점 p와 두 번째 패스에서 샘플한 점 q는 같은 변환을 거쳐 비교된다. (b) q의 (x,y) 좌표는 $(-0.6, 0.8)$인데, 2×2 크기의 정사각형에서 $(-0.6, 0.8)$의 상대적인 위치는, 1×1 크기의 정사각형에서 $(0.2, 0.9)$의 상대적인 위치와 동일하다.

두 번째 패스에서는 실제 카메라 관점에서 통상적인 렌더링을 수행한다. 그림 15.6-(a)에서 프래그먼트 f에 해당하는 월드 공간의 점 q를 생각해 보자. 여기에 그림자가 맺히는지 아닌지 결정하기 위하여, 첫 번째 패스에서 샘플한 점 p와 깊이 비교를 수행한다(쉐도우맵 필터링을 위해 근접점 샘플링이 설정되었고, 쉐도우맵 텍셀 중 q와 가장 가까운 것이 p라 가정하자). 깊이 비교를 위해서, q는 p가 밟았던 경로를 그대로 따라야 한다. 즉, q를 '광원 기준의 클립 공간'으로 변환하고, 원근 나눗셈을 통해 $2\times2\times2$ 크기의 정육면체 뷰 볼륨 안으로 옮긴다. 그림 15.6-(a)를 보라. 현재 q의 깊이 값은 $[-1,1]$ 범위에 있는데, 비교할 대상인 p의 깊이(z_p)는 그림 15.5에서처럼 $[0,1]$ 범위에 있다. 따라서 q의 깊이 값이 $[0,1]$ 범위에 놓이도록 전환해야 하는데, 그 결과를 d_q라 표현하자.

그림 15.6-(a)의 $2\times2\times2$ 크기 뷰 볼륨의 단면에서 굵은 선으로 표시한 면은 2×2 크기의 정사각형이다. 그림 15.6-(b) 상단은 이 정사각형을 그린 것이다. z_p와 d_q를 비교하려면, 먼저 쉐도우맵에 저장된 z_p를 읽어와야 한다. 이를 위해서 텍스처 좌표 (s,t)를 사용할텐데, s와 t는 모두 $[0,1]$ 범위에 있다. 반면, 현재 q의 (x,y) 좌표 범위는 $[-1,1]$인데, 그림 15.6-(b)에 보인 것처럼 q의 (x,y) 좌표를 $[0,1]$ 범위로 전환한다면 이를 (s,t)로 사용해 z_p를 읽어올 수 있다.

요약해 보자. q를 '광원 기준의 클립 공간'으로 변환하여 (x,y,z,w) 좌표를 얻은 다음, 아래에 →로 표기한 연산 두 가지를 수행한다.

$$\begin{pmatrix} x \\ y \\ z \\ w \end{pmatrix} \rightarrow \begin{pmatrix} x/w \\ y/w \\ z/w \end{pmatrix} \rightarrow \begin{pmatrix} 0.5x/w+0.5 \\ 0.5y/w+0.5 \\ 0.5z/w+0.5 \end{pmatrix} = \begin{pmatrix} s \\ t \\ d_q \end{pmatrix} \tag{15.1}$$

첫 번째 연산은 원근 나눗셈인데, 그 결과 x/w, y/w, z/w는 모두 $[-1,1]$ 범위에 놓인다. 두 번째 연산은 이를 $[0,1]$ 범위로 전환하는 것이다. 그 결과를 (s,t,d_q)로 표현했는데, (s,t)는 쉐도우맵에서 z_p를 읽어오는 데 사용되고, 그렇게 읽어온 z_p는 d_q와 비교되는 것이다.

보다 효율적인 쉐이더 프로그래밍을 위해서 식 (15.1)을 고쳐 써보자.

$$\begin{pmatrix} x \\ y \\ z \\ w \end{pmatrix} \rightarrow \begin{pmatrix} 0.5x+0.5w \\ 0.5y+0.5w \\ 0.5z+0.5w \\ w \end{pmatrix} \rightarrow \begin{pmatrix} 0.5x/w+0.5 \\ 0.5y/w+0.5 \\ 0.5z/w+0.5 \end{pmatrix} = \begin{pmatrix} s \\ t \\ d_q \end{pmatrix} \tag{15.2}$$

결과는 (15.1)과 같은데, 첫 번째 연산은 정점 쉐이더가, 두 번째 연산은 프래그먼트 쉐이더가 수행할 것이다. 두 번째 연산은 동차 좌표를 w로 나누는 것인데, 이는 그림 4.3에서 **투영**(projection)이라는 용어를 사용해서 설명한 바 있다.

[예제 코드 15-4] 쉐도우 매핑을 위한 두 번째 패스의 정점 쉐이더.

```
 1: #version 300 es
 2:
 3: uniform mat4 worldMat, viewMat, projMat;
 4: uniform mat4 lightViewMat, lightProjMat;
 5: uniform vec3 lightPos;
 6:
 7: layout(location = 0) in vec3 position;
 8: layout(location = 1) in vec3 normal;
 9: layout(location = 2) in vec2 texCoord;
10:
11: out vec3 v_normal, v_light;
12: out vec2 v_texCoord;
13: out vec4 v_shadowCoord;
14:
15: const mat4 tMat = mat4(
16:         0.5, 0.0, 0.0, 0.0,
17:         0.0, 0.5, 0.0, 0.0,
18:         0.0, 0.0, 0.5, 0.0,
19:         0.5, 0.5, 0.5, 1.0
20: );
21:
22: void main() {
23:     v_normal = normalize(transpose(inverse(mat3(worldMat))) * normal);
24:     vec3 worldPos = (worldMat * vec4(position, 1.0)).xyz;
25:     v_light = normalize(lightPos - worldPos);
26:     v_texCoord = texCoord;
27:
28:     // for shadow map access and depth comparison
29:     v_shadowCoord = tMat * lightProjMat * lightViewMat
                * vec4(worldPos, 1.0);
30:     gl_Position = projMat * viewMat * vec4(worldPos, 1.0);
31: }
```

예제 코드 15-4는 정점 쉐이더인데, 29번 줄을 보도록 하자. 월드 공간 정점 `worldPos`는 `lightViewMat`와 `lightProjMat`에 의해 '광원 기준의 클립 공간'의 점 (x,y,z,w)로 변환된다. 이는 `tMat`라는 행렬과 곱해지는데, 이는 식 (15.2)의 첫 번째 연산에 해당한다.[3]

3 14.4.2절 예제 코드 14-3에서 설명한 `mat3`와 마찬가지로 `mat4`도 열 우선(column major) 방식으로 행렬을 만든다.

$$\begin{pmatrix} 0.5 & 0 & 0 & 0.5 \\ 0 & 0.5 & 0 & 0.5 \\ 0 & 0 & 0.5 & 0.5 \\ 0 & 0 & 0 & 1 \end{pmatrix} \begin{pmatrix} x \\ y \\ z \\ w \end{pmatrix} = \begin{pmatrix} 0.5x + 0.5w \\ 0.5y + 0.5w \\ 0.5z + 0.5w \\ w \end{pmatrix} \tag{15.3}$$

이 4차원 벡터는 `v_shadowCoord`라는 이름으로 출력된다. 한편, 메인 함수는 `gl_Position`을 리턴하는데, 이는 렌더링을 위한 통상적인 GPU 파이프라인을 거친다.

[예제 코드 15-5] 쉐도우 매핑을 위한 두 번째 패스의 프래그먼트 쉐이더.

```
 1: #version 300 es
 2:
 3: precision mediump float;
 4: precision mediump sampler2DShadow;
 5:
 6: uniform sampler2D colorMap;
 7: uniform sampler2DShadow shadowMap;
 8: uniform vec3 srcDiff;
 9:
10: in vec3 v_normal, v_light;
11: in vec2 v_texCoord;
12: in vec4 v_shadowCoord;
13:
14: layout(location = 0) out vec4 fragColor;
15:
16: void main() {
17:     vec3 normal = normalize(v_normal);
18:     vec3 light = normalize(v_light);
19:
20:     // diffuse term
21:     vec3 matDiff = texture(colorMap, v_texCoord).rgb;
22:     vec3 diff = max(dot(normal, light), 0.0) * srcDiff * matDiff;
23:
24:     float visibility = textureProj(shadowMap, v_shadowCoord);
25:
26:     fragColor = vec4(visibility * diff, 1.0);
27: }
```

예제 코드 15-5는 프래그먼트 쉐이더인데, 코드를 단순하게 만들기 위해 퐁 모델의 디퓨즈 항만 구현했다. 이미지 텍스처(6번 줄 `colorMap`)에 더불어, 쉐도우맵(7번 줄 `shadowMap`)이 유니폼으로 정의되었는데, 일반 텍스처와 구분하기 위하여 `sampler2DShadow`라는 타입으로 지정되었다.

24번 줄에서 `shadowMap`은 새로운 내장 함수 `textureProj`가 처리하는데, `Proj`가 암시하는 것처럼 **투영**(projection) 방식으로 텍스처를 처리한다. 이를 구체적으로 설명해 보자. `textureProj`의 첫 번째 파라미터가 쉐도우맵이라면, 두 번째 파라미터는 반드시 4차원 벡터여야 한다. 우리의 경우 이는 정점 쉐이더가 출력한 `v_shadowCoord`인데, 이는 먼저 투영을 거친다. 즉, 모든 원소가 네 번째 원소로 나눠진다. 그 결과는 (s,t,d_q)이다. 이 중 (s,t)는 쉐도우맵에서 z_p를 읽어오는 데 사용되고, 세 번째 원소 d_q는 쉐도우맵에서 읽어온 z_p와 비교되는 것이다.

z_p와 d_q를 비교하는 방식은 예제 코드 15-3에서 설정하였다. 우선, 깊이 비교는 11번 줄에서 GL_COMPARE_REF_TO_TEXTURE를 사용해 활성화되는데, 여기에서 REF는 프래그먼트를, TEXTURE는 텍셀을 의미한다. 그 다음 12번 줄에서 GL_TEXTURE_COMPARE_FUNC로 GL_LEQUAL이 지정되었는데, 프래그먼트의 깊이 값이 텍셀의 깊이 값보다 '작거나 같으면

[예제 코드 15-6] 바이어스 기반 쉐도우 매핑을 위한 두 번째 패스의 프래그먼트 쉐이더.

```
#version 300 es

precision mediump float;
precision mediump sampler2DShadow;

uniform sampler2D colorMap;
uniform sampler2DShadow shadowMap;
uniform vec3 srcDiff;

in vec3 v_normal, v_light;
in vec2 v_texCoord;
in vec4 v_shadowCoord;

layout(location = 0) out vec4 fragColor;

const float offset = 0.005;

void main() {
    vec3 normal = normalize(v_normal);
    vec3 light = normalize(v_light);

    // diffuse term
    vec3 matDiff = texture(colorMap, v_texCoord).rgb;
    vec3 diff = max(dot(normal, light), 0.0) * srcDiff * matDiff;

    // visibility + bias
    vec4 offsetVec = vec4(0.0, 0.0, offset * v_shadowCoord.w, 0.0);
    float visibility = textureProj(shadowMap, v_shadowCoord - offsetVec);

    fragColor = vec4(visibility * diff, 1.0);
}
```

(LEQUAL)' 1을, 아니라면 0을 리턴하게 된다. 1은 빛을 받는다는 뜻이고, 0은 그림자가 진다는 뜻이다. GL_LINEAR를 지정한 7, 8번 줄과 함께, 11, 12번 줄은 프래그먼트 쉐이더의 textureProj가 PCF를 수행하도록 한다. 즉, 네 개의 텍셀과 비교를 통해 리턴된 0과 1 값들을 겹선형보간하여 예제 코드 15-5 24번 줄의 visibility를 결정한다. 이는 [0, 1] 범위의 실수값인데, 26번 줄의 디퓨즈 색상(diff)과 곱해진다.

예제 코드 15-5는 **바이어스**를 사용하지 않았다. 반면, 예제 코드 15-6은 예제 코드 15-5를 약간 수정하여 바이어스 처리를 한 것인데, 16, 27, 18번 줄을 보라.

15.4 하드 쉐도우와 소프트 쉐도우

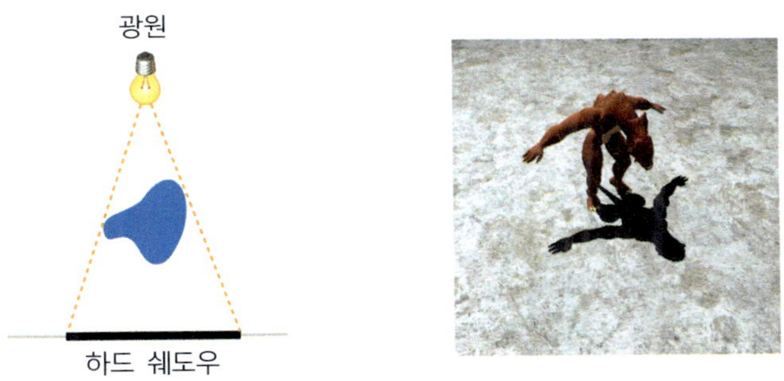

[그림 15.7] 하드 쉐도우.

그림 15.7을 보면, **점 광원**(point light)에서 나오는 빛을 받는 지역과 받지 않는 지역이 명확하게 구분되는데, 이렇게 만들어진 그림자를 **하드 쉐도우**(hard shadow)라 부른다. 반면, 점 광원과 달리 '면적'을 가진 광원을 **영역 광원**(area light)이라고 부르는데, 이는 **소프트 쉐도우**(soft shadow)를 생성한다. 그림 15.8-(a)를 보면, 완전하게 빛을 받는 지역과 완전하게 그늘진 지역 사이에 '부분적으로 그늘진' 지역이 있음을 알 수 있다. 이는 반(半)그림자, 영문으로는 **penumbra**라고 부르는데, 여기에 속하는 표면의 각 점은 광원에서 나오는 빛의 일부만을 받는다. 따라서 완전하게 빛을 받는 지역과 완전하게 그늘진 지역을 부드럽게 이어준다.

반그림자 지역에 속하는 표면 점에 대해서는 '밝기 정도'를 계산해야 하는데, 이는 보통 그 점에서 영역 광원이 얼마나 많이 보이는지 측정하여 결정한다. 예를 들어 그림 15.8-(b)의

q_1에서는 영역 광원이 많이 안 보이지만 그림 15.8-(c)의 q_2에서는 보다 넓은 부분을 볼 수 있다. 따라서 q_2는 더 큰 '밝기 정도'를 할당받을 것이다. 쉐도우 매핑 알고리즘을 확장하여 소프트 쉐도우를 생성하는 많은 실시간 기법이 존재하는데[10], 이들은 대개 반그림자 지역 표면의 각 점에서 영역 광원이 얼마만큼 보이는지 계산한다.

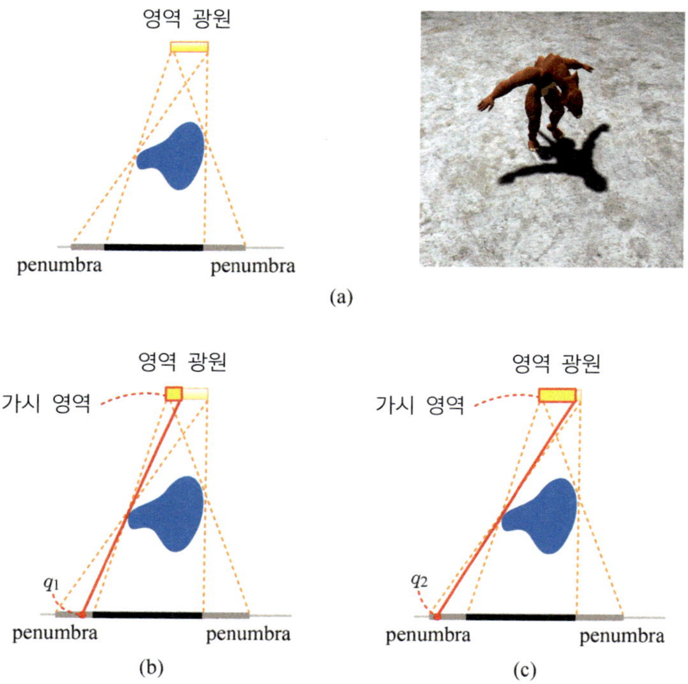

[그림 15.8] 소프트 쉐도우. (a) 영역 광원이 생성하는 소프트 쉐도우. (b) q_1에서는 영역 광원이 많이 보이지 않으므로 q_1은 비교적 어둡게 처리된다. (b) q_2에서는 영역 광원이 많이 보이므로 q_2는 비교적 밝게 처리된다.

그림 15.4로 돌아가 보자. 그림 15.4-(d)의 그림자 윤곽선은 그림 15.4-(b) 및 (c)에 비해 부드럽게 보이지만 이는 소프트 쉐도우가 아니라 **앤티에일리어싱**(anti-aliasing) 처리된 하드 쉐도우라는 것을 이해하자. 소프트 쉐도우는 면적을 가진 영역 광원에 의해 만들어지는데, 전술한 PCF 알고리즘은 점 광원을 처리한 것이다.

연습문제

1. 쉐도우맵 필터링.

(a) 왼쪽 그림에서, 첫 번째 패스에서 광원 기준으로 샘플한 점과, 두 번째 패스에서 카메라 기준으로 샘플한 점을 구분하자. 근접점 샘플링을 통해 쉐도우맵을 필터링하되 바이어스는 사용하지 않는다는 가정 하에, f_1부터 f_5까지 5개의 프래그먼트 각각에 대해 빛을 받는지 혹은 그림자가 지는지 판단하라.

(b) 오른쪽 그림에서 q는 쉐도우맵에 투영된 프래그먼트인데 그 깊이 값은 0.5이다. 또한, q를 둘러싼 네 개의 텍셀에 대해서도 깊이 값이 표시되었다. 이 경우 PCF가 리턴하는 값은 얼마인가?

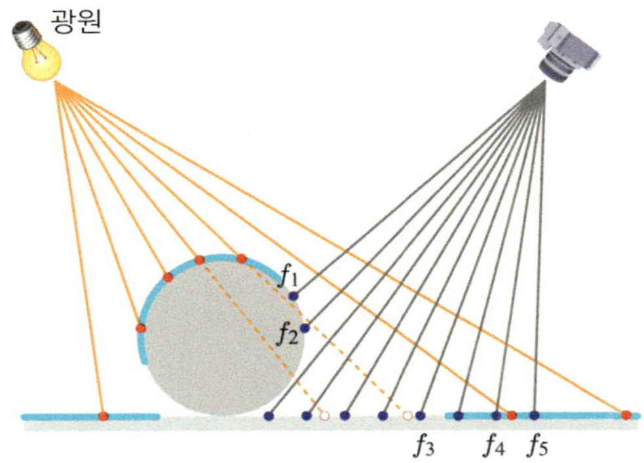

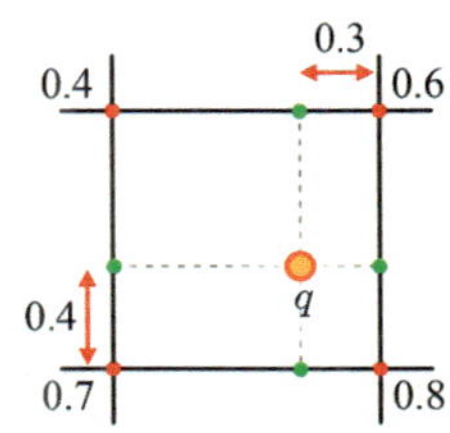

2. 아래는 쉐도우 매핑을 위한 첫 번째 패스의 정점 쉐이더인데, **lightViewMat**와 **lightProjMat**는 각각 '광원 기준의' 뷰 변환과 투영 변환을 의미한다. 빈 칸을 채워라.

```
#version 300 es

uniform mat4 worldMat;
uniform mat4 lightViewMat, lightProjMat;

layout(location = 0) in vec3 position;

void main() {
    gl_Position = [                                        ];
}
```

3. 쉐도우 매핑을 부적절하게 수행했을 때 부딪힐 수 있는 문제 중 하나는 이른바 **피터 팬 현상**(Peter Panning)이라는 것인데, 렌더링 결과 생성된 영상에서 그림자를 만드는 물체가 그림자와 붙어 있지 않고 분리되어 나타나는 것을 말한다. 즉, 물체가 피터 팬처럼 날아다니는 느낌을 준다. 왜 이런 문제가 발생하는가?

4. 아래는 쉐도우 매핑을 위한 두 번째 패스의 정점 쉐이더인데, 이는 클립 공간 좌표 (x,y,z,w)에서 $(0.5x+0.5w, 0.5y+0.5w, 0.5z+0.5w)$를 얻은 후 이를 v_shadowCoord에 저장한다. 빈칸을 채워라.

```
#version 300 es

uniform mat4 worldMat, viewMat, projMat;
uniform mat4 lightViewMat, lightProjMat;
uniform vec3 lightPos;

layout(location = 0) in vec3 position;
layout(location = 1) in vec3 normal;
layout(location = 2) in vec2 texCoord;

out vec3 v_normal, v_light;
out vec2 v_texCoord;
out vec4 v_shadowCoord;

const mat4 tMat = mat4(
        0.5, 0.0, 0.0, 0.0,
        [                    ]
        [                    ]
        [                    ]
);

void main() {
    v_normal = normalize(transpose(inverse(mat3(worldMat)) ) * normal);
    vec3 worldPos = (worldMat * vec4(position, 1.0)).xyz;
    v_light = normalize(lightPos - worldPos);
    v_texCoord = texCoord;

    // for shadow map access and depth comparison
    v_shadowCoord = [                                        ];
    gl_Position = [                                          ];
}
```

5. 아래는 바이어스 기반 쉐도우 매핑을 위한 두 번째 패스의 프래그먼트 쉐이더이다. 빈칸을 채워라.

```
#version 300 es

precision mediump float;
precision mediump sampler2DShadow;

uniform sampler2D colorMap;
uniform sampler2DShadow shadowMap;
uniform vec3 srcDiff;

in vec3 v_normal, v_light;
in vec2 v_texCoord;
in vec4 v_shadowCoord;

layout(location = 0) out vec4 fragColor;

const float offset = 0.005;

void main() {
    vec3 normal = normalize(v_normal);
    vec3 light = normalize(v_light);

    // diffuse term
    vec3 matDiff = texture(colorMap, v_texCoord).rgb;
    vec3 diff = max(dot(normal, light), 0.0) * srcDiff * matDiff;

    vec4 offsetVec = [                                        ];
    float visibility = textureProj(shadowMap, [                    ]);

    fragColor = vec4(visibility * diff, 1.0);
}
```

16

전역 조명과 텍스처링

Texturing toward Global Illumination

조명 모델은 일반적으로 **지역 조명**(local illumination)과 **전역 조명**(global illumination) 두 가지로 구분된다. 9장에서 소개한 퐁 모델은 지역 조명 모델인데, 이는 조명 대상인 물체의 표면 재질과 광원의 속성만 이용해 해당 표면의 색상을 결정할 뿐, 같은 공간에 있는 다른 물체는 고려하지 않는다. 그림 16.1-(a)의 장면은 하나의 광원과 동일한 크기의 구 세 개로 구성되어 있는데, 광원과 S_1과 S_2는 일직선상에 있고, S_1에 의해 S_2는 광원으로부터 완벽하게 가려져 있다. 하지만 퐁 모델로 S_2를 라이팅할 때, S_1은 전혀 고려되지 않는다. 따라서, 그림에서 확인할 수 있듯이, 마치 S_1이 존재하지 않는 것처럼 S_2는 빛을 받는다. 퐁 모델은 물리학적으로 올바르지 않은 모델이다.

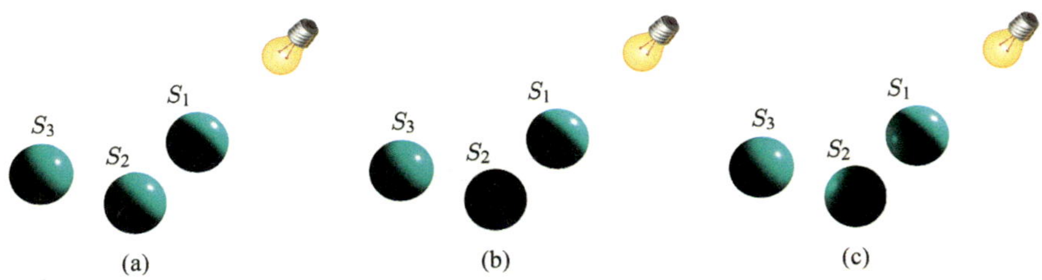

[그림 16.1] 지역 조명과 전역 조명. (a) S_1에 의해 S_2는 광원으로부터 완벽하게 가려져 있지만, S_2는 빛을 받는 것으로 라이팅 되었다. (b) S_2는 전혀 빛을 받지 못한다. (c) 비록 S_2는 광원으로부터 완벽하게 가려져 있지만 S_1과 S_3로부터 간접 조명을 받는다.

그런데, 그림 16.1-(b)처럼 S_2가 전혀 빛을 받지 못하는 것으로 처리하는 것도 올바른 방법은 아니다. 광원으로부터 나오는 빛이 비록 S_2에는 직접 닿지 못하더라도, 공간 내 다른 물체에 반사되어 S_2로 들어올 수 있기 때문이다. 퐁 모델의 앰비언트 항은 이러한 **간접 조명**(indirect lighting)을 담당한다. 하지만, 이는 과도하게 단순화되어 있어서 사실적인 영상을 만들지 못한다.

간접 조명 효과를 담아내기 위하여 전역 조명 모델은 장면의 모든 물체를 잠재적인 광원으로 취급한다. 그림 16.1-(c)에서 S_2는 S_1과 S_3로부터 간접 조명을 받는다. 예를 들어, S_2의 왼편은 S_3로부터의 간접 조명에 의해 상대적으로 밝게 보인다. 마찬가지로, S_1의 아래 부분 역시 직접 조명을 전혀 못 받지만 약간 밝게 보인다. 그런데, 전역 조명 모델은 많은 연산을 필요로 하므로 실시간에 구현하기 쉽지 않다. 전역 조명 모델을 채택한 영화 특수 효과의 경우, 한 프레임을 만들기 위해 몇 시간을 사용하기도 한다.

퐁 모델을 확장해서 실시간에 전역 조명 효과를 얻으려는 노력은 꾸준히 있어왔다. 상용 게임을 비롯한 실시간 그래픽스 영역에서는 간략화된 전역 조명 알고리즘을 사용하거나, 혹은 전처리 단계에서 전역 조명을 미리 계산하여 저장한 뒤 런타임에 이를 사용하는 것이 주요 흐름으로 자리 잡았다. 여기서 텍스처는 매우 중요한 역할을 한다. 이 장은 대표적인 두 가지 전역 조명 기법의 개요를 살펴본 뒤, 텍스처를 이용해 전역 조명 효과를 흉내 내는 세 가지 기법을 소개할 것이다.

16.1 전역 조명 모델

컴퓨터 그래픽스 역사 초기에 제안된 전역 조명 기법은 **광선 추적법**(ray tracing)[11]과 **래디오시티**(radiosity)[12]인데, 이들은 현재에도 여전히 널리 사용되고 있다. 이 절에서는 이 두 기법의 개요를 살펴 볼 것이다. 두 알고리즘에 대해 보다 깊게 알고자 하는 독자에게는 참고문헌 [13,14]를 추천한다.

16.1.1 광선 추적법

뷰 프러스텀은 카메라에 수렴하는 **투영선**(projection line)의 집합임을 상기하자. 투영선의 개수는 스크린 영상의 해상도와 같고, 투영선 하나가 픽셀 하나의 색상을 결정한다. 그림 16.2-(a)는 8×6 해상도의 영상을 보여준다(간단한 그림을 위해 위쪽과 오른쪽 테두리의 투영선만 그렸다). 광선 추적법 알고리즘에서는 각 투영선 반대 방향으로 **광선**(ray)을 발사한 뒤 이를 추적하여 해당 투영선을 따라 들어오게 될 색상을 계산한다. 이것이 바로 픽셀 색상이 된다. 이렇게 투영선 역방향으로 발사되는 광선을 **1차 광선**(primary ray)이라 부른다.

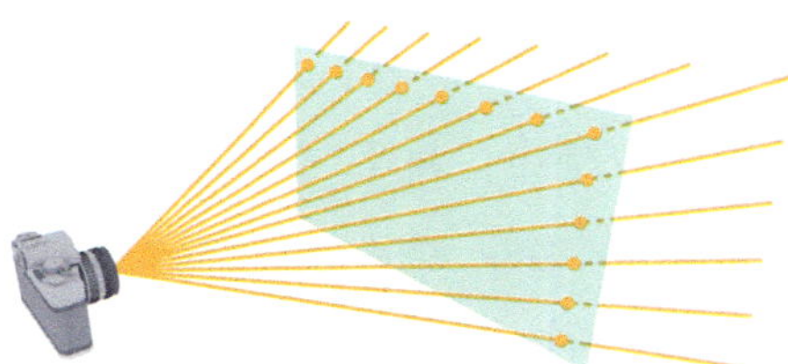

(a)

[그림 16.2] 광선 추적법. (a) 카메라에 수렴하는 투영선이 픽셀의 색상을 결정한다.

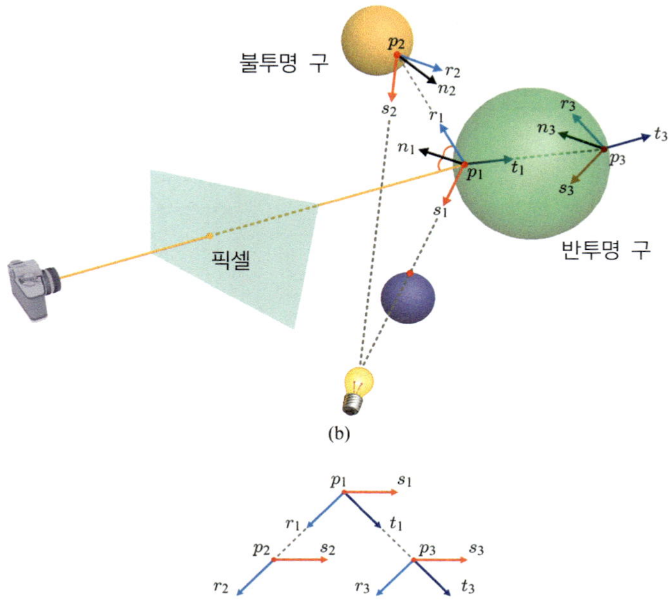

[그림 16.2] 광선 추적법(계속). (b) 1차 광선에서 최대 세 개의 2차 광선이 생성될 수 있는데, 이는 재귀적으로 반복된다. (c) 재귀적 광선을 트리를 사용하여 가시화하였다.

1차 광선이 어떤 물체와 부딪히면 우선 그 교차점이 그림자 안에 있는가를 검사한다. 이를 위해 **그림자 광선**(shadow ray)이라는 이름의 **2차 광선**(secondary ray)을 각 광원을 향해 발사한다. 그림 16.2-(b)의 경우, 1차 광선은 커다란 구와 p_1에서 교차했는데, 여기에서 그림자 광선 s_1이 광원을 향해 발사되었다. 만약 s_1이 광원으로 가는 도중 다른 물체와 부딪히면 p_1은 광원의 직접적인 영향권에 있지 않으며 그림자 영역에 놓인 것으로 판정한다. 그림 16.2-(b)는 이 경우이다. 반면, s_1이 광원에 도달하게 되면, 이 광원으로부터 p_1에 입사하는 빛을 이용해 p_1의 **직접 조명** 색상을 결정한다. 이를 위해서 퐁 모델을 쓸 수 있다.

한편, 그림자 광선 말고도 두 가지 2차 광선이 p_1으로부터 추가로 발사된다. 하나는 **반사 광선**(reflection ray)인데, 이는 1차 광선이 p_1의 노멀 n_1을 중심으로 반사된 것이다. 1차 광선은 I_1으로, 반사 광선은 r_1으로 표기하자. I_1의 입사각과 r_1의 반사각이 같다는 성질을 이용하여, r_1의 방향은 다음과 같이 구해진다.[1]

---

1 9.1.2절의 식 (9.8)은 퐁 모델의 반사 벡터를 $2n(n \cdot l) - l$이라고 정의했다. 여기에서 l은 빛 벡터인데, 물체 표면에서 광원을 향하는 방향으로 설정되었다. 반면, 식 (16.1)의 I_1은 물체 표면으로 들어오는 벡터이다. 따라서 식 (16.1)은 식 (9.8)의 부호만 바꾼 것일 뿐, 두 식은 같은 내용을 담고 있다.

$$I_1 - 2n_1(n_1 \cdot I_1) \tag{16.1}$$

한편, 또 하나의 2차 광선은 **굴절 광선**(refraction ray 혹은 transmitted ray)인데, 이는 1차 광선이 반투명한 물체와 부딪힐 때 발생한다. I_1에 의해 발생된 굴절 광선을 t_1으로 표기했는데, t_1의 방향은 **굴절의 법칙**에 따라 정해진다. [노트: 굴절 광선]을 보라.

광선 추적법은 재귀적인(recursive) 알고리즘이다. 즉, 그림 16.2-(b)에서 r_1과 t_1은 마치 이들이 1차 광선인 것처럼 다시 추적된다. r_1은 불투명한 물체의 점 p_2에 부긎혀서 그림자 광선 s_2와 반사 광선 r_2를 생성한다(불투명한 물체와 부딪혔으므로 굴절 광선은 생성되지 않는다). s_2가 광원에 도달하므로, 이 광원을 이용하여 p_2의 **직접 조명** 색상을 결정한다. 동시에, r_2는 r_1과 같은 방식으로 재귀적으로 추적된다. 한편, t_1은 반투명한 둘체의 점 p_3에 부딪혀서 세 개의 2차 광선(s_3, r_3, t_3)을 생성한다.

광선 추적법 알고리즘의 재귀적인 구조는 그림 16.2-(c)의 **광선 트리**(ray tree)로 설명할 수 있다. 이 광선 트리는 반사/굴절 광선이 어떤 물체에도 부딪히지 않고 장면을 벗어날 때까지 또는 미리 정의된 재귀 단계에 도달할 때까지 확장된다.

[그림 16.3] 광선 추적법으로 생성한 영상.

광선 트리의 노드 p_3를 생각해 보자. r_3를 추적해서 얻은 색상은 p_3의 **스페큘러 계수**와 곱해지고, t_3를 추적해서 얻은 색상은 p_3의 **투과율**(transmission coefficient)과 곱해진다. 이 둘은 s_3를 통해서 계산된 직접 조명 색상에 더해지고, 그 결과는 부모 노드인 p_1으로 전달된다. 광선 트리의 모든 노드에서 이와 같은 작업이 재귀적으로 진행되면 최종적으로 루트 노드에서의 색상을 얻을 수 있다. 이것이 바로 1차 광선이 부딪힌 점의 색상이다(그림 16.2의 예에서는 p_1의 색상이다). 그림 16.3은 광선추적법으로 얻은 극사실적 영상이다.

노트 굴절 광선

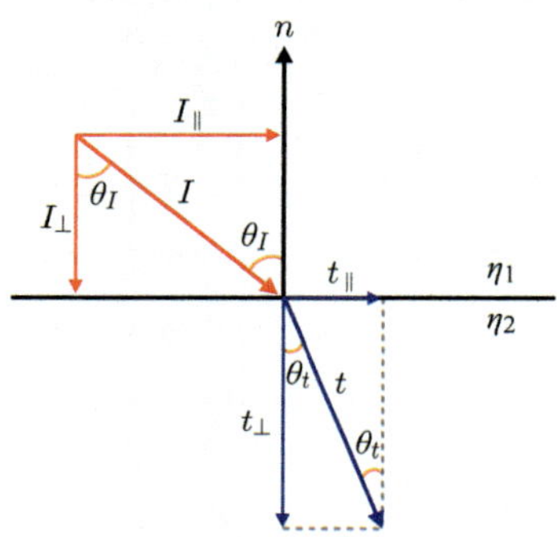

[그림 16.4] 스넬의 법칙을 사용한 굴절 벡터 계산.

그림 16.4는 성질이 상이한 두 개의 매체를 통과하는 빛을 보여준다. 여기에서 η는 매체의 **굴절률**(refractive index)을 의미하는데, 예를 들어 진공 상태에서는 1.0이고 물에서는 1.3이다. 노멀 n을 기준으로 입사 벡터 I가 생성하는 입사각은 θ_I로, 굴절 벡터 t가 생성하는 굴절각은 θ_t로 표기했다. 굴절 벡터 계산을 위해서 스넬의 법칙(Snell's law)을 이용한다.

$$\eta_1 \sin\theta_I = \eta_2 \sin\theta_t \tag{16.2}$$

한편, I는 접선 성분 $I_{\parallel}$와 노멀 성분 $I_{\perp}$로 분해된다.

$$I = I_{\parallel} + I_{\perp} \tag{16.3}$$

굴절 벡터 t도 마찬가지 방식으로 분해된다.

$$t = t_{\parallel} + t_{\perp} \tag{16.4}$$

I, t, n 모두 단위 벡터라고 가정하면, 다음과 같은 식을 얻을 수 있다.

$$\begin{aligned} \sin\theta_I &= \frac{\|I_{\parallel}\|}{\|I\|} = \|I_{\parallel}\| \\ \sin\theta_t &= \frac{\|t_{\parallel}\|}{\|t\|} = \|t_{\parallel}\| \end{aligned} \tag{16.5}$$

식 (16.5)를 이용하여 식 (16.2)를 다음처럼 고쳐 쓸 수 있다.

$$\|t_{\parallel}\| = \frac{\eta_1}{\eta_2}\|I_{\parallel}\| \tag{16.6}$$

한편, $t_{\parallel}$ 와 $I_{\parallel}$ 의 방향이 같기 때문에 식 (16.6)을 다음과 같이 쓸 수 있다.

$$t_{\parallel} = \frac{\eta_1}{\eta_2} I_{\parallel} \tag{16.7}$$

$I_{\perp}$ 와 n은 방향이 반대이므로, 이 둘의 관계는 다음과 같다.

$$I_{\perp} = -n\cos\theta_I \tag{16.8}$$

식 (16.3)과 (16.8)을 이용하면, 식 (16.7)의 $t_{\parallel}$ 를 다음처럼 고쳐 쓸 수 있다.

$$\begin{aligned} t_{\parallel} &= \tfrac{\eta_1}{\eta_2} I_{\parallel} \\ &= \tfrac{\eta_1}{\eta_2}(I - I_{\perp}) \\ &= \tfrac{\eta_1}{\eta_2}(I + n\cos\theta_I) \\ &= \tfrac{\eta_1}{\eta_2}(I - n(n \cdot I)) \end{aligned} \tag{16.9}$$

이제 $t_{\perp}$ 를 계산하자. $t_{\perp}$ 와 n은 반대 방향이므로 이들의 관계는 다음과 같다.

$$\begin{aligned} t_{\perp} &= -ncos\theta_t \\ &= -n\sqrt{1 - \sin^2\theta_t} \end{aligned} \tag{16.10}$$

식 (16.2)의 스넬의 법칙을 이용하면 다음을 얻을 수 있다.

$$\begin{aligned}\sin^2\theta_t &= (\frac{\eta_1}{\eta_2})^2\sin^2\theta_I\\ &= (\frac{\eta_1}{\eta_2})^2(1-\cos^2\theta_I)\\ &= (\frac{\eta_1}{\eta_2})^2(1-(n\cdot I)^2)\end{aligned} \tag{16.11}$$

식 (16.11)을 이용하여 식 (16.10)을 고쳐 쓰면 다음과 같다.

$$\begin{aligned}t_\perp &= -n\sqrt{1-\sin^2\theta_t}\\ &= -n\sqrt{1-(\frac{\eta_1}{\eta_2})^2(1-(n\cdot I)^2)}\end{aligned} \tag{16.12}$$

최종적으로 굴절 벡터 t는 $t_\parallel$와 $t_\perp$를 더해서 얻을 수 있다.

$$\begin{aligned}t &= t_\parallel + t_\perp\\ &= \frac{\eta_1}{\eta_2}(I-n(n\cdot I)) - n\sqrt{1-(\frac{\eta_1}{\eta_2})^2(1-(n\cdot I)^2)}\\ &= \frac{\eta_1}{\eta_2}I - n(\frac{\eta_1}{\eta_2}(n\cdot I) + \sqrt{1-(\frac{\eta_1}{\eta_2})^2(1-(n\cdot I)^2)})\end{aligned} \tag{16.13}$$

16.1.2 래디오시티 알고리즘*

래디오시티(radiosity) 알고리즘은 **디퓨즈 표면**을 가진 물체들 사이에서 반사되는 빛을 계산한다. 표면에 부딪힌 빛은 반사되어 다른 물체를 비추게 되므로, 장면을 구성하는 모든 표면은 광원과 같은 역할을 한다. 즉, 래디오시티 알고리즘은 광원과 이것에 의해 조명되는 물체를 구분하지 않는다.

래디오시티를 이용한 전역 조명을 구현하기 위해서는 먼저 장면 내 존재하는 모든 표면을 잘게 나눠 이른바 **패치**(patch)들을 만든다. 그 다음, 패치 사이의 **형태 인자**(form factor)를 계산한다. 이는 한 패치에서 다른 패치가 얼마만큼 보이는지 계산한 것인데, 두 패치 간 거리 및 각 패치의 방향에 좌우된다. 만약 패치 간 거리가 크고, 패치가 서로 정면을 보지 않고 기울어져 있다면 형태 인자는 작은 값을 가질 것이다.

한 패치의 래디오시티는 그 패치로부터 나오는 빛의 속도라고 정의되는데, 그 패치가 직접 빛을 발산하는 속도에 그 패치가 빛을 반사하는 속도를 더한 것으로 결정된다.

$$B_i = E_i + r_i \sum_{j=1}^{n} f_{i,j} B_j \tag{16.14}$$

여기에서 B_i와 B_j는 각각 패치 p_i와 p_j의 래디오시티이고, E_i는 패치 p_i의 초기 래디오시티, r_i는 패치 p_i의 반사 계수, $f_{i,j}$는 형태 인자이다. 광원이 아닌 경우, E_i는 0이 된다. 이 식에서 $\sum_{j=1}^{n} f_{i,j} B_j$는 패치 p_i에 들어오는 빛(irradiance)을 말한다. 식 (16.14)를 고쳐 쓰면 다음과 같다.

$$B_i - r_i \sum_{j=1}^{n} f_{i,j} B_j = E_i \tag{16.15}$$

장면의 모든 패치에 식 (16.15)를 적용하면 다음과 같은 선형 시스템(linear system)을 얻을 수 있다.

$$\begin{pmatrix} 1 - r_1 f_{1,1} & -r_1 f_{1,2} & \cdots & -r_1 f_{1,n} \\ -r_2 f_{2,1} & 1 - r_2 f_{2,2} & \cdots & -r_2 f_{2,n} \\ \vdots & \vdots & \ddots & \vdots \\ -r_n f_{n,1} & -r_n f_{n,2} & \cdots & 1 - r_n f_{n,n} \end{pmatrix} \begin{pmatrix} B_1 \\ B_2 \\ \vdots \\ B_n \end{pmatrix} = \begin{pmatrix} E_1 \\ E_2 \\ \vdots \\ E_n \end{pmatrix} \tag{16.16}$$

이를 풀면 모든 패치의 래디오시티를 구할 수 있다.

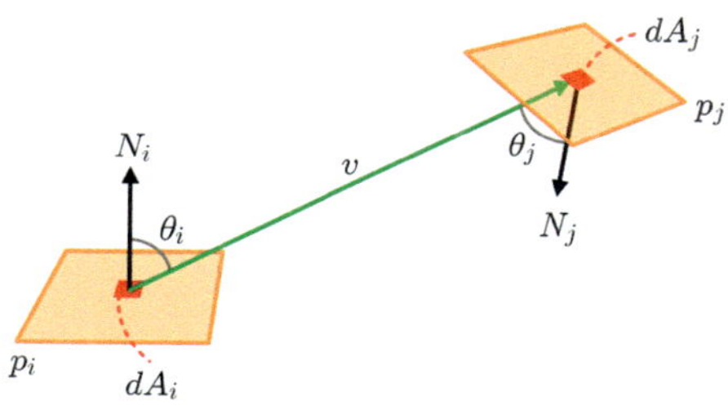

[그림 16.5] 한 표면에서 다른 표면으로 이동하는 에너지는 형태 인자를 사용해 설명할 수 있는데, 이는 장면의 기하적 구조에 의해 결정된다.

이제 형태 인자에 대해 조금 더 논의해 보자. 그림 16.5의 두 패치 p_i와 p_j 각각은 미분 면적(differential area) dA와 표면 노멀 N을 가지는데, dA_i와 dA_j를 잇는 벡터는 v로 표기했다. N_i와 v 사이의 각도를 θ_i로, N_j와 $-v$ 사이의 각도를 θ_j로 표기하면, dA_i와 dA_j 간 형태 인자는 다음과 같이 정의된다.

$$f_{dA_i,dA_j} = \alpha \frac{cos\theta_i cos\theta_j}{\pi v^2} \tag{15.17}$$

여기에서 α는 dA_i와 dA_j 간 **가시성**(visibility)을 의미한다. 만약 dA_i에서 dA_j를 볼 수 있다면 α는 1이고 그렇지 않으면 0이다. 한편 dA_i에서 dA_j를 볼 수 있다면 dA_j에서도 dA_i를 볼 수 있다.

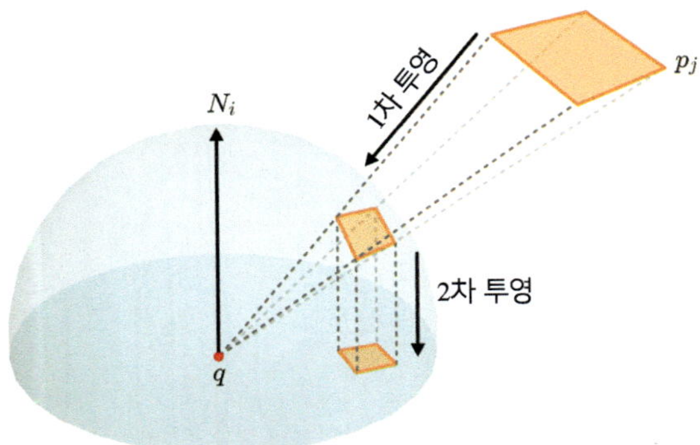

(a)

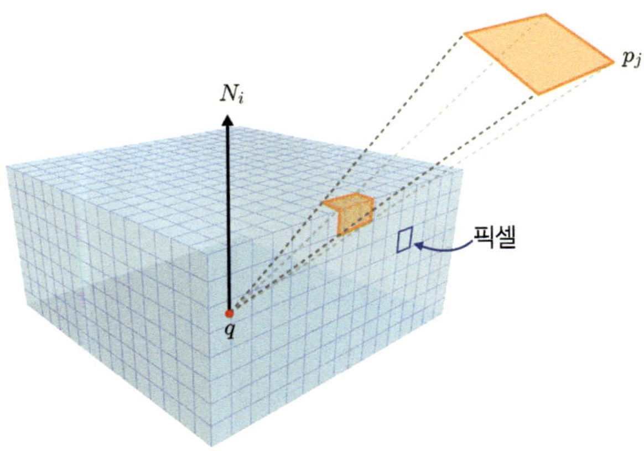

(b)

[그림 16.6] 형태 인자 계산. (a) 반구를 이용한 계산. (b) 반정육면체를 이용한 계산(형태 인자는 장면의 기하구조에 의해 결정된다. 따라서 정적인 장면에서 계산된 형태 인자는 조명 조건이 바뀔 경우에도 그대로 사용될 수 있다).

식 (16.17)은 점과 점 사이의 형태 인자를 정의하므로, 두 패치 p_i와 p_j 사이의 형태 인자를 계산하기 위해서는 식 (16.17)을 적분해야 한다. 그런데, 한 패치의 모든 점에서 래디오시티가 일정하다고 가정하면, 패치와 패치 간 형태 인자 계산은 점과 패치 간 형태 인자 계산으로 대체될 수 있다. p_i의 대표점을 q라 하자(예를 들어, q는 p_i 표면의 중앙점일 수 있다). q와 p_j 사이의 형태 인자를 계산하기 위해 그림 16.6-(a)에 보인 것처럼 q에 **반구**(hemisphere)를 올려놓았다(반구의 축 N_i는 q에서의 표면 노멀과 같다). q에서 p_j가 완전하게 보인다고 가정하자. 형태 인자를 계산하기 위해서는 p_j를 먼저 반구 표면에 투영하고 그 결과를 다시 반구 바닥에 투영한다. 투영된 p_j의 면적이 반구의 바닥면에서 차지하는 비율이 형태 인자가 된다(이는 독일 과학자 Wilhelm Nusselt에 의해 제안된 기법이다). 이제 형태 인자를 이용해 식 (16.16)을 풀 수 있다. 그림 16.7은 회색조 디퓨즈 표면만으로 구성된 실내 공간을 래디오시티 알고리즘으로 렌더링한 것이다.

[그림 16.7] 래디오시티 알고리즘으로 생성한 영상.

이제까지는 래디오시티 알고리즘의 기본 개념을 설명했는데, 실제 알고리즘 구현을 위해서는 다양한 최적화 기법이 사용된다. 간단한 기법 중 하나는 그림 16.6-(b)처럼 반구를 반정육면체(hemicube)로 대체하는 것이다. 반정육면체의 다섯 개 면은 각각 픽셀의 2차원 배열로 구성되고, 각각의 픽셀은 정사각형 영역을 차지한다. q와 픽셀 간 형태 인자는 반정육면체에서 그 픽셀이 어디에 위치하는가에 따라 달라진다. 예를 들어, N_i축에 가까이 놓인 픽셀은 반정육면체의 모서리에 놓인 픽셀보다 큰 형태 인자를 가지게 된다. 이러한 '픽셀별 형태 인자'는 미리 계산된다. 이제 p_j를 반정육면체 표면에 투영해보자. q와 p_j간 형태 인자는 p_j가 투영된 영역에 속하는 픽셀들의 형태 인자들의 합으로 정의된다. 이는 통상적인 렌더링 알고리즘을 사용해 쉽게 구현되는데, 특히 z-버퍼링 알고리즘을 사용하면 q에서의 p_j 가시성도 동시에 처리할 수 있다(16.3절은 특수한 텍스처인 큐브맵(cube map)에 대해 다루는데, 큐브맵 제작 과정은 그림 16.6-(b)와 같이 반정육면체 표면으로 렌더링하는 작업과 유사하다).

래디오시티 알고리즘은 실시간에 구현하기에 연산량이 너무 많다. 따라서, 실시간 그래픽스의 경우, 보통 전처리 단계에서 이를 실행하여 식 (16.14)의 $\sum_{j=1}^{n} f_{i,j}B_j$를 텍스처에 저장한 후, 런타임에 이 텍스처를 사용한다. 이러한 텍스처를 **라이트맵**(light map)이라고 부르는데, 이를 사용한 알고리즘은 다음 절에 소개된다.

16.2 라이트 매핑

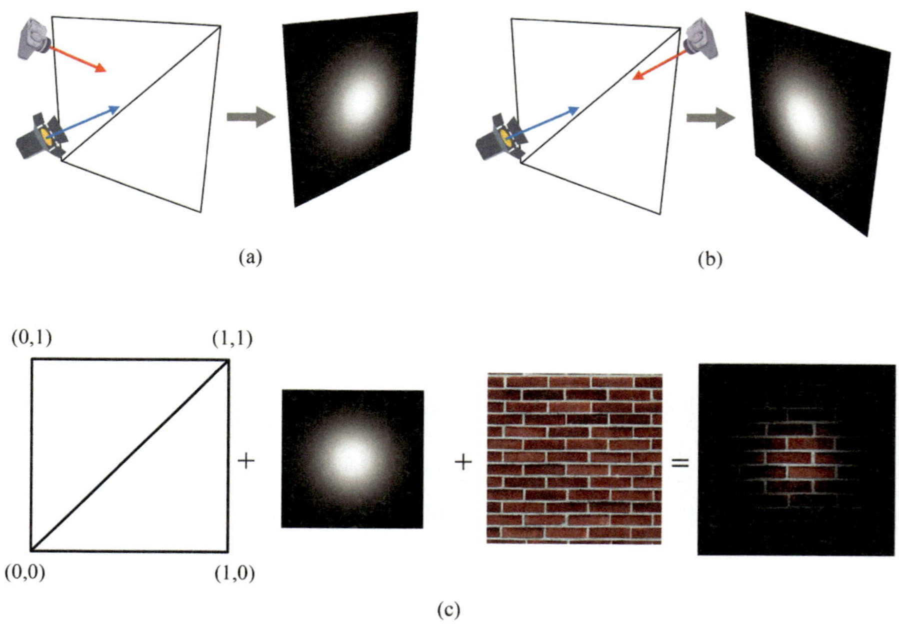

[그림 16.8] 라이트 매핑. (a) 물체와 광원 모두 고정되어 있는 상태에서 물체 표면의 디퓨즈 반사 값이 계산되었다. (b) 카메라 위치가 바뀌었지만 디퓨즈 반사 값은 바뀌지 않았다. (c) 라이트 매핑과 이미지 텍스처링을 결합한 결과.

물체와 광원이 모두 고정되어 있는 공간을 걸어 다닌다고 생각해 보자. 그림 16.8-(a)와 (b)는 이런 상황을 묘사하고 있는데, 사각형 벽면을 **스포트라이트**(spot light)[2]가 비추고 있는 상태에서 카메라가 왼쪽에서 오른쪽으로 움직였다. 벽이 흰색 디퓨즈 표면이고 광원 역시 흰색이라고 가정하면, 카메라에 잡히는 벽의 색상은 회색조일 것이다. 이는 바로 **디퓨즈 반사** 색상이다. 그런데, 벽면의 디퓨즈 반사 색상은 카메라 위치에 관계없이 일정하다(디퓨즈 반사의 정의가 이렇다. 5.1.1절을 보라).

퐁 모델의 디퓨즈 항 $max(n \cdot l,0)s_d \otimes m_d$를 사용해 라이트 매핑의 개념을 설명해 보자. $max(n \cdot l,0)s_d$는 물체로 들어오는 빛(irradiance)을 말하는데, 물체와 광원이 모두 고정되어 있다면 이는 변하지 않으므로 이를 미리 계산하여 텍스처에 저장할 수 있다. 이 텍스처를 **라이트맵**(light map)이라 부른다. 런타임에는 라이트맵에서 $max(n \cdot l,0)s_d$를, 이미지 텍스처에서 **디퓨즈 계수** m_d를 읽어와 둘을 결합한다. 그림 16.8-(c)를 보라. 이러한 기법을 **라이트 매핑**(light mapping)이라고 부른다. 런타임에 별다른 계산을 하지 않으므로 런타임 성능이 향상된다. 한편, 그림 16.8-(c)처럼, 라이트맵은 대체로 이미지 텍스처보다 낮은 해상도를 가진다. 물체 표면에서 디퓨즈 색상의 변화는 대체로 완만하므로 저해상도로 넓은 표면 영역을 표현하는 것이 가능하기 때문이다.

라이트 매핑은 런타임 성능만 향상시키는 게 아니다. 라이트맵은 전처리 단계에서 생성되므로 충분한 시간을 가지고 만들 수 있다. 따라서 연산량이 많은 고급 조명 모델을 사용할 수 있다. 대부분의 라이트맵은 16.1.2절에서 기술한 **래디오시티 알고리즘**을 통해 만들어진다. 따라서 라이트 매핑된 장면은 지역 조명으로 처리된 것보다 높은 품질의 영상을 보여준다.

라이트맵을 만드는 방식은 14.5절에 소개된 노멀맵 저작 방식과 유사하다. 라이트 매핑이 적용될 표면을 파라미터화한 다음 텍스처 공간에서 스캔 전환한다. 이렇게 생성된 각 텍셀에 해당하는 물체 표면의 점을 구하고 여기에 들어오는 빛을 계산한다(이를 계산하는 방법은 16.1.2절에 설명되었다). 계산된 값은 텍스처에 저장되는데, 이것이 바로 라이트맵이다.

2 원뿔 형태의 조명을 생성하는 스포트라이트는 점 광원을 확장한 것이다. 이는 (1) 광원 위치, (2) 스포트 방향, (3) 컷오프(cutoff) 각도로 정의된다. 광원 위치에서 스포트 방향으로 원뿔 형태의 빛이 나가는데, 스포트 방향을 중심으로 컷오프 각도에 원뿔의 경계가 놓인다. 물론, 광원에서 거리가 멀어질수록 희석 효과가 커진다.

16.3 환경 매핑

16.3.1 큐브 매핑

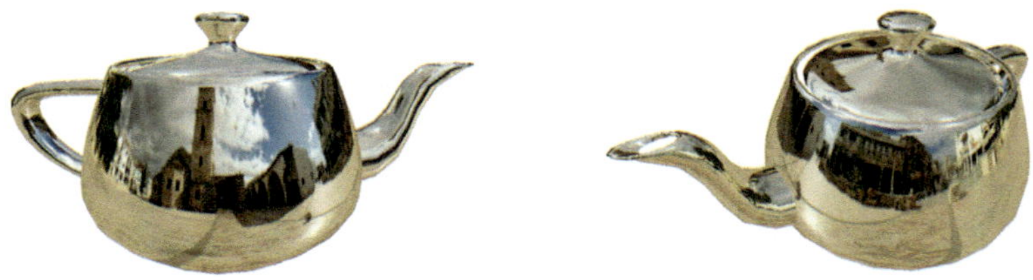

[그림 16.9] 주전자의 매끄러운 표면이 주변 환경을 반사한다.

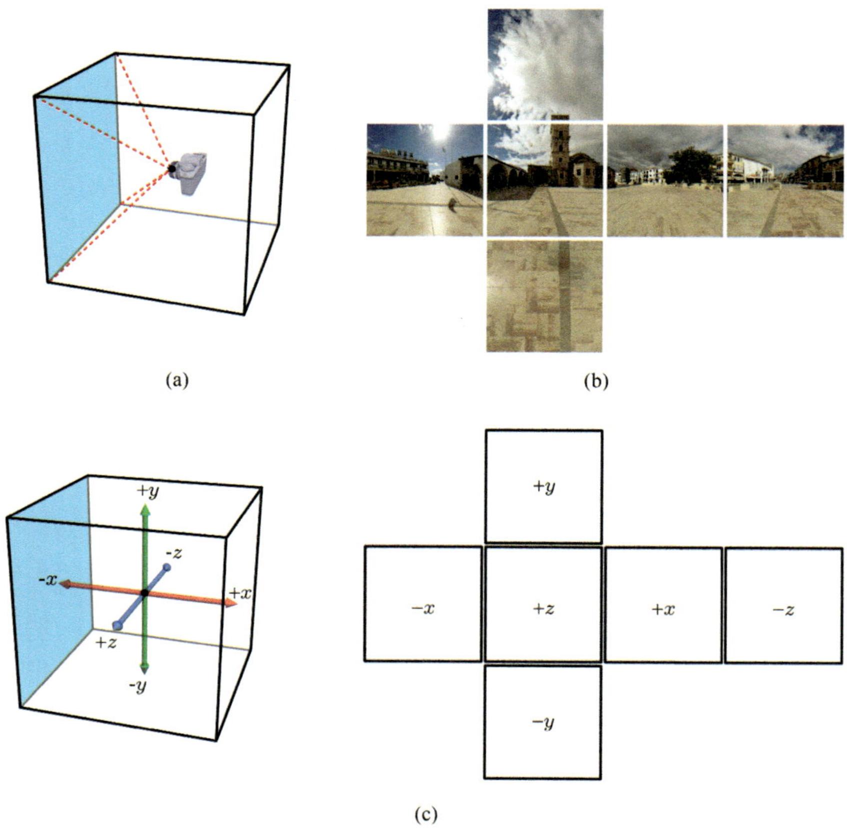

[그림 16.10] 큐브맵 제작. (a) 주변 환경을 여섯 번 촬영하거나 렌더링한다. (b) 여섯 개의 정사각형 이미지를 사용해 큐브맵을 구성한다(Emil Persson이 제작한 이미지를 사용했다). (c) 큐브맵의 6개 면.

그림 16.9와 같이 주변 환경을 반사하는 매끄러운 물체를 렌더링하는 기법이 **환경 매핑**(environment mapping)이다. 이를 위해 첫 번째로 해야 할 일은 **환경맵**(environment map)이라고 불리는 텍스처에 주변 환경의 영상을 담는 것이다.

가장 많이 쓰이는 환경맵은 **큐브맵**(cube map)이다. 그림 16.10-(a)는 가상의 정육면체, 그리고 그 중심에 위치한 카메라를 보여준다. 이 정육면체의 여섯 개 면 각각을 향해서 수직과 수평 방향으로 모두 90°의 **시야각**(field of view)을 설정해 사진을 찍거나 렌더링을 수행하면 여섯 개의 정사각형 이미지를 얻을 수 있다. 이를 정육면체에 붙여 놓은 것을 큐브맵이라 보면 되는데, 그림 16.10-(b)는 정육면체를 펼쳐놓은 것이다.

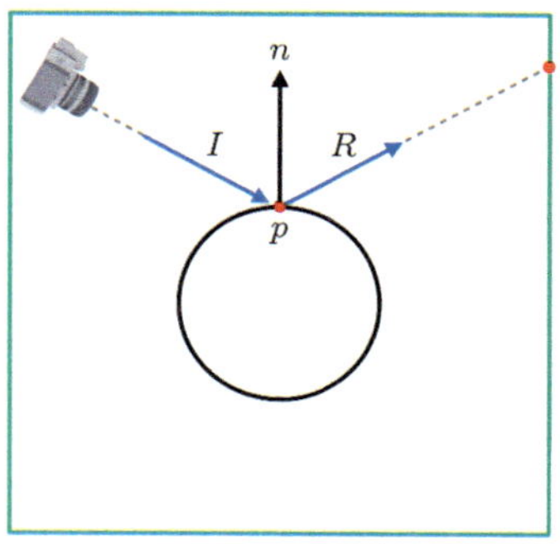

[그림 16.11] 정사각형 단면으로 그려진 큐브맵이 물체를 감싸고 있다. 카메라로부터 발사된 광선이 추적되어 p점에서의 반사 색상을 결정한다.

큐브 매핑 구현은 쉽다. 그림 16.11에 단면도로 그려진 카메라와 공 모양의 물체를 생각해 보자. 개념적으로 큐브맵은 물체를 감싸는 것으로 간주할 수 있다. 물체 표면의 점 p가 주변 환경을 반사하도록 만들기 위해서, 카메라로부터 p를 향해 광선 I를 발사하고 이를 추적한다. I는 p의 표면 노멀 n을 기준으로 반사되어 R이라는 벡터를 결정한다.

$$R = I - 2n(n \cdot I) \tag{16.18}$$

이는 전역 조명을 위한 광선 추적법에서 소개된 식 (16.1)과 동일하다. R은 큐브맵의 한 면과 교차하는데, 이 교차점을 이용해 해당 면의 이미지 텍스처를 필터링한다. 예를 들면, 교차점 주변의 네 개 텍셀을 겹선형보간하는 것이다. 이 결과가 바로 p에서 반사되는 색상을 결정한다. 이러한 큐브 매핑은 간략화된 광선 추적법이라 부를 수 있는데, 2차 광선 중 반사 광선만 추적이 되고 재귀적인 과정도 거치지 않기 때문이다.

16.3.2 큐브 매핑을 위한 GL 프로그램과 쉐이더

[예제 코드 16-1] 큐브맵 생성을 위한 GL 프로그램.

```
 1: TexData texData;
 2:
 3: GLuint texture;
 4: glGenTextures(1, &texture);
 5: glBindTexture(GL_TEXTURE_CUBE_MAP, texture);
 6: for (unsigned int i = 0; i < 6; i++)
 7:     glTexImage2D(GL_TEXTURE_CUBE_MAP_POSITIVE_X + i, 0, GL_RGBA,
                texData.width, texData.height, 0, GL_RGBA, GL_UNSIGNED_BYTE,
                texData.texels.data() + texData.texels.size() * i / 6);
 8:
 9: glTexParameteri(GL_TEXTURE_CUBE_MAP, GL_TEXTURE_MIN_FILTER, GL_LINEAR);
10: glTexParameteri(GL_TEXTURE_CUBE_MAP, GL_TEXTURE_MAG_FILTER, GL_LINEAR);
```

큐브 매핑은 실시간 그래픽스에서 널리 쓰이므로 GL도 이를 지원한다. 예제 코드 16-1은 큐브맵 생성 과정을 보여준다. 그림 16.10-(b)의 여섯 개 이미지가 GL 프로그램으로 이미 로드되어, 예제 코드 8-1에서 정의한 `struct TexData` 타입의 `texData`에 저장되었다고 가정하자. 이 구조체는 `texels`, `width`, `height`로 구성되는데, `texels`는 여섯 개 이미지의 모든 텍셀을 저장하고, `width`×`height`는 각 이미지의 해상도를 표현한다. 물론, 각 이미지는 모두 정사각형이므로 `width`와 `height`는 같다.

큐브맵도 텍스처의 한 종류이다. 따라서, 모든 텍스처 오브젝트 생성에 필요한 `glGenTextures`(4번 줄)와 `glBindTexture`(5번 줄)가 호출된다. `glBindTexture`의 첫 번째 파라미터는 `GL_TEXTURE_CUBE_MAP`이다. 한편, 그 다음에는 `texData`에 저장된 여섯 개의 이미지를 큐브맵 텍스처의 여섯 면에 하나씩 채워가기 위하여 `glTexImage2D`를 여섯 번 호출할 것이다.

큐브맵의 여섯 개 이미지 각각은 자신을 가리키는 좌표축의 이름을 부여받는다. 예를 들어, 그림 16.10-(c)의 정육면체에서 파란색으로 표시된 면은 $-x$축이 가리키므로 $-x$라는 이름을 가진다. 이 원칙에 따라 $\pm x$, $\pm y$, $\pm z$의 이름을 가지는 큐브맵의 면에 GL은 `GL_TEXTURE_CUBE_MAP_*` 형식의 기호 상수를 할당한다. 여기서 `*`는 `POSITIVE_X`, `NEGATIVE_X`, `POSITIVE_Y`, `NEGATIVE_Y`, `POSITIVE_Z`, `NEGATIVE_Z` 중 하나이다. 예제 코드 16-1에서 `glTexImage2D`는 여섯 번 호출된다. `glTexImage2D`의 첫 번째 파라미터는 첫 번째 호출에서 `GL_TEXTURE_CUBE_MAP_POSITIVE_X`인데, 그 다음 호출부터는 1을 더해간다. 왜냐하면, `GL_TEXTURE_CUBE_MAP_POSITIVE_X + 1 = GL_TEXTURE_CUBE_MAP_NEGATIVE_X`,

GL_TEXTURE_CUBE_MAP_NEGATIVE_X + 1 = GL_TEXTURE_CUBE_MAP_POSITIVE_Y 등의 관계가 성립하기 때문이다.

[예제 코드 16-2] 큐브 매핑을 위한 정점 쉐이더.

```
#version 300 es

uniform mat4 worldMat, viewMat, projMat;
uniform vec3 eyePos;

layout(location = 0) in vec3 position;
layout(location = 1) in vec3 normal;

out vec3 v_normal, v_view;

void main() {
    v_normal = normalize(transpose(inverse(mat3(worldMat))) * normal);
    vec3 worldPos = (worldMat * vec4(position, 1.0)).xyz;
    v_view = normalize(eyePos - worldPos);
    gl_Position = projMat * viewMat * vec4(worldPos, 1.0);
}
```

[예제 코드 16-3] 큐브 매핑을 위한 프래그먼트 쉐이더.

```
 1: #version 300 es
 2:
 3: precision mediump float;
 4:
 5: uniform samplerCube cubeMap;
 6:
 7: in vec3 v_normal, v_view;
 8:
 9: layout(location = 0) out vec4 fragColor;
10:
11: void main() {
12:     vec3 normal = normalize(v_normal);
13:     vec3 view = normalize(v_view);
14:     vec3 refl = 2.0 * normal * dot(normal, view) - view;
15:     fragColor = texture(cubeMap, refl);
16: }
```

예제 코드 16.2의 정점 쉐이더는 v_normal과 v_view를 출력한다. 예제 코드 16.3의 프래그먼트 쉐이더의 메인 함수는 v_normal과 v_view를 정규화하여 각각 normal과 view라고 부른다. 그런데, view의 방향과 그림 16.11의 I의 방향은 반대이다. 즉, $I = -$view이다. 프래그먼트 쉐이더의 14번 줄은 이를 이용해 식 (16.18)을 구현한 것인데, refl은 식 (16.18)의

R과 같다.[3] 큐브맵을 나타내는 유니폼 `cubeMap`은 5번 줄에 `samplerCube` 타입으로 정의되었는데, 15번 줄에서 내장 함수 `texture`는 `refl`을 이용해 `cubeMap`에 접근한다.

이제까지 살펴본 것처럼 환경 매핑 구현 방법은 매우 간단하지만 그 결과는 훌륭하다. 환경 매핑은 전역 조명 모델을 향한 일보 전진으로 취급되며, 지역 조명 모델로 렌더링된 영상에 더해져서 전역 조명 모델의 분위기를 만들어준다. 하지만 이는 그야말로 일보 전진에 불과한 것으로 지역 조명 모델의 근본적 한계를 극복하지 못한다. 예를 들어, 물체는 자기 자신을 반사하지 못한다. 그림 16.9에서 주전자 손잡이가 주전자 몸체에 반사되지 않은 것을 보라.

16.4 앰비언트 오클루전

퐁 모델의 앰비언트(ambient reflection) 항 $s_a \otimes m_a$는 간접 조명을 담당하는데, 표면상의 한 점을 향해 모든 방향에서 고루 앰비언트 빛이 들어온다고 가정한다. 하지만 특정한 방향으로는 앰비언트 빛이 들어올 수 없는 경우가 있다. 그림 16.12-(a)에서 p_1과 p_2를 비교해 보자. p_1으로 들어오는 앰비언트 빛은 아무 방해를 받지 않지만, p_2로 들어오는 앰비언트 빛은 물체의 다른 부분에 일부 가려진다. 앰비언트 빛이 가려지는 정도 즉 **차폐도**(遮蔽度, occlusion degree)를 계산하고 이를 이용해 앰비언트 항 $s_a \otimes m_a$의 값을 조절하는 기법을 **앰비언트 오클루전**(ambient occlusion)이라 한다. 그림 16.12-(a)에서 p_2의 차폐도는 p_1보다 크므로 p_1보다 앰비언트 빛을 적게 받고, 결국 앰비언트 반사를 적게 할 것이다.

그림 16.12-(b)에 보인 것처럼 p_2에 **반구**(hemisphere)를 놓도록 하자. 반구의 중심축은 p_2의 표면 노멀과 같다. 차폐도 계산을 위해서, 반구 표면을 균일하게 샘플링하고 p_2에서 섬플점으로 광선을 발사한다. 광선 중 일부는 물체와 충돌할 것이다. 발사된 모든 광선 중 이렇게 물체와 부딪히는 광선이 차지하는 비율이 차폐도이다. 그림 16.12-(b)의 예에서 광선 중 절반이 물체와 충돌하므로 차폐도는 0.5가 될 것이다. 즉 50%의 앰비언트 빛이 가려진다는 뜻이다.

---

3 쉐이더 내장 함수 중 `reflect`는 식 (16.18)을 그대로 구현한 것으로, 첫 번째 파라미터로 I를 제공해야 한다. 따라서, 이 함수를 사용하려면, 14번 줄을 `vec3 refl = reflect(-view, normal)`로 대체해야 한다.

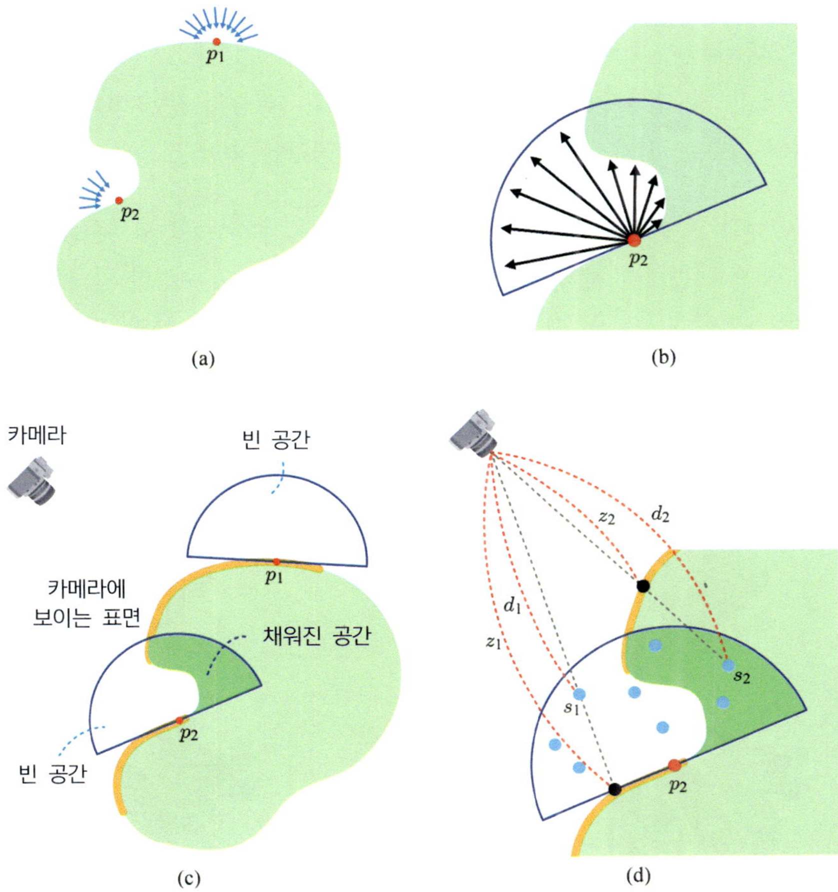

[그림 16.12] 앰비언트 오클루전. (a) p_1과는 달리 p_2로 들어오는 앰비언트 빛은 일부 가려진다. (b) 차폐도를 계산하기 위하여 광선을 사용할 수 있다. (c) 표면 점에 반구를 놓고, 반구의 전체 공간에서 채워진 공간이 차지하는 비율로 차폐도를 계산할 수 있다. (d) 반구 내의 샘플 점과 깊이맵을 이용해 차폐도를 계산할 수 있다.

하지만 이렇게 광선을 사용하면 비용이 많이 든다. 대안을 생각해 보자. 그림 16.12-(c)에서 p_2에 놓인 반구는 **빈 공간**과 **채워진 공간**으로 구분될 수 있고, 차폐도는 전체 반구 공간에서 채워진 공간이 차지하는 비율로 근사될 수 있다. 그런데 채워진 공간의 부피를 계산하는 것은 어려우므로, 그림 16.12-(d)에 보인 것처럼 반구에 고르게 샘플 점을 뿌리고 이들이 빈 공간에 있는지 아니면 채워진 공간에 있는지 검사하도록 하자.

이를 효율적으로 구현하기 위해서는 먼저 렌더링할 장면의 **깊이맵**을 생성한다. 그림 16.12-(c)와 (d)에서 물체 표면의 굵은 선은 카메라가 볼 수 있는 부분을 나타내는데, 이 표면의 스크린 공간 깊이(z) 값이 깊이맵에 저장된다. 이제, 그림 16.12-(d)의 두 샘플 s_1과 s_2를 비교해 보자. s_1의 스크린 공간 깊이 d_1은 깊이맵에 저장된 z_1보다 작으므로, s_1은 **빈 공간**에 속한 것으로 판정된다(이것은 쉐도우 매핑 알고리즘의 깊이 비교와 매우 유사하다). 반면 s_2의 경우는 d_2가 z_2보다 크므로 **채워진 공간**에 속한 것으로 판정된다.

그림 16.12-(d)에서 여덟 개의 샘플 중 세 개가 채워진 공간에 속한 것으로 판정되므로 p_2의 차폐도는 3/8으로 판정될 것이다. 이것은 그림 16.12-(b)에서 추정한 차폐도 0.5와 다른데, 다른 샘플링 기법을 썼을 때 발생하는 자연스러운 차이로 보면 된다. 한편, 그림 16.12-(c)에서 p_1의 차폐도는 0으로 계산될 것이다.

[그림 16.13] 위의 행은 토끼의 폴리곤 메시, 퐁 모델의 앰비언트 항만을 사용해 토끼를 렌더링한 결과, 앰비언트 오클루전으로 토끼를 렌더링한 결과를 차례차례 보여준다. 아래 행은 용 모델에 대해 동일한 내용을 보여준다(토끼와 용 모델은 스탠퍼드 대학 컴퓨터 그래픽스 연구실에서 제공함).

그림 16.13은 퐁 모델의 앰비언트 항만을 사용한 경우와 앰비언트 오클루전을 사용한 경우의 렌더링 결과를 비교한다. 앰비언트 오클루전이 물체 표면의 음영을 얼마나 잘 표현하는지 확인할 수 있다. 그러나 앰비언트 오클루전은 **스크린 공간**에서 근사적인 계산을 수행하므로 몇 가지 문제점을 가지고 있다. 예를 들어, 뷰 프러스텀 밖에 위치한 물체는 고려하지 않는다. 따라서 오류가 발생할 수 있다. 한편, 그림 16.14는 이런 경우가 아니더라도 차폐도 계산에 오류가 발생할 수 있음을 보여준다. 하지만 다행스럽게도 이런 오류는 일반 사용자들 눈에는 거의 발견되지 않는다. 따라서 앰비언트 오클루전 알고리즘은 게임 등에서 널리 사용된다.

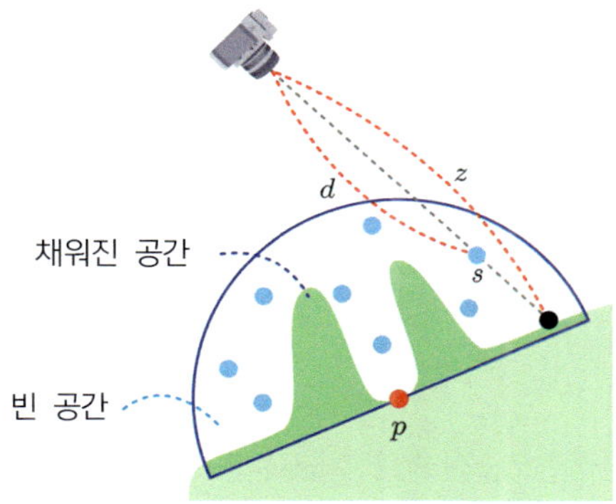

[그림 16.14] 샘플 s의 깊이 d는 깊이맵에 저장된 z보다 작다. 따라서 s는 빈 공간에 속한 것으로 판정된다. 이는 p와 s를 연결하는 광선이 물체의 어떤 부분과도 부딪히지 않는다는 것을, 즉 앰비언트 빛은 그 광선의 반대 방향을 따라 p점으로 들어올 수 있다는 것을 의미한다. 이는 명백하게 그릇된 판정이다. 이 그림에서 p의 차폐도는 0으로 설정될 것인데, 실제의 차폐도는 이보다 훨씬 큰 값을 가져야 한다.

연습문제

1. 퐁 모델의 스페큘러 항에서 반사 벡터는 $2n(n \cdot l) - l$로 정의된다(여기서 n은 노멀, l은 빛 벡터이다). 반면, 광선 추적법에서 반사 광선의 방향은 $I - 2n(n \cdot I)$로 정의된다(여기서 I는 1차 광선의 방향이다). 왜 이런 차이가 발생하는가?

2. 반지름이 2이고 원점을 중심으로 가지는 구에 대해 광선 추적법을 적용해 보자.

(a) 1차 광선의 시작점은 $(10, 1, 0)$이고 방향 벡터는 $(-1, 0, 0)$이다. 이 광선을 t의 매개변수 방정식으로 표현하라.

(b) 구의 함수는 $x^2 + y^2 + z^2 - 2^2 = 0$이다. 이 함수와 광선의 매개변수 방정식을 이용하여 구와 광선의 교차점을 계산하라.

(c) 반사 광선을 계산하기 위해서는 교차점에서의 노멀이 필요하다. 본 문제에서는 노멀을 쉽게 계산할 수 있다. 어떻게 계산할 것인가?

(d) 반사 광선의 방향은 $I - 2n(n \cdot I)$로 정의된다(여기서 I는 1차 광선의 방향이다). $I - 2n(n \cdot I)$를 계산하라.

3. 라이트 매핑은 대개 이미지 텍스처링과 결합되어 디퓨즈 반사 색상을 결정한다.

(a) 그런데 디퓨즈 반사 색상 자체를 라이트맵에 저장하면 런타임 성능을 보다 향상시킬 수 있을 것이다. 하지만, 실제 이렇게 사용되지 않는다. 어떤 문제점 때문일까?

(b) 라이트 매핑은 종종 **다크 매핑**(dark mapping)이라고 풍자되는데, 라이트 매핑을 수행한 후 이미지 텍스처 색상이 더 어두워졌기 때문이다. 왜 이런 문제가 발생하는가? 이 문제를 어떻게 해결할 수 있을까?

4. 큐브맵에 사용할 여섯 개의 이미지를 렌더링을 통해 얻고자 한다. 각 이미지는 뷰 변환과 투영 변환을 이용해 생성된다.

(a) 여섯 개의 이미지를 생성하는 데 서로 다른 뷰 변환이 사용되는가? 맞는지 틀리는지 답하고 그 이유를 설명하라.

(b) 여섯 개의 이미지를 생성하는 데 서로 다른 투영 변환이 사용되는가? 맞는지 틀리는지 답하고 그 이유를 설명하라.

5. 아래 그림은 큐브맵의 여섯 개 이미지를 펼쳐 놓은 것이다. 반사 벡터 R을 계산한 결과 그 방향은 $(0.5, 0.4, -0.2)$였다.

(a) 반사 벡터는 어느 면과 교차하는가?

(b) 해당 면에서 교차점의 좌표를 계산하라.

(c) 이 교차점을 이용해 해당 면에 저장된 텍스처에 접근해야 한다. 교차점으로부터 텍스처 좌표를 계산하라.

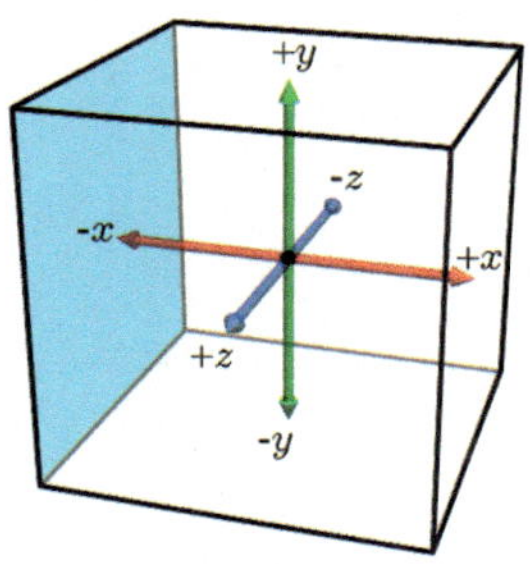

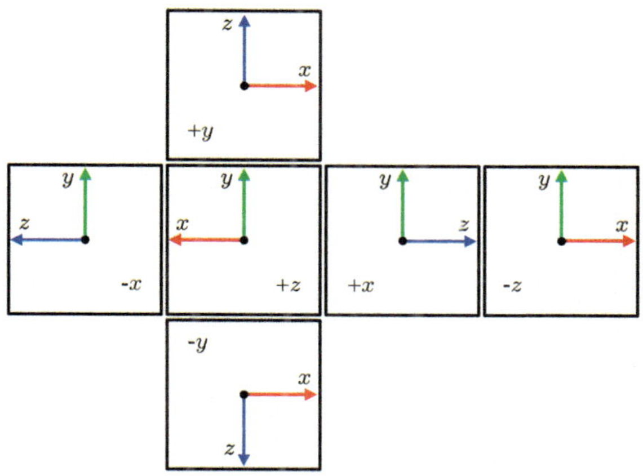

6. 다음 그림은 큐브 매핑을 위한 텍스처 좌표 (s,t)를 계산하는 과정이다(이는 GPU 내부에서 수행된다). 반사 벡터 R을 계산한 결과 이는 $-x$ 면과 교차하는 것으로 판정되었고, 교차점의 좌표는 $(-1.0, 0.8, 0.4)$로 계산되었다. 그림에서 A와 B의 좌표를 계산하라.

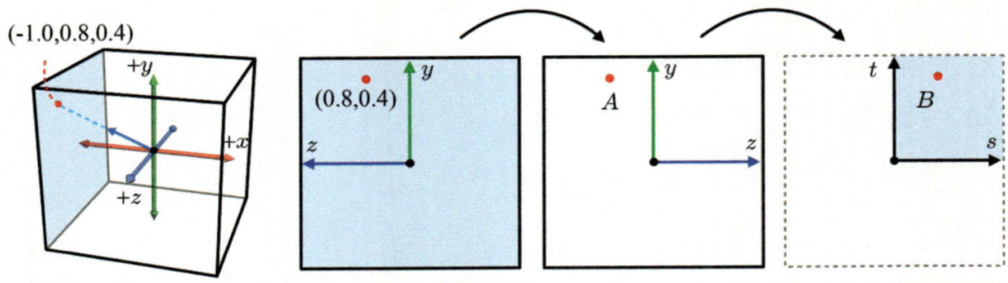
(-1.0,0.8,0.4)
+y
+x
+z
(0.8,0.4)
y
z
A
y
z
t
B
s

17

매개변수 곡선과 곡면

Parametric Curves and Surfaces

이제까지 우리는 3차원 물체를 표현하는데 폴리곤 메시를 사용했다. 그런데, 3장에서 지적한 바와 같이, 폴리곤 메시는 부드러운 곡면을 '근사적으로' 표현한 것이다. 부드러운 곡면을 '정확하게' 표현하기 위해서는 **매개변수**(parameter)의 함수를 사용한다.[1] **매개변수 곡면**(parametric surface)은 CAD/CAM(computer-aided design and manufacturing) 분야에서 오래전부터 사용되었는데, 최근 GPU가 이를 지원하기 시작함에 따라 실시간 그래픽스 분야에서 새롭게 주목을 받게 되었다(이에 대해서는 18장에서 기술한다).

매개변수 곡면을 표현하는 기법은 여러 종류가 있다. 그 중에 가장 간단한 것이 **베지어 곡면**(Bézier surface)인데, 이는 프랑스 르노 자동차에서 일했던 Pierre Bézier의 이름을 딴 것이다. 이 장은 베지어 곡면에 집중해서 논의를 진행할 것인데, 베지어 곡면의 기본은 **베지어 곡선**(Bézier curve)이므로 우선 이에 대해 알아보기로 하자.

17.1 매개변수 곡선

매개변수 곡선(parametric curve)은 매개변수 t의 함수로 표현된다. 17.1.1절은 먼저 t의 1차 함수로 선분을 표현하는 방법을 설명하고, 이를 2차 및 3차 함수로 확장하여 베지어 곡선을 정의한다. 17.1.2절은 또 다른 매개변수 곡선인 **허밋 곡선**(Hermite curve)에 대해 기술한다.

17.1.1 베지어 곡선

그림 17.1은 두 개의 끝점 p_0와 p_1을 잇는 선분을 보여준다. 2.5절에서 소개한 바와 같이, 이런 선분은 p_0와 p_1의 **선형보간**(linear interpolation)으로 표현된다.

$$p(t) = (1-t)p_0 + tp_1 \tag{17.1}$$

여기에서 t는 [0,1] 범위에 있다. $(1-t)$와 t는 각각 p_0와 p_1에 대한 **가중치**(weight)이고, $p(t)$는 p_0와 p_1의 **가중치 합**(weighted sum)이다. 그림 17.1에서 $p(t)$가 위치한 점은 선분을 두 부분으로 나누는 것으로 해석할 수 있는데, 각 부분의 길이는 '건너편' 끝점의 가중치에 비례함을 주목하자.

1 이 주제를 다루는 많은 책이 있는데, 참고문헌 [15]는 훌륭한 입문서이다.

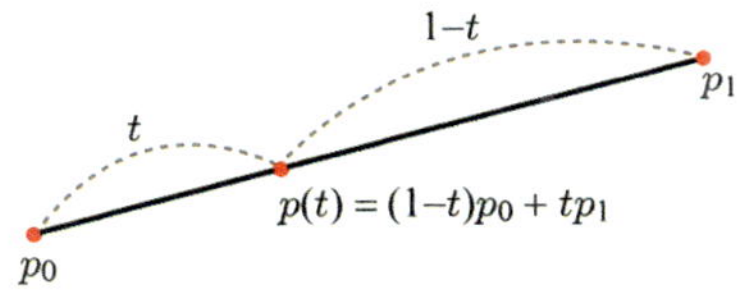

[그림 17.1] 두 개의 점을 연결하는 선분은 두 점의 선형보간으로 표현된다.

선분은 두 개의 끝점으로 정의되지만, 곡선을 만들기 위해서는 세 개 이상의 점이 필요하다. 세 개 이상의 점에 대해 선형보간을 재귀적(recursive)으로 반복하면 베지어 곡선을 정의할 수 있는데 이를 **드 카스텔조 알고리즘**(de Casteljau algorithm)이라 부른다. 이는 프랑스 수학자 Paul de Casteljau의 이름을 딴 것이다. 세 개의 점 p_0, p_1, p_2가 주어지면, 일단 p_0와 p_1, 그리고 p_1과 p_2를 선형보간한다.

$$p_0^1 = (1-t)p_0 + tp_1 \tag{17.2}$$

$$p_1^1 = (1-t)p_1 + tp_2 \tag{17.3}$$

위 식에서 p_0^1와 p_1^1의 위첨자 1은 첫 번째 재귀 단계임을 의미한다. p_0^1와 p_1^1을 다시 선형보간하자.

$$p_0^2 = (1-t)p_0^1 + tp_1^1 \tag{17.4}$$

위 식에서 p_0^2의 위첨자 2는 두 번째 재귀 단계임을 의미한다. 그림 17.2-(a)는 이러한 재귀적 선형보간 절차를 보여준다.

식 (17.2)와 (17.3)을 식 (17.4)에 대입하면 t의 2차 함수를 얻게 되는데, 이것이 바로 **베지어 곡선**이다.

$$p_0^2 = p(t) = (1-t)^2 p_0 + 2t(1-t)p_1 + t^2 p_2 \tag{17.5}$$

그림 17.2-(b)에 보인 것처럼 이 곡선은 p_0에서 시작하여 p_2에서 끝나는데, p_0는 $t=0$일 때, p_2는 $t=1$일 때에 해당한다. 한편 이 곡선은 p_1 방향으로 휘지만 p_1을 지나지는 않는다. 이러한 베지어 곡선을 정의하는 p_0, p_1, p_2를 **컨트롤 포인트**(control point)라고 부른다. 그림 17.2-(c)는 컨트롤 포인트가 곡선의 외양을 결정하는 것을 보여준다. 이러한 2차 베지어 곡선은 최대 1개의 변곡점을 가진다.

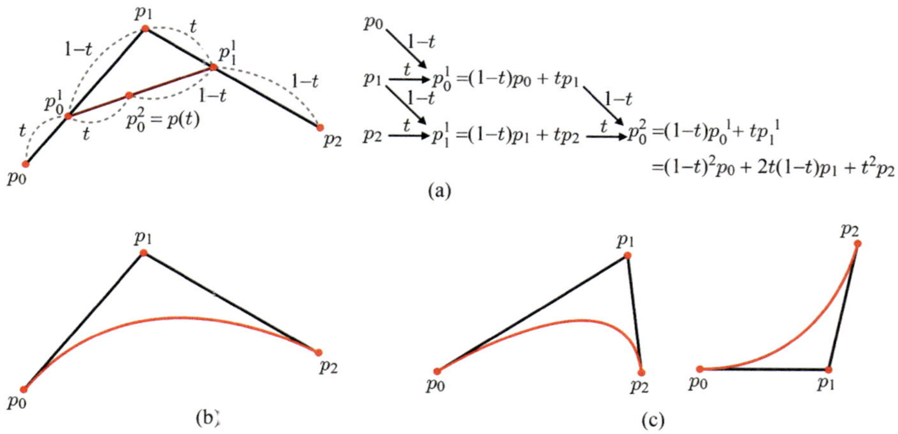

[그림 17.2] 2차 베지어 곡선. (a) 재귀적 선형보간. (b) 세 개의 컨트롤 포인트를 가지는 2차 베지어 곡선. (c) 컨트롤 포인트에 의해 변화되는 곡선의 외양.

3차 이상의 베지어 곡선도 드 카스텔조 알고리즘으로 정의된다. 그림 17.3-(a)는 세 단계의 선형보간을 통해 3차 베지어 곡선을 생성하는 절차를 보여준다. 3차 베지어 곡선의 식은 다음과 같다.

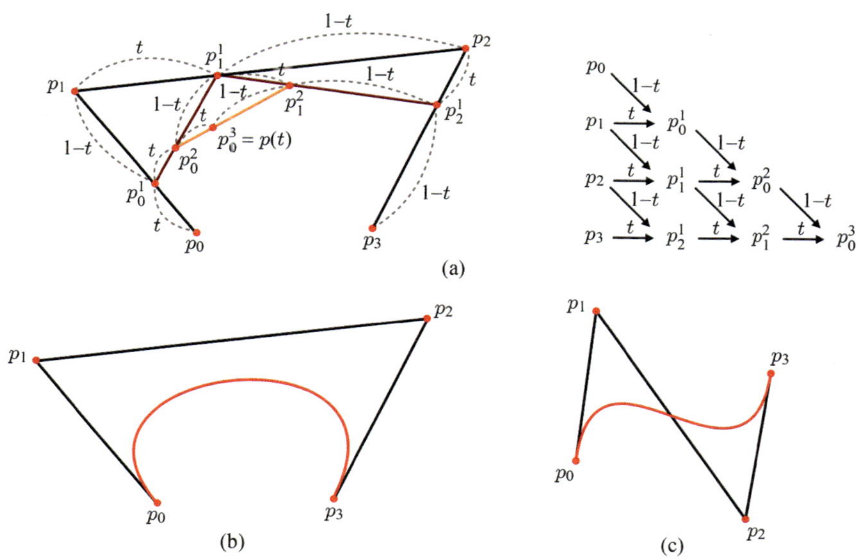

[그림 17.3] 3차 베지어 곡선. (a) 재귀적 선형보간. (b) 네 개의 컨트롤 포인트를 가지는 3차 베지어 곡선. (c) 컨트롤 포인트에 의해 변화되는 곡선의 외양.

$$p(t) = (1-t)^3 p_0 + 3t(1-t)^2 p_1 + 3t^2(1-t) p_2 + t^3 p_3 \tag{17.6}$$

3차 베지어 곡선은 네 개의 컨트롤 포인트에 의해 정의된다. 이 곡선은 $t=0$일 때 p_0에서 시작하여, $t=1$일 때 p_3에 도달하며, 도중에 p_1과 p_2 방향으로 휘지만 이들을 지나지는 않는다. 그림 17.3-(b)와 (c)를 비교해 보라. 3차 베지어 곡선은 최대 2개의 변곡점을 가진다.

2차 및 3차 베지어 곡선을 일반화하면, $(n+1)$개의 컨트롤 포인트로 n차 베지어 곡선을 정의할 수 있다. 식 (17.1), (17.5), (17.6)에서 볼 수 있는 것처럼, 각 컨트롤 포인트의 가중치는 매개변수 t의 다항식이다. 이를 **번스타인 다항식**(Bernstein polynomials)이라고 부른다. n차 베지어 곡선에서 컨트롤 포인트 p_i에 대한 번스타인 다항식은 아래와 같다.

$$B_i^n(t) = {}_nC_i t^i (1-t)^{n-i} \tag{17.7}$$

n차 베지어 곡선 $p(t)$는 $B_i^n(t)$를 이용하여 다음과 같이 정의된다.

$$p(t) = \sum_{i=0}^{n} B_i^n(t) p_i \tag{17.8}$$

한편, 4차 이상의 베지어 곡선에서는 종종 예기치 않은 뒤틀린 모양이 만들어지는 등의 문제가 발생한다. 따라서 그래픽스 분야에서는 3차 베지어 곡선을 가장 많이 사용한다. 3차 베지어 곡선으로 표현 불가능한 복잡한 곡선, 예를 들어 변곡점이 3개 이상인 곡선을 만들기 위해서는 3차 베지어 곡선을 여러 개 이어붙이면 된다. 17.1.2절은 이와 관련된 기법을 소개한다.

베지어 곡선을 렌더링하기 위해서는, 그림 17.4에 보인 바와 같이 매개변수 t의 값을 조금씩 증가시켜 가면서 이에 해당하는 곡선 상의 점을 계산한 후 이 점들을 선분들로 잇는 방식을 취한다. 이 과정을 **테썰레이션**(tessellation)이라 부른다. 그림 17.4에서는 t값을 0.1씩 증가시킨 결과, 총 11개의 점과 10개의 선분을 얻었다. 보다 부드러운 테썰레이션 결과를 얻기 위해서는 보다 조밀한 샘플링을 수행하면 된다. 예를 들어, t값을 0.05씩 증가시키면 총 21개의 점과 20개의 선분을 얻는다.[2]

2 매개변수 t를 균일하지 않게 증가시켜 가면서 테썰레이션을 수행할 수도 있다. 예를 들어, 곡률이 높은 부분은 조밀하게, 곡률이 낮은 부분은 듬성듬성 테썰레이션을 수행할 수 있다.

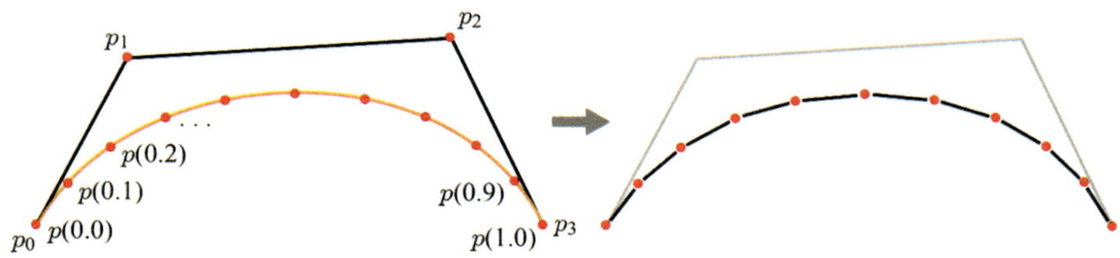

[그림 17.4] 베지어 곡선을 그리기 위해서는 테썰레이션 작업이 필요하다.

베지어 곡선은 몇 가지 흥미로운 특징을 가지고 있다. 그 중 하나가 **아핀 불변성**(affine invariance)이다. 베지어 곡선의 아핀 변환 및 렌더링 과정을 생각해 보자. 이를 구현하는 방법은 두 가지가 있다. 하나는 테썰레이션을 먼저 수행하고 그 결과 생성된 점들에 대해 아핀 변환을 적용하는 것으로, 그림 17.5-(a)는 회전 변환의 경우를 보여준다. 다른 하나는 베지어 곡선의 컨트롤 포인트에 대해 아핀 변환을 적용한 후, 변환된 컨트롤 포인트를 사용해 테썰레이션을 수행하는 것이다. 그림 17.5-(b)는 이 경우를 보여 준다. 그 결과는 동일하지만, 보다 적은 수의 점에 대해 아핀 변환을 적용하는 후자가 보다 효율적이다.

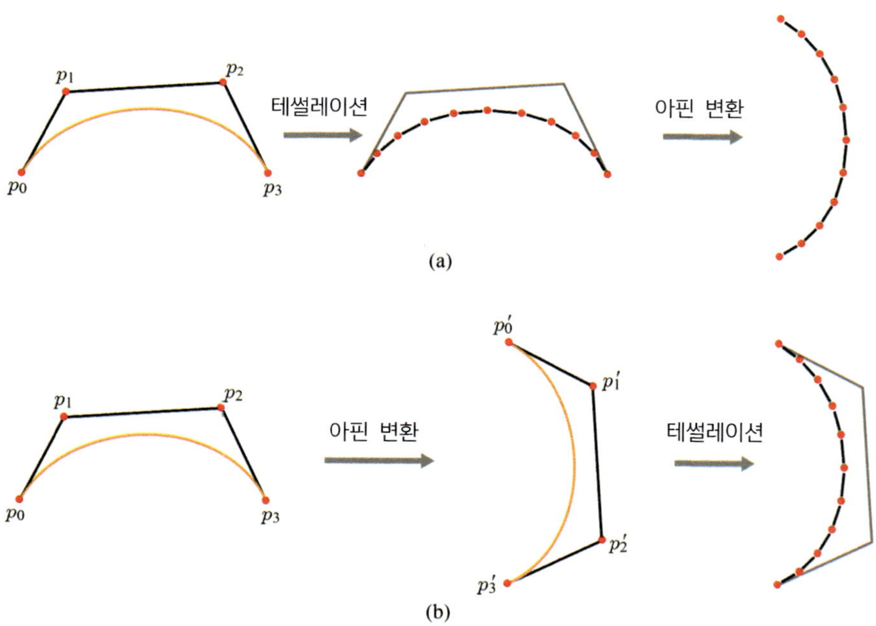

[그림 17.5] 아핀 불변성. (a) 테썰레이션 후 아핀 변환. (b) 아핀 변환 후 테썰레이션.

17.1.2 허밋 곡선과 캣멀-롬 스플라인

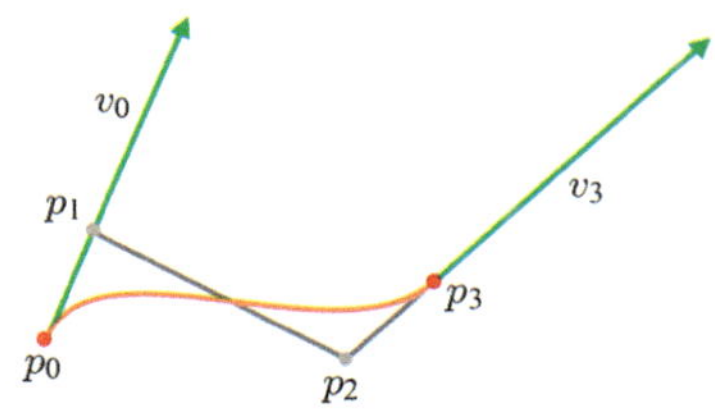

[그림 17.6] 3차 베지어 곡선 양 끝점에서의 접선 벡터 v_0 및 v_3는 각각 $3(p_1-p_0)$ 및 $3(p_3-p_2)$와 같다. 이 곡선은 $\{p_0, v_0, p_3, v_3\}$를 이용해 표현할 수 있다.

식 (17.6)의 3차 베지어 곡선 함수를 t에 대해 미분하면 다음과 같은 1차 도함수를 얻는다.

$$\begin{aligned}\dot{p}(t) &= \tfrac{d}{dt}[(1-t)^3 p_0 + 3t(1-t)^2 p_1 + 3t^2(1-t)p_2 + t^3 p_3] \\ &= -3(1-t)^2 p_0 + [3(1-t)^2 - 6t(1-t)]p_1 + [6t(1-t) - 3t^2]p_2 + 3t^2 p_3\end{aligned} \tag{17.9}$$

이는 베지어 곡선에 접하는 **접선 벡터**(tangent vector)를 나타낸다. 끝점 p_0와 p_3에서의 접선 벡터를 각각 v_0와 v_3라 하자. 이는 각각 식 (17.9)의 매개변수 t에 0과 1을 대입하여 얻는다.

$$v_0 = \dot{p}(0) = 3(p_1 - p_0) \tag{17.10}$$

$$v_3 = \dot{p}(1) = 3(p_3 - p_2) \tag{17.11}$$

그림 17.6은 이들 접선 벡터를 보여준다. 식 (17.10)과 (17.11)을 다시 쓰면 다음과 같다.

$$p_1 = p_0 + \frac{1}{3}v_0 \tag{17.12}$$

$$p_2 = p_3 - \frac{1}{3}v_3 \tag{17.13}$$

식 (17.12)와 (17.13)을 사용해서, 식 (17.6)의 베지어 곡선을 다음과 같이 바꿔 쓸 수 있다.

$$\begin{aligned}p(t) &= (1-t)^3 p_0 + 3t(1-t)^2 p_1 + 3t^2(1-t)p_2 + t^3 p_3 \\ &= (1-t)^3 p_0 + 3t(1-t)^2 (p_0 + \tfrac{1}{3}v_0) + 3t^2(1-t)(p_3 - \tfrac{1}{3}v_3) + t^3 p_3 \\ &= (1 - 3t^2 + 2t^3)p_0 + t(1-t)^2 v_0 + (3t^2 - 2t^3)p_3 - t^2(1-t)v_3\end{aligned} \tag{17.14}$$

위 식은 두 개의 끝점 p_0와 p_3, 그리고 그 점에서의 접선 벡터 v_0와 v_3를 사용하여 곡선을 정의할 수 있음을 보여준다. 이러한 곡선 표현법을 **허밋 곡선**(Hermite curve)이라 부른다. 이는 프랑스 수학자 Charles Hermite의 이름을 딴 것이다. 물론 $\{p_0, v_0, p_3, v_3\}$로 정의된 허밋 곡선은 $\{p_0, p_1, p_2, p_3\}$로 정의된 베지어 곡선과 동일한 모양을 가진다.

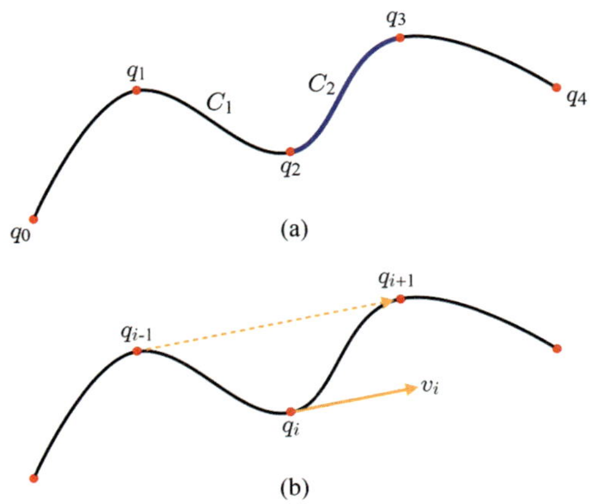

[그림 17.7] 캣멀-롬 스플라인. (a) 주어진 점 q_i를 모두 지나는 스플라인은 3차 허밋 곡선 네 개로 구성된다. (b) 인접한 허밋 곡선 쌍이 만나는 점에서 접선 벡터를 공유하면 스플라인 전체가 부드럽게 이어진다. q_i에서의 접선 벡터는 q_{i-1}과 q_{i+1}을 연결한 벡터와 평행하도록 설정되었다.

여러 개의 점이 주어졌을 때 이를 모두 지나는 곡선을 만들어 보자. 그림 17.7-(a)는 다섯 개의 점 $\{q_0, q_1, q_2, q_3, q_4\}$를 지나는 곡선의 예를 보여준다. 이러한 복잡한 곡선은 인접한 한 쌍의 점 q_i와 q_{i+1}마다 매개변수 곡선을 정의하고 이들을 부드럽게 이어붙이는 방식으로 만들 수 있다. 이런 방식으로 만들어진 곡선을 **스플라인**(spline)이라 부른다. 17.7-(a)에서 인접한 두 점마다 허밋 곡선을 정의해 보자. 두 끝점은 이미 정해졌으므로, 이 두 점에서의 접선만 정의하면 된다.

두 허밋 곡선이 만나는 점에서 양쪽의 접선이 같도록 하면, 둘은 부드럽게 이어지고, 스플라인 전체도 부드러워진다. 예를 들어, $[q_1, q_2]$ 구간에서 정의된 C_1과 $[q_2, q_3]$ 구간에서 정의된 C_2를 생각해보자. C_1과 C_2는 그들이 만나는 점 q_2에서 접선 벡터를 공유하도록 한다. 접선 벡터를 계산하는 방법은 여러 가지가 있을 수 있는데, **캣멀-롬 스플라인**(Catmull-Rom spline) [16]은 q_i에서의 접선 벡터 v_i를 정의하기 위하여 아래 식처럼 q_{i-1}과 q_{i+1}을 사용한다.

$$v_i = \tau(q_{i+1} - q_{i-1}) \tag{17.15}$$

여기에서 τ는 q_i의 곡률을 결정하는데, 보통 0.5로 설정된다. 그림 17.7-(b)를 보라. 캣멀-롬 스플라인은 게임에서 많이 사용된다.

17.1.3 응용 사례: 카메라 경로

매개변수 곡선의 용도는 다양하다. 그림 17.8-(a)는 카메라 경로 설정에 사용된 예를 보여준다. 이를 위해 **캣멀-롬 스플라인**이 종종 사용되는데, 간단한 논의를 위해 우리의 카메라 경로는 하나의 허밋 곡선 $p(t)$로 정의되었다고 가정하자. 카메라 파라미터 {**EYE**, **AT**, **UP**} 중 **EYE**는 특정한 t값을 $p(t)$에 대입하여 얻어낼 수 있는데, t를 지속적으로 증가시키면 곡선 $p(t)$를 따라 이동하는 **EYE**를 얻어낼 수 있다. 그림 17.8-(a)에서 **EYE**는 $p(0)$에서 시작한다. 매개변수 t가 초당 0.1만큼 증가한다면, 1초 뒤에는 $p(0.1)$이, 2초 뒤에는 $p(0.2)$가 **EYE**의 위치를 결정할 것이다.

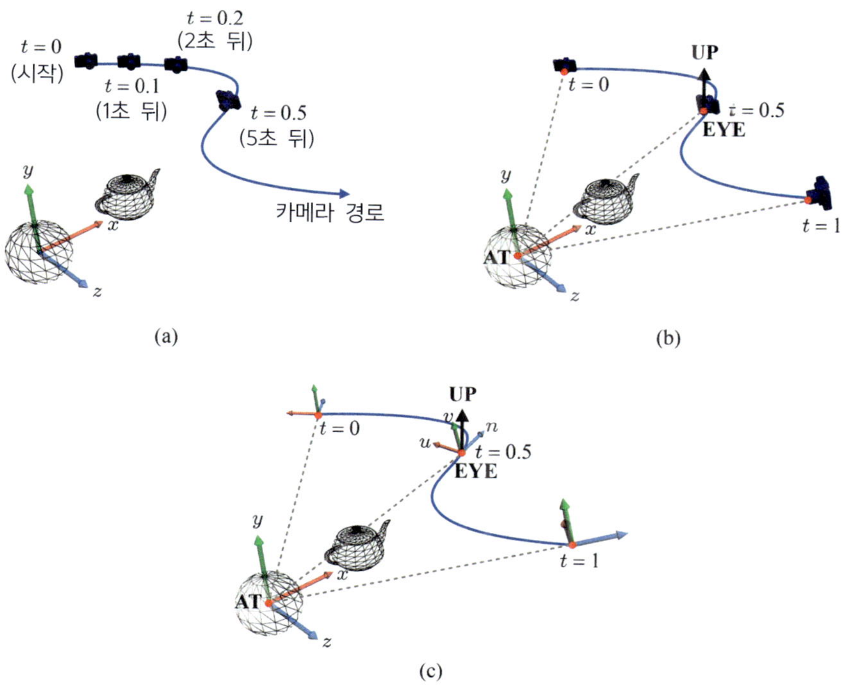

[그림 17.8] 카메라가 곡선 경로를 따라 움직이면서 고정된 장면을 렌더링한다. (a) 카메라 경로는 매개변수 곡선으로 묘사된다. 곡선 상의 점이 **EYE**가 된다. (b) **AT**과 **UP**은 각각 월드 공간의 원점과 y축으로 고정된다. (c) {**EYE**, **AT**, **UP**}이 카메라 공간을 결정한다. 카메라 공간은 곡선을 따라 움직인다.

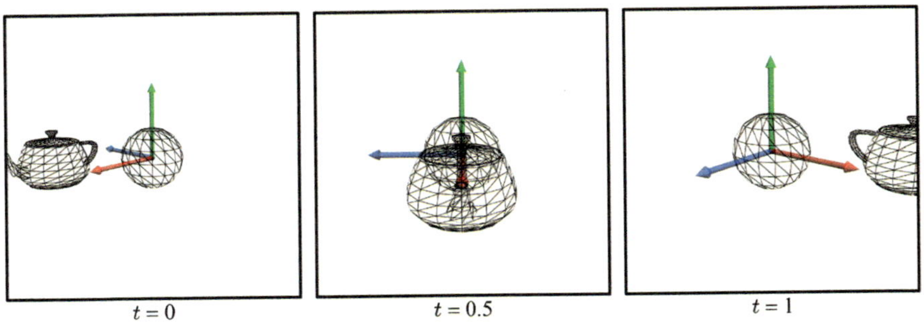

(d)

[그림 17.8] 카메라가 곡선 경로를 따라 움직이면서 고정된 장면을 렌더링한다(계속). (d) 동적인 카메라 공간을 사용하여 고정된 장면이 렌더링되었다.

AT과 **UP**은 카메라의 방향을 결정한다. 그림 17.8-(b)에서 **AT**은 월드 공간의 원점으로 고정되었고, **UP**은 y축으로 정해졌다. 이렇게 {**EYE**, **AT**, **UP**}이 결정되면 5.2.1절에서 기술한 방법에 따라 카메라 공간의 기저 $\{u, v, n\}$이 계산된다. 그림 17.8-(c)는 카메라 공간의 움직임을, 그림 17.8-(d)는 카메라 경로 상의 세 개 지점에서 촬영한 영상을 보여준다.

또 다른 예를 보도록 하자. 그림 17.9-(a)에 보인 바와 같이 주전자가 위쪽을 향해 이동하고, **AT**은 주전자 주둥이 끝 위치로 정해졌다고 하자. 이 경우 **AT**의 움직임은 또 다른 곡선 $q(t)$로 정의할 수 있다. 즉, 매 프레임마다 **EYE**와 **AT**은 각각 $p(t)$와 $q(t)$에 특정한 t값을 대입하여 계산된다. **UP**이 여전히 y축으로 고정되어 있다면 우리는 그림 17.9-(b)와 같은 영상을 얻을 것이다.

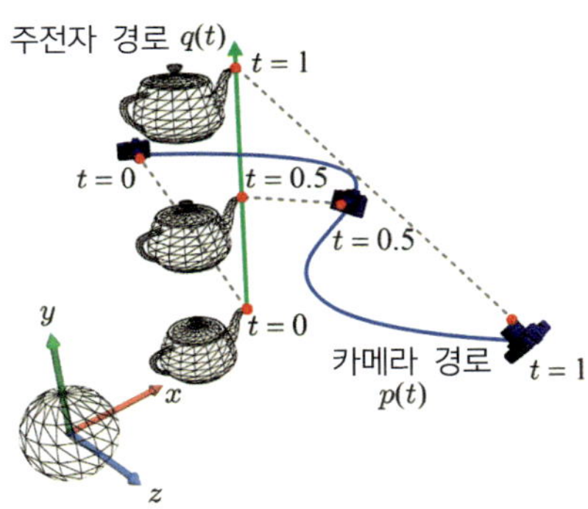

(a)

[그림 17.9] **EYE**와 **AT** 모두 이동한다. (a) **EYE**와 **AT**의 위치는 각각 $p(t)$와 $q(t)$를 이용하여 계산된다.

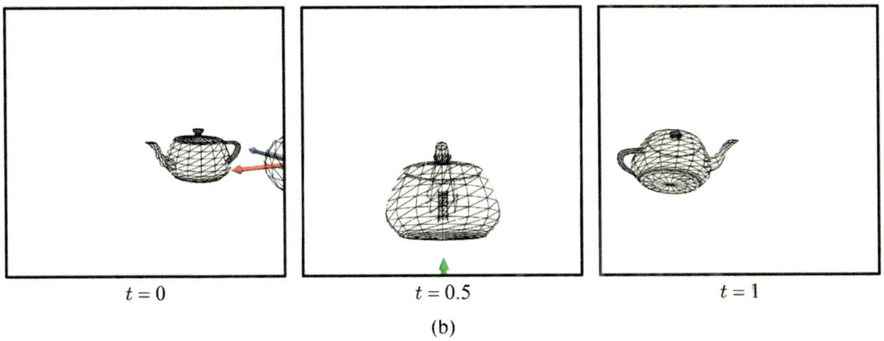

[그림 17.9] **EYE**와 **AT** 모두 이동한다(계속). (b) 동적인 카메라 공간을 사용하여 동적인 장면이 렌더링되었다.

17.2 매개변수 곡면

이제 곡면에 대해 알아보자. 경계를 가진 곡면을 **패치**(patch)라 부르는데, 이 절은 **베지어 패치**를 소개한다. 이는 베지어 곡선을 확장하여 정의된다. 앞서 우리는 베지어 곡선을 1차, 2차, 3차 순서로 설명했는데, 베지어 패치 역시 1차, 2차, 3차 순서로 설명할 것이다.

17.2.1 겹선형 패치

가장 단순한 형태의 패치는 **겹선형 패치**(bilinear patch)다. 이는 그림 17.10-(a)와 같이 네 개의 컨트롤 포인트 p_{00}, p_{01}, p_{10}, p_{11}을 사용해 정의된다. 일반적으로 이들 컨트롤 포인트들은 한 평면에 있지 않다. 그림 17.10-(b)에 보인 바와 같이 먼저 u 방향으로 컨트롤 포인트를 보간하는데, p_{00}와 p_{01}이 선형보간되어 p_0^u를, p_{10}와 p_{11}이 선형보간되어 p_1^u을 생성한다.

$$p_0^u = (1-u)p_{00} + up_{01} \tag{17.16}$$

$$p_1^u = (1-u)p_{10} + up_{11} \tag{17.17}$$

이제 v 방향으로 p_0^u와 p_1^u을 보간한다.

$$\begin{aligned} p(u,v) &= (1-v)p_0^u + vp_1^u \\ &= (1-u)(1-v)p_{00} + u(1-v)p_{01} + (1-u)vp_{10} + uvp_{11} \end{aligned} \tag{17.18}$$

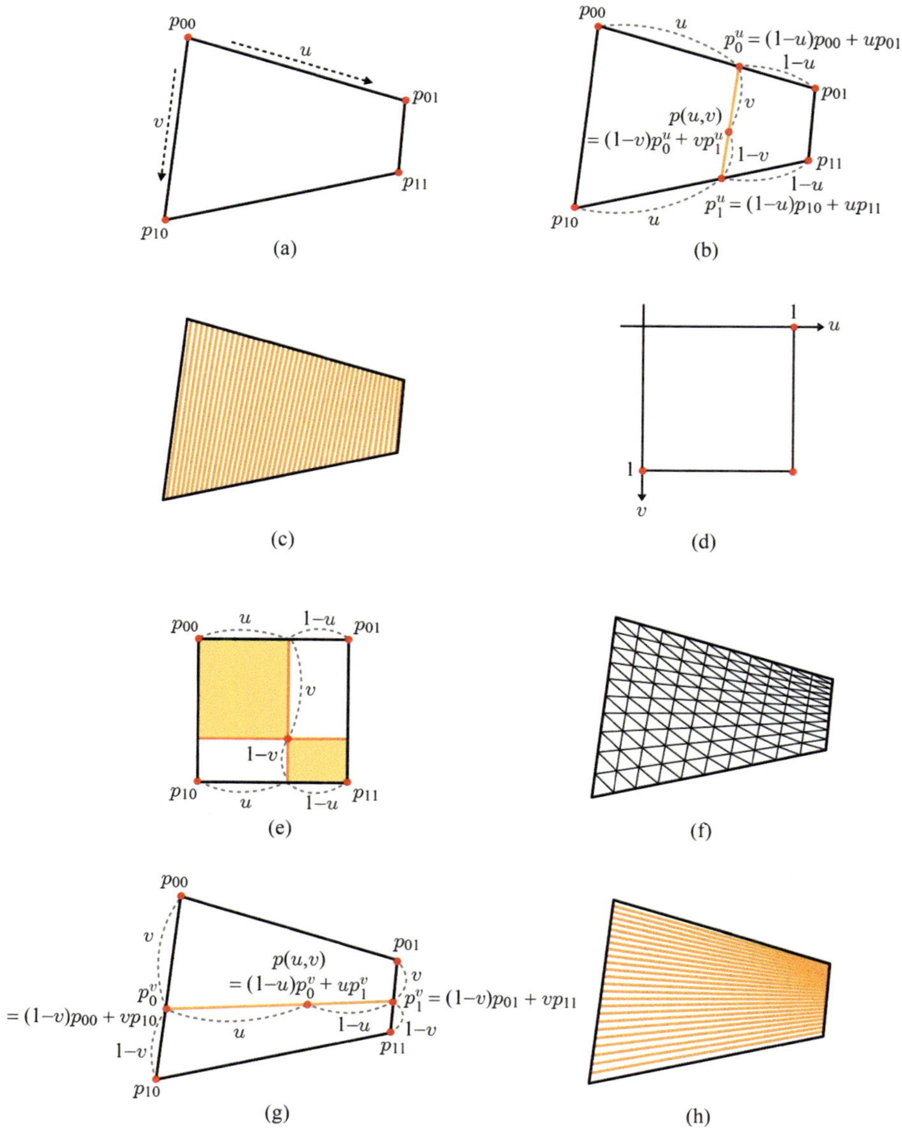

[그림 17.10] 겹선형 패치. (a) 2×2 컨트롤 포인트. (b) 겹선형보간(u, v순). (c) 선분들의 집합. (d) 매개변수 정의역. (e) 컨트롤 포인트의 가중치. (f) 테썰레이션. (g) 겹선형보간(v, u순). (h) 또 다른 선분들의 집합.

u 방향의 선형보간 결과를 v 방향으로 다시 선형보간했으므로 **겹선형보간**(bilinear interpolation)을 수행한 것인데, 생성된 패치의 이름도 이를 따라 겹선형 패치라고 한다.

그림 17.10-(b)에 보인 것처럼 p_0^u와 p_1^u은 선분으로 연결된다. 이러한 선분들이 무한히 많이

모여 겹선형 패치를 생성하는 것으로 생각할 수 있다. 그림 17.10-(c)는 이런 개념을 보여준다. 이 그림에서 각각의 선분은 $[0,1]$ 범위에서 고유한 u값에 의해 지정되고, 선분 그 자체는 v의 1차 함수다.

겹선형 패치의 정의역(domain)은 두 매개변수 u와 v를 축으로 가지는 2차원 공간의 정사각형 영역으로 표현된다. 그림 17.10-(d)를 보라. u와 v는 모두 $[0,1]$의 범위를 가지는데, (u,v) 좌표는 겹선형 패치 위의 한 점 $p(u,v)$로 매핑된다. 식 (17.18)에서 각 컨트롤 포인트의 계수는 가중치(weight) 역할을 한다. 그림 17.10-(e)는 uv 정의역 내에서 가중치들을 개념적으로 보여준다. 특정한 u와 v값(예를 들어, $u=0.6$, $v=0.7$)은 uv 정의역을 네 개의 사각형으로 나누는 것으로 해석할 수 있는데, 각 사각형의 면적은 '건너편' 컨트롤 포인트의 가중치와 같다. 예를 들어, p_{00}의 가중치는 $(1-u)(1-v)$이고, p_{11}의 가중치는 uv이다. 이는 기본적으로 그림 17.1에서 p_0의 가중치가 $(1-t)$였고 p_1의 가중치가 t였던 것과 동일한 특성이다.

[예제 코드 17-1] 균일한 샘플링을 통한 베지어 패치 테썰레이션.

```
1: for each u in [0,1]
2:     for each v in [0,1]
3:         evaluate the patch using (u,v) to obtain (x,y,z)
```

겹선형 패치를 렌더링하기 위해서는 그 패치를 삼각형 메시로 **테썰레이션**해야 한다. 즉, 겹선형 패치 위의 점들을 추출하고 이 점들을 삼각형으로 연결한다. 예제 코드 17-1의 슈도코드는 중첩된 `for` 문을 사용하는데, 1번 줄은 u를, 2번 줄은 v를 균일하게 샘플한다. 3번 줄에서는 샘플한 (u,v)를 식 (17.18)에 대입하여 겹선형 패치 위의 3차원 점을 추출한다. 이렇게 생성된 점들로 삼각형 메시를 구성한다. 그림 17.10-(f)는 u와 v를 모두 0.1씩 균일하게 증가시켜 가면서 샘플링을 수행한 결과 얻어진 삼각형 메시를 보여준다.

한편, 식 (17.18)의 겹선형 패치는 아래와 같이 행렬 형태로 표현할 수 있다.

$$
\begin{aligned}
p(u,v) &= \begin{pmatrix} 1-v & v \end{pmatrix} \begin{pmatrix} p_{00} & p_{01} \\ p_{10} & p_{11} \end{pmatrix} \begin{pmatrix} 1-u \\ u \end{pmatrix} \\
&= \begin{pmatrix} 1-v & v \end{pmatrix} \begin{pmatrix} (1-u)p_{00} + up_{01} \\ (1-u)p_{10} + up_{11} \end{pmatrix} \\
&= (1-u)(1-v)p_{00} + u(1-v)p_{01} + (1-u)vp_{10} + uvp_{11}
\end{aligned}
\tag{17.19}
$$

첫 번째 줄의 2×2 행렬은 그림 17.10-(a)에 보인 2×2 **컨트롤 포인트**와 일치한다. 이 2×2 행렬 왼쪽의 행벡터와 오른쪽의 열벡터는 각각 v와 u의 **1차 번스타인 다항식**들을 원소로 가진다. 한편, 식 (17.19) 두 번째 줄의 열벡터는 그림 17.10-(b)에 보인 p_0^u와 p_1^u으로 구성된다.

식 (17.19)와 그림 17.10-(b)에서 겹선형보간은 먼저 u 방향으로 그 다음에 v 방향으로 수행되었다. 그 순서는 다음과 같이 바뀔 수 있다.

$$\begin{aligned} p(u,v) &= \begin{pmatrix} 1-v & v \end{pmatrix} \begin{pmatrix} p_{00} & p_{01} \\ p_{10} & p_{11} \end{pmatrix} \begin{pmatrix} 1-u \\ u \end{pmatrix} \\ &= \begin{pmatrix} (1-v)p_{00}+vp_{10} & (1-v)p_{01}+vp_{11} \end{pmatrix} \begin{pmatrix} 1-u \\ u \end{pmatrix} \\ &= (1-u)(1-v)p_{00}+u(1-v)p_{01}+(1-u)vp_{10}+uvp_{11} \end{aligned} \tag{17.20}$$

이렇게 순서를 바꾼 결과는 그림 17.10-(g)와 같은데, p_0^v와 p_1^v이 선분으로 연결된다. 이러한 선분들이 무한히 많이 모여 겹선형 패치를 생성하는 것으로 생각할 수 있다. 그림 17.10-(h)는 이런 개념을 보여준다. 이 그림에서 각각의 선분은 $[0,1]$ 범위에서 고유한 v값에 의해 지정되고, 선분 그 자체는 u의 1차 함수다. 물론, 그림 17.10-(e)와 (h)는 기하적으로 동일하다. 그림 17.11은 겹선형 패치의 또 다른 예를 보여준다.

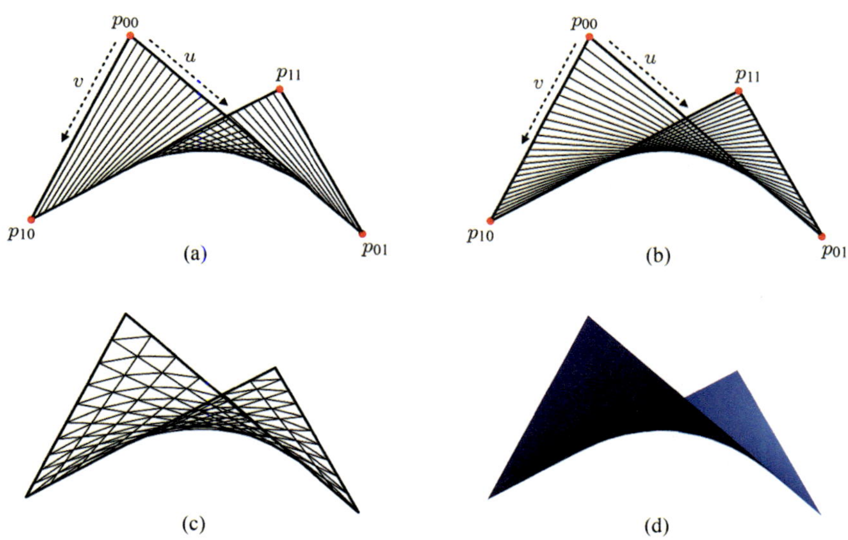

[그림 17.11] 네 개의 컨트롤 포인트가 평면 위에 있지 않다면 겹선형 패치는 평평하지 않다. (a) 먼저 u 방향으로 그 다음에 v 방향으로 보간했다. (b) 먼저 v 방향으로 그 다음에 u 방향으로 보간했다. (c) 테셀레이션 결과. (d) 렌더링 결과.

17.2.2 2차 베지어 패치

겹선형 패치는 2×2 컨트롤 포인트로 정의됐다. 이것을 확장하여 그림 17.12-(a)와 같은 3×3 컨트롤 포인트를 사용하면 **2차 베지어 패치**(biquadratic Bézier patch)를 정의할 수 있다. 이를 위해서 우선 u 방향으로 세 개씩 컨트롤 포인트를 모아서 **2차 베지어 곡선**을 만들자. 그림 17.12-(b)는 이렇게 만들어진 세 개의 곡선을 보여준다.

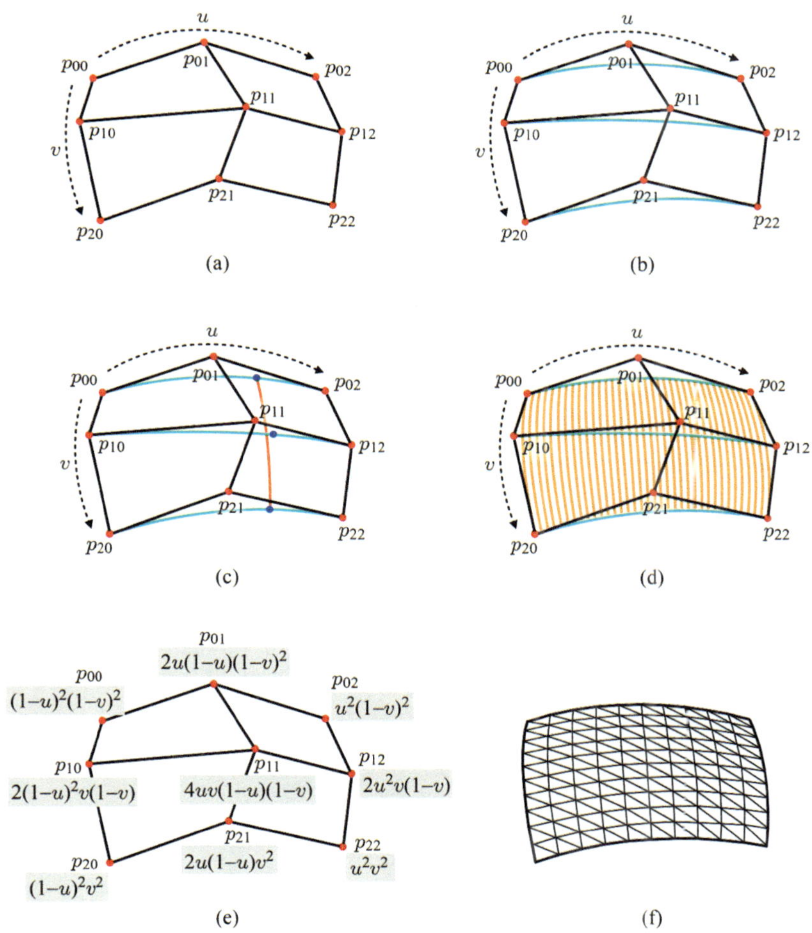

[그림 17.12] 2차 베지어 패치. (a) 3×3 컨트롤 포인트. (b) 2차 베지어 곡선(u의 함수). (c) 2차 베지어 곡선(v의 함수). (d) 2차 베지어 곡선들의 집합(각각은 v의 함수). (e) 컨트롤 포인트의 가중치. (f) 테썰레이션.

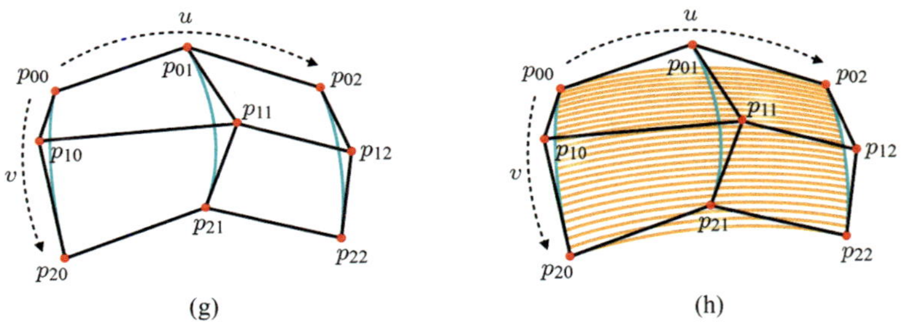

[그림 17.12] 2차 베지어 패치(계속). (g) 2차 베지어 곡선(v의 함수). (h) 2차 베지어 곡선들의 집합(각각은 u의 함수).

이러한 2차 베지어 곡선 식에 특정한 u값을 대입하면, 각 곡선마다 하나의 점을 얻을 수 있다. 예를 들어, 그림 17.12-(c)의 세 점은 u에 0.65를 넣어 얻은 것으로 생각할 수 있다. 이 세 개의 점을 컨트롤 포인트로 취하면 그림 17.12-(c)에 보인 바와 같이 세로 방향으로 2차 베지어 곡선을 정의할 수 있다. 이 곡선은 v의 함수이다. 이러한 곡선들이 무한히 많이 모여 2차 베지어 패치를 구성하는 것으로 생각할 수 있다. 그림 17.12-(d)는 이런 개념을 보여준다.

이러한 **2차 베지어 패치**는 아래와 같이 행렬 형태로 표현할 수 있다.

$$
\begin{aligned}
p(u,v) &= \left((1-v)^2 \; 2v(1-v) \; v^2 \right) \begin{pmatrix} p_{00} \; p_{01} \; p_{02} \\ p_{10} \; p_{11} \; p_{12} \\ p_{20} \; p_{21} \; p_{22} \end{pmatrix} \begin{pmatrix} (1-u)^2 \\ 2u(1-u) \\ u^2 \end{pmatrix} \\
&= \left((1-v)^2 \; 2v(1-v) \; v^2 \right) \begin{pmatrix} (1-u)^2 p_{00} + 2u(1-u)p_{01} + u^2 p_{02} \\ (1-u)^2 p_{10} + 2u(1-u)p_{11} + u^2 p_{12} \\ (1-u)^2 p_{20} + 2u(1-u)p_{21} + u^2 p_{22} \end{pmatrix}
\end{aligned} \tag{17.21}
$$

첫 줄의 3×3 행렬은 식 (17.19)의 2×2 행렬을 확장한 것으로 볼 수 있는데, 그림 17.12-(a)의 3×3 컨트롤 포인트와 일치한다. 3×3 행렬 좌우의 행벡터와 열벡터는 각각 v와 u의 **2차 번스타인 다항식**들로 구성되어 있다. 식 (17.21)의 두 번째 줄의 열벡터는 그림 17.12-(b)에 보인 세 개의 2차 베지어 곡선의 식이다.

식 (17.21)에서 행렬 곱셈을 완료하면 2차 베지어 패치의 식을 얻을 수 있다.

$$
\begin{aligned}
p(u,v) = &(1-u)^2(1-v)^2 p_{00} + 2u(1-u)(1-v)^2 p_{01} + u^2(1-v)^2 p_{02} + \\
&2(1-u)^2 v(1-v) p_{10} + 4uv(1-u)(1-v) p_{11} + 2u^2 v(1-v) p_{12} + \\
&(1-u)^2 v^2 p_{20} + 2u(1-u)v^2 p_{21} + u^2 v^2 p_{22}
\end{aligned} \tag{17.22}
$$

각 컨트롤 포인트의 계수는 u와 v의 번스타인 다항식이 결합된 형태인데, 이는 컨트롤 포인트에 대한 **가중치** 역할을 한다. 그림 17.12-(e)는 이 가중치를 가시화한 것이다.

2차 베지어 패치를 렌더링하기 위해서는 테썰레이션 과정이 필요한데, 겹선형 패치의 경우와 마찬가지로, 균일한 테썰레이션을 위해서는 중첩된 `for` 문을 사용한다. 예제 코드 17-1을 사용하면 되는데, 3번 줄에서는 u와 v를 식 (17.22)에 대입하여 2차 베지어 패치 위의 3차원 점을 추출한다. 그림 17.12-(f)는 u와 v를 모두 0.1씩 균일하게 증가시켜 가면서 샘플링을 수행한 결과 얻어진 삼각형 메시를 보여준다.

겹선형 패치에서와 마찬가지로, 우리는 u와 v의 처리 순서를 바꿀 수 있다. 식 (17.21)의 첫 번째 줄에서 처음 두 행렬을 먼저 곱하면, 그림 17.12-(g)에 보인 바와 같은 세 개의 2차 베지어 곡선을 얻는다. 각 곡선은 3×3 행렬의 '열'을 구성하는 컨트롤 포인트에 의해 정의된 것이고, v의 2차 함수로 표현된다. 이들 세 개 곡선은 u를 이용해 결합된다. 이를 개념적으로 도시한 것이 그림 17.12-(h)이다. 이는 물론 그림 17.12-(d)의 곡면과 기하적으로 동일하다.

한편. 그림 17.12-(d)의 2차 베지어 패치의 왼쪽과 오른쪽 경계는 각각 $\{p_{00}, p_{10}, p_{20}\}$와 $\{p_{02}, p_{12}, p_{22}\}$에 의해 정의된 2차 베지어 곡선이다. 마찬가지로, 그림 17.12-(h)의 위쪽과 아래쪽 경계는 각각 $\{p_{00}, p_{01}, p_{02}\}$와 $\{p_{20}, p_{21}, p_{22}\}$에 의해 정의된 2차 베지어 곡선이다. 뒤이어 소개할 3차 베지어 패치에서도 이와 비슷한 특성을 발견할 수 있을 것이다.

그림 17.12에서는 하나의 매개변수를 이용해 드 카스텔조 알고리즘을 세 번 완료한 이후, 그 결과에 대해 다른 매개변수를 이용해 다시 드 카스텔조 알고리즘을 적용하였다. 그림 17.13은 드 카스텔조 알고리즘을 다른 방식으로 적용하여 동일한 2차 베지어 패치를 생성하는 과정을 보여준다. 우선 3×3 컨트롤 포인트를 네 그룹으로 분리한다. 각 그룹은 2×2

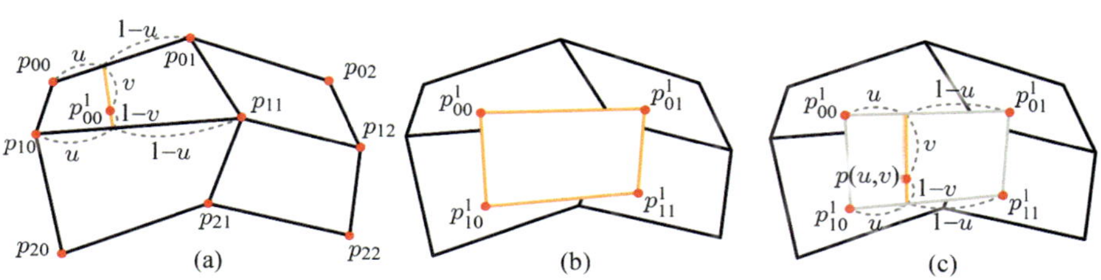

[그림 17.13] 2×2 컨트롤 포인트마다 겹선형보간을 수행한다. 그 결과로 얻어진 2×2 컨트롤 포인트에 대해 다시 한번 겹선형보간을 수행한다.

컨트롤 포인트로 구성되는데, 여기에 겹선형보간을 수행한다. 그림 17.13-(a)에서는 $\{p_{00}, p_{01}, p_{10}, p_{11}\}$에 겹선형보간을 적용하여 p^1_{00}를 얻었다. 마찬가지로 $\{p_{01}, p_{02}, p_{11}, p_{12}\}$에 겹선형보간을 적용한다. 그림 17.13-(b)는 이렇게 얻은 네 개의 점을 보여주는데, 이를 정리하면 다음과 같다.

$$\begin{aligned}
p^1_{00} &= (1-u)(1-v)p_{00} + u(1-v)p_{01} + (1-u)vp_{10} + uvp_{11} \\
p^1_{01} &= (1-u)(1-v)p_{01} + u(1-v)p_{02} + (1-u)vp_{11} + uvp_{12} \\
p^1_{10} &= (1-u)(1-v)p_{10} + u(1-v)p_{11} + (1-u)vp_{20} + uvp_{21} \\
p^1_{11} &= (1-u)(1-v)p_{11} + u(1-v)p_{12} + (1-u)vp_{21} + uvp_{22}
\end{aligned} \tag{17.23}$$

이제, 그림 17.13-(c)에 보인 것처럼 $\{p^1_{00}, p^1_{01}, p^1_{10}, p^1_{11}\}$을 새로운 2×2 컨트롤 포인트로 간주해 겹선형보간을 한 번 더 수행하자. 그 결과는 다음과 같다.

$$\begin{aligned}
p(u,v) &= (1-u)(1-v)p^1_{00} + u(1-v)p^1_{01} + (1-u)vp^1_{10} + uvp^1_{11} \\
&= (1-u)(1-v)[(1-u)(1-v)p_{00} + u(1-v)p_{01} + (1-u)vp_{10} + uvp_{11}] + \\
&\quad u(1-v)[(1-u)(1-v)p_{01} + u(1-v)p_{02} + (1-u)vp_{11} + uvp_{12}] + \\
&\quad (1-u)v[(1-u)(1-v)p_{10} + u(1-v)p_{11} + (1-u)vp_{20} + uvp_{21}] + \\
&\quad uv[(1-u)(1-v)p_{11} + u(1-v)p_{12} + (1-u)vp_{21} + uvp_{22}] \\
&= (1-u)^2(1-v)^2p_{00} + 2u(1-u)(1-v)^2p_{01} + u^2(1-v)^2p_{02} + \\
&\quad 2(1-u)^2v(1-v)p_{10} + 4uv(1-u)(1-v)p_{11} + 2u^2v(1-v)p_{12} + \\
&\quad (1-u)^2v^2p_{20} + 2u(1-u)v^2p_{21} + u^2v^2p_{22}
\end{aligned} \tag{17.24}$$

이 알고리즘을 **반복적 겹선형보간**이라 부르자. 식 (17.24)의 결과는 식 (17.22)와 동일하다. 우리는 2차 베지어 패치를 생성하는 두 가지 방식을 배운 것이다.

17.2.3 3차 베지어 패치

2차 베지어 패치는 3×3 컨트롤 포인트로 정의됐다. 이것을 확장하여 그림 17.14-(a)와 같은 4×4 컨트롤 포인트를 사용하면 **3차 베지어 패치**(bicubic Bézier patch)를 정의할 수 있다. 3차 베지어 패치는 아래와 같은 행렬 형태로 표현할 수 있다.

$$p(u,v) = \begin{pmatrix} (1-v)^3 & 3v(1-v)^2 & 3v^2(1-v) & v^3 \end{pmatrix} \begin{pmatrix} p_{00} & p_{01} & p_{02} & p_{03} \\ p_{10} & p_{11} & p_{12} & p_{13} \\ p_{20} & p_{21} & p_{22} & p_{23} \\ p_{30} & p_{31} & p_{32} & p_{33} \end{pmatrix} \begin{pmatrix} (1-u)^3 \\ 3u(1-u)^2 \\ 3u^2(1-u) \\ u^3 \end{pmatrix} \tag{17.25}$$

첫 줄의 4×4 행렬은 그림 17.4-(a)의 4×4 컨트롤 포인트와 일치한다. 이 행렬 좌우의 행벡터와 열벡터는 **3차 번스타인 다항식**들로 구성되었다.

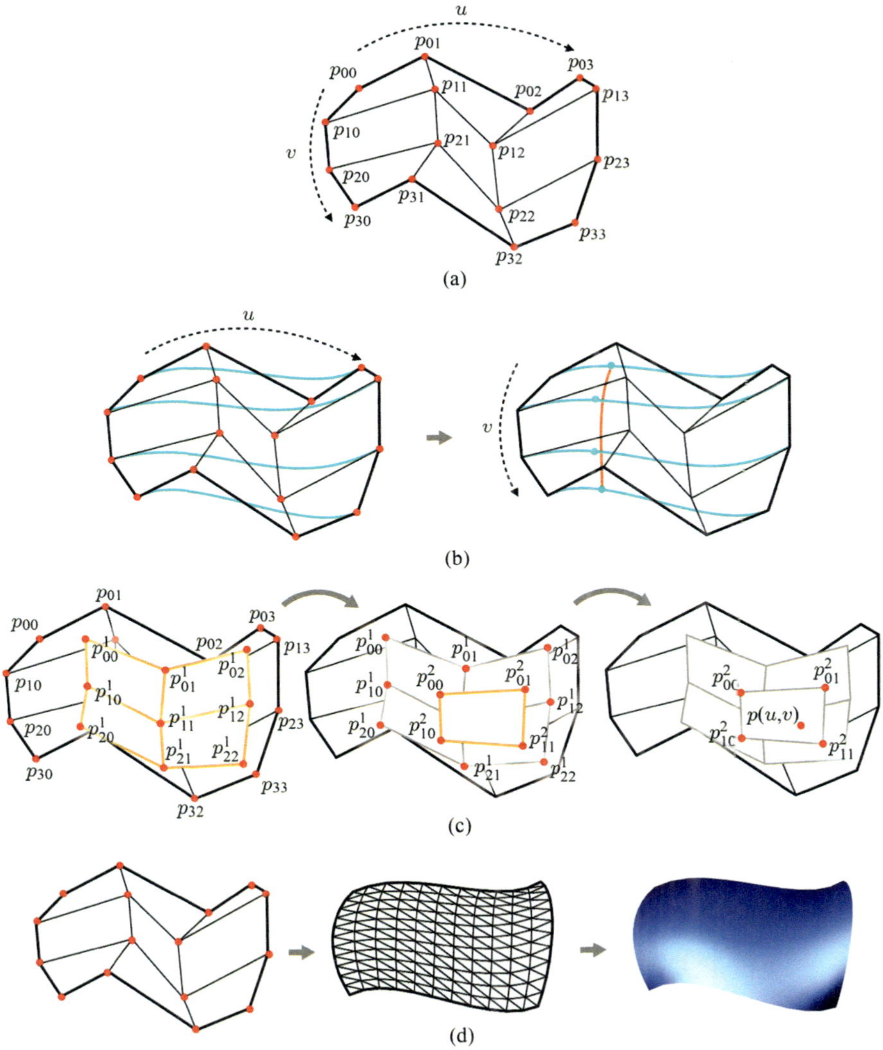

[그림 17.14] 3차 베지어 패치. (a) 4×4 컨트롤 포인트. (b) 네 개의 3차 베지어 곡선(u의 함수)을 v를 이용해 결합. (c) 반복적 겹선형보간 기법. (d) 테썰레이션 및 렌더링.

그림 17.14-(b)에 보인 가로 방향 곡선 4개는 모두 u의 함수로, 각각은 식 (17.25)의 4×4 행렬의 '행'에 기록된 컨트롤 포인트에 의해 정의된다. 세로 방향의 곡선은 이들은 다시 v를 이용해 결합한 것을 개념적으로 보여준다. 한편, 그림 17.14-(c)는 **반복적 겹선형보간**의 개념을 보여준다. 물론 그 결과는 그림 17.14-(b)에서 산출된 것과 동일하다. 그림 17.15-(d)는 테썰레이션 및 렌더링 결과를 보여준다.

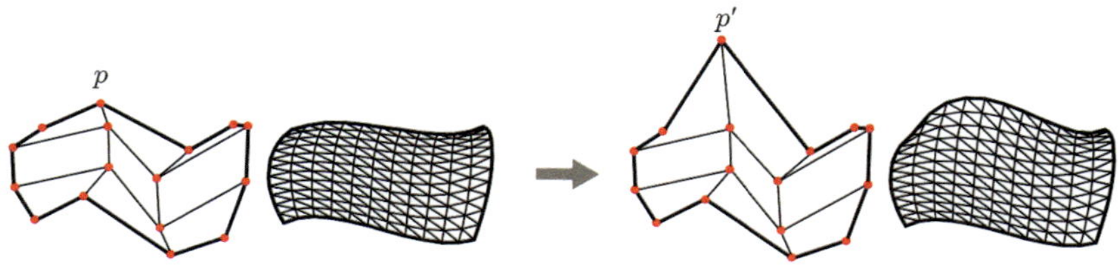

[그림 17.15] 컨트롤 포인트를 통한 베지어 패치 모양 변경.

베지어 패치는 컨트롤 포인트를 사용하여 편집된다. 그림 17.15는 컨트롤 포인트 하나가 움직일 때 곡면 모양이 상당히 변화되는 것을 보여준다. 이것은 베지어 패치의 큰 장점이다. 베지어 패치를 테썰레이션하여 얻은 삼각형 메시의 정점들을 움직여 동일한 결과를 얻을 수도 있겠지만 이는 훨씬 고된 작업을 필요로 한다.

17.2.4 베지어 삼각형

이제까지 배운 베지어 패치의 컨트롤 포인트들은 사각형 구조를 가졌다. 이 절은 **베지어 삼각형**(Bézier triangle)을 소개할 것인데, 이는 삼각형 구조의 컨트롤 포인트에 의해 정의되는 패치를 말한다. 베지어 곡선 및 패치를 1차, 2차, 3차 순서로 설명했듯이, 베지어 삼각형 역시 같은 순서로 설명할 것이다.

그림 17.16-(a)는 세 개의 컨트롤 포인트 a, b, c로 정의되는 베지어 삼각형이다. 이를 **1차 베지어 삼각형**이라 부른다. 겹선형 패치를 정의하는 네 개의 컨트롤 포인트는 평면상에 존재하지 않을 수 있지만, 1차 베지어 삼각형의 세 개의 컨트롤 포인트는 언제나 하나의 평면을 이룬다. 따라서, 1차 베지어 삼각형은 보통의 삼각형과 동일한 것이다.

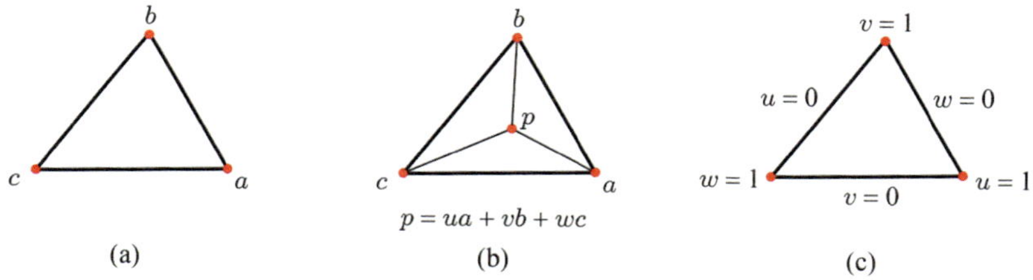

[그림 17.16] 1차 베지어 삼각형. (a) 세 개의 컨트롤 포인트. (b) 베지어 삼각형 표면의 한 점은 무게중심 좌표 (u,v,w)에 의해 정의된다. (c) 삼각형 경계에서의 매개변수.

삼각형 $< a,b,c >$ 내부의 한 점 p를 생각해 보자. 이는 그림 17.16-(b)에 보인 것처럼 $< a,b,c >$를 세 개의 작은 삼각형으로 나누는 것으로 해석할 수 있으며, 12.1.5절에서 기술한 바와 같이, **무게중심 좌표** (u,v,w)를 이용해 $p = ua + vb + wc$로 정의될 수 있다. 컨트롤 포인트 a의 가중치 u는 삼각형 $< a,b,c >$에서 삼각형 $< p,b,c >$가 차지하는 면적의 비율이다. v와 w도 마찬가지로 정의된다. 즉, 각 컨트롤 포인트의 가중치는 '건너편' 삼각형의 면적에 비례한다. 이러한 성질은 선형보간(그림 17.1)과 겹선형보간(그림 17.10-(e))에서 확인한 바와 같다. 한편, 우리는 $ua + vb + wc$를 **무게중심 조합**(barycentric combination)이라고 부를 것이다.

u, v, w는 모두 $[0,1]$ 범위에 있으며 $u + v + w = 1$이다. 따라서, u, v, w 중 하나가 1이면 나머지는 0이다. 그러면 p는 가중치가 1인 컨트롤 포인트와 같아진다. 예를 들어, $u = 1$이면 $p = a$이다. 한편, u, v, w 중 하나가 0이라면 어떻게 될까? 예를 들어, $u = 0$이면, $v + w = 1$ 즉 $v = 1 - w$이므로, $p = ua + vb + wc = (1 - w)b + wc$가 된다. 이는 바로 b와 c의 선형보간으로, b와 c를 잇는 변을 표현한다. p는 이 변 어딘가에 놓이게 된다. 그림 17.16-(c)는 1차 베지어 삼각형의 경계에서 u, v, w값들을 보여준다.

베지어 삼각형으로 **곡면**을 표현하기 위해서는 더 많은 컨트롤 포인트가 필요하다. 그림 17.17-(a)는 삼각형 구조를 가진 6개의 컨트롤 포인트를 보여준다. 이러한 컨트롤 포인트로부터 곡면을 생성하기 위해서 **반복적 무게중심 조합**을 수행하자(이는 2차 베지어 패치에서 사용한 **반복적 겹선형보간**과 유사하다). 우선 그림 17.17-(b)에서 색이 칠해진 세 개의 삼각형에 대하여 각각 무게중심 조합을 적용한다.

$$
\begin{aligned}
p &= ua + vb + wc \\
q &= ub + vd + we \\
r &= uc + ve + wf
\end{aligned}
\tag{17.26}
$$

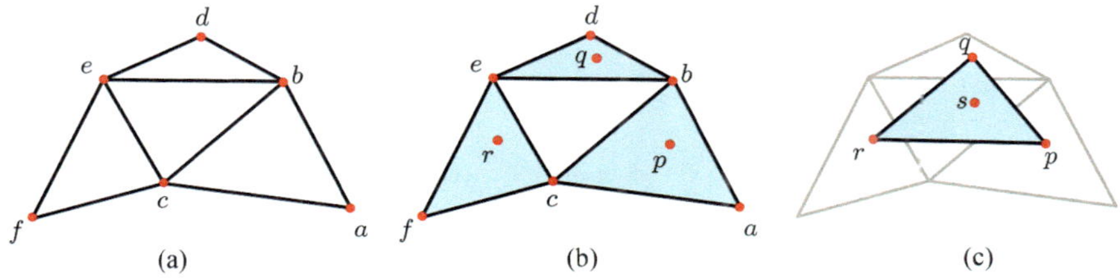

[그림 17.17] 2차 베지어 삼각형. (a) 6개의 컨트롤 포인트. (b) 무게중심 조합을 통한 p, q, r 생성. (c) 무게중심 조합을 p, q, r에 적용하여 s 생성.

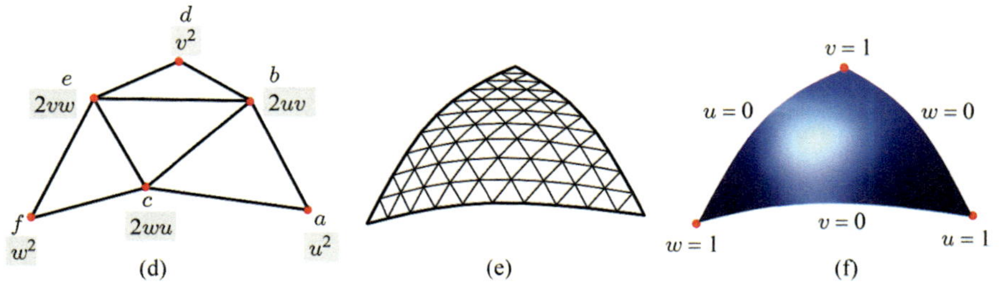

[그림 17.17] 2차 베지어 삼각형(계속). (d) 6개 컨트롤 포인트의 가중치. (e) 테썰레이션 결과. (f) 렌더링 결과.

그 다음에는 삼각형 $<p,q,r>$에 대해 또 한 번 무게중심 조합을 적용한다.

$$s = up + vq + wr \tag{17.27}$$

이 결과는 그림 17.17-(c)에서 볼 수 있다.

식 (17.26)의 p, q, r을 식 (17.27)에 대입하면 **2차 베지어 삼각형**의 식을 얻을 수 있다.

$$\begin{aligned} s &= up + vq + wr \\ &= u(ua + vb + wc) + v(ub + vd + we) + w(uc + ve + wf) \\ &= u^2a + 2uvb + 2wuc + v^2d + 2vwe + w^2f \end{aligned} \tag{17.28}$$

각 컨트롤 포인트의 계수는 u, v, w의 함수인데 이는 가중치의 역할을 한다. 이 가중치는 그림 17.17-(d)에 가시화되었다.

베지어 삼각형을 렌더링하기 위해서는 테썰레이션을 통해 삼각형 메시를 만들어야 한다. 이를 위해 예제 코드 17-1을 약간 변경해야 한다. 1번과 2번 줄은 여전히 u와 v를 샘플하지만, u와 v의 합이 1을 넘어서는 안 된다. 예를 들어, u가 0.7일 때 v는 0.3을 넘는 값을 가질 수 없다. 3번 줄에서는 먼저 $1-u-v$를 w에 할당하고, 식 (17.28)에 u,v,w를 대입하여 곡면 위의 점을 얻는다. 그림 17.17-(e)는 u와 v를 0.1 간격으로 샘플하여 테썰레이션을 수행한 결과를 보여준다.

그림 17.17-(f)는 그렇게 얻은 메시를 렌더링한 것인데, 2차 베지어 삼각형 경계에서의 u, v, w값들도 보여준다. 예를 들어, $u=1$이면 $v=w=0$이 되어 식 (17.28)은 a가 된다. 반면, $u=0$이면, 식 (17.28)은 $v^2d+2vwe+w^2f$가 된다. $u=0$일 때 $v=1-w$이므로, 이를 다시 쓰면, $(1-w)^2d+2(1-w)we+w^2f$가 된다. 이는 바로 d, e, f를 컨트롤 포인트로

가지는 **2차 베지어 곡선**으로, 그림 17.17-(f) 베지어 삼각형의 왼쪽 변에 해당한다. 이와 비슷한 경계 특성을 2차, 3차 베지어 패치에서도 발견할 수 있었던 것을 기억하라.

3차 베지어 삼각형은 그림 17.18-(a)에 보인 바와 같이, 10개의 컨트롤 포인트로 정의된다. 이들은 총 세 단계의 반복적 무게중심 조합을 거쳐서 그림 17.18-(b)의 함수를 정의한다. 이 함수를 이용해서 예제 코드 17-1을 구현하면 그림 17.18-(c)의 폴리곤 메시를 얻을 수 있다. 이를 렌더링한 것이 그림 17.18-(d)이다.

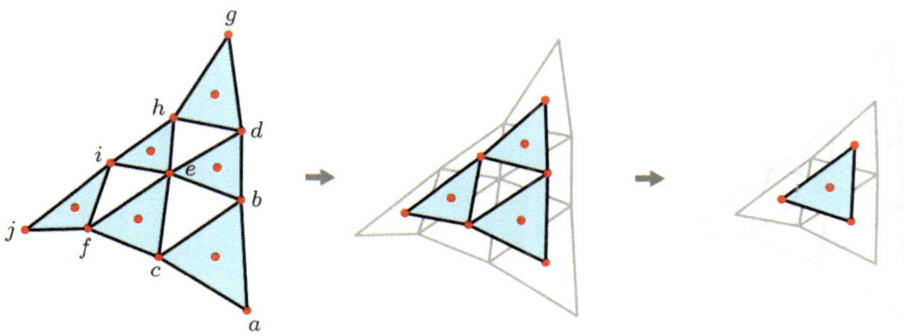

(a)

$$
\begin{aligned}
p(u,v,w) = {} & u^3a + v^3g + w^3j \\
& + 3u^2vb + 3uv^2d \\
& + 3v^2wh + 3vw^2i \\
& + 3w^2uf + 3wu^2c \\
& + 6uvwe
\end{aligned}
$$

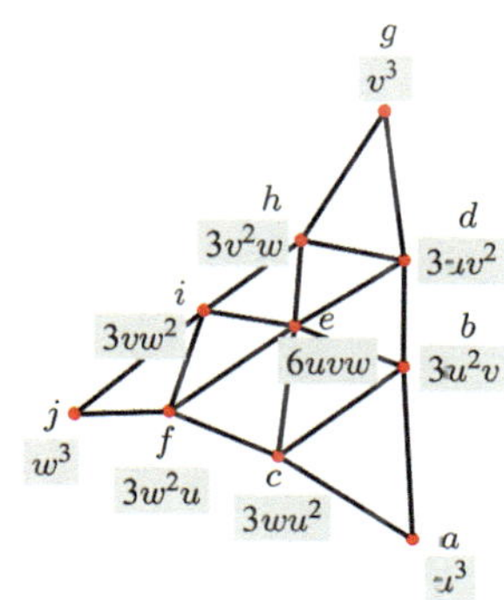

(b)

[그림 17.18] 3차 베지어 삼각형. (a) 10개의 컨트롤 포인트에 대한 반복적 무게중심 조합. (b) 10개 컨트롤 포인트의 가중치.

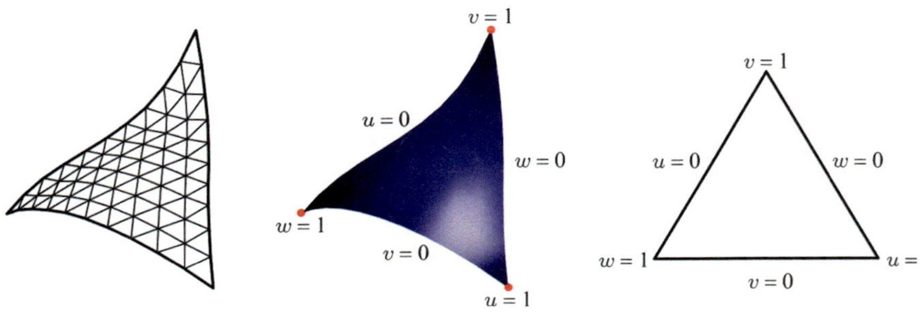

(c) (d) (e)

[그림 17.18] 3차 베지어 삼각형(계속). (c) 테셀레이션 결과. (d) 렌더링 결과. (e) 모든 베지어 삼각형 정의역의 경계 가중치.

그림 17.16-(c)와 17.17-(f)에서 소개한 베지어 삼각형 경계 가중치는 3차 베지어 삼각형에도 그대로 적용된다. 예를 들어, 그림 17.18-(d)의 오른쪽 변은 $w=0$일 때 얻어지는 **3차 베지어 곡선**인데, 이 곡선의 컨트롤 포인트는 a, b, d, g이다. 그림 17.18-(e)는 1차, 2차, 3차 베지어 삼각형 모두의 정의역에서 경계 부분의 매개변수를 보여준다.

연습문제

1. 3차 베지어 곡선의 식은 $(1-t)^3p_0+3t(1-t)^2p_1+3t^2(1-t)p_2-t^3p_3$이다. 4차 베지어 곡선의 식을 작성하라.

2. 3차 베지어 곡선의 식은 $(1-t)^3p_0+3t(1-t)^2p_1+3t^2(1-t)p_2+t^3p_3$이다. 5차 베지어 곡선의 식을 작성하라.

3. 세 개의 2차원 점이 주어졌다: $(1,0),(0,1),(-1,0)$.

   (a) 이 점 모두를 지나는 2차 베지어 곡선이 있는데, $(0,1)$에서의 매개변수 t는 0.5이다. 이 베지어 곡선의 컨트롤 포인트를 계산하라.

   (b) 이 베지어 곡선에서 $t=0.75$인 점의 좌표를 계산하라.

4. 두 개의 3차 베지어 곡선으로 구성되는 스플라인이 있다. 베지어 곡선의 컨트롤 포인트는 $\{p_0,p_1,p_2,p_3\}$와 $\{q_0,q_1,q_2,q_3\}$이며, $p_3=q_0$이다. 두 베지어 곡선이 만나는 점에서 접선 벡터를 공유하도록 만들기 위한 조건을 p_2, p_3, q_0, q_1을 이용하여 정의하라.

5. 2차 베지어 곡선 $p(t)$를 따라 이동하는 카메라가 있다. 이 베지어 곡선의 컨트롤 포인트는 $\{p_1,p_2,p_3\}$이다. **EYE**는 곡선 $p(t)$에 놓이고, **AT**은 원점과 p_4를 연결하는 선분 $q(t)$를 따라 움직인다. **UP**은 월드 공간의 y축으로 고정되어 있다.

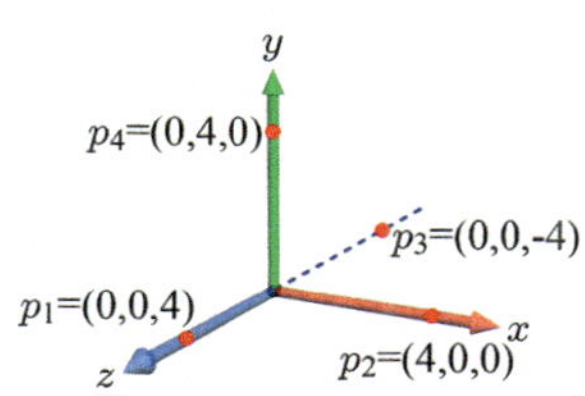

(a) $p(t)$와 $q(t)$ 모두 $[0,1]$의 범위를 가지는 매개변수 t에 의해 정의된다. $t=0.5$일 때 $p(t)$와 $q(t)$를 계산하라.

(b) $t=0.5$일 때 카메라 공간의 기저를 계산하라.

(c) $t=0.5$일 때 뷰 변환을 구성하는 이동 및 회전 행렬을 계산하라.

6. 어떤 베지어 패치가 아래와 같은 컨트롤 포인트 행렬로 정의되었다. 이 패치의 정의역의 u축은 수평 방향, v축은 수직 방향이다.

$$\begin{pmatrix} p_{00} & p_{01} & p_{02} \\ p_{10} & p_{11} & p_{12} \\ p_{20} & p_{21} & p_{22} \end{pmatrix} = \begin{pmatrix} (0,0,6) & (0,3,3) & (0,6,6) \\ (3,0,0) & (3,3,0) & (3,6,0) \\ (6,0,0) & (6,3,0) & (6,6,0) \end{pmatrix}$$

(a) $(u,v)=(1,0)$에 해당하는 곡면 위의 점의 좌표는 무엇인가?

(b) 반복적 겹선형보간을 사용하여 $(u,v)=(0.5,0.5)$일 때 곡면 위의 점의 좌표를 계산하라.

7. 어떤 베지어 패치가 u 기준으로는 2차, v 기준으로는 3차로 정의되었다. 컨트롤 포인트 행렬은 다음과 같다.

$$\begin{pmatrix} p_{00} & p_{01} & p_{02} \\ p_{10} & p_{11} & p_{12} \\ p_{20} & p_{21} & p_{22} \\ p_{30} & p_{31} & p_{32} \end{pmatrix} = \begin{pmatrix} (0,0,4) & (0,3,4) & (0,6,4) \\ (3,0,0) & (3,3,0) & (3,6,0) \\ (6,0,0) & (6,3,0) & (6,6,0) \\ (5,0,4) & (5,3,4) & (5,6,4) \end{pmatrix}$$

(a) $(u,v)=(0,1)$일 때 곡면 위의 점의 좌표를 계산하라.

(b) $(u,v)=(0.5,0.5)$일 때 곡면 위의 점의 좌표를 계산하라.

8. 다음과 같은 컨트롤 포인트를 가지는 2차 베지어 삼각형에서, $(u,v)=(1/3,1/3)$일 때 곡면 위의 점의 좌표를 계산하라.

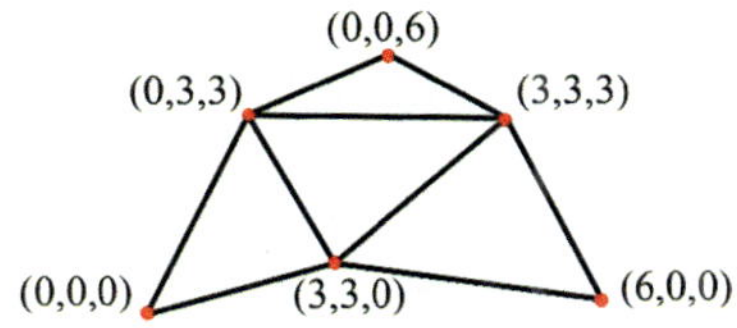

9. 다음과 같은 컨트롤 포인트를 가지는 4차 베지어 삼각형에서, $v=1$일 때 k점을 얻고, $w=1$일 때 o점을 얻는다. $u=0$일 때 얻어지는 곡선의 식을 작성하라.

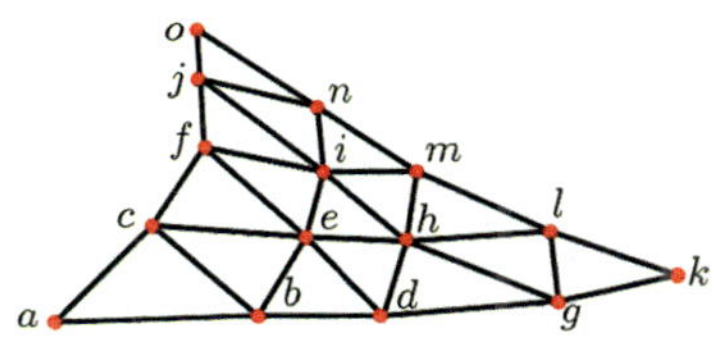

18

GPU 테썰레이션

GPU Tessellation

GPU 파이프라인이 처리하는 기하적인 개체를 **프리미티브**(primitive)라고 하는데, OpenGL ES 3.2는 하나의 프리미티브를 여러 개의 작은 프리미티브로 잘게 나누는 **GPU 테썰레이션**(tessellation)을 지원하기 시작했다. 이를 위해서 테썰레이션 컨트롤 쉐이더(tessellation control shader; 이하 **컨트롤 쉐이더**로 약칭)와 테썰레이션 생성 쉐이더(tessellation evaluation shader; 이하 **생성 쉐이더**로 약칭)가 추가되었다. 또한 두 쉐이더 사이에는 하드웨어로 고정된(hardwired) 단계인 테썰레이션 프리미티브 생성기(tessellation primitive generator; 이하 **테썰레이터**로 약칭)가 놓인다. 그림 18.1을 보라.

[그림 18.1] OpenGL ES 3.2 파이프라인(기하 쉐이더도 새로 추가되었지만 그다지 중요한 역할을 하지 않으므로 이 책에서는 다루지 않는다).

OpenGL ES 3.2에서는 GPU 테썰레이션을 사용하여 매우 복잡한 표면을 실시간에 생성할 수 있는데, 18.1절에서는 **변위 매핑**(displacement mapping) 사례를, 18.2절에서는 **PN-삼각형** 사례를 소개할 것이다. 다만, PN-삼각형은 대중적으로 사용되는 기법은 아니므로 생략해도 무방하다.

18.1 변위 매핑

14장에서 공부한 노멀 매핑은 **기초 표면**(base surface) 자체를 오돌토돌하게 바꾸는 게 아니라 **참조 표면**(reference surface)의 노멀을 사용하여 오돌토돌한 표면을 '흉내' 냈었다. 하지만, 변위 매핑은 기초 표면을 고해상도 메시로 바꾼 후 그 메시의 정점 위치를 옮겨서(displace) 실제로 오돌토돌한 메시를 만든다.

18.1.1 변위 매핑을 위한 GPU 테썰레이션

변위 매핑 구현을 위해서는 컨트롤 쉐이더, 테썰레이터, 생성 쉐이더가 순차적으로 작업을 수행한다. 그림 18.2는 우리가 14장에서 사용한 '천연석으로 포장된 보도' 예제를 사용하여 변위 매핑 구현의 개요를 브여준다. 컨트롤 쉐이더의 입력은 **패치**(patch)라고 부르는데, 이는

GL 3.2에 새로 추가된 프리미티브 타입으로, 사각형(quad)과 삼각형 중 하나이다. 그림 18.2의 흐름도에서 컨트롤 쉐이더는 **사각형 패치**를 입력으로 받아서, 이를 그대로 생성 쉐이더에게 넘긴다.

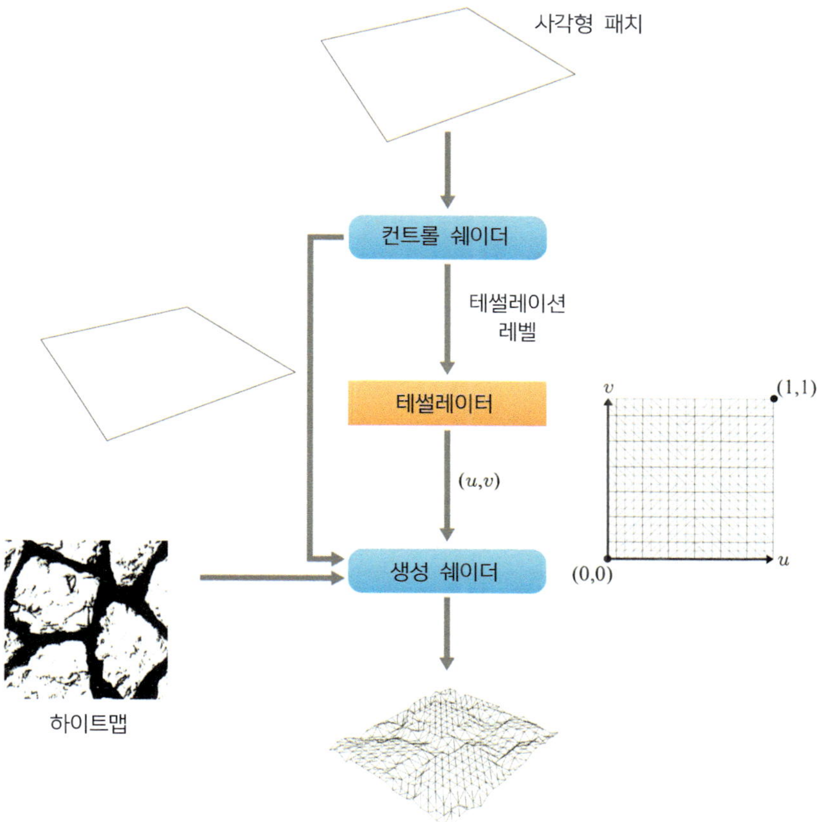

[그림 18.2] GL 3.2에서의 변위 매핑 구현.

컨트롤 쉐이더는 이 사각형 패치를 얼마나 잘게 나눌지 결정해서 테셀레이터에게 알려줘야 한다. 이를 **테셀레이션 레벨**이라고 한다. 테셀레이터는 컨트롤 쉐이더가 지정해주는 대로 사각형 패치의 **정의역**(domain)을 잘게 나눠 2차원 메시를 구성한다. 그림 18.2의 오른편에서, 면적이 1인 정사각형 정의역이 2차원 메시로 변한 것을 볼 수 있다. 이러한 메시의 정점마다 (u,v) 좌표가 할당된다. 예를 들어, 왼쪽 아래 모퉁이 정점 좌표는 (0,0), 오른쪽 위 모퉁이 정점 좌표는 (1,1)이다.

2차원 메시의 각 정점에 대해 생성 쉐이더가 한 번 실행되는데, 여러 개의 정점이 여러 개의 생성 쉐이더에 의해 병렬 처리된다.

- 컨트롤 쉐이더가 건네준 사각형 패치를 **겹선형 패치**(17.2.1절에서 소개한 bilinear patch)로 간주하고 테썰레이터가 건네준 (u,v)를 사용해서 사각형 패치의 한 점을 생성한다.
- GL 프로그램은 하이트맵을 생성 쉐이더에게 제공하는데, 생성 쉐이더는 이로부터 높이 값을 추출한다.
- 사각형 패치의 점을 이 높이 값만큼 수직 방향으로 올린다.

2차원 메시의 모든 정점이 위의 방식으로 처리되면, 그림 18.2 하단과 같은 오돌토돌한 고해상도 메시가 만들어진다. 이 메시는 GPU 파이프라인의 다음 단계로 넘겨진다. 즉, 기하 쉐이더가 있다면 기하 쉐이더를 거쳐 래스터라이저에게, 기하 쉐이더가 없다면 직접 래스터라이저로 넘겨져서 최종적으로 스크린에 출력된다.

사각형 패치를 실제로 수정하는 변위 매핑은, 기초 표면을 그대로 놓아둔 채 오돌토돌한 표면을 흉내 냈던 노멀 매핑과 근본적으로 다른 기법이다. 이런 차이는 그림 18.2 하단의 메시가 가진 구불구불한 테두리에서 확연히 드러난다. 노멀 매핑을 구현한 그림 14.7에서는 테두리가 일직선이었다.

18.1.2 변위 매핑을 위한 GL 프로그램, 쉐이더, 테썰레이터

변위 매핑을 위해 GL 프로그램은 먼저 컨트롤 및 생성 쉐이더를 위한 **쉐이더 오브젝트**를 각각 만들어야 한다(정점 및 프래그먼트 쉐이더를 위해서도 우리는 각각 쉐이더 오브젝트를 만든 바 있다. 6.3절을 보라). 이를 위해서 `glCreateShader`를 호출하는데, 파라미터로 `GL_TESS_CONTROL_SHADER`와 `GL_TESS_EVALUATION_SHADER`를 사용한다. 물론, 이 쉐이더 오브젝트들은 프로그램 오브젝트에 붙여(attach)져야 한다.

한편, GL 프로그램은 패치 프리미티브를 구성하는 정점의 개수를 지정해야 한다. 변위 매핑에 사각형 패치가 사용되므로, `glPatchParameteri(GL_PATCH_VERTIVES, 4)`를 호출한다. 여기에서 4는 사각형 패치를 지정하는 것이다.

예제 코드 18-1의 정점 쉐이더의 1번 줄은 GL 3.2를 사용한다는 것을 알려준다. 메인 함수는 `position`을 `v_position`으로, `texCoord`를 `v_texCoord`로 복사할 뿐, `gl_Position`을

출력하지 않는다. 즉, 정점 쉐이더의 의무 사항이었던 클립 공간 좌표 출력이 GL 3.2에서는 해제된 것이다. 곧 설명하겠지만, 정점 쉐이더 대신 생성 쉐이더가 `gl_Position`을 출력할 것이다.

[예제 코드 18-1] 변위 매핑을 위한 정점 쉐이더.

```
#version 320 es

layout(location = 0) in vec3 position;
layout(location = 2) in vec2 texCoord;

out vec3 v_position;
out vec2 v_texCoord;

void main() {
    v_position = position; // object-space position
    v_texCoord = texCoord;
}
```

[예제 코드 18-2] 변위 매핑을 위한 컨트롤 쉐이더.

```
#version 320 es

layout(vertices = 4) out;

uniform float tessLevel;

in vec3 v_position[];
in vec2 v_texCoord[];

out vec3 es_position[];
out vec2 es_texCoord[];

void main() {
    es_position[gl_InvocationID] = v_position[gl_InvocationID];
    es_texCoord[gl_InvocationID] = v_texCoord[gl_InvocationID];

    // tessellation levels
    gl_TessLevelInner[0] = tessLevel;
    gl_TessLevelInner[1] = tessLevel;
    gl_TessLevelOuter[0] = tessLevel;
    gl_TessLevelOuter[1] = tessLevel;
    gl_TessLevelOuter[2] = tessLevel;
    gl_TessLevelOuter[3] = tessLevel;
}
```

패치가 입력으로 주어지면, 한 정점에 컨트롤 쉐이더가 하나씩 배정되어 공동 작업을 수행한 후 하나의 패치를 출력한다. 출력되는 정점의 개수는 컨트롤 쉐이더에 `vertices`라는 키워드로 지정되는데, 예제 코드 18-2의 3번 줄은 정점의 개수를 4로 지정했다. 이는 네 개의 컨트롤 쉐이더가 공동 작업한다는 뜻이다.

컨트롤 쉐이더에 입력되는 정점의 애트리뷰트들은 정점 쉐이더가 출력해야 한다. 예제 코드 18-1에서 정점 쉐이더는 `v_position`과 `v_texCoord`를 출력했는데, 예제 코드 18-2의 컨트롤 쉐이더의 7번과 8번 줄은 이들을 입력으로 선언한다. 한편, 컨트롤 쉐이더 간 정점 배분은 내장 변수인 `gl_InvocationID`를 사용해 이뤄진다. 사각형 패치 입력에 대해 총 네 개의 컨트롤 쉐이더가 공동 작업할 때, `gl_InvocationID`는 0부터 3까지의 값을 가진다. 예제 코드 18-2의 컨트롤 쉐이더의 메인 함수는 `v_position`을 `es_position`에 복사하는데, 이는 10번 줄에 선언된 것처럼 생성 쉐이더에게 건네질 출력이다. 첫 번째 컨트롤 쉐이더는 `es_position[0]`을 채우고, 두 번째 컨트롤 쉐이더는 `es_position[1]`을 채우는 방식으로 작업한다. 11번 줄에 선언된 또 다른 출력 변수 `es_texCoord`도 15번 줄에서 마찬가지 방식으로 채워진다.

컨트롤 쉐이더는 이렇게 생성 쉐이더에게 패치를 출력함과 동시에 테셀레이터에게 **테셀레이션 레벨**을 제공해야 한다. 이를 위해 `gl_TessLevelInner`와 `gl_TessLevelOuter`라는 내장 변수를 사용한다. 테셀레이터는 `gl_TessLevelInner`를 사용해 사각형 패치의 정의역 내부를 분할한다. 그림 18.3-(a)는 수직 방향으로 8등분하고 수평 방향으로 5등분된 정의역 내부를 보여준다. 또한, 테셀레이터는 `gl_TessLevelOuter`를 사용해 사각형 패치의 정의역 경계를 분할하는데, 그림 18.3-(b)에 보인 것처럼 네 개의 테두리는 독립적으로 분할된다. 테셀레이터는 이렇게 분할된 정의역 전체를 삼각형들로 채운다. 그림 18.3-(c)를 보라. 이 2차원 삼각형 메시의 각 정점에는 (u,v) 좌표가 할당된다. 그림 18.3-(d)는 보다 복잡한 테셀레이션 예를 보여준다.[1]

예제 코드 18-2의 컨트롤 쉐이더에서는 `gl_TessLevelInner`와 `gl_TessLevelOuter`에게 같은 값을 줬지만, 실제로는 다른 값을 줄 수 있을 뿐 아니라, 컨트롤 쉐이더가 이를 런타임에 계산할 수도 있다. GL 3.2가 제공하는 테셀레이션 기능은 폴리곤 메시가 가지는 '근사적이며 고정적인 모델'이라는 한계를 극복할 수 있게 한다. 즉, 베지어 곡면과 같은 '정확한

1 테셀레이션 레벨을 정수 아닌 실수로 지정할 수 있다. 하지만 이는 본 교과서의 범위를 벗어나는 주제이다.

모델'을 입력으로 받아서, 이를 원하는 만큼의 해상도를 가진 메시로 자유자재로 바꿔 사용할 수 있는 것이다.

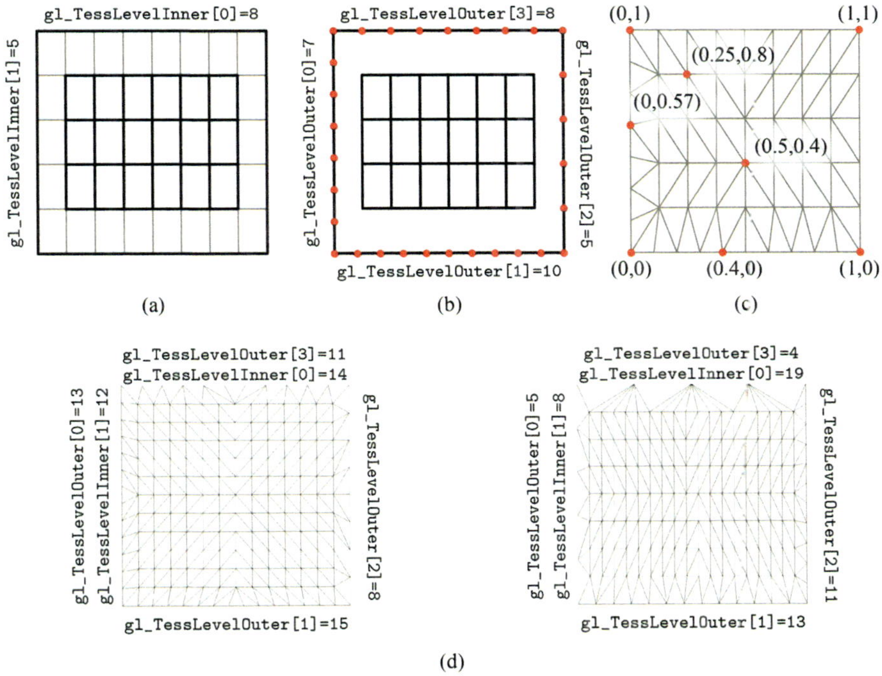

[그림 18.3] 테셀레이션 레벨. (a) gl_TessLevelInner를 사용한 정의역 분할. (b) gl_TessLevelOuter를 사용한 정의역 분할. (c) (a)와 (b)에 따른 테셀레이션 결과. (d) 테셀레이션 추가 예제.

[예제 코드 18-3] 변위 매핑을 위한 생성 쉐이더.

```
#version 320 es

layout(quads) in;

uniform sampler2D heightMap;
uniform float dispFactor;
uniform mat4 worldMat, viewMat, projMat;

in vec3 es_position[];
in vec2 es_texCoord[];

out vec2 v_texCoord;

void main() {
    float u = gl_TessCoord.x;
    float v = gl_TessCoord.y;
```

```
17:
18:     // bilinearly interpolated object-space position
19:     vec3 lowerPos = mix(es_position[0], es_position[1], u);
20:     vec3 upperPos = mix(es_position[2], es_position[3], u);
21:     vec3 position = mix(lowerPos, upperPos, v);
22:
23:     // bilinearly interpolated texture coordinates
24:     vec2 lowerTex = mix(es_texCoord[0], es_texCoord[1], u);
25:     vec2 upperTex = mix(es_texCoord[2], es_texCoord[3], u);
26:     v_texCoord = mix(lowerTex, upperTex, v);
27:
28:     // vertical displacement
29:     float height = texture(heightMap, v_texCoord).z;
30:     position += dispFactor * vec3(0.0, 0.0, height);
31:
32:     // clip-space position
33:     gl_Position = projMat * viewMat * worldMat * vec4(position, 1.0);
34: }
```

예제 코드 18-3의 생성 쉐이더를 보자. 3번 줄에서 **quads**는 사각형 패치를 입력으로 받는다는 것을 말한다. 테설레이터가 만든 2차원 삼각형 메시의 각 정점마다 하나의 생성 쉐이더가 작동되는데, 정점의 (u, v) 좌표는 **gl_TessCoord**라는 내장 변수에 저장되어 생성 쉐이더에게 전달된다. 생성 쉐이더의 메인 함수는 우선 **gl_TessCoord**에서 (u, v)를 추출한다 (15, 16번 줄).

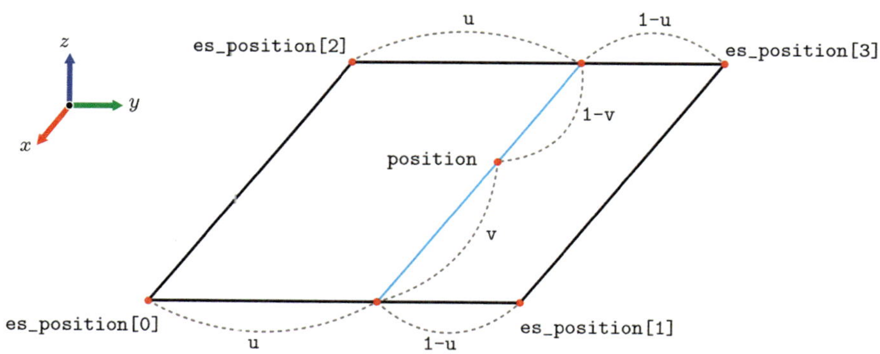

[그림 18.4] 입력된 사각형 패치 위의 한 점이 겹선형보간을 통해 생성된다. 이 점은 하이트맵을 이용해 수직 방향으로 옮겨질 것이다.

생성 쉐이더는 컨트롤 쉐이더가 출력한 **es_position[]**을 겹선형 패치의 컨트롤 포인트로 취급하는데, **gl_TessCoord**에서 추출한 (u, v)를 사용해 겹선형 패치 위의 한 점을 생성한다. 그림 18.4는 es_position[]을 겹선형보간하여 한 점(position)을 생성하는 과정을 보여주는데, 이는 예제 코드 18-3의 19~21번 줄에 구현된 바와 같다. 여기서 mix(A,B,u)는 (1-u)A+uB를 리턴한다. es_texCoord[]에 저장된 텍스처 좌표도 같은 방식으로 겹선형보간되어 26번 줄의 v_texCoord를 결정한다.

예제 코드 18-3의 생성 쉐이더는 29번 줄에서 내장 함수 texture를 호출하는데, 이는 v_texCoord를 사용하여 하이트맵(heightMap)을 참조하여 높이 값 height를 리턴한다. 그림 18.4의 position은 height만큼 수직 방향으로 옮겨진다(30번 줄에서는 사용자가 지정한 dispFactor를 써서 사각형 패치 전체를 어느 정도 높게 할 것인지 일괄적으로 조절한다). 이렇게 변위(displacement)가 완료된 정점은 클립 공간으로 변환되어 출력된다(33번 줄). 예전에 정점 쉐이더가 담당했던 gl_Position 출력을 이제 생성 쉐이더가 수행하는 것에 주목하라.

그림 18.5는 이 절에서 소개한 쉐이더들을 사용해 넓은 면적의 보도를 처리한 결과를 보여준다. 16개의 사각형으로 구성된 보도 표면은 사각형 메시(quad mesh)로 정의되었다. 이를 위한 **인덱스 배열**(index array)은 사각형 당 네 개, 총 64개의 원소를 가진다. 폴리곤 메시를 렌더링하려면 **드로우콜**을 해야 하는데, 6.5절에서 삼각형 메시를 렌더링했을 때 glDrawElements를 호출했고 첫 번째 파라미터는 GL_TRIANGLES였다. 하지만 지금은 사각형 메시를 렌더링하므로, GL_TRIANGLES 대신 GL 3.2가 제공하는 GL_PATCHES를 쓴다. 즉, glDrawElements (GL_PATCHES, 64, GL_UNSIGNED_SHORT, 0)을 호출한다.

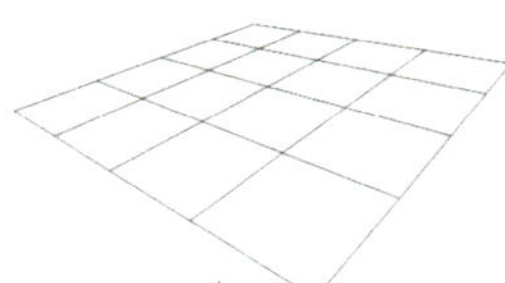

(a)

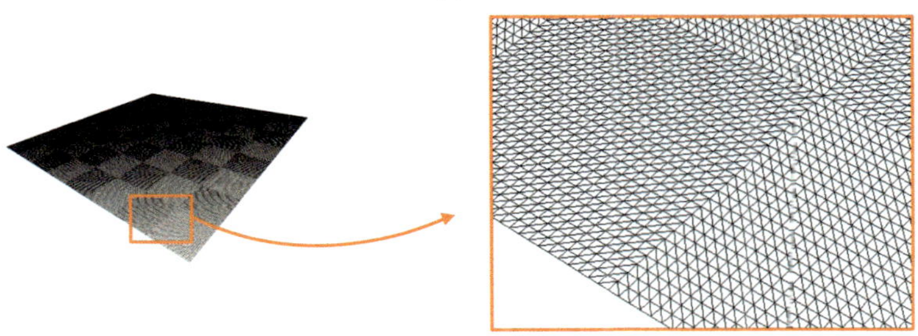

(b)

[그림 18.5] 변위 매핑 예. (a) 기초 표면은 16개의 사각형으로 구성되어 있다. (b) 이 예에서는 사각형 하나가 722개의 삼각형으로 분할되었다.

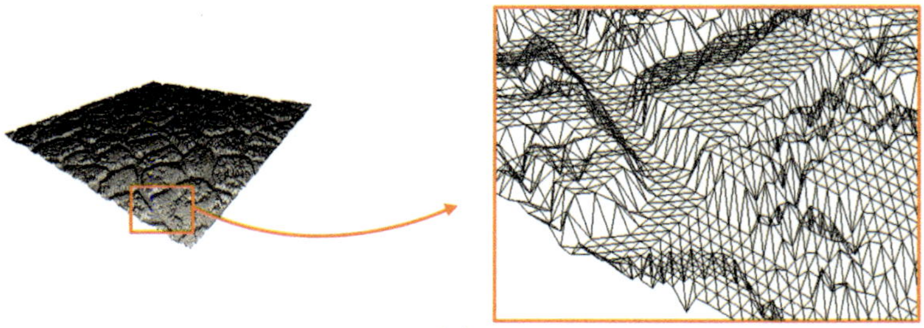

(c)

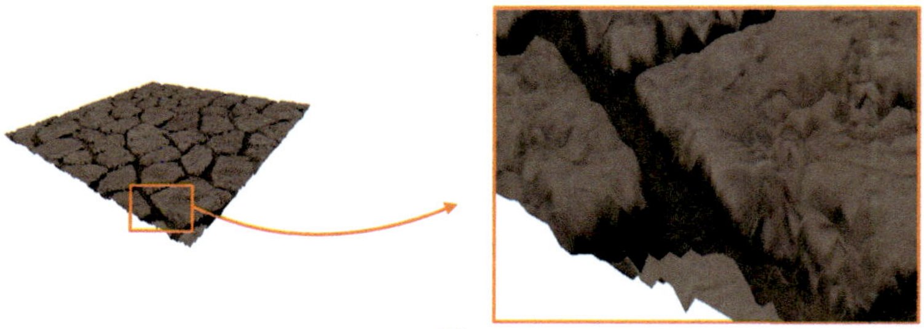

(d)

[그림 18.5] 변위 매핑 예(계속). (c) 하이트맵을 사용해 변위 매핑이 수행되었다. (d) 변위 매핑이 완료된 메시에 라이팅이 적용되었다.

18.2 PN-삼각형*

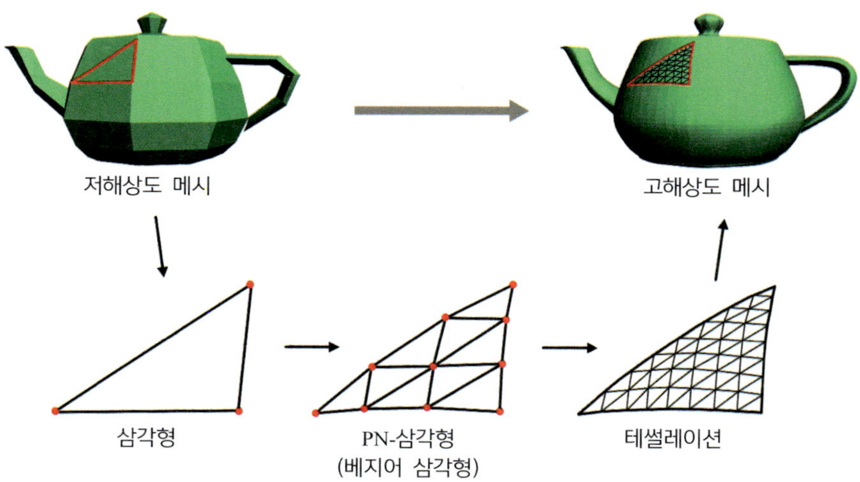

[그림 18.6] PN-삼각형을 사용하여 저해상도 메시를 부드러운 고해상도 메시로 바꿀 수 있다.

PN-삼각형은 메시의 한 삼각형으로부터 유도한 **베지어 삼각형**이라고 정의할 수 있다[17]. 여기서 P는 point를, N은 normal을 의미한다. 하나의 PN-삼각형은 테썰레이션 과정을 거쳐 다수의 작은 삼각형들을 만들고 이들은 원래의 삼각형을 대체한다. 그림 18.6을 보라. 저해상도 삼각형 메시를 구성하는 모든 삼각형을 이런 방식으로 처리하면 부드러운 고해상도 메시를 얻을 수 있다.

18.2.1 컨트롤 포인트 계산

그림 18.7-(a)는 입력으로 주어진 삼각형 메시에서 추출한 삼각형이다. 각 정점은 $\{p_i, n_i\}$ 애트리뷰트를 가지고 있는데, p_i는 위치를, n_i는 노멀을 나타낸다. 이 삼각형을 3차 베지어 삼각형으로 바꾸기 위해서 그림 18.7-(b)에 보인 컨트롤 포인트를 결정해야 한다. 10개의 컨트롤 포인트 중 모퉁이에 위치한 p_{300}, p_{030}, p_{003}은 각각 p_1, p_2, p_3로 설정된다.

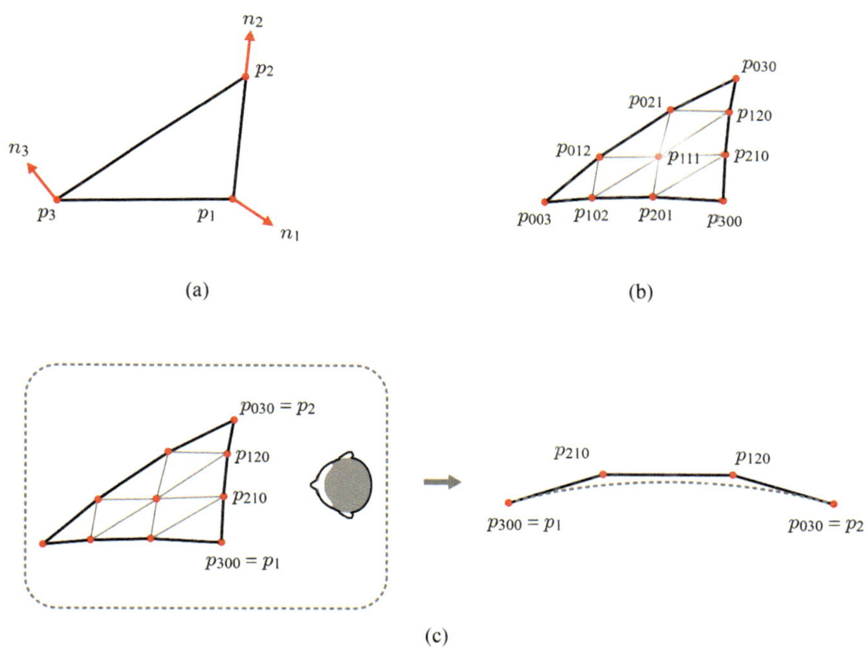

[그림 18.7] 테두리 컨트롤 포인트 계산. (a) 폴리곤 메시에서 추출한 삼각형으로, n_i는 정규화된 노멀이다. (b) 3차 베지어 삼각형의 10개의 컨트롤 포인트는 (a)의 $\{p_i, n_i\}$를 이용하여 계산된다. (c) 베지어 삼각형의 한 변과 컨트롤 포인트.

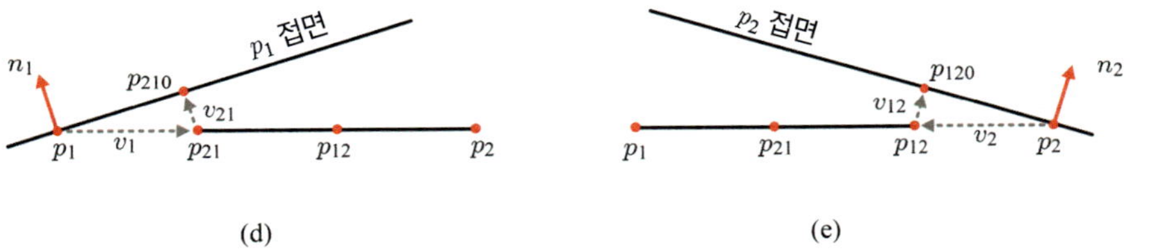

[그림 18.7] 테두리 컨트롤 포인트 계산(계속). (d) p_{21}에 v_{21}이 더해져 p_{210}을 결정한다. (e) p_{12}에 v_{12}가 더해져 p_{120}을 결정한다.

한편, 테두리에 위치한 컨트롤 포인트들은 입력 삼각형의 변의 양 끝 정점 애트리뷰트를 이용하여 결정된다. 예를 들어 p_{210}과 p_{120}은 $\{p_1, n_1\}$과 $\{p_2, n_2\}$를 이용하여 계산된다. 그림 18.7-(c)는 $\{p_{300}, p_{210}, p_{120}, p_{030}\}$으로 정의되는 베지어 삼각형의 변을 점선으로 묘사했다. 이 변은 3**차 베지어 곡선**이다.

우선, 그림 18.7-(d)에 보인 것처럼, p_1과 p_2를 잇는 변을 3등분해서 p_{21}과 p_{12}를 만들자. 이 중 p_{21}은 n_1과 나란한 벡터 v_{21}에 의해 p_1의 **접면**(tangent plane)으로 옮겨져서 p_{210}이 될 것이다. 그림 18.7-(e)는 이와 마찬가지로 p_{12}가 n_2와 나란한 벡터 v_{12}에 의해 p_2의 **접면**으로 옮겨져서 p_{120}이 됨을 보여주고 있다.

다시 그림 18.7-(d)로 돌아가서 p_{21}을 먼저 정의해 보자. 우선 p_1에서 p_2로 향하는 벡터를 3등분하자.

$$v_1 = \frac{p_2 - p_1}{3} \tag{18.1}$$

이렇게 구한 v_1을 p_1에 더하면 p_{21}을 얻는다.

$$\begin{aligned} p_{21} &= p_1 + v_1 \\ &= \tfrac{2p_1 + p_2}{3} \end{aligned} \tag{18.2}$$

다음으로 v_{21}을 구해야 하는데, 이를 위해 두 벡터 n과 v의 내적 $n \cdot v$가 $\|n\|\|v\|\cos\theta$로 정의된다는 사실을 이용하자. n이 단위 벡터이므로 $n \cdot v$는 $\|v\|\cos\theta$이다. 이는 그림 8.18-(a)에 보인 바와 같이 n에 투영된 v의 길이와 같다. n과 v가 예각을 이루면 이 길이는 양수가 된다. 하지만, 그림 8.18-(b)에 보인 것처럼, n과 v가 둔각을 이루면 $\|v\|\cos\theta$는 음수가 된다.

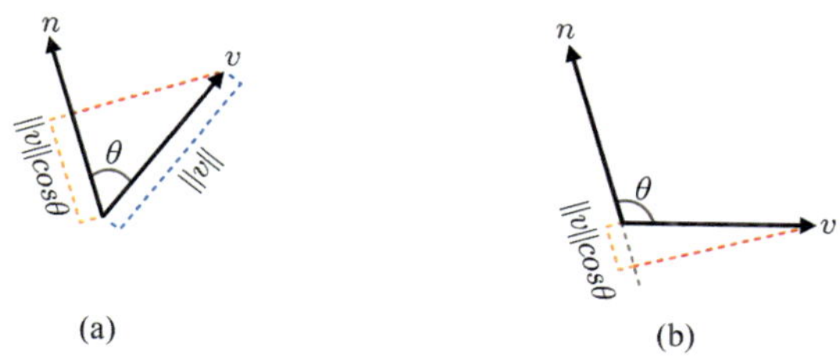

[그림 18.8] 내적. (a) $\|v\|\cos\theta > 0$. (b) $\|v\|\cos\theta < 0$.

그림 18.7-(d)에서 n_1에 투영된 v_1의 길이를 구하자.

$$n_1 \cdot v_1 = n_1 \cdot \frac{p_2 - p_1}{3} \tag{18.3}$$

그런데, n_1과 v_1이 둔각을 이루므로, 식 (18.3)의 값은 음수가 된다. 이를 양수로 바꾸고 여기에 n_1을 곱하면 벡터 v_{21}을 얻을 수 있다.

$$v_{21} = -(n_1 \cdot \frac{p_2 - p_1}{3})n_1 \tag{18.4}$$

마지막으로, p_{21}에 v_{21}을 더하면 p_{210}을 얻는다.

$$\begin{aligned} p_{210} &= p_{21} + v_{21} \\ &= \tfrac{2p_1+p_2}{3} - (n_1 \cdot \tfrac{p_2-p_1}{3})n_1 \end{aligned} \tag{18.5}$$

이와 마찬가지 방식으로 p_{120}을 계산할 수 있다.

$$\begin{aligned} p_{120} &= p_{12} + v_{12} \\ &= \tfrac{p_1+2p_2}{3} - (n_2 \cdot \tfrac{p_1-p_2}{3})n_2 \end{aligned} \tag{18.6}$$

그림 18.7-(b)에서 테두리에 위치한 나머지 컨트롤 포인트 p_{021}, p_{012}, p_{102}, p_{201} 역시 비슷한 방법으로 계산된다.

이제 남은 것은 내부의 컨트롤 포인트 p_{111}이다. 이는 이제까지 계산한 9개의 컨트롤 포인트를 이용하여 결정된다. 이 과정은 그림 18.9에 보였는데, 먼저 모퉁이 컨트롤 포인트의 평균을 구한다.

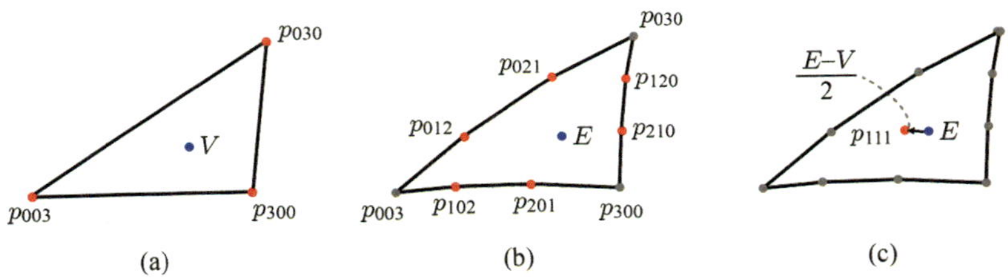

[그림 18.9] 내부 컨트롤 포인트 p_{111} 계산. (a) 모퉁이 컨트롤 포인트를 사용한 V 정의. (b) 새로 계산한 테두리 컨트롤 포인트 6개를 사용한 E 정의. (c) V와 E를 사용한 p_{111} 정의.

$$V = \frac{p_{300} + p_{030} + p_{003}}{3} \tag{18.7}$$

그 다음, 앞서 계산한 6개의 테두리 컨트롤 포인트의 평균을 구한다.

$$E = \frac{p_{210} + p_{120} + p_{021} + p_{012} + p_{102} + p_{201}}{6} \tag{18.8}$$

마지막으로, E를 $(E-V)/2$만큼 옮겨서 p_{111}을 결정한다.

$$\begin{aligned} p_{111} &= E + \tfrac{E-V}{2} \\ &= \tfrac{1}{4}(p_{210} + p_{120} + p_{021} + p_{012} + p_{102} + p_{201}) - \tfrac{1}{6}(p_{300} + p_{030} + p_{003}) \end{aligned} \tag{13.9}$$

우리는 10개의 컨트롤 포인트를 모두 결정했다. 따라서 그림 18.10-(a)에 보인 바와 같은 **3차 베지어 삼각형**의 식 $p(u,v,w)$를 얻었다. 그러면 17.2.4절에서 설명한 것처럼, 균일하게 샘플한 (u,v,w) 좌표들을 이용하여 베지어 삼각형을 테썰레이션할 수 있다. 즉, 각각의 (u,v,w)를 $p(u,v,w)$에 대입하여 3차원 정점 (x,y,z)를 얻는데, 이들 정점을 연결하여 고해상도 삼각형 메시를 구성할 수 있다.

그런데 메시를 렌더링하기 위해서는 이러한 **정점 위치**만으로는 부족하다. **정점 노멀**이 필요하다. 정점 노멀을 계산하는 가장 간단한 방법은, 입력으로 주어진 노멀 n_1, n_2, n_3의 **무게중심 조합**(barycentric combination)인 $un_1 + vn_2 + wn_3$를 택하는 것이다. 여기에서 (u,v,w)는 위에서 $p(u,v,w)$에 대입했던 것을 그대로 사용한다. 이 무게중심 조합을 $n(u,v,w)$라 표기하자. 그런데, 그림 18.10-(b)에 보인 바와 같이, $n(u,v,w)$는 결국 $\{n_1,n_2,n_3\}$에 기반한 1차 베지어 삼각형이다. **컨트롤 포인트**와 대비되도록 우리는 $\{n_1,n_2,n_3\}$를 **컨트롤 노멀**이라 부른다.

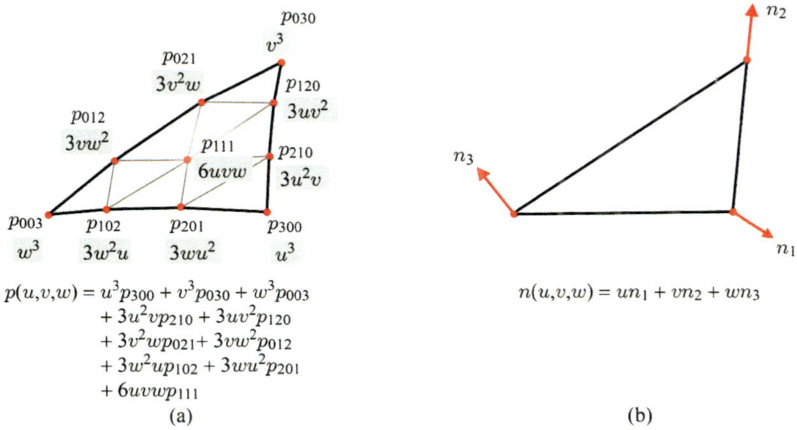

[그림 18.10] 컨트롤 포인트와 컨트롤 노멀. (a) 10개의 컨트롤 포인트로 정의되는 베지어 삼각형의 식 $p(u,v,w)$는 (u,v,w)를 정점 위치 (x,y,z)로 매핑한다. (b) 3개의 컨트롤 노멀로 정의되는 $n(u,v,w)$는 (u,v,w)를 (x,y,z)에서의 노멀로 매핑한다.

요약하면, 균일하게 샘플한 (u,v,w)를 그림 18.10-(a)의 $p(u,v,w)$에 대입하여 정점 위치를 얻고, 그림 18.10-(b)의 $n(u,v,w)$에 대입하여 정점 노멀을 얻는 것이다. 하지만, 현재 $n(u,v,w)$는 1차식이므로 문제를 야기할 수 있다. 다음 절은 이에 대해 논의한 후, **2차 베지어 삼각형**으로 정의된 $n(u,v,w)$를 대안으로 제시할 것이다.

노트 틈새 없는 테셀레이션

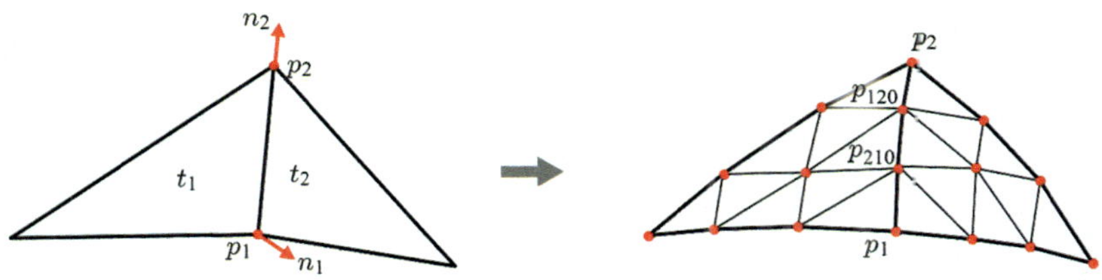

[그림 18.11] 인접한 삼각형 t_1과 t_2는 컨트롤 포인트를 공유하는 두 개의 PN-삼각형으로 바뀐다.

그림 18.11에서 인접한 삼각형 t_1과 t_2는 변 $\overline{p_1p_2}$를 공유한다. t_1과 t_2가 각각 PN-삼각형으로 전환되었다고 가정하자. 그러면 두 PN-삼각형은 컨트롤 포인트 p_{210}과

p_{120}을 공유하게 된다. 왜냐하면 p_{210}과 p_{120}은 t_1과 t_2가 공유하는 $\{p_1,n_1\}$과 $\{p_2,n_2\}$만을 이용해 계산되기 때문이다. 이후 두 PN-삼각형이 동일한 해상도로 테셀레이션되면 이를 이어붙인 고해상도 메시에는 틈이 생기지 않는다.

18.2.2 컨트롤 노멀 계산

앞 절에서 기술한 바와 같이, $\{p_i,n_i\}$ 애트리뷰트를 가진 정점 3개로 구성된 삼각형이 입력되었고, 이를 **3차 베지어 삼각형**으로 바꿨다고 가정하자. 그림 18.12-(a)는 이 베지어 삼각형을 옆에서 본 그림이다. n_1과 n_2의 방향이 이 그림과 같을 때, p_1과 p_2를 잇는 베지어 삼각형의 변은 점선과 같을 것이다. 이 변의 한 점 q를 생각해 보자. 그림 18.10-(a)의 $p(u,v,w)$에 (1/2,1/2,0)을 대입하여 q를 얻은 것으로 보면 된다. 그러면, 그림 18.10-(b)의 $n(u,v,w)$에 동일한 (1/2,1/2,0)을 대입하여 $(n_1+n_2)/2$를 얻는다. 이를 정규화하여 q의 노멀로 취할 것인데, 그림 18.12-(a)에서는 이렇게 얻은 노멀이 점선으로 표현된 곡면과 수직을 이루므로 적절한 선택으로 보인다.

하지만, **1차 베지어 삼각형**으로 정의된 $n(u,v,w)$는 항상 적절한 결과를 만드는 것은 아니다. 그림 18.12-(b)를 보자. n_1과 n_2는 같은 방향을 향하고 있지만, p_1과 p_2에서의 접면은 제법 떨어져 있다. 이런 경우, 1차 베지어 삼각형 $n(u,v,w)$를 사용해 얻은 노멀은 점선으로 묘사된 실제 곡면에 수직하지 않다. 즉 노멀의 기능을 제대로 못하고 있다. 반면, 그림 18.12-(c)는 정상적인 노멀을 제시하고 있는데, $n(u,v,w)$를 **2차 베지어 삼각형**으로 정의하면 이러한 노멀을 얻을 수 있다. 이를 위해서는 그림 18.12-(d)에 보인 것처럼, 6개의 컨트롤 노멀을 사용해야 한다. 이 중 모퉁이에 위치한 $n_{200}, n_{020}, n_{002}$는 주어진 삼각형의 정점 노멀 n_1, n_2, n_3로 각각 설정된다. 나머지 컨트롤 노멀 $n_{110}, n_{011}, n_{101}$은 새로 정의되어야 한다.

이를 위한 여러 가지 방법이 있을텐데, 그림 18.12-(e)는 휴리스틱 한 가지를 보여준다. p_1과 p_2를 잇는 선분에 수직인 평면 P를 생각해 보자. P의 노멀 n_P는 다음과 같이 계산된다.

$$n_P = \frac{p_1 - p_2}{\|p_1 - p_2\|} \tag{18.10}$$

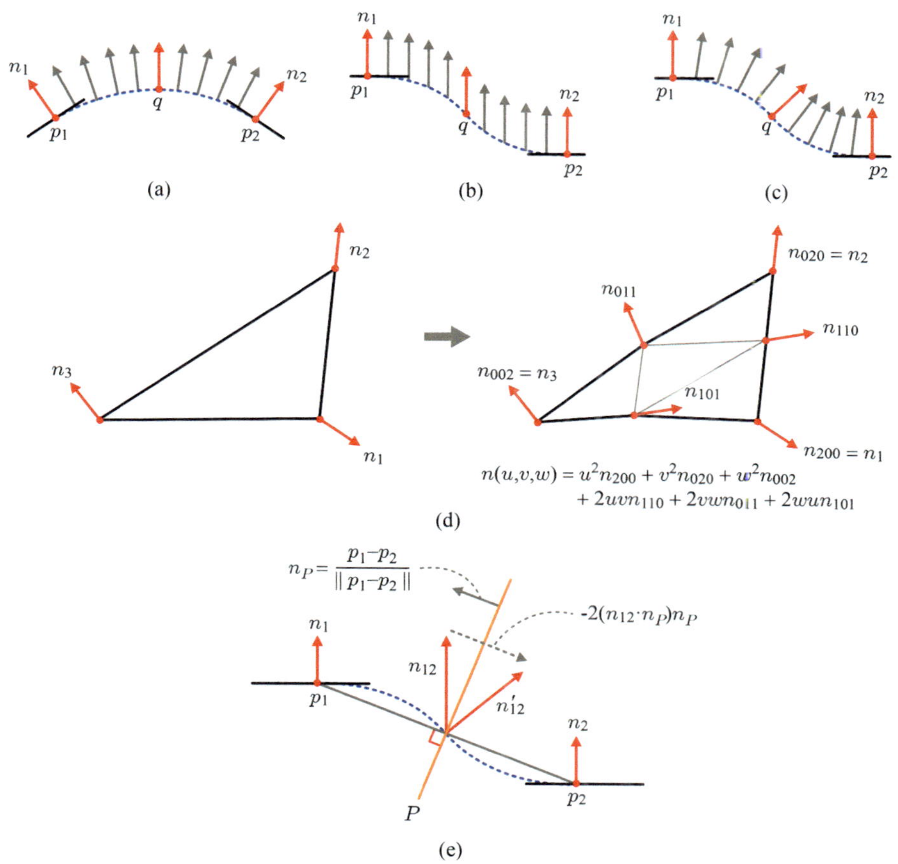

[그림 18.12] PN-삼각형을 위한 컨트롤 노멀. (a) 1차 베지어 삼각형 $n(u,v,w)$로 얻은 노멀. (b) 부적절한 결과. (c) 적절한 결과. (d) 2차 베지어 삼각형 $n(u,v,w)$. (e) 컨트롤 노멀 계산 기법.

정점 노멀 n_1과 n_2를 더한 결과를 n_{12}라 하자. n_{12}와 n_P의 내적은 n_{12}를 n_P에 투영한 길이가 된다. 이를 $-2n_P$와 곱한 후 n_{12}에 더한 것을 n'_{12}라 하자. 이는 n_{12}를 P에 대해 반사시킨 것이다.

$$
\begin{aligned}
n'_{12} &= n_{12} - 2(n_{12} \cdot n_P)n_P \\
&= (n_1 + n_2) - 2((n_1 + n_2) \cdot \tfrac{p_1 - p_2}{\|p_1 - p_2\|})\tfrac{p_1 - p_2}{\|p_1 - p_2\|} \\
&= (n_1 + n_2) - 2\tfrac{(n_1+n_2)\cdot(p_1-p_2)}{\|p_1-p_2\|^2}(p_1 - p_2) \\
&= (n_1 + n_2) - 2\tfrac{(n_1+n_2)\cdot(p_1-p_2)}{(p_1-p_2)\cdot(p_1-p_2)}(p_1 - p_2)
\end{aligned}
\tag{18.11}
$$

이렇게 계산된 n'_{12}를 정규화하면 컨트롤 노멀 n_{110}을 얻을 수 있다. 다른 컨트롤 노멀 n_{011}

과 n_{101} 역시 비슷한 방법으로 계산된다.

그림 18.10-(b)의 1차 베지어 삼각형보다는 개선되었지만, 2차 베지어 삼각형인 $n(u,v,w)$는 3차 베지어 삼각형인 $p(u,v,w)$와 어울리지 않는다고 생각할 수 있다. 하지만 2차 베지어 삼각형 $n(u,v,w)$로도 대체로 만족스러운 노멀을 계산할 수 있다. 또한, $n(u,v,w)$를 3차 베지어 삼각형으로 정의할 특별한 방법을 찾기도 어렵다.

18.2.3 PN-삼각형을 위한 GPU 테썰레이션

이 절은 GL 3.2에서 PN-삼각형이 어떻게 구현되는지 설명한다. 그림 18.13은 그 흐름을 보여준다. 입력은 그림 18.7-(a)와 동일하다. 컨트롤 쉐이더는 이로부터 그림 18.10-(a)와 같은 **3차 베지어 삼각형** $p(u,v,w)$의 **컨트롤 포인트**를 계산한다. 이를 위해 18.2.1절에 소개된 알고리즘을 그대로 구현한다. 18.1절의 변위 매핑에서, 입력된 패치를 그대로 생성 쉐이더에게 건넸던 것과 다름을 확인하라.

반면, 입력으로 주어진 노멀 $\{n_1,n_2,n_3\}$를 그대로 **컨트롤 노멀**로 취한다. 즉, 그림 18.10-(b)와 같은 **1차 베지어 삼각형** $n(u,v,w)$를 사용하겠다는 것이다(18.2.2절에 소개된 노멀 계산 방법을 구현하면 되지만, 간단한 논의를 위해서 이를 생략한다). 컨트롤 포인트와 컨트롤 노멀은 생성 쉐이더에게 입력된다.

컨트롤 쉐이더는 **테썰레이션 레벨**을 결정해서 테썰레이터에게 알려준다. 테썰레이터는 컨트롤 쉐이더가 지정해주는 대로 **삼각형 정의역**(domain)을 잘게 나눠 2차원 메시를 구성한다. 그림 18.13의 오른편을 보라. 이러한 메시의 정점마다 **무게중심 좌표** (u,v,w)가 할당된다(이 그림에서 2차원 메시는 정삼각형으로만 구성되어 있지만 실제 구현은 이와 다르다. 다음 절을 보라).

2차원 메시의 각 정점에 대해 생성 쉐이더가 한 번 실행된다. 컨트롤 쉐이더가 건네준 컨트롤 포인트와 컨트롤 노멀을 사용해 각각 $p(u,v,w)$와 $n(u,v,w)$를 만든 후, 테썰레이터가 건네준 (u,v,w)를 $p(u,v,w)$와 $n(u,v,w)$에 대입하여, 3차원 정점의 위치와 노멀을 계산한다. 이런 방식으로 2차원 메시가 모두 처리되면, 그림 18.13 하단에 보인 바와 같은 부드러운 고해상도 메시가 생성된다. 이는 GPU 파이프라인의 다음 단계로 넘겨진다.

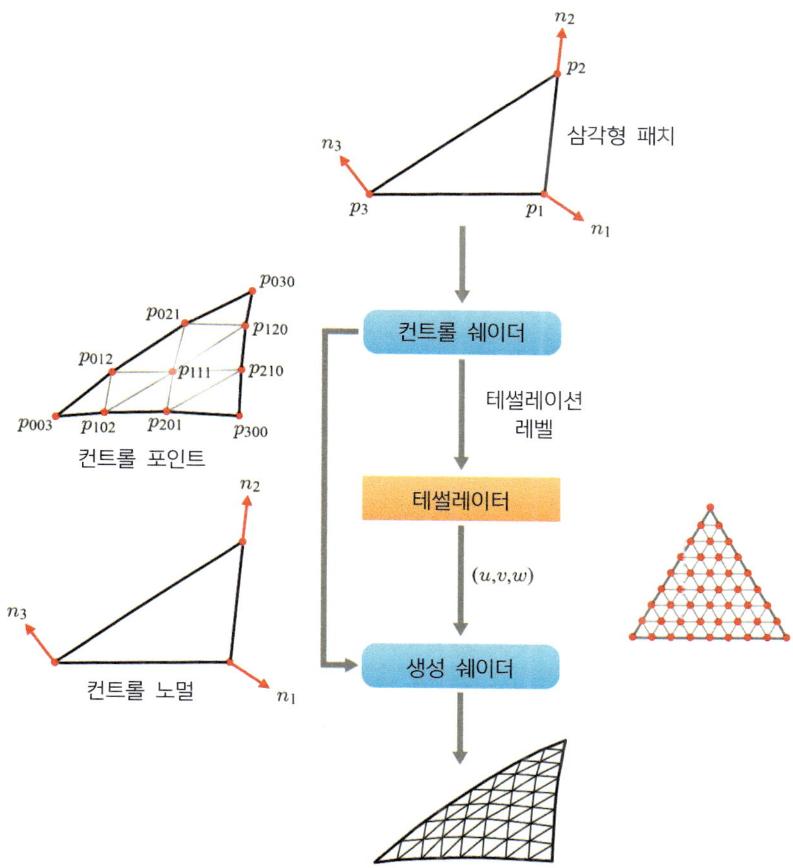

[그림 18.13] GL 3.2에서의 PN-삼각형 구현.

18.2.4 PN-삼각형을 위한 GL 프로그램, 쉐이더, 테셀레이터

[예제 코드 18-4] PN-삼각형을 위한 정점 쉐이더.

```
#version 320 es

layout(location = 0) in vec3 position;
layout(location = 1) in vec3 normal;

out vec3 v_position;
out vec3 v_normal;

void main() {
    v_position = position; // object-space position
    v_normal = normal;
}
```

예제 코드 18-4의 정점 쉐이더는 position과 normal을 각각 v_position과 v_normal에 복사한다. 그리고, 변위 매핑의 경우와 마찬가지로, gl_Position 계산은 생성 쉐이더에게 맡긴다.

예제 코드 18-5는 컨트롤 쉐이더인데, 3번 줄에서 vertices가 1로 설정된 것은, 단 하나의 컨트롤 쉐이더만 작동된다는 뜻이다. 즉 **컨트롤 포인트** 10개와 **컨트롤 노멀** 3개가 단 하나의 컨트롤 쉐이더에 의해 계산된다는 것이다. 이를 위해 10번 줄에 PNT라는 구조체가 정의되었는데, 처음 10개 요소는 컨트롤 포인트이고, 마지막 3개는 컨트롤 노멀이다. 한편, 16번 줄에서는 생성 쉐이더에게 건네질 PN-삼각형 pnTri를 정의했다. 메인 함수의 대부분은 pnTri를 채우는데 할애된다. 이는 18.2.1절 내용을 그대로 구현하는 것이므로 설명은 생략한다.

삼각형 정의역을 잘게 나눠 2차원 메시를 구성하기 위하여 gl_TessLevelInner와 gl_TessLevelOuter로 테썰레이션 레벨을 지정한다. 메인 함수의 마지막 네 줄을 보면, gl_TessLevelInner의 한 개 원소가 지정되었고, gl_TessLevelOuter의 세 개의 원소가 지정되었다(삼각형 패치에서는 gl_TessLevelInner[1]과 gl_TessLevelOuter[3]은 지정할 필요 없다).

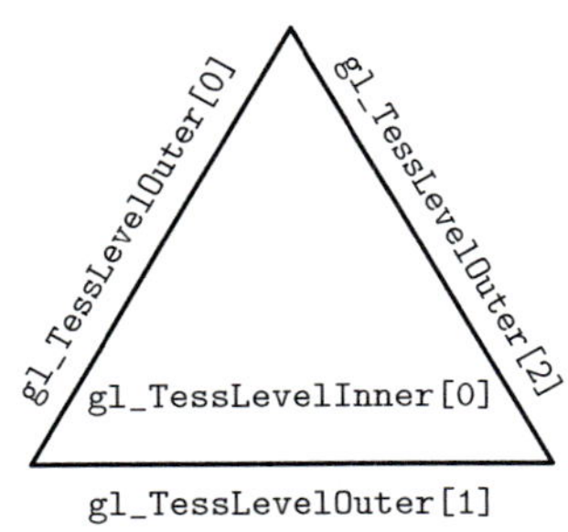

[그림 18.14] 삼각형 패치를 위한 테썰레이션 레벨.

삼각형 정의역에서 이 네 개의 원소들이 담당하는 영역은 그림 18.14와 같다. 테썰레이터는 우선 gl_TessLevelInner를 사용해 삼각형 정의역 내부를 분할한 후, gl_TessLevelOuter를 이용해 세 변을 분할한다. 내부 분할 과정부터 살펴볼 것인데, gl_TessLevelInner를, 보다 정확히는 gl_TessLevelInner[0]를 간단히 'inner TL'이라 표기하자.

[예제 코드 18-5] PN-삼각형을 위한 컨트롤 쉐이더.

```
#version 320 es

layout(vertices = 1) out;

uniform float tessLevel;

in vec3 v_position[];
in vec3 v_normal[];

struct PNT {
    vec3 P300, P030, P003; // corner control points
    vec3 P210, P120, P021, P012, P102, P201; // mid-edge control points
    vec3 P111; // inner control point
    vec3 N1, N2, N3; // normals
};
out patch PNT pnTri;

vec3 displace(vec3 p1, vec3 p2, vec3 n1);

void main() {
    pnTri.N1 = v_normal[0];
    pnTri.N2 = v_normal[1];
    pnTri.N3 = v_normal[2];

    pnTri.P300 = v_position[0];
    pnTri.P030 = v_position[1];
    pnTri.P003 = v_position[2];

    pnTri.P210 = displace(pnTri.P300, pnTri.P030, pnTri.N1);
    pnTri.P120 = displace(pnTri.P030, pnTri.P300, pnTri.N2);
    pnTri.P021 = displace(pnTri.P030, pnTri.P003, pnTri.N2);
    pnTri.P012 = displace(pnTri.P003, pnTri.P030, pnTri.N3);
    pnTri.P102 = displace(pnTri.P003, pnTri.P300, pnTri.N3);
    pnTri.P201 = displace(pnTri.P300, pnTri.P003, pnTri.N1);

    vec3 V = (pnTri.P300 + pnTri.P030 + pnTri.P003) / 3.0;
    vec3 E = (pnTri.P210 + pnTri.P120 + pnTri.P021
            + pnTri.P012 + pnTri.P102 + pnTri.P201) / 6.0;
    pnTri.P111 = E + (E - V) / 2.0;

    gl_TessLevelOuter[0] = tessLevel;
    gl_TessLevelOuter[1] = tessLevel;
    gl_TessLevelOuter[2] = tessLevel;
    gl_TessLevelInner[0] = tessLevel;
}

vec3 displace(vec3 p1, vec3 p2, vec3 n1) {
    return (2.0 * p1 + p2) / 3.0 - dot(n1, (p2 - p1) / 3.0) * n1;
}
```

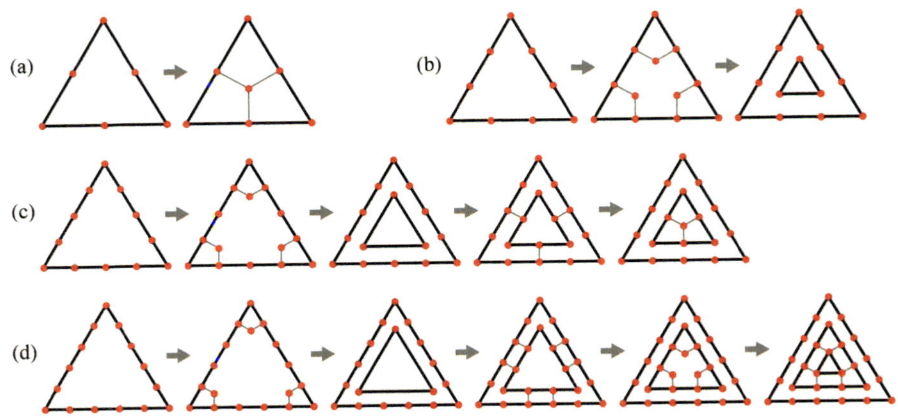

[그림 18.15] 내부 분할. (a) inner TL = 2. (b) inner TL = 3. (c) inner TL = 4. (d) inner TL = 5.

우선 inner TL이 2로 지정되었다고 가정하자. 그러면, 그림 18.15-(a)처럼 삼각형 정의역의 세 변은 모두 2등분된다. 각 변의 등분점을 가로지르는 직선은 삼각형의 중심에서 만날 것이다. 반면, inner TL이 3으로 지정되었다면, 그림 18.15-(b)처럼 삼각형 정의역의 모든 변은 3등분된다. 삼각형 한 정점에 인접한 등분점 두 개를 가로지르는 직선 둘은 한 점에서 만난다. 삼각형 내부에 그러한 점은 총 세 개 있다. 이들은 하나의 작은 삼각형을 만든다. 이 삼각형은 원래 주어진 삼각형과 중심을 공유한다.

그림 18.15-(c)는 inner TL이 4로 지정되었을 경우를 보여준다. 삼각형 정의역의 모든 변은 4등분된다. 삼각형 한 정점에 인접한 등분점 두 개를 가로지르는 직선 둘은 한 점에서 만나는데, 그러한 점 세 개를 묶어 하나의 작은 삼각형을 만든다. 한편, 각 변에 남아있는 하나의 등분점을 가로지르는 직선은 방금 만든 내부 삼각형에 부딪힌다. 그런데 이 상황은 그림 18.15-(a)의 경우와 같으므로, 그때 사용한 분할 방법을 그대로 따르면 된다. 그림 18.15-(c) 오른쪽 끝의 결과를 보라. 그림 18.15-(d)는 inner TL이 5인 경우의 내부 분할 과정을 보여준다.

이런 방식으로 내부 분할이 완료된 후, 삼각형 정의역의 경계를 분할한다. 그림 18.15에서도 경계를 분할했지만, 이는 내부 분할을 위한 임시적인 것이었으므로 이를 모두 무시한다. `gl_TessLevelOuter[0]`, `gl_TessLevelOuter[1]`, `gl_TessLevelOuter[2]`는 각각 삼각형의 왼쪽, 아래쪽, 오른쪽 변을 분할하는데, 이를 outer TL[0], outer TL[1], outer TL[2]로 간단히 표기하자. 그림 18.16-(a)는 inner TL과 outer TL에 의해 분할된 예를 하나 보여준다.

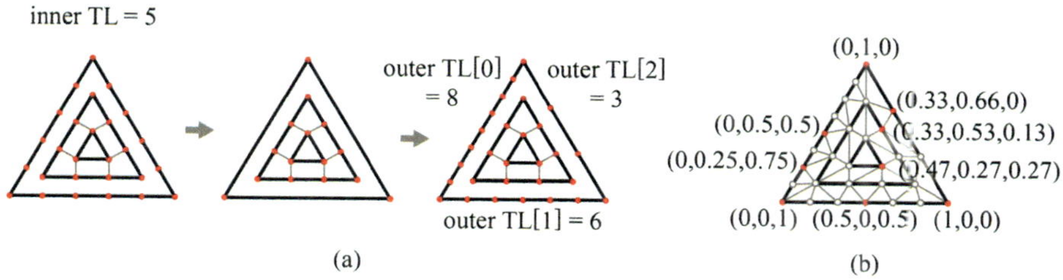

[그림 18.16] 경계 분할 및 2차원 삼각형 메시.

테썰레이터는 이렇게 분할된 정의역을 삼각형들로 채운다. 그림 18.16-(b)를 보라. 이 2차원 삼각형 메시의 각 정점에는 **무게중심 좌표** (u,v,w)가 할당된다. 이 좌표를 이해하려면, 그림 17.18-(e)를 다시 보라.

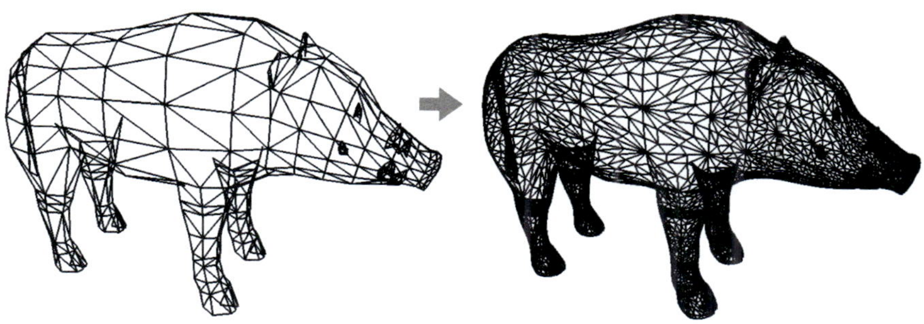

[그림 18.17] PN-삼각형 적용 예 (© 2016 hilily on CGTrader.com).

예제 코드 18-6의 생성 쉐이더를 보자. 3번 줄의 `triangles`는 **삼각형 패치**가 입력됨을 의미한다. 컨트롤 쉐이더가 건네준 PN-삼각형(pnTri)은 13번 줄에 정의되었다. 테썰레이터가 만든 2차원 삼각형 메시의 각 정점마다 하나의 생성 쉐이더가 작동되는데, 이로부터 3차원 정점의 위치와 노멀을 계산하기 위하여 생성 쉐이더는 `pnTri`와 `gl_TessCoord`를 사용한다(`gl_TessCoord`는 무게중심 좌표 (u,v,w)를 저장하고 있는 3차원 벡터이다[2]). 19~29번 줄은 그림 18.10-(a)의 $p(u,v,w)$를 그대로 구현하는 것이고, 35번 줄은 컨트롤 노멀의 무게중심 조합을 계산한다. 생성 쉐이더가 출력하는 `gl_Position`은 부드러운 고해상도 메시 정점의 클립 공간 위치를, `v_normal`은 같은 정점의 월드 공간 노멀을 담고 있다. 이들은 GPU 파이프라인의 다음 단계로 넘겨진다. 그림 18.17은 PN-삼각형 기반의 테썰레이션 사례를 보여준다.

2 사각형 패치를 처리하는 경우, `gl_TessCoord`의 첫 두 원소는 (u,v)를 담고 있고, 세 번째 원소는 0이다.

[예제 코드 18-6] PN-삼각형을 위한 생성 쉐이더.

```
#version 320 es

layout(triangles) in;

uniform mat4 worldMat, viewMat, projMat;

struct PNT {
    vec3 P300, P030, P003; // corner control points
    vec3 P210, P120, P021, P012, P102, P201; // mid-edge control points
    vec3 P111; // inner control point
    vec3 N1, N2, N3; // normals
};
in patch PNT pnTri;

out vec3 v_normal;

void main() {
    // powers of the parameters
    float u1 = gl_TessCoord.x, v1 = gl_TessCoord.y, w1 = gl_TessCoord.z;
    float u2 = pow(u1, 2.0), v2 = pow(v1, 2.0), w2 = pow(w1, 2.0);
    float u3 = pow(u1, 3.0), v3 = pow(v1, 3.0), w3 = pow(w1, 3.0);

    // position evaluation
    vec3 position = vec3(0.0);
    position += pnTri.P300 * u3 + pnTri.P030 * v3 + pnTri.P003 * w3;
    position += pnTri.P210 * 3.0 * u2 * v1 + pnTri.P120 * 3.0 * u1 * v2;
    position += pnTri.P021 * 3.0 * v2 * w1 + pnTri.P012 * 3.0 * v1 * w2;
    position += pnTri.P102 * 3.0 * w2 * u1 + pnTri.P201 * 3.0 * w1 * u2;
    position += pnTri.P111 * 6.0 * u1 * v1 * w1;

    // clip-space position
    gl_Position = projMat * viewMat * worldMat * vec4(position, 1.0);

    // normal evaluation
    vec3 normal = pnTri.N1 * u1 + pnTri.N2 * v1 + pnTri.N3 * w1;

    // world-space normal
    v_normal = normalize(transpose(inverse(mat3(worldMat))) * normal);
}
```

저해상도 폴리곤 메시가 GPU 파이프라인에 입력되었다고 가정하자. 이는 우선 정점 쉐이더에 의해 처리되는데, 정점 쉐이더는 다양한 애니메이션 혹은 물리 시뮬레이션을 메시의 각 정점에 적용할 것이다(13장에서 소개한 스키닝 애니메이션이 정점 쉐이더에 의해 구현된다는 것을 상기하라). 그런데 애니메이션과 물리 시뮬레이션은 많은 시간을 소요하는 복잡한 알고리즘을 구현한 경우가 많다. 따라서 이를 저해상도 메시에 적용하는 것은 효율적인 선택이다. 이렇게 애니메이션 혹은 물리 시뮬레이션을 거친 물체를 테썰레이션을 통해 부드러운 고해상도 메시로 바꾸면 렌더링 품질이 높아질 것이다.

연습문제

1. 아래 그림은 테셀레이션이 완료된 정사각형 정의역이다.

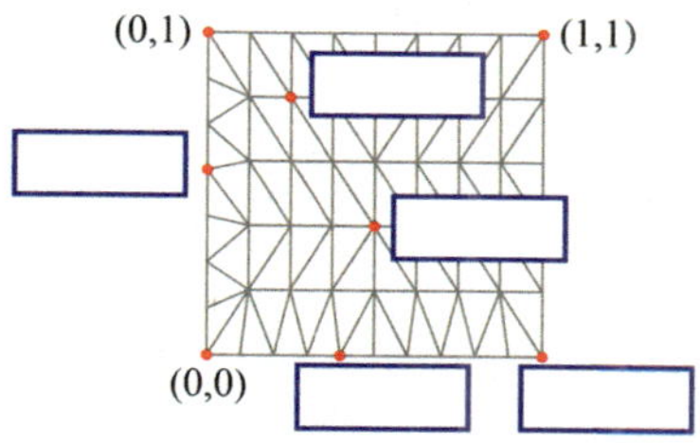

(a) 각 정점은 고유한 (u,v) 좌표를 부여받는다. 빈칸을 (u,v) 좌표로 채워라.
(b) 위와 같은 테셀레이션에 필요한 테셀레이션 레벨은 무엇인가?

2. 아래 그림은 테셀레이션이 완료된 정삼각형 정의역이다.

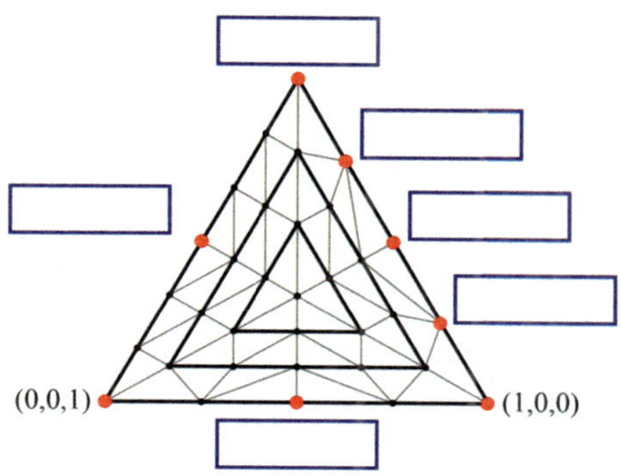

(a) 각 정점은 고유한 무게중심 좌표를 부여받는다. 빈칸을 무게중심 좌표로 채워라.
(b) 위와 같은 테셀레이션에 필요한 테셀레이션 레벨은 무엇인가?

참고문헌

[1] Luna, F. D. : *Introduction to 3D Game Programming with DirectX 11*. Mercury Learning and Information (2012)

[2] Kessenich, J., Sellers, G. : *OpenGL Programming Guide: The Official Guide to Learning OpenGL*, Version 4.5 with SPIR-V, 9th Edition. Addison-Wesley (2016)

[3] Akenine-Möller, T., Haines, E., Homan, N.: *Real-Time Rendering*, 3rd Edition. A. K. Peters, Ltd. (2008)

[4] Ginsburg, D., Purnomo, B.: *OpenGL ES 3.0 Programming Guide*. Addison Wesley (2014)

[5] Nicodemus, F. E., Richmond, J. C., Hsia, J. J., Ginsberg, I. W., Limperis, T.: *Geometrical Considerations and Nomenclature for Reflectance* (NBS Monograph 160). National Bureau of Standards (US) (1977)

[6] Shoemake, K.: *Animating rotation with quaternion curves*. SIGGRAPH Computer Graphics 19 (1985) 245–254

[7] Lindstrom, P., Pascucci, V.: *Visualization of large terrains made easy*. In: Proceedings of the Conference on Visualization '01, IEEE Computer Society (2001) 363-371

[8] Szirmay-Kalos, L., Umenhoer, T.: *Displacement mapping on the GPU*: State of the art. Computer Graphics Forum **27** (2008) 1567–1592

[9] Williams, L.: *Casting curved shadows on curved surfaces*. SIGGRAPH Computer Graphics **12** (1978) 270–274

[10] Hasenfratz, J. M., Lapierre, M., Holzschuch, N., Sillion, F.: *A survey of real-time soft shadows algorithms*. Computer Graphics Forum **22** (2003) 753–774

[11] Whitted, T.: *An improved illumination model for shaded display*. Communications of the ACM **23** (1980) 343–349

[12] Goral, C. M., Torrance, K. E., Greenberg, D. P., Battaile, B.: *Modeling the interaction of light between diffuse surfaces*. SIGGRAPH Computer Graphics **18** (1984) 213–222

[13] Dutré, P., Bala, K., Bekaert, P.: *Advanced Global Illumination*, 2nd Edition. A. K. Peters Ltd. (2006)

[14] Pharr, M., Jakob, W., Humphreys, G.: *Physically Based Rendering: From Theory to Implementation*, 3rd Edition. Morgan Kaufmann Publishers Inc. (2016)

[15] Farin, G. E., Hansford, D.: *The Essentials of CAGD*. A. K. Peters, Ltd. (2000)

[16] Catmull, E., Rom, R.: *A class of local interpolating splines*. In Barnhill, R., Riesenfeld, R., eds.: *Computer Aided Geometric Design*. Academic Press (1974) 317–326

[17] Vlachos, A., Peters, J., Boyd, C., Mitchell, J. L.: *Curved PN triangles*. In: Proceedings of the 2001 Symposium on Interactive 3D Graphics, ACM (2001) 159–166

찾아보기